2025
개정판

박문각 자격증

KB196730

FAT (회계실무) 1급

독공 **독하게 공부하자**

- **Ncs** 국가직무능력표준 National Competency Standards **기준안 적용**
- **더존 Smart A 최신프로그램 및 개정세법 적용**
- **최신 기출문제 (64회~75회) 및 해설 수록**

공경태, 정혜숙, 김현상, 박병규, 강만성, 이동하 편저

제4판

이론편

실무편

기출문제

박문각

이 책의 머리말

기다렸습니다!

당신에게 행복을 주고 싶어 기다렸습니다.

언제부터인가 나는 당신이 의지할 수 있는 지팡이가 되기를 바라고 있었던 것 같습니다. 마주 앉아 커피 한 잔을 함께 나누면서 미소지을 수 있는 좋은 사람이 되고 싶었습니다. 말하지 않아도 눈빛만으로 마음이 전해지고 도움이 되는 버팀목이 되고 기쁨과 행복감이 넘쳐나는 웃음을 드리고 싶었습니다. 이 책이 당신 인생의 전환점이 되어 머지않은 가까운 날에 고맙다는 말을 건네주기를 진심으로 기다려봅니다.

本서의 특징

첫째, 30점의 이론시험 철저 대비!!!

핵심 이론을 빠짐없이 완벽하게 정리하였습니다.

FAT(회계실무) 1급부터는 <u>재무회계, 부가가치세회계 이론</u>을 "단원이론 사례문제 제시 → 분개연습 → 복습을 위한 이론문제 제시"의 단계별로 학습하면서 완벽하게 이론을 정립하고 체계를 잡을 수 있도록 집필하였습니다.

둘째, 시험에 출제되는 계정과목별 분개연습!!!

각종 회계시험에서 <u>합격의 핵심 포인트는 전표처리</u>입니다.

따라서 FAT(회계실무) 1급 시험에 출제되는 계정과목별로 분개연습문제를 풀어보면서 이해력을 높일 수 있도록 구성하였습니다.

셋째, 독학으로 70점의 실무시험 완벽 대비!!!
본서만으로 실무시험을 대비하기 위한 독학이 가능합니다.
합격선이 되는 실무시험 대비는 **AT자격시험 더존 Smart A(iPLUS) 자격시험 프로그램을 활용하여
실무시험문제 순서**[일반전표입력, 매입매출전표입력, 국세청에 전자세금계산서 발급 및 전송,
결산, 회계정보분석]대로 집필하였습니다. 따라서 혼자서도 충분히 실무시험을 완벽하게
준비하기 위한 연습이 가능합니다.

넷째, 새롭게 바뀐 AT자격시험을 대비하기 위한 2년간의 기출문제 12회분을 통해 반복적이고
종합적인 문제풀이를 바탕으로 시험 마지막까지 확실한 적응력을 갖출 수 있도록 체계적으로
집필하였습니다.

AT자격시험을 준비하는 수험생 여러분들을 위한 최적의 교재를 만들기 위해 최선을 다했지만
다소 부족한 부분은 앞으로 계속 보완해 나갈 것을 약속드립니다.

끝으로 본 교재의 출간을 위해 도움을 주신 ㈜박문각출판 대표님께 머리 숙여 감사드리며,
교재 출간에 헌신적으로 조언을 아끼지 않으시고 고통스런 편집작업에 고생하신 ㈜박문각출판
편집부 직원들께 감사를 전합니다.

저자 공경태, 정혜욱, 김현상, 박병규, 강만성, 이동하
감수위원 박은정, 김보미, 김영석

학습준비

❶ 수험용 프로그램[더존 Smart A(iPLUS)] 다운로드

① 한국공인회계사회 AT자격시험(https://at.kicpa.or.kr)에 접속합니다.

② 홈페이지 하단의 [교육용 프로그램 다운로드]를 클릭합니다.

③ 다음 화면이 나타나면 프로그램을 다운로드합니다.

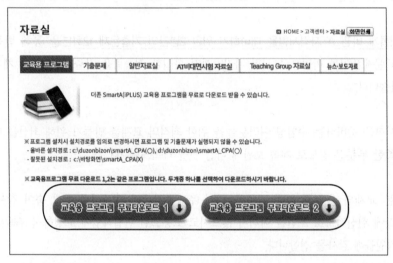

④ 다운로드 받은 압축파일 [SmartA_CPA_2025]를 마우스 오른쪽 클릭 하여
"SmartA_Cpa_2025 ₩"에 압축풀기를 선택하면 그림과 같이 노란 폴더가 나타납니다.

⑤ 폴더 안의 exe 실행 파일을 더블클릭하여 실행 → [사용권 계약의 조항에 동의합니다]를
체크하여 "다음" 버튼을 누릅니다.

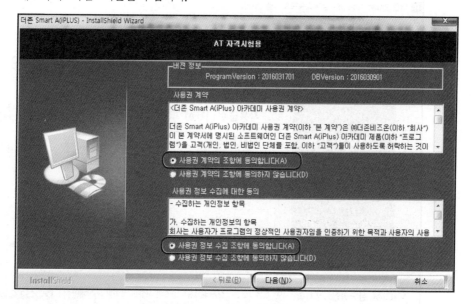

⑥ 시스템 최적화모드를 거쳐서 최종 프로그램 설치가 완료된 화면이 나타납니다.

⑦ 메인화면에서 "2025년" 버전인지 확인합니다.

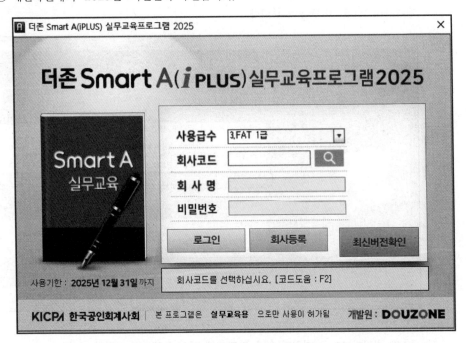

💾 실무수행 및 기출문제 백데이터 다운로드

① 박문각 출판사 홈페이지(http://www.pmgbooks.co.kr)에 접속합니다.
② 화면 좌측의 [백데이터 다운로드]를 클릭합니다.
③ 자료실 리스트 중에서 [2025 독공 FAT(회계실무) 1급 백데이터]를 클릭하여 자료를 다운로드합니다.
④ 다운로드한 백데이터 파일을 더블클릭하여 설치합니다.

PART 01

FAT(회계실무) 1급 이론

PART 02

FAT(회계실무) 1급 실무

PART 03

**FAT(회계실무) 1급
기출문제
(이론+실무)**

PART 04

**FAT(회계실무) 1급
기출문제
정답 및 해설**

FAT(회계실무) 1급
이론

01 NCS를 적용한 재무회계 이해

1. 재무회계의 기초 이해

01 회계의 정의와 분류

1) 회계의 정의

회계는 기업경영을 수행하는 과정에서 특정 경제적 사건에 대하여 회계정보 이용자가 합리적인 판단이나 의사결정을 할 수 있도록 기업 실체에 대한 유용한 경제적 정보를 식별·측정·전달하는 과정이다.

2) 회계의 분류

구분	재무회계	관리회계	세무회계
특징	결산보고 회계	의사결정 및 업적평가회계	세무조정회계
목적	기업의 이해관계자에게 필요한 정보 제공 (외부보고목적)	경영자의 관리의사결정에 필요한 정보 제공 (내부보고목적)	세무 신고와 납부 (신고목적)
정보 이용자	주주, 채권자, 정부, 거래처, 고객 등	경영자 등 내부정보이용자	국세청, 세무서 등 정부기관
작성 근거	일반적으로 인정된 회계원칙	일정한 작성기준 없음	세법 적용
회계 대상	과거지향적, 화폐적	미래지향적, 비화폐적	과거지향적
보고 양식	재무제표	특정보고양식 없음	세무서식

02 회계의 개념체계(=회계의 기본구조)

1) 재무보고의 목적

① 투자 및 신용의사결정에 유용한 정보를 제공한다.
② 미래 현금흐름 예측에 유용한 정보를 제공한다.
③ 재무상태, 경영성과, 현금흐름 및 자본변동에 관한 정보를 제공한다.
④ 경영자의 수탁책임 평가에 유용한 정보를 제공한다.

2) 회계의 기본공준

재무제표의 기록·측정·보고에 중요한 영향을 주는 환경적 가정이 되며, 재무제표를 작성하고 공시하는 데 있어서도 기초가 되는 기본적인 가정을 말한다.

① **기업실체의 공준** : 기업을 소유주와는 독립적으로 존재하는 하나의 회계단위로 간주하고 재무적 정보를 측정·보고하는 것을 말한다.

② **계속기업의 공준** : 한번 설립된 기업은 본래 목적을 달성하기 위하여 장기적으로 계속하여 존재한다는 가정으로 다음과 같은 특징이 있다.

　㉠ 기업의 자산을 역사적원가(취득원가)로 평가하는 것

　㉡ 유형자산의 취득원가를 내용연수의 기간 내의 비용으로 배분하는 감가상각의 회계처리

　㉢ 자산이나 부채를 유동성 순서에 따라 분류하는 것

③ **기간별보고의 공준** : 한 기업실체의 존속기간을 일정한 기간단위로 분할하여 각 기간별로 재무제표를 작성하여 유용한 정보를 적시성 있게 보고하는 가정을 말한다.

3) 회계정보의 질적 특성

회계정보가 의사결정에 유용하도록 갖추어야 할 정보의 질적 특성을 말한다.

① **이해가능성**

회계정보가 정보이용자의 유용한 의사결정에 사용되려면 재무제표를 통해 제공된 정보를 이용자가 쉽게 이해할 수 있어야 한다.

② **목적적합성**

회계정보가 정보이용자의 의사결정에 영향을 주는 유용한 정보가 되기 위해서는 이용자의 의사결정에 목적적합하며 다음과 같은 속성을 갖추어야 한다.

　㉠ **예측가치** : 회계정보이용자가 기업실체의 미래 재무상태, 경영성과, 현금흐름 등을 예측하는 데 활용될 수 있는 능력을 말한다.

　㉡ **피드백가치** : 과거의 기대치와 예측치를 확인 또는 수정하여 회계정보이용자의 의사결정에 영향을 미칠 수 있는 정보의 자질을 말한다.

　㉢ **적시성** : 정보이용자의 의사결정에 영향을 주기 위해 의사결정시점에 필요한 정보를 적시에 제공해야 한다는 것이다.

③ **신뢰성**

　㉠ **표현의 충실성** : 회계정보가 신뢰를 갖기 위해서는 그 정보가 나타내고자 하거나 나타낼 것이 합리적으로 기대되는 거래나 그 밖의 경제적 실질사건을 충실하게 표현하여야 한다.

　㉡ **중립성** : 회계정보가 신뢰성을 갖기 위해서는 정보에 대한 편의가 없어야 한다.

　㉢ **검증가능성** : 다수의 독립적인 측정자가 동일한 경제적 사건이나 거래에 대하여 동일한 측정방법을 적용한다면 유사한 결론에 도달할 수 있어야 함을 의미한다.

④ 질적 특성 간의 상충관계

회계정보의 목적적합성과 신뢰성은 서로 상충되기도 하므로 상충관계를 고려한 질적 특성 간의 균형이 필요하다.

구분	목적적합성	신뢰성
자산의 평가방법	공정가치법(시가법)	원가법
수익의 인식방법	진행기준	완성기준
손익의 인식방법	발생주의	현금주의
재무제표	반기재무제표	연차재무제표

⑤ 회계정보의 2차적 특성

㉠ 비교가능성 : 회계정보를 다른 기간 또는 다른 기업과 비교할 수 있는 질적 특성을 의미하며 이는 회계정보의 유용성을 제고한다.

㉡ 중요성 : 어떤 정보가 누락되거나 왜곡되게 표시되어 재무제표에 기초한 이용자의 경제적 의사결정에 영향을 미친다면 이는 중요한 정보이다. 이러한 중요성은 재무제표 표시와 관련된 임계치나 판단기준으로 작용한다.

이론문제 | 재무회계의 기초 이해

01 다음 중 재무보고에 관한 설명으로 적절하지 못한 것은?

① 재무보고의 대표적 수단인 재무제표는 기업실체의 경제적 자원과 의무, 그리고 자본과 이들의 변동에 관한 정보를 제공하며 주석을 포함한다.

② 재무보고는 내부 이해관계자의 경제적 의사결정을 위해 유용한 재무정보를 제공하는 것을 목적으로 한다.

③ 재무보고는 투자자 및 채권자들이 합리적인 의사결정을 할 수 있도록 기업실체에 관한 과거의 현금흐름의 크기, 시기 및 불확실성을 평가하는 데 유용한 정보를 제공하여야 한다.

④ 재무보고는 기업실체의 재무상태, 경영성과, 현금흐름 및 자본변동에 관한 정보를 제공하여야 한다.

02 다음 중 회계정보의 유용성을 증대시키는 데 가장 중요한 회계정보의 질적 특성은 어느 것인가?

① 비교가능성과 충분성

② 이해가능성과 중요성

③ 비교가능성과 예측성

④ 목적적합성과 신뢰성

03 재무보고의 목적으로 타당하지 않은 것은?

① 재무상태, 경영성과, 이익잉여금처분, 자본변동 및 현금흐름에 관한 정보의 제공

② 경영자의 수탁책임 평가에 유용한 정보의 제공

③ 투자 및 신용제공에 유용한 정보의 제공

④ 미래의 수익성가치와 현금흐름에 대한 유용한 정보의 제공

04 다음 중 재무보고에 대한 설명으로 옳지 않은 것은?

① 재무보고는 다양한 이해관계자의 경제적 의사결정을 위해 재무정보를 제공하는 것을 말한다.

② 재무제표는 가장 핵심적인 재무보고 수단이다.

③ 재무보고는 기업실체의 경제적 자원과 의무, 경영성과, 현금흐름, 자본변동 등에 관한 정보를 제공하는 것을 말한다.

④ 주석은 재무제표에 포함되지 않는다.

05 다음 중 회계의 궁극적인 목적으로 가장 적합한 것은?

① 기업 내에서 일어나는 모든 거래 사실을 기록, 분류, 요약한다.

② 기업의 모든 이해관계자에게 의사결정을 위한 유용한 회계정보를 제공한다.

③ 기업이 자금조달을 원활히 할 수 있도록 채권자에게 경영상황을 보고한다.

④ 기업의 소유주인 주주를 위해 기업의 경제적 사실을 화폐로 측정하여 보고한다.

이론문제 정답 및 해설

01 ② 재무보고는 외부 이해관계자에게 합리적 의사결정을 할 수 있도록 기업실체에 관한 미래현금흐름 정보를 제공하여야 한다.

02 ④ 회계정보의 유용성을 증대시키는 데 가장 중요한 회계정보의 질적 특성은 목적적합성과 신뢰성이다.

03 ④ 재무보고 중 재무상태표는 일정시점의 재무상태로서 자산 가치를 평가하고, 손익계산서는 일정기간의 경영성적을 나타내나, 미래의 수익성가치에 대한 정보를 제공하지는 않는다.

04 ④ 주석은 재무제표의 중요한 부분으로서, 중요한 회계방침이나 자산 및 부채 측정치에 대한 설명 등 재무제표가 제공하는 정보를 이해하는 데 필수적인 요소이다.

05 ② 기업의 모든 이해관계자에게 의사결정을 위한 유용한 회계정보를 제공한다.

2. 재무제표의 이해와 내부통제회계제도

우리나라의 일반기업회계기준에 의거한 재무제표는 다음과 같이 구성된다.

- 재무상태표 : 일정시점에 기업의 재무상태를 표시하여 주는 정태적 보고서이다.
- 손익계산서 : 일정기간 동안에 기업의 경영성과를 나타내는 동태적 보고서이다.
- 현금흐름표 : 일정기간 동안에 기업의 현금흐름을 나타내는 동태적 보고서이다.
- 자본변동표 : 일정기간 동안에 기업의 자본 변동내용을 표시하여 주는 동태적 보고서이다.
- 주석 : 재무제표의 계정과목 다음에 특정한 부호를 붙이고 난외 또는 별지에 동일한 부호를 표시하고 그 내용을 간략히 설명해 주는 것을 말한다.

01 재무상태표의 구성요소와 양식 예시

자 산 = 부 채 + 자 본	재무상태표 등식
부 채 = 자 산 - 자 본	
자 본 = 자 산 - 부 채	자본 등식

▼ 법인회사가 작성하는 재무상태표 양식 예시

재무상태표

(주)박문각   20××년 1월 1일 현재   (단위 : 원)

자산	금액	부채와 자본	금액
자 산		부 채	
Ⅰ. 유 동 자 산	100,000,000	Ⅰ. 유 동 부 채	40,000,000
1. 당 좌 자 산	50,000,000	Ⅱ. 비 유 동 부 채	40,000,000
2. 재 고 자 산	50,000,000	자 본	
Ⅱ. 비 유 동 자 산	120,000,000	Ⅰ. 자 본 금	70,000,000
1. 투 자 자 산	20,000,000	Ⅱ. 자 본 잉 여 금	10,000,000
2. 유 형 자 산	50,000,000	Ⅲ. 자 본 조 정	10,000,000
3. 무 형 자 산	20,000,000	Ⅳ. 기타포괄손익누계액	5,000,000
4. 기타비유동자산	30,000,000	Ⅴ. 이 익 잉 여 금	45,000,000
		(당기순이익 36,000,000)	
	220,000,000		220,000,000

1) 자산

과거의 거래나 사건의 결과로서 현재 기업실체에 의해 지배되고 미래 경제적 효익을 창출할 것으로 기대되는 자원을 말한다.

① 유동자산의 정의 및 계정과목 분류

⊙ 유동자산의 정의

- 사용의 제한이 없는 현금 및 현금성자산
- 기업의 정상적인 영업주기 내에 실현될 것으로 예상되거나 판매목적 또는 소비목적으로 보유하고 있는 재고자산과 회수되는 매출채권이 보고기간 종료일로부터 1년 이내에 현금화 또는 실현될 것으로 예상되는 자산
- 단기매매 목적으로 보유하는 자산

⊙ 유동자산의 계정과목 분류

당좌자산	• 정의 : 판매과정을 통하지 않고 즉시 현금화되는 자산 • 계정과목 : 현금 및 현금성자산(현금 + 당좌예금 + 보통예금 + 현금성자산), 단기금융상품, 단기매매증권, 매출채권(외상매출금 + 받을어음), 단기대여금, 미수금, 미수수익, 선급금, 선급비용 등
재고자산	• 정의 : 생산, 판매목적으로 보유하는 자산 • 계정과목 : 상품, 소모품, 원재료, 재공품, 제품 등

② 비유동자산의 정의

보고기간 종료일로부터 1년 이후에 현금화할 수 있는 자산을 말한다.

투자자산	• 정의 : 장기간에 걸쳐 이득을 도모할 목적 또는 타 회사를 지배·통제할 목적으로 보유하는 자산 • 계정과목 : 장기금융상품, 매도가능증권, 만기보유증권, 장기대여금, 투자부동산 등
유형자산	• 정의 : 업무용에 사용되며 미래의 경제적 효익이 유입될 가능성이 높고, 취득원가를 신뢰성 있게 측정 가능하며, 물리적 실체가 있는 자산 • 계정과목 : 토지, 건물, 기계장치, 차량운반구, 비품, 구축물, 건설중인 자산 등
무형자산	• 정의 : 용역의 제공, 타인에 대한 임대 또는 관리에 사용할 목적으로 기업이 보유하고 있고 장기간에 걸쳐 경제적 효익을 가져올 것으로 예상되는 자산으로 물리적 실체가 없는 자산 • 계정과목 : 영업권, 산업재산권, 광업권, 개발비 등
기타 비유동자산	• 정의 : 투자, 유형, 무형자산에 속하지 않는 비유동자산 • 계정과목 : 임차보증금, 장기성매출채권

2) 부채

과거의 거래나 사건의 결과로서 현재 기업실체가 부담하고 미래에 자원의 유출 또는 사용이 예상되는 의무를 말한다.

유동부채	• 정의 : 보고기간 종료일로부터 1년 이내에 만기가 도래하는 부채 • 계정과목 : 매입채무(외상매입금 + 지급어음), 단기차입금, 미지급금, 미지급비용, 선수금, 선수수익, 예수금 등
비유동부채	• 정의 : 보고기간 종료일로부터 1년 이후에 만기가 도래하는 부채 • 계정과목 : 사채, 장기차입금, 퇴직급여충당부채 등

3) 자본

기업실체의 자산총액에서 부채총액을 차감한 잔여액, 순자산으로서 기업실체의 자산에 대한 소유주 잔여청구권, 소유주 지분, 순자산이라고도 한다.

> ■ 자본에 속하는 계정과목의 분류
>
> 자본금, 주식발행초과금, 감자차익, 자기주식처분손익, 미교부주식배당금, 주식할인발행차금, 감자차손, 자기주식, 매도가능증권평가손익, 이익준비금, 재무구조개선적립금, 임의적립금, 이월이익잉여금 등

4) 재산법을 적용한 당기순손익 계산 공식

> 기말자본 − 기초자본 = 당기순이익
> 기초자본 − 기말자본 = 당기순손실

📖 예제 1

다음 빈칸을 채우시오.

기초			기말			순손익
자산	부채	자본	자산	부채	자본	(−는 손실)
550,000	(1)	450,000	850,000	(2)	(3)	150,000
950,000	(4)	(5)	(6)	230,000	770,000	70,000
830,000	330,000	(7)	770,000	310,000	(8)	−40,000

[해설]

(1)	(2)	(3)	(4)
100,000	250,000	600,000	250,000
(5)	(6)	(7)	(8)
700,000	1,000,000	500,000	460,000

5) 자산, 부채, 자본 분류

📖 **예제 2**

다음 보기와 같이 분류란에 자산계정은 "당좌자산", "재고자산", "투자자산", "유형자산", "무형자산", 부채계정은 "유동부채", "비유동부채", 자본계정은 "자본"이라 기입하시오.

No	계정과목	분류	No	계정과목	분류
보기	기계장치	유형자산	(12)	차량운반구	
(1)	현금		(13)	지급어음	
(2)	예수금		(14)	비품	
(3)	장기대여금		(15)	상품	
(4)	단기매매증권		(16)	받을어음	
(5)	외상매출금		(17)	미지급금	
(6)	단기차입금		(18)	토지	
(7)	선급금		(19)	소모품	
(8)	건물		(20)	미수금	
(9)	선수금		(21)	외상매입금	
(10)	당좌예금		(22)	단기대여금	
(11)	자본금		(23)	미지급비용	

[해설]

No	계정과목	분류	No	계정과목	분류
보기	기계장치	유형자산	(12)	차량운반구	유형자산
(1)	현금	당좌자산	(13)	지급어음	유동부채
(2)	예수금	유동부채	(14)	비품	유형자산
(3)	장기대여금	투자자산	(15)	상품	재고자산
(4)	단기매매증권	당좌자산	(16)	받을어음	당좌자산
(5)	외상매출금	당좌자산	(17)	미지급금	유동부채
(6)	단기차입금	유동부채	(18)	토지	유형자산
(7)	선급금	당좌자산	(19)	소모품	재고자산
(8)	건물	유형자산	(20)	미수금	당좌자산
(9)	선수금	유동부채	(21)	외상매입금	유동부채
(10)	당좌예금	당좌자산	(22)	단기대여금	당좌자산
(11)	자본금	자본	(23)	미지급비용	유동부채

6) 재무상태표의 표시 및 작성기준

구분	작성 기준
구분표시의 원칙	자산은 유동자산, 비유동자산으로, 부채는 유동부채, 비유동부채로, 자본은 자본금, 자본잉여금, 자본조정, 기타포괄손익누계액, 이익잉여금으로 구분한다.
총액표시	자산, 부채, 자본은 총액에 의해 기재함을 원칙으로 하고 상계함으로써 그 전부 또는 일부를 제외하여서는 아니 된다. 다만 대손충당금, 감가상각누계액 등의 평가성계정은 차감하는 형식 또는 직접 차감하여 순액으로 표시할 수도 있으며 그 사항을 주석으로 기재한다.
유동·비유동기준	자산과 부채는 1년 기준뿐만 아니라 정상 영업주기를 기준으로 작성한다.
유동성배열법	재무상태표가 기재하는 자산과 부채의 항목은 유동성이 높은 항목부터 배열한다.
특정비용이연원칙	장래의 기간에 수익과 관련이 있는 특정한 비용은 차기 이후의 기간에 배분하여 처리하기 위해 재무상태표에 자산으로 기재할 수 있다.
잉여금 구분의 원칙	자본거래에서 발생한 자본잉여금과 손익거래에서 발생한 이익잉여금을 혼동하여 표시하여서는 아니 된다.
미결산계정, 비망계정 표시 금지	가지급금, 가수금, 현금과부족, 미결산 등의 항목은 그 내용을 나타내는 적절한 과목으로 표시하고 재무상태표의 자산 또는 부채항목으로 표시하여서는 아니 된다.
비교재무제표의 작성	재무제표의 기간별 비교가능성을 제고하기 위하여 전기 재무제표의 모든 계량정보를 당기와 비교하는 형식으로 표시한다.
재무제표의 보고양식	기업명, 보고기간종료일 또는 회계기간, 보고통화 및 금액단위를 기재한다.

02 손익계산서의 이해

손익계산서는 해당 회계기간의 경영성과를 나타낼 뿐만 아니라 기업의 미래현금흐름과 수익창출능력 등의 예측에 유용한 정보를 제공한다.

1) 손익계산서 구성요소 및 양식

① 수익 : 제품의 판매나 생산, 용역제공 및 경제실체의 경영활동으로부터 일정기간 동안 발생하는 자산의 유입이나 증가 또는 부채의 감소에 따라 자본증가를 초래하는 경제적 효익의 증가로 정의된다.

영업수익	• 정의 : 총매출액 – 매출에누리 및 환입, 매출할인 • 계정과목 : 상품매출
영업외수익	• 정의 : 영업활동 외 발생하는 수익과 차익 • 계정과목 : 이자수익, 배당금수익, 임대료, 유형자산처분이익, 단기매매증권평가이익, 단기매매증권처분이익, 잡이익, 채무면제이익, 자산수증이익 등

② 비용 : 제품의 판매나 생산, 용역제공 및 경제실체의 경영활동으로부터 일정기간 동안 발생하는 자산의 유출이나 소멸 또는 부채의 증가에 따라 자본감소를 초래하는 경제적 효익의 감소로 정의된다.

매출원가	• 상품매출원가 = 기초상품재고액 + 당기순매입액 − 기말상품재고액
판매비와 관리비	• 정의 : 영업활동에 발생하는 비용 • 계정과목 : 급여, 퇴직급여, 복리후생비, 감가상각비, 접대비(기업업무추진비), 대손상각비, 잡비, 운반비, 임차료, 수선비, 보험료 등
영업외비용	• 정의 : 영업활동 외에 발생하는 비용 • 계정과목 : 이자비용, 유형자산처분손실, 단기매매증권평가손실, 단기매매증권처분손실, 잡손실, 외환차손, 외화환산손실 등
법인세비용	• 정의 : 회계기간에 납부해야 할 법인세액

③ 계정식 손익계산서 양식

손익계산서

(주)박문각　　　　　20××년 1월 1일부터 20××년 12월 31일까지　　　　　(단위 : 원)

비용	금액	수익	금액
급　　　　　여	300,000	매　　출　　액	500,000
임　　차　　료	100,000	임　　대　　료	100,000
세 금 과 공 과 금	80,000	이　자　수　익	120,000
이　자　비　용	40,000		
당 기 순 이 익	200,000		
	720,000		720,000

④ 일반기업회계기준에 의한 보고식 손익계산서

손익계산서

(주)박문각　　　　　20××년 1월 1일부터 20××년 12월 31일까지　　　　　(단위 : 원)

계정과목	금액
Ⅰ. 매　　출　　액	300,000,000
Ⅱ. 매　출　원　가	200,000,000
Ⅲ. 매 출 총 이 익	100,000,000
Ⅳ. 판매비와관리비	60,000,000
Ⅴ. 영　업　이　익	40,000,000
Ⅵ. 영 업 외 수 익	10,000,000
Ⅶ. 영 업 외 비 용	10,000,000
Ⅷ. 법인세차감전순이익	40,000,000
Ⅸ. 법　인　세　등	4,000,000
Ⅹ. 당 기 순 이 익	36,000,000

2) 손익계산서 인식기준

① 총액표시 : 수익과 비용은 각각 총액으로 표시한다.

② **구분표시** : 매출액, 매출원가, 판매비와관리비, 영업손익, 영업외수익, 영업외비용, 법인세차
감전순이익, 법인세비용, 당기순이익, 주당순이익으로 구분표시한다.

③ **수익비용대응원칙** : 일정 회계기간에 실현된 수익 및 동 수익과 관련되어 발생된 비용을 동일
회계기간에 인식함으로써 당해 회계기간의 이익을 합리적으로 산출해야 한다는 원칙을 말한다.

④ **발생주의 및 실현주의** : 발생주의는 현금주의와 상반된 개념으로, 현금의 수수와는 관계없이
수익은 실현되었을 때 인식되고, 비용은 발생되었을 때 인식되는 개념이다.

3) 수익, 비용 분류

예제 3

다음 보기와 같이 분류란에 수익계정은 "**영업외수익**", 비용계정은 "**판매비와관리비**", "**영업외
비용**"이라 기입하시오.

No	계정과목	분류	No	계정과목	분류
보기	매출액	영업수익	(11)	세금과공과금	
(1)	매출채권처분손실		(12)	수도광열비	
(2)	단기매매증권평가손실		(13)	급여	
(3)	보험료		(14)	광고선전비	
(4)	잡손실		(15)	임대료	
(5)	여비교통비		(16)	유형자산처분손실	
(6)	단기매매증권처분손실		(17)	배당금수익	
(7)	잡이익		(18)	소모품비	
(8)	이자비용		(19)	임차료	
(9)	통신비		(20)	퇴직급여	
(10)	이자수익		(21)	유형자산처분이익	

[해설]

No	계정과목	분류	No	계정과목	분류
보기	매출액	영업수익	(11)	세금과공과금	판매비와관리비
(1)	매출채권처분손실	영업외비용	(12)	수도광열비	판매비와관리비
(2)	단기매매증권평가손실	영업외비용	(13)	급여	판매비와관리비
(3)	보험료	판매비와관리비	(14)	광고선전비	판매비와관리비
(4)	잡손실	영업외비용	(15)	임대료	영업외수익
(5)	여비교통비	판매비와관리비	(16)	유형자산처분손실	영업외비용
(6)	단기매매증권처분손실	영업외비용	(17)	배당금수익	영업외수익
(7)	잡이익	영업외수익	(18)	소모품비	판매비와관리비
(8)	이자비용	영업외비용	(19)	임차료	판매비와관리비
(9)	통신비	판매비와관리비	(20)	퇴직급여	판매비와관리비
(10)	이자수익	영업외수익	(21)	유형자산처분이익	영업외수익

4) 손익법에 의한 손익계산서의 기본등식

① 총수익 − 총비용 = 당기순이익

② 총비용 − 총수익 = 당기순손실

5) 재산법과 손익법의 당기순손익의 일치성

① 기말자본 − 기초자본 = 당기순이익, 총수익 − 총비용 = 당기순이익

② 기초자본 − 기말자본 = 당기순손실, 총비용 − 총수익 = 당기순손실

※ 재산법이나 손익법이나 모두 당기순이익 또는 당기순손실이 반드시 동일한 금액으로 계산되어야 한다.

예제 4

다음 빈칸에 들어갈 금액을 계산하시오.

구분	기초			기말			경영성과 및 순손익		
	자산	부채	자본	자산	부채	자본	총수익	총비용	순손익
(1)	70,000	30,000	(①)	100,000	40,000	(②)	(③)	30,000	(④)
(2)	(⑤)	50,000	40,000	(⑥)	80,000	30,000	20,000	(⑦)	(⑧)
(3)	150,000	(⑨)	100,000	200,000	(⑩)	140,000	(⑪)	10,000	(⑫)

[해설]

구분	기초			기말			경영성과 및 순손익		
	자산	부채	자본	자산	부채	자본	총수익	총비용	순손익
(1)	70,000	30,000	(40,000)	100,000	40,000	(60,000)	(50,000)	30,000	(20,000)
(2)	(90,000)	50,000	40,000	(110,000)	80,000	30,000	20,000	(30,000)	(−10,000)
(3)	150,000	(50,000)	100,000	200,000	(60,000)	140,000	(50,000)	10,000	(40,000)

03 내부통제와 내부회계관리제도 모범규준(2019.12.20. 개정기준반영)

기업의 경영목적 달성을 지원하기 위하여 기업이 채택한 정책과 회계절차를 의미한다. 기업과 경영자는 경영목표를 효과적으로 달성하기 위해 내부통제제도를 설계하여 운용하고, 감사인은 경제적인 감사의 수행을 위해 통제위험의 평가에 필요한 증거를 수집하고 그 결과에 따라 재무제표의 적정성과 직접 관련되는 입증절차의 특성, 시기 및 범위를 결정한다.

1) 내부통제제도

① 내부통제제도의 필요성

㉠ 경영정책 준수를 포함한 업무의 효율적 수행이 필요하다.

㉡ 자산측면에서 보호되어야 한다.

ⓒ 부정과 오류는 사전에 예방하고 적시에 발견되어야 한다.
ⓔ 회계기록의 적시성 및 신뢰성이 유지되어야 한다.

② 내부통제제도의 목적

내부통제제도는 다음의 세 가지 목적달성에 대한 합리적 확신을 제공하기 위하여 조직의 이사회, 경영진 및 여타 구성원에 의해 지속적으로 실행되는 일련의 과정이다.

㉠ 기업운영의 효율성 및 효과성 확보(운영목적)
㉡ 재무정보의 신뢰성 확보(재무보고목적)
㉢ 관련 법규 및 정책의 준수(법규준수목적)

③ 내부통제제도(=내부통제시스템)의 구성요소

내부통제시스템은 다음의 5가지 구성요소가 모두 제대로 작동할 때 효과적이다.

구성요소	내용
통제환경 (Control Environment)	내부통제제도 전체의 기초를 이루는 개념으로서 조직체계·구조, 내부통제를 유인하는 상벌 체계, 인력운용 정책, 교육정책, 경영자의 철학, 윤리, 리더십 등을 포함하는 포괄적인 개념을 말한다.
위험평가 (Risk Assessment)	회사의 목적달성과 영업성과에 영향을 미칠 수 있는 내·외부의 관련 위험을 식별하고 평가·분석하는 활동을 의미하며, 전사적 수준 및 업무프로세스 수준의 위험식별, 위험의 분석·대응방안 수립, 위험의 지속적 관리 등이 포함된다.
통제활동 (Control Activities)	조직 구성원이 이사회와 경영진이 제시한 경영방침이나 지침에 따라 업무를 수행할 수 있도록 마련된 정책 및 절차와 이러한 정책 및 절차가 준수되도록 하기 위한 제반 활동을 의미하며, 업무의 분장, 문서화, 승인·결재체계, 감독체계, 자산의 보호체계 등을 포함한다.
정보 및 의사소통 (Information & Communication)	조직 구성원이 그들의 책임을 적절하게 수행할 수 있도록 시의적절한 정보를 확인·수집할 수 있게 지원하는 절차와 체계를 의미하며, 정보의 생성·집계·보고체계, 의사소통의 체계 및 방법 등이 포함된다.
모니터링 (Monitoring)	내부통제의 효과성을 지속적으로 평가하는 과정을 의미하며, 회사 전체 또는 사업단위에 대한 자체평가, 자체 감사활동 및 사후관리 등을 포함하여 수행된다.

④ 내부통제제도의 효과와 한계

　㉠ 효과

　　효과적인 내부통제제도는 경영진이 업무성과를 측정하고, 경영의사결정을 수행하며, 업무프로세스를 평가하고, 위험을 관리하는 데 기여함으로써 회사의 목표를 효율적으로 달성하고 위험을 회피 또는 관리할 수 있도록 한다. 그리고 직원의 위법 및 부당행위(횡령, 배임 등) 또는 내부정책 및 절차의 고의적인 위반행위뿐만 아니라 개인적인 부주의, 태만, 판단상의 착오 또는 불분명한 지시에 의해 야기된 문제점들을 신속하게 포착함으로써 회사가 시의적절한 대응조치를 취할 수 있게 해 준다.

　㉡ 한계

　　아무리 잘 설계된 내부통제제도라고 할지라도 제도를 운영하는 과정에서 발생하는 집행위험은 피할 수 없다. 즉, 최상의 자질과 경험을 지닌 사람도 부주의, 피로, 판단착오 등에 노출될 수 있으며, 내부통제제도도 이러한 사람들에 의해 운영되므로 내부통제제도가 모든 위험을 완벽하게 통제할 수는 없다.

이론문제 | 재무제표의 이해와 내부통제회계제도

01 재무상태표의 기본구조에 관한 설명으로 옳지 않은 것은?

① 유동자산은 당좌자산과 재고자산으로 구분한다.

② 비유동자산은 투자자산, 유형자산, 무형자산, 기타비유동자산으로 구분한다.

③ 자산과 부채는 유동성이 작은 항목부터 배열하는 것을 원칙으로 한다.

④ 자본은 자본금, 자본잉여금, 자본조정, 기타포괄손익누계액 및 이익잉여금(또는 결손금) 으로 구분한다.

02 다음 중 기업회계기준상 당좌자산에 속하지 않는 것은?

① 일반적 상거래에서 발생한 외상매출금과 받을어음

② 회수기한이 1년 내에 도래하는 대여금

③ 상품·원재료 등의 매입을 위하여 선급한 금액

④ 받은 수익 중 귀속시기가 차기 이후에 속하는 금액

03 다음 항목들 중에서 유동자산의 합계금액은 얼마인가?

• 현금	150,000원	• 단기매매증권	180,000원
• 매입채무	420,000원	• 장기금융상품	305,000원
• 선급비용	230,000원	• 매출채권	510,000원
• 기계장치	340,000원	• 개발비	100,000원

① 840,000원

③ 1,145,000원

② 1,070,000원

④ 2,235,000원

04 다음 중 재무제표의 작성과 표시에 대한 설명으로 옳지 않은 것은?

① 경영진은 재무제표를 작성할 때 계속기업으로서의 존속가능성을 평가해야 한다.

② 재무제표의 작성과 표시에 대한 책임은 외부감사인에게 있다.

③ 재무제표는 경제적 사실과 거래의 실질을 반영하여 공정하게 표시하여야 한다.

④ 일반기업회계기준에 따라 적정하게 작성된 재무제표는 공정하게 표시된 재무제표로 본다.

05 우리나라 기업회계기준상 재무상태표 작성기준에 해당되지 않는 것은?

① 구분표시   ② 총액주의

③ 유동성배열법   ④ 총액표시

06 현행 일반기업회계기준상 재무제표에 대한 설명으로 잘못된 것은?

① 유동자산은 당좌자산과 재고자산으로 구분하고, 비유동자산은 투자자산, 유형자산, 무형자산, 기타비유동자산으로 구분한다.
② 전기 재무제표가 당기 재무제표를 이해하는 데 반드시 필요한 경우를 제외하고는 전기 재무제표는 표시하지 아니하는 것을 원칙으로 한다.
③ 재무제표는 재무상태표, 손익계산서, 현금흐름표, 자본변동표로 구성되며, 주석을 포함한다.
④ 자본은 자본금, 자본잉여금, 자본조정, 기타포괄손익누계액 및 이익잉여금(또는 결손금)으로 구분한다.

07 다음 중 재무제표 양식에 대한 설명으로 틀린 것은?

① 재무제표 양식은 보고식을 원칙으로 표준식 또는 요약식으로 작성할 수 있다.
② 재무제표는 당해 회계연도 분과 직전 회계연도 분을 비교하는 형식으로 작성하여야 한다.
③ 회계방침 등 필요한 사항은 주석으로 작성하여야 한다.
④ 재무상태표는 계정식으로 작성할 수 없다.

08 도·소매업을 영위하는 (주)한공의 수익과 비용을 옳게 분류한 것은?

> 가. 보유 중인 (주)한성의 주식 100주에 대하여 1주당 4,000원의 배당금을 현금으로 받아 당좌예입하다.
> 나. 상품 보관용 창고의 임차료 500,000원을 보통예금에서 자동이체하였다.

	가	나
①	영업수익	판매비와관리비
②	영업수익	영업외비용
③	영업외수익	판매비와관리비
④	영업외수익	영업외비용

09 기업회계기준에 의한 손익계산서의 작성기준 중 틀린 것은?

① 모든 수익과 비용은 그것이 발생한 기간에 정당하게 배부하도록 처리하여야 한다.

② 수익과 비용은 총액에 의하여 기재함을 원칙으로 한다.

③ 수익은 실현시기를 기준으로 계상한다.

④ 미실현수익(단기매매증권평가이익은 제외)은 당기의 손익계산에 산입함을 원칙으로 한다.

10 다음 중 재무상태표, 손익계산서와 관련된 설명으로 가장 적절하지 않은 것은?

① 재무상태표는 일정시점에서 기업의 자금조달원천인 부채와 자본 규모를 알 수 있다.

② 재무상태표에서 이익잉여금이 매년 누적될수록 주주의 몫인 자본은 커진다.

③ 손익계산서는 현금으로 지급되지 않은 사항은 보고하지 않는다.

④ 수익을 창출하기 위해 희생된 대가를 비용이라 한다.

11 다음 자료를 이용하여 손익계산서에 계상될 영업이익을 계산하면 얼마인가?

• 매출총이익	1,000,000원	• 접대비(기업업무추진비)	30,000원
• 감가상각비	20,000원	• 이자비용	50,000원
• 경상개발비	40,000원	• 복리후생비	70,000원
• 기부금	60,000원		

① 730,000원   ② 780,000원

③ 820,000원   ④ 840,000원

12 재무제표를 통해 제공되는 정보에 관한 내용 중 옳지 않은 것은?

① 화폐단위로 측정된 정보를 주로 제공한다.

② 특정기업실체에 관한 정보를 제공하며, 산업 또는 경제 전반에 관한 정보를 제공하지는 않는다.

③ 대부분 과거에 발생한 거래나 사건에 대한 정보를 나타낸다.

④ 추정에 의한 측정치는 포함하지 않는다.

13 다음 중 내부통제제도의 구성요소에 해당하지 않는 것은?

① 통제환경   ② 위험평가

③ 내부위험   ④ 정보 및 의사소통

14 현금에 대한 내부통제제도의 내용으로 옳지 않은 것은?

① 현금 잔액에 대해서 불시에 실사를 수행해 본다.

② 전문성을 높이기 위하여 현금과 관련된 지출과 이에 대한 기록업무는 한 사람이 담당하도록 한다.

③ 대금의 지급은 반드시 회사가 정하는 적법한 승인절차를 거쳐서 지출되도록 한다.

④ 가능한 한 현금보유액을 최소화시키고 소액현금제도를 채택하여 처리하도록 한다.

15 다음 중 내부통제제도의 목적에 해당하지 않는 것은?

① 경영진의 경영능력 측정

② 재무정보의 신뢰성 확보

③ 관련 법규 및 정책의 준수

④ 기업 운영의 효율성 및 효과성 확보

16 내부통제제도 전체의 기초를 이루는 개념으로서 조직체계·구조, 내부통제를 유인하는 상벌 체계, 인력운용 정책, 교육정책, 경영자의 철학, 윤리, 리더십 등을 포함하는 것은 내부통제제도 구성요소 중 무엇에 해당하는가?

① 통제환경　　　　　　　　　　② 위험평가

③ 통제활동　　　　　　　　　　④ 모니터링

이론문제 정답 및 해설

01 ③ 자산과 부채는 유동성이 큰 항목부터 배열하는 것을 원칙으로 한다.

02 ④ 받은 수익 중 귀속시기가 차기 이후에 속하는 금액은 선수수익계정으로 유동부채에 속한다.

03 ② 유동자산 = 현금 + 단기매매증권 + 선급비용 + 매출채권 = 1,070,000원

04 ② 재무제표의 작성과 표시에 대한 책임은 경영진에게 있다.

05 ② 총액주의에서는 수익과 비용은 총액에 의하여 기재함을 원칙으로 하고, 수익항목과 비용항목을 직접 상계하면서 그 전부 또는 일부를 손익계산서에서 제외하여서는 아니 된다.

06 ② 재무제표의 기간별 비교가능성을 제고하기 위하여 전기 재무제표의 모든 계량정보를 당기와 비교하는 형식으로 표시한다.

07 ④ 재무상태표는 계정식으로도 작성할 수 있다.

08 ③ 배당금수익은 영업외수익으로 분류하고, 창고 임차료는 판매비와관리비로 분류한다.

09 ④ 수익은 실현주의 또는 가득기준을 적용하므로 미실현수익은 당기의 손익계산에 산입하지 않는다.

10 ③ 감가상각비, 대손상각비 등과 같이 현금으로 지급하지 않았더라도 영업활동을 위해 사용되어 자산의 가치가 감소되는 경우 비용으로 손익계산서에 보고한다.

11 ④ 영업이익 840,000원은 매출총이익 1,000,000원에서 판매비와관리비 160,000원(접대비(기업업무추진비), 감가상각비, 경상개발비, 복리후생비)을 차감하여 산출한다.

12 ④ 재무제표는 추정에 의한 측정치를 포함하고 있다.

13 ③ 내부통제제도는 통제환경, 위험평가, 통제활동, 정보 및 의사소통, 모니터링 등 5가지 구성요소가 있다.

14 ② 현금과 관련된 지출과 이에 대한 기록업무를 한 사람이 담당하게 되면 부정적인 효과가 더 크므로 조직체로 구성된 전문부서가 필요하다.

15 ① 내부통제제도가 잘 구성되어 있더라도 제도를 운영하는 경영진의 실제적인 업무능력을 합리적으로 측정할 수는 없다.

16 ① 내부통제제도의 구성요소 중 통제환경에 관한 설명이다.

3. 회계순환과정

01 회계상 거래와 일반생활에서의 거래의 구분

1) 회계상 거래가 되는 것

실제적으로 자산·부채·자본의 증감변화가 발생하는 것을 말한다.

2) 회계상의 거래가 아닌 것

상품주문이나 계약행위는 일반적인 거래로 간주되지만 자산·부채·자본의 증감에 변화가 없으므로 회계상의 거래가 아니다.

← 회계상의 거래 →		
화재, 도난, 분실, 파손 등에 의한 자산 감소	상품매매, 채권·채무의 발생·소멸, 각종 대금의 회수, 손익의 발생 등	주문, 임대차계약, 약속, 보관, 추심의뢰, 위탁, 채용 등
		← 일반생활의 거래 (회계상 거래가 아닌 것) →

📖 예제 5

다음 사항 중 회계상의 거래인 것은 ○표, 회계상의 거래가 아닌 것은 ×표를 하시오.

(1) 상품을 매입하고 대금은 현금지급하다.　　(　　)
(2) 상품을 외상으로 매출하다.　　(　　)
(3) 상품을 창고회사에 보관하다.　　(　　)
(4) 건물을 빌리기로 계약을 맺다.　　(　　)
(5) 금고에 보관 중이던 현금을 도난당하다.　　(　　)

[해설] --
(1) ○ (2) ○ (3) × (4) × (5) ○

02 거래의 8요소

기업에서 발생하는 회계상의 모든 거래는 8개의 요소로 구성되어 있는데 이것을 거래의 8요소라고 한다. 거래가 발생하면 차변요소와 대변요소가 결합하여 나타나는데, 차변요소끼리 또는 대변요소끼리는 결합이 불가능하다.

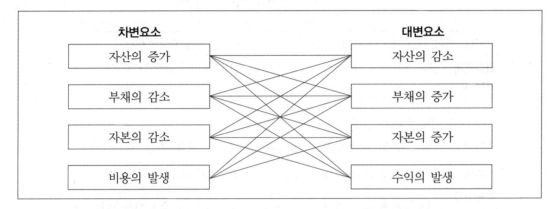

1) 거래의 성격에 따른 분류

① 교환거래 : 자산, 부채, 자본만이 증감 발생하는 거래를 말한다.

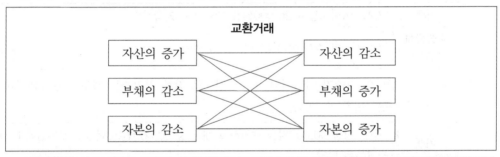

거래	(거래) 비품 80,000원을 외상으로 매입하다.
결합관계 (분개)	(차) 자산의 증가(비품) 80,000원 / (대) 부채의 증가(미지급금) 80,000원

② 손익거래 : 자산·부채·자본 중 1거래와 비용·수익 중 1거래가 연결되는 거래를 말한다.

거래	(거래) 전화요금 60,000원을 현금으로 지급하다.
결합관계 (분개)	(차) 비용의 발생(통신비) 20,000원 / (대) 자산의 감소(현금) 20,000원

③ 혼합거래 : 교환거래와 손익거래가 동시에 혼합되어 있는 거래를 말한다.

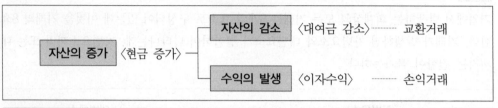

거래	(거래) 대여금 100,000원과 이자 5,000원을 현금으로 받다.
결합관계 (분개)	(차) 자산의 증가(현금)　105,000원 / (대) 자산의 감소(단기대여금)　100,000원 　　　　　　　　　　　　　　　　　　　수익의 발생(이자수익)　　5,000원

2) 현금의 수입과 지출에 따른 분류

① 입금거래 : 차변에 전부 현금이 입금되는 거래로 입금전표를 만들 수 있다.

거래	(거래) 은행 예금에 대한 이자 10,000원을 현금으로 받다.
결합관계 (분개)	(차) 자산의 증가(현금)　10,000원 / (대) 수익의 발생(이자수익)　10,000원

② 출금거래 : 대변에 전부 현금이 출금되는 거래로 출금전표를 만들 수 있다.

거래	(거래) 여비교통비 20,000원을 현금으로 지급하다.
결합관계 (분개)	(차) 비용의 발생(여비교통비)　20,000원 / (대) 자산의 감소(현금)　20,000원

③ 대체거래 : 현금의 거래가 아니거나 또는 1전표로 전부 처리하는 경우에 현금의 일부 거래로서 대체전표를 만들 수 있다.

거래	(거래) 상품 50,000원을 매입하고 대금 중 40,000원은 현금으로 지급하고 잔액은 외상으로 하다.
결합관계 (분개)	(차) 자산의 증가(상품)　50,000원 / (대) 자산의 감소(현금)　　　40,000원 　　　　　　　　　　　　　　　　　　　부채의 증가(외상매입금)　10,000원

◢ **03** 회계의 순환절차

거래 발생 ➡ 분개(전표기입) ➡ 총계정원장에 전기 ➡ 결산예비절차(시산표, 기말수정분개, 정산표 작성) ➡ 결산본절차(총계정원장 작성 및 마감) ➡ 결산후절차(손익계산서와 재무상태표 작성 및 마감)

1) 계정, 계정과목, 계정계좌(또는 계좌)

계정이란 기업의 거래들을 구체적인 항목별로 체계적으로 기록하기 위한 장소(단위)이며, 계정의 명칭은 계정과목이라 하고, 계정기입의 장소는 계정계좌 또는 계좌라고 한다.

2) 자산·부채·자본·비용·수익계정 잔액을 재무제표에 연결하는 방법

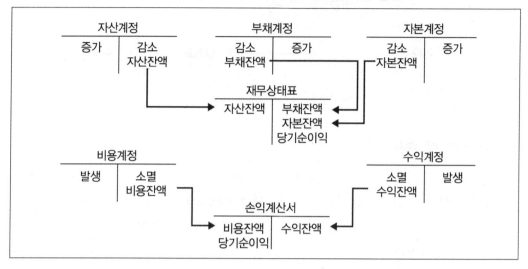

3) 대차평균의 원리와 자기검증기능

① 거래의 이중성[1]으로 인해 모든 거래는 두 가지 이상의 계정에 동시에 영향을 미친다. 따라서 차변합계와 대변합계는 반드시 일치하게 되어 차변과 대변은 평형을 이루게 되는데, 이를 대차평균(평형)원리라고 한다.

② 거래의 이중성과 대차평균(평형)원리를 이용하여 전계정의 차변합계와 대변합계를 비교하여 그것이 일치하는가를 확인함으로써 기록·계산에 오류가 있는지 여부를 자동적으로 검증할 수 있게 되는데, 이를 복식부기의 자기검증기능이라 한다.

4) 분개와 분개장

하나의 거래를 차변요소와 대변요소로 나누고, 그 계정과목과 금액을 결정하는 것으로 ① 어느 계정에 기입할 것인지 계정과목을 정하고, ② 그 계정의 차변 또는 대변에 기입할 것인가, ③ 얼마의 금액을 기입할 것인가를 결정하는 것이다. 이러한 분개를 기입하는 장부를 분개장이라고 한다.

5) 전표입력에 의한 총계정원장과 전기

특정계정과목의 거래내역과 증감액을 손쉽게 파악하기 위해서 분개장에 기록된 것을 다시 계정과목별로 별도의 장부에 집계해야 하는데 이와 같이 계정과목별로 집계되어 있는 장부를 총계정원장 또는 원장이라고 한다. 이와 같이 분개장 또는 일계표에 집계된 것을 원장상의 해당계정에 옮겨 적는 절차를 전기라 한다.

---

[1] 거래의 이중성이란 하나의 거래에 대해 두 가지 사항을 인식할 수 있다는 것으로, 거래가 발생하면 반드시 양쪽이 같은 금액으로 변동한다는 것을 의미한다. 즉, 차변에 자산이 증가하면 대변에 동액의 자산이 감소하거나 부채 또는 자본이 증가하여 차변과 대변은 항상 동액이 증감한다는 것이다.

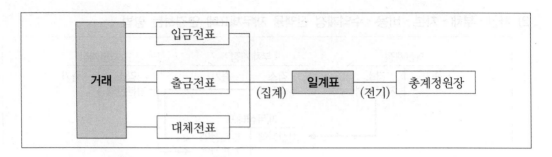

6) 분개와 전기의 예제

거래) 3/10 상품 100,000원을 현금으로 매입하다.
분개) 3/10 (차) 상품 100,000 (대) 현금 100,000
전기)

상품	현금
3/10 현금 100,000	3/10 상품 100,000

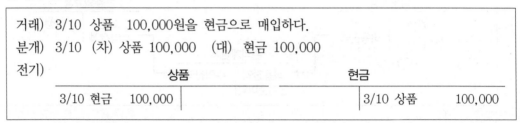

예제 6

다음 거래가 계정에 바르게 전기된 것은?

상품 100,000원을 매출하고 대금은 자기앞수표로 받다.

① 상품
　현금 100,000 |

② 상품매출
　| 당좌예금 100,000

③ 현금
　상품매출 100,000 |

④ 당좌예금
　상품매출 100,000 |

[해설]
③ (차) 현금 100,000 / (대) 상품매출 100,000

7) 장부의 분류

기업의 경영활동에서 발생하는 모든 거래를 기록·계산·정리하는 지면을 장부라 하며, 기업의 경영활동에 관한 원인과 결과를 명백히 하기 위한 기록상의 서류를 말한다.

주요부	• 분개장 : 모든 거래내용을 발생한 순서대로 분개를 기입하는 장부로, 총계정원장에 전기하는 기초가 된다. • 총계정원장 : 분개장에서 분개한 것을 계정과목별로 계정계좌를 세워 거래를 계정단위로 기입하는 장부이다.
보조부	• 보조기입장 : 현금출납장, 당좌예금출납장, 매입장, 매출장, 받을어음기입장, 지급어음기입장등이 있다. • 보조원장 : 상품재고장, 매입처원장, 매출처원장 등이 있다.

04 결산 및 결산절차

1) 결산예비절차

① 수정전시산표

결산을 시작하기 전에 예비절차로서 분개장에서 총계정원장에 전기된 금액이 정확한지를 확인하기 위하여 모든 계정의 차변금액과 대변금액이 일치하는가를 자기검증하는 표를 시산표라 한다.

㉠ 수정전시산표 등식 : 수정분개를 반영하기 전의 시산표이다.

기말자산 + 총비용 = 기말부채 + 기초자본 + 총수익

㉡ 수정전시산표의 종류

- **합계시산표** : 각 계정원장의 차변합계액과 대변합계액을 모아서 작성한 표이다.
- **잔액시산표** : 각 계정원장의 대·차 차액인 잔액으로 작성한 표이다.
- **합계잔액시산표** : 합계시산표와 잔액시산표를 동시에 나타낸 표이다.

② 시산표에서의 오류

시산표의 차변합계액과 대변합계액이 일치하지 않는다면 계산이나 기록 중 어딘가에 이상이 있기 때문이다.

■ 시산표에서 발견할 수 있는 오류

차변과 대변의 금액을 다르게 기록한 경우는 파악이 가능하다.

예제 7

다음 중 시산표 작성 시 발견이 가능한 오류는?

① 분개할 때 성격이 다른 계정과목을 사용하였다.
② 거래 내용의 전체가 누락되었다.
③ 같은 거래를 이중으로 기록하였다.
④ 차변과 대변의 금액을 다르게 기록하였다.

[해설]

④ 차변과 대변의 금액을 다르게 기록할 경우는 파악이 가능하다.

2) 재고조사표와 기말수정분개

회계 기말에 기업의 정확한 재무상태와 경영성과를 파악하기 위하여 총계정원장의 각 계정잔액을 기말에 수정분개와 함께 수정할 필요가 있다. 재고조사표란 이러한 결산정리의 모든 사항을 하나의 일람표로 작성하는 것을 말한다.

3) 정산표(= 수정후시산표)

잔액시산표를 기초로 하여 결산 전에 손익계산서와 재무상태표를 함께 작성하는 일람표이다.

4) 결산본절차(총계정원장 마감)

① 총계정원장에 있는 비용계정과 수익계정의 원장잔액을 "손익"으로 마감한다.

② 손익계정에서 당기순손익을 계산하여 "이월이익잉여금" 원장으로 대체기입한다.

③ 자산, 부채, 자본계정을 차기이월로 마감하고 "전기이월"로 마감하여 이월시킨다.

④ 이월된 잔액을 집계하여 이월시산표를 작성하여 대차합계가 일치하는지 확인한다.

5) 결산후절차

결산본절차에서 작성된 손익계정을 보고 손익계산서를 작성하며, 이월시산표를 보고 재무상태표를 작성한다.

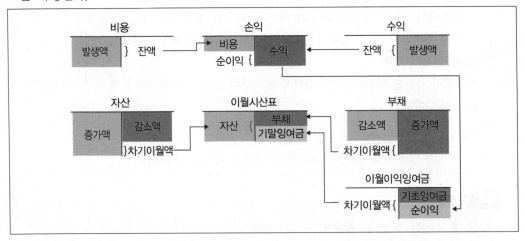

분개연습 | 회계순환과정 100문제

※ 다음 거래를 분개하시오.

[1]   집세 200,000원을 현금으로 받다.
　　　(차)   (대)

[2]   이자 30,000원을 현금으로 받다.
　　　(차)   (대)

[3]   수수료 40,000원을 현금으로 받다.
　　　(차)   (대)

[4]   집세 200,000원을 현금으로 지급하다.
　　　(차)   (대)

[5]   이자 30,000원을 현금으로 지급하다.
　　　(차)   (대)

[6]   수수료 40,000원을 현금으로 지급하다.
　　　(차)   (대)

[7]   보험료 60,000원을 현금으로 지급하다.
　　　(차)   (대)

[8]   상공회의소 회비 50,000원을 현금으로 지급하다.
　　　(차)   (대)

[9]   광고료 500,000원을 현금으로 지급하다.
　　　(차)   (대)

[10] 소모품 40,000원을 구입하고 대금은 현금으로 지급하다(비용처리).
　　　(차)   (대)

[11] 신문구독료 30,000원을 현금으로 지급하다.
　　　(차)   (대)

[12] 우표 및 엽서 10,000원을 구입하고 대금은 현금으로 지급하다.
　　　(차)   (대)

[13] 택시요금 300,000원을 현금으로 지급하다.
(차)   (대)

[14] 수도료 300,000원을 현금으로 납부하다.
(차)   (대)

[15] 업무용 트럭 유류대금 40,000원을 현금으로 지급하다.
(차)   (대)

[16] 금고에 보관 중이었던 현금 500,000원을 도난당하다.
(차)   (대)

[17] 영업용 책상과 의자 200,000원에 구입하고 대금은 현금으로 지급하다.
(차)   (대)

[18] 건물 300,000원 구입하고 대금은 월말에 지급하기로 하다.
(차)   (대)

[19] 전기요금 200,000원을 현금으로 납부하다.
(차)   (대)

[20] 구로상사에서 상품 150,000원을 매입하고 대금은 월말에 지급하기로 하다.
(차)   (대)

[21] 단기차입금에 대한 이자 50,000원을 현금으로 지급하다.
(차)   (대)

[22] 외상매입금 100,000원을 수표를 발행하여 지급하다.
(차)   (대)

[23] 승리 상점에 상품 300,000원을 매출하고 대금은 현금으로 받다.
(차)   (대)

[24] 급여에서 원천징수한 소득세 등 200,000원을 현금으로 지급하다.
(차)   (대)

[25] 현금 2,000,000원과 상품 450,000원을 출자하여 영업을 개시하다.
(차)   (대)

[26] 제주상사에서 상품 330,000원을 매입하고 대금은 외상으로 하다.
(차)   (대)

[27] 업무용 책상과 의자 1,000,000원을 구입하고 대금은 현금으로 지급하다.
(차)   (대)

[28] 건물 5,000,000원을 구입하고 대금은 1개월 후에 지급하기로 하다.
(차)   (대)

[29] 행복상점의 외상매출금 340,000원을 현금으로 받다.
(차)   (대)

[30] 동네문구사에서 소모품 20,000원을 구입하고 대금은 현금으로 지급하다(자산처리).
(차)   (대)

[31] 제주도상점에 상품 200,000원을 매출하고 대금은 외상으로 하다.
(차)   (대)

[32] 업무용 온풍기를 3,000,000원에 구입하고 대금은 월말에 지급하기로 하다.
(차)   (대)

[33] 오산상점의 외상매입금 500,000원을 현금으로 지급하다.
(차)   (대)

[34] 사용 중이던 비품 장부가액 400,000원을 처분하고, 대금은 현금으로 받다.
(차)   (대)

[35] 희망상회에서 상품 700,000원을 매입하고 대금 중 500,000원은 현금으로 지급하고 잔액은 외
상으로 하다.
(차)   (대)

[36] 단기대여금에 대한 이자 70,000원을 현금으로 받다.
(차)   (대)

[37] 단기차입금에 대한 이자 50,000원을 현금으로 지급하다.
(차)   (대)

[38] 영업용 컴퓨터 2,000,000원을 구입하고 대금 중 1,300,000원은 현금으로 지급하고 잔액은 월
말에 지급하다.
(차)   (대)

[39] 상품매매 중개수수료 45,000원을 현금으로 지급하다.
(차)   (대)

[40] 상품 230,000원을 매출하고 대금 중 100,000원은 현금으로 받고 잔액은 약속어음으로 받다.
(차)   (대)

[41] 사무용 복사용지를 구입하고 대금 80,000원을 현금으로 지급하다. (단, 비용처리할 것)
(차)   (대)

[42] 사무실 인터넷 전용선 사용요금 23,000원을 국민신한은행에 보통예금 계좌로 자동이체하였다.
(차)   (대)

[43] 경리사원 경리세무실무 교육비 300,000원을 현금으로 지급하다.
(차)   (대)

[44] 영업소 월세 450,000원 중 150,000원은 송원빌딩에 현금으로 지급하고 잔액은 차후에 지급하기로 하다.
(차)   (대)

[45] 한울일보 5월분 신문구독료 140,000원을 현금으로 지급하다.
(차)   (대)

[46] 고구려 주유소에서 업무용차량의 유류대 56,000원을 외상으로 하다.
(차)   (대)

[47] 영업용 화물차 3,000,000원을 구입하고 대금은 월말에 지급하기로 하다.
(차)   (대)

[48] 견본상품을 퀵서비스에 의뢰하여 발송(매출)하고 당점운임 40,000원을 현금으로 지급하다.
(차)   (대)

[49] 종업원 유리왕자의 시내교통비 8,000원을 현금으로 지급하다.
(차)   (대)

[50] 대영은행에서 이자 26,000원을 보통예금통장에 입금하다.
(차)   (대)

[51] 건물 화재보험료 400,000원을 현금으로 납부하다.
(차)   (대)

[52] 한강상사에 대한 상품매출 계약금 60,000원을 현금으로 받다.
(차)   (대)

[53] 소유하고 있는 약속어음 670,000원이 오늘 만기가 되어 현금으로 받다.
(차)   (대)

[54] 상품 580,000원을 매출하고 대금 중 300,000원은 현금으로 받고 잔액은 약속어음으로 받다.
(차)   (대)

[55] 직원들의 전철승차권 구입대금 50,000원을 현금으로 지급하다(복리후생목적).
(차)   (대)

[56] 부여상점에 상품 7,000,000원을 주문하고 계약금 810,000원을 현금으로 지급하다.
(차)   (대)

[57] 단기대여금 200,000원과 이자 20,000원을 현금으로 받다.
(차)   (대)

[58] 단기차입금 600,000원과 이자 60,000원을 현금으로 지급하다.
(차)   (대)

[59] 부산식당에서 거래처 직원의 식사대로 200,000원을 접대하고 대금은 우리카드 법인카드로 결제하다.
(차)   (대)

[60] 직원 임은정의 결혼 축하금 500,000원을 현금으로 지급하다.
(차)   (대)

[61] 연말연시 불우이웃돕기 성금 900,000원을 한국방송공사에 현금으로 지급하다.
(차)   (대)

[62] 신입사원 모집을 위해 잡코리아에 모집광고를 하고 대금 580,000원을 현금으로 지급하다.
(차)   (대)

[63] 본사 건물에 대한 재산세 800,000원을 구청에 현금으로 납부하다.
(차)   (대)

[64] 이마트백화점에서 종업원에게 지급할 선물(비누세트) 400,000원과 거래처 직원에게 지급할 선물(굴비) 300,000원을 구입하고 대금은 수표를 발행하여 지급하다.
(차)   (대)

[65] 신도리콤에서 사무실 복사기 A/S 비용 250,000원 중 150,000원은 현금으로 지급하고 나머지는 월말에 지급하기로 하다. (단, 비용처리하시오.)
(차)   (대)

[66] 청춘대학에 의뢰한 신제품개발에 따른 연구용역비 1,000,000원을 현금으로 지급하다. (단, 연구단계이며 "연구비"로 처리하시오.)
(차)   (대)

[67] 당사는 전기 매입처 (주)솔로몬에 대한 외상매입금 10,000,000원 중 5,000,000원을 금일 보통예금 계좌에서 이체하여 상환하였고, 나머지는 (주)솔로몬의 배려로 탕감받았다. (단, 이와 관련한 이자부분은 고려하지 않기로 한다.)
(차)   (대)

[68] 매장에 폐품 200,000원을 고물상에 처분하고 대금은 현금으로 받다.
(차)   (대)

[69] 종업원 명함을 인쇄하고 인쇄대금 30,000원을 보통예금 계좌에서 자동으로 지급하다.
(차)   (대)

[70] 영업용 화물차의 타이어와 엔진오일을 신속카센터에서 교체하고 400,000원을 현금으로 지급하다. (단, 수익적 지출로 비용처리하시오.)
(차)   (대)

[71] (주)삼선기기로부터 기계장치를 3,800,000원에 구입하여 800,000원을 현금으로 지급하고, 잔액은 월말에 지급하기로 하였다.
(차)   (대)

[72] 상품 매입대금으로 발행하였던 약속어음 1,000,000원이 오늘 지급기일이 되어 현금으로 지급하다.
(차)   (대)

[73] 비씨카드 결제일이 도래되어 248,000원을 결제하고 보통예금 계좌에서 자동이체되었다.
(차)   (대)

[74] 업무용 참고도서 100,000원을 미래서적에서 구입하고 대금은 현금으로 지급하다.
(차)   (대)

[75] 영업부서에 종업원들을 위한 비상의약품 10,000원을 경기약국으로부터 현금으로 구입하다.
(차)   (대)

[76] 외상대금으로 받아두었던 약속어음 200,000원이 금일상환기일이 되어 현금으로 회수하다.

(차)   (대)

[77] 거래처 사원인 김호진의 재혼으로 결혼축하금 100,000원을 현금으로 지급하다.

(차)   (대)

[78] 서도상점에 상품 100,000원을 외상매출하고 발송운임 10,000원을 현금으로 지급하다.

(차)   (대)

[79] 사무실 도난방지관리시스템 수수료 230,000원이 당사 보통예금 계좌에서 자동이체되어 지급되었다.

(차)   (대)

[80] 관악상회의 외상매출금 21,000,000원 중 10,000,000원은 현금으로 받고 잔액은 어음으로 받았다.

(차)   (대)

[81] (주)엘지로부터 사무실용 에어컨을 2,000,000원에 구입하고 대금은 익월에 지급하기로 하였다.

(차)   (대)

[82] 새로 구입한 마티즈 업무용 차량의 등록과 관련하여 취득세 500,000원과 등록세 300,000원을 현금으로 지급하였다.

(차)   (대)

[83] 거래처 (주)대덕으로부터 익월 말일 지급하기로 하고 현금 50,000,000원을 차입하였다.

(차)   (대)

[84] 봉천상회로부터 직원의 작업복을 구입하고 대금 600,000원을 현금으로 결제하였다. (단, 비용으로 계상할 것)

(차)   (대)

[85] 보유 중인 (주)종로의 주식에 대하여 중간배당금 1,000,000원을 현금으로 받았다. (단, 원천세와 관련된 분개는 생략)

(차)   (대)

[86] 판매용 전자부품 3,000,000원을 한결상사에서 구입하여, 2,000,000원은 보통예금 계좌에서 지급하고 잔액은 외상으로 하다.

(차)   (대)

[87] 성실실업에서 받아 보관 중인 약속어음 5,000,000원이 만기되어 제시한 결과 당사 당좌예금계좌에 입금되었음을 확인하다.

(차) (대)

[88] 사용 중이던 영업용 화물차(취득가액 3,000,000원)를 현대중고상사에 3,000,000원에 매각하고 대금은 2주일 후에 받기로 하다.

(차) (대)

[89] 목포산업에 10개월 동안 6,000,000원(연이율 5%)을 대여하기로 약정하고 현금으로 지급하다.

(차) (대)

[90] 거래처에 선물하기 위해서 영광 굴비 선물용품 500,000원을 구입하고 국민카드로 결제하다.

(차) (대)

[91] 소망상사에서 상품인 전자부품 10,000,000원을 매입하기로 계약하고, 대금 중 500,000원을 당좌수표를 발행하여 먼저 지급하다.

(차) (대)

[92] 거래처 늘(주)의 외상매입금 6,700,000원 중 2,000,000원을 어음 발행하여 지급하다. (만기 : 10월 31일)

(차) (대)

[93] 영업용 화물차에 대한 자동차세 100,000원을 현금으로 지급하다.

(차) (대)

[94] 본사 사무실 전기요금 200,000원과 인터넷 사용요금 100,000원이 보통예금 계좌에서 자동이체되다.

(차) (대)

[95] 상품 6,000,000원을 매출하고, 1,500,000원은 타인발행 당좌수표로 받고 잔액은 외상으로 하다.

(차) (대)

[96] 단기보유목적으로 구입하였던 상장기업인 (주)안양기업(장부가액 3,000,000원)의 주식을 4,000,000원에 처분하고 대금은 현금으로 받았다.

(차) (대)

[97] (주)하얀제지로부터 상품 11,000,000원을 매입함과 동시에 대금 중 8,000,000원을 현금으로 지급하고, 나머지 금액에 대하여는 약속어음을 발행하여 교부하였다.

(차) (대)

[98] 상품을 보관하는 창고에서 화재가 발생하여 장부가액 7,000,000원의 상품이 소실되었다.
    (단, 당회사는 화재보험에 가입되어 있지 않다.)
    (차)   (대)

[99] 다음과 같이 산출된 급여를 보통예금에서 직원의 보통예금 계좌로 이체 지급하다.

구분	관리직	생산직	합계
급여 총액	2,000,000원	3,000,000원	5,000,000원

    (차)   (대)

[100] 국방헌금 5,000,000원을 어음 발행하여 기부하다.
    (차)   (대)

분개연습 정답 및 해설

번호	차변	금액	대변	금액
1	현　　　금	200,000	임　대　료	200,000
2	현　　　금	30,000	이　자　수　익	30,000
3	현　　　금	40,000	수　수　료　수　익	40,000
4	임　차　료	200,000	현　　　금	200,000
5	이　자　비　용	30,000	현　　　금	30,000
6	수　수　료　비　용	40,000	현　　　금	40,000
7	보　험　료	60,000	현　　　금	60,000
8	세금과공과금	50,000	현　　　금	50,000
9	광　고　선　전　비	500,000	현　　　금	500,000
10	소　모　품　비	40,000	현　　　금	40,000
11	도　서　인　쇄　비	30,000	현　　　금	30,000
12	통　신　비	10,000	현　　　금	10,000
13	여　비　교　통　비	300,000	현　　　금	300,000
14	수　도　광　열　비	300,000	현　　　금	300,000
15	차　량　유　지　비	40,000	현　　　금	40,000
16	잡　손　실	500,000	현　　　금	500,000
17	비　　　품	200,000	현　　　금	200,000
18	건　　　물	300,000	미　지　급　금	300,000
19	전　력　비	200,000	현　　　금	200,000
20	상　　　품	150,000	외상매입금	150,000
21	이　자　비　용	50,000	현　　　금	50,000
22	외　상　매　입　금	100,000	당　좌　예　금	100,000
23	현　　　금	300,000	상　품　매　출	300,000
24	예　수　금	200,000	현　　　금	200,000
25	현　　　금 상　　　품	2,000,000 450,000	자　본　금	2,450,000
26	상　　　품	330,000	외상매입금	330,000
27	비　　　품	1,000,000	현　　　금	1,000,000
28	건　　　물	5,000,000	미　지　급　금	5,000,000
29	현　　　금	340,000	외상매출금	340,000
30	소　모　품	20,000	현　　　금	20,000
31	외　상　매　출　금	200,000	상　품　매　출	200,000
32	비　　　품	3,000,000	미　지　급　금	3,000,000
33	외　상　매　입　금	500,000	현　　　금	500,000
34	현　　　금	400,000	비　　　품	400,000
35	상　　　품	700,000	현　　　금 외상매입금	500,000 200,000

번호	차변	금액	대변	금액
36	현　　　금	70,000	이 자 수 익	70,000
37	이 자 비 용	50,000	현　　　금	50,000
38	비　　　품	2,000,000	현　　　금	1,300,000
			미 지 급 금	700,000
39	수 수 료 비 용	45,000	현　　　금	45,000
40	현　　　금	100,000	상 품 매 출	230,000
	받 을 어 음	130,000		
41	소 모 품 비	80,000	현　　　금	80,000
42	통 신 비	23,000	보 통 예 금	23,000
43	교 육 훈 련 비	300,000	현　　　금	300,000
44	임 차 료	450,000	현　　　금	150,000
			미 지 급 금	300,000
45	도 서 인 쇄 비	140,000	현　　　금	140,000
46	차 량 유 지 비	56,000	미 지 급 금	56,000
47	차 량 운 반 구	3,000,000	미 지 급 금	3,000,000
48	운 반 비	40,000	현　　　금	40,000
49	여 비 교 통 비	8,000	현　　　금	8,000
50	보 통 예 금	26,000	이 자 수 익	26,000
51	보 험 료	400,000	현　　　금	400,000
52	현　　　금	60,000	선 수 금	60,000
53	현　　　금	670,000	받 을 어 음	670,000
54	현　　　금	300,000	상 품 매 출	580,000
	받 을 어 음	280,000		
55	복 리 후 생 비	50,000	현　　　금	50,000
56	선 급 금	810,000	현　　　금	810,000
57	현　　　금	220,000	단 기 대 여 금	200,000
			이 자 수 익	20,000
58	단 기 차 입 금	600,000	현　　　금	660,000
	이 자 비 용	60,000		
59	접 대 비 (기업업무추진비)	200,000	미 지 급 금	200,000
60	복 리 후 생 비	500,000	현　　　금	500,000
61	기 부 금	900,000	현　　　금	900,000
62	광 고 선 전 비	580,000	현　　　금	580,000
63	세 금 과 공 과 금	800,000	현　　　금	800,000
64	복 리 후 생 비	400,000	당 좌 예 금	700,000
	접 대 비 (기업업무추진비)	300,000		
65	수 선 비	250,000	현　　　금	150,000
			미 지 급 금	100,000
66	연 구 비	1,000,000	현　　　금	1,000,000
67	외 상 매 입 금	10,000,000	보 통 예 금	5,000,000
			채무면제이익	5,000,000
68	현　　　금	200,000	잡 이 익	200,000

번호	차변	금액	대변	금액
69	도 서 인 쇄 비	30,000	보 통 예 금	30,000
70	차 량 유 지 비	400,000	현　　　금	400,000
71	기 계 장 치	3,800,000	현　　　금	800,000
			미 지 급 금	3,000,000
72	지 급 어 음	1,000,000	현　　　금	1,000,000
73	미 지 급 금	248,000	보 통 예 금	248,000
74	도 서 인 쇄 비	100,000	현　　　금	100,000
75	복 리 후 생 비	10,000	현　　　금	10,000
76	현　　　금	200,000	받 을 어 음	200,000
77	접 대 비 (기업업무추진비)	100,000	현　　　금	100,000
78	외 상 매 출 금	100,000	상 품 매 출	100,000
	운 반 비	10,000	현　　　금	10,000
79	수 수 료 비 용	230,000	보 통 예 금	230,000
80	현　　　금	10,000,000	외 상 매 출 금	21,000,000
	받 을 어 음	11,000,000		
81	비　　　품	2,000,000	미 지 급 금	2,000,000
82	차 량 운 반 구	800,000	현　　　금	800,000
83	현　　　금	50,000,000	단 기 차 입 금	50,000,000
84	복 리 후 생 비	600,000	현　　　금	600,000
85	현　　　금	1,000,000	배 당 금 수 익	1,000,000
86	상　　　품	3,000,000	보 통 예 금	2,000,000
			외 상 매 입 금	1,000,000
87	당 좌 예 금	5,000,000	받 을 어 음	5,000,000
88	미 수 금	3,000,000	차 량 운 반 구	3,000,000
89	단 기 대 여 금	6,000,000	현　　　금	6,000,000
90	접 대 비 (기업업무추진비)	500,000	미 지 급 금	500,000
91	선 급 금	500,000	당 좌 예 금	500,000
92	외 상 매 입 금	2,000,000	지 급 어 음	2,000,000
93	세 금 과 공 과 금	100,000	현　　　금	100,000
94	전 력 비	200,000	보 통 예 금	300,000
	통 신 비	100,000		
95	현　　　금	1,500,000	상 품 매 출	6,000,000
	외 상 매 출 금	4,500,000		
96	현　　　금	4,000,000	단 기 매 매 증 권	3,000,000
			단기매매증권처분이익	1,000,000
97	상　　　품	11,000,000	현　　　금	8,000,000
			지 급 어 음	3,000,000
98	재 해 손 실	7,000,000	상　　　품	7,000,000
99	급 여 (판)	2,000,000	보 통 예 금	5,000,000
	임 금 (제)	3,000,000		
100	기 부 금	5,000,000	미 지 급 금	5,000,000

이론문제 | 회계순환과정

01 다음 중 회계상의 거래에 해당하지 않는 것은?

① 재고자산의 일부가 파손되었다.
② 3개월분 사무실 임대료가 미지급되었다.
③ 상품매입을 위해 주문을 하였다.
④ 건물을 매각하면서 계약금을 받았다.

02 기업의 경영활동에 의해서 자산, 부채, 자본의 증감변화를 가져오는 일체의 경제적 사건을 무엇이라고 하는가?

① 계정   ② 전기
③ 거래   ④ 측정

03 다음 중 회계순환과정에 대한 설명으로 옳지 않은 것은?

① 회계등식에서 '자산 = 부채 + 자본'이다.
② 분개 및 전기의 정확성을 검증하기 위하여 시산표를 작성한다.
③ 수익과 비용계정 잔액은 회계기말에 집합손익계정으로 대체시킨다.
④ 재무상태표에 보고되는 계정은 장부가 마감되면 잔액이 없어지는 계정으로 임시계정이라 한다.

04 다음 중 시산표를 작성했을 때 오류가 발견되는 경우는?

① 외상매출금 현금 회수액 100,000원을 현금계정 차변에 100,000원으로 전기하고 외상매출금계정 대변에는 10,000원으로 전기한 경우
② 단기대여금으로 분개해야 할 것을 장기대여금으로 분개한 경우
③ 외상매출에 대한 분개 시 외상매출금과 매출계정을 모두 실제 금액보다 10배 많은 금액으로 기록한 경우
④ 분개를 한 후에 전기를 하지 않은 경우

05 (주)마포상사는 20×1년 초 현금 5,000,000원을 은행차입하고 본인 소유 건물 10,000,000 원을 출자하여 영업을 개시하였다. 20×1년 영업활동을 수행한 결과 8,000,000원의 수익 과 5,000,000원의 비용이 발생하였다. 이 기업의 20×1년 12월 말 재무상태표에 표시될 자본총액은 얼마인가?

① 10,000,000원
② 13,000,000원
③ 15,000,000원
④ 18,000,000원

06 회계거래에 대한 설명으로 적합하지 않은 것은?

① 모든 회계거래는 자산의 증가와 감소, 부채의 증가와 감소, 자본의 증가와 감소, 수익과 비용의 발생이라는 8가지 요소로 분류한다.
② 모든 회계거래는 반드시 한 개 이상의 차변기입과 한 개 이상의 대변기입을 발생시킨다.
③ 각 거래가 개별 원장계정의 차변과 대변에 미치는 영향이 같지만 이를 집합한 모든 원장 계정의 차변총액과 대변총액은 차이가 날 수 있다.
④ 한 거래에 의하여 두 개보다 많은 계정이 영향을 받더라도 차변에 기입되는 금액의 합계 와 대변에 기입되는 금액의 합계는 항상 같다.

07 회계장부는 기능에 따라 주요부와 보조부로 구분된다. 이에 대한 설명으로 옳지 않은 것은?

① 보조원장은 거래를 발생순서에 따라 기입하는 장부로 매입장, 매출장 등이 있고, 보조기 입장은 원장계정의 명세를 기입하는 장부로 상품재고장 등이 있다.
② 보조부는 주요부의 부족한 점을 보충하거나 주요부의 특정 계정과목의 내용을 상세하게 표시하는 장부를 말한다.
③ 총계정원장은 분개장에 기록된 거래를 계정과목별로 기록한다.
④ 주요부는 회계의 기본이 되는 장부로 분개장과 총계정원장을 말한다.

08 다음 회계정보의 순환과정과 관련된 내용 중 옳지 않은 것은?

① 거래의 인식에서부터 출발하여, 분개, 전기, 결산 등의 과정을 통해 재무제표가 작성된다.
② 거래의 이중성이란 모든 거래는 자산·부채·자본에 변화를 초래하는 원인과 결과라는 두 가지 속성이 함께 포함되어 있다는 것을 의미한다.
③ 분개란 거래를 인식해서 기록하는 것을 말하며 모든 회계정보 생산의 기초가 된다.
④ 전기절차는 계정과목결정, 금액결정, 차·대변결정 등의 순서로 이루어진다.

09 회계담당자가 잔액시산표를 작성한 결과 차변과 대변의 합계가 일치하지 않았을 때 그 원인이 될 수 있는 사례로 옳은 것은?

① 외상매출금 100,000원을 현금으로 회수한 거래 전체를 기장 누락하였다.

② 건물 화재보험료 200,000원을 현금으로 지급한 거래를 차변에 세금과공과금 계정으로 기입하였다.

③ 소모품 30,000원을 현금으로 지급한 거래를 소모품비 계정 차변에는 기입하였으나 현금계정 대변에는 기장 누락하였다.

④ 현금 100,000원을 보통예금으로 입금한 거래의 분개를 현금계정 차변과 보통예금 계정 대변에 전기하였다.

10 20×1년에 10,000,000원에 매입한 토지를 20×1년에 16,000,000원에 처분하고 현금을 수령하였다. 이 거래가 재무상태표에 미치는 영향으로 옳은 것은?

① 자산의 증가와 자본의 증가　　　② 자산의 증가와 부채의 증가
③ 자산의 감소와 부채의 감소　　　④ 부채의 감소와 자본의 감소

이론문제 정답 및 해설

01 ③ 상품매입을 위해 주문을 한 경우는 회계상의 거래로 보지 않는다. 왜냐하면 주문행위 자체만으로는 금전이 오간 것이 아니며 주문만으로 물건이 자기소유가 되는 것이 아니기 때문이다.

02 ③ 자산, 부채, 자본의 증감변화를 가져오는 일체의 경제적 사건을 거래라고 한다.

03 ④ 재무상태표에 보고되는 계정은 다음 기로 잔액이 이월되는 계정으로 영구계정이라 하고, 손익계산서에 보고되는 계정은 장부가 마감되면서 사라지는 계정으로 임시계정이라 한다.

04 ① 시산표에 금액을 잘못 기입하는 경우에는 대차차액이 발생하므로 오류가 발견될 수 있다.

05 ② 20×1년 초에 본인 소유 건물 10,000,000원을 출자하여 개업한 것은 기초자본으로 본다. 그리고 수익 8,000,000원에서 비용 5,000,000원을 차감하면 당기순이익 3,000,000원이 발생한다. 따라서 기초자본 10,000,000원과 당기순이익 3,000,000원을 합산하면 기말자본은 13,000,000원이 된다.

06 ③ 각 거래가 개별 원장계정의 차변과 대변에 미치는 영향이 같아야 하며 이를 집합한 모든 원장계정의 차변총액과 대변총액도 일치해야 한다.

07 ① 보조기입장은 거래를 발생순서에 따라 기입하는 장부로 매입장, 매출장 등이 있고, 보조원장은 원장계정의 명세를 기입하는 장부로 상품재고장 등이 있다.

08 ④ 분개절차는 계정과목결정, 금액결정, 차·대변결정 등의 순서로 이루어진다.

09 ③ 시산표에서 차변과 대변 중 어느 한 쪽의 금액을 누락하게 되면 대차차액이 발생한다.

10 ① 토지의 처분으로 현금이 유입되어 자산이 증가하고 자본(토지처분이익)이 증가한다.

4. 유동(당좌자산) - 현금 및 현금성자산 회계처리

◀ 01 현금

1) 현금의 분류

① 통화 : 주화, 지폐

② 통화대용증권 : 거래처(동점)가 발행한 당좌수표, 자기앞수표, 가계수표, 우편환증서, 만기도래 국·공사채이자표, 배당금지급통지표, 송금수표, 개인수표, 은행환어음, 일람출급어음 등

③ 요구불예금 : 당좌예금, 보통예금

2) 통화대용증권으로 보지 않는 것

① 선일자수표(어음) 　　② 우표·엽서(통신비)
③ 급여가불증(주임종단기채권) 　② 수입인지(세금과공과)
⑤ 차용증서(대여금 또는 차입금)

회계 사건	차변		대변	
현금수입 시	현금	50,000,000	상품매출	50,000,000
현금지출 시	상품	60,000,000	현금	60,000,000

📖 **예제 8**

다음 대화에서 밑줄 친 ㉠의 계정과목으로 옳은 것은?

박 부장 : 지난달 10월의 외상매출금 500,000원은 어떠한 방법으로 회수했습니까?
김 대리 : 네! ㉠ 200,000원은 타인발행수표로, 300,000원은 어음으로 받았습니다.

[해설] --

타인(=거래처)발행수표는 현금계정과목으로 표시한다.

◢ 02 현금과부족

장부상 현금 잔액과 실제 현금잔액이 계산의 착오나 거래의 누락 등에 의해서 일치하지 않는 경우
처리하는 일시적인 가계정이다.

회계사건		차변		대변	
현금 실제잔액 부족 시	차액 발생 시	현금과부족	10,000	현금	10,000
	원인 확인	통신비	8,000	현금과부족	8,000
	결산 시 원인불명	잡손실	2,000	현금과부족	2,000
현금 실제잔액 과잉 시	차액 발생 시	현금	15,000	현금과부족	15,000
	원인 확인	현금과부족	12,000	이자 수익	12,000
	결산 시 원인불명	현금과부족	3,000	잡이익	3,000
결산일 실제잔액 부족 시		잡손실	100,000	현금	100,000
결산일 실제잔액 과잉 시		현금	110,000	잡이익	110,000

◢ 03 현금출납장

현금의 수입과 지출을 상세히 기록하는 보조기입장을 말한다.

◢ 04 당좌예금과 보통예금

1) 당좌예금

은행과 당좌계약을 맺고 당좌예입하지만 인출은 반드시 당점(우리회사)이 당좌수표를 발행하는
경우이다.

① 당좌예금개설보증금

특정현금과예금(비유동자산)으로 분류하고 주석에는 당좌개설보증금으로 사용이 제한되어
있다는 사실을 기재한다.

② 당좌예금 입·출금의 회계처리

회계사건	수표거래		당좌예금계좌에 입금 시
	수취	지급	
자기앞수표	(차)현금/(대)계정	(차)계정/(대)현금	(차)당좌예금/(대)계정
타인발행 당좌수표			
자기발행 당좌수표	–	(차)계정/(대)당좌예금	

③ 당좌차월(= 단기차입금) 주의 유동부채로 표시함

사전 약정에 의하여 당좌예금 잔액이 없더라도 당좌수표를 발행할 수 있는데, 이때 당좌예금 잔액을 초과하여 지급된 금액을 말한다.

📖 **예제 9**

업무용 토지를 3억에 구입하고 대금은 당좌수표를 발행하여 지급한 경우 올바른 분개는? (단, 당좌예금잔액은 1억, 5억의 당좌차월계약 체결됨)

[해설]

(차) 토지	300,000,000	(대) 당좌예금(자산의 감소)	100,000,000
(자산의 증가)		단기차입금(= 당좌차월, 부채의 증가)	200,000,000

2) 보통예금

기업 또는 개인이 예금과 인출을 자유롭게 할 수 있는 저축성예금으로 체크카드, 직불카드 등을 이용하여 사용할 수 있다.

■ **보통예금(국민은행) 거래내역**

번호	거래일	내용	찾으신금액	맡기신금액	잔액	거래점
		계좌번호 204-023-4471415 하나상회				
1	20×1-12-22	(주)스카상사	2,000,000		*****	서대문

◢ 05 현금성자산

큰 거래비용 없이 현금으로 전환이 쉽고 이자율 변동에 따라 가치가 쉽게 변하지 않는 금융상품으로서 취득 당시 만기가 3개월 이내인 것을 말한다.

현금성자산의 예	① 취득 당시 만기 3개월 이내에 도래하는 채권 ② 취득 당시 상환일까지의 기간이 3개월 이내인 상환우선주 ③ 취득 당시 3개월 이내에 환매조건인 환매채 ④ 초단기 수익증권(MMF 포함)

☑분개연습 │ 유동(당좌자산) – 현금 및 현금성자산 회계처리

단, 상품판매는 상품매출계정 사용, 결합관계 표시, 부가가치세는 고려하지 말 것

[1] (주)강동전기에 상품 5,000,000원을 매출하고, 1,500,000원은 타인발행 당좌수표로 받고 잔액은 당점발행 당좌수표로 받다.
    (차)   (대)

[2] (주)우성에 대한 외상매출금 4,000,000원과 외상매입금 3,500,000원을 상계처리하고 나머지 잔액은 (주)우성의 당좌수표로 교부받다.
    (차)   (대)

[3] (주)안양산업의 외상매출금 1,500,000원에 대하여 300,000원은 (주)안양산업이 발행한 수표로 받고 잔액은 당사 거래은행의 보통예금 계좌로 입금되었다.
    (차)   (대)

[4] 거래처인 (주)현승산업의 외상매입금 10,000,000원 중 9,000,000원은 당좌수표를 발행하여 지급하고, 나머지 금액은 면제받았다. (단, 채무면제에 대한 이익은 영업외수익인 채무면제이익 계정으로 처리할 것)
    (차)   (대)

[5] 당사는 사옥을 확장하기 위하여 토지를 300,000,000원에 구입하고 대금은 수표를 발행하여 지급하다. (단, 당좌예금잔액은 250,000,000원, 당좌차월계약은 500,000,000원을 한도로 체결되어 있다.)
    (차)   (대)

[6] (주)지현산업에서 받아 보관 중이었던 약속어음 60,000,000원을 만기일에 회수하고 대금은 당좌예금으로 입금하였다. (단, 위 [5]번과 연속하여 회계처리할 것)
    (차)   (대)

[7] 당사는 당좌거래개설보증금 10,000,000원과 당좌예금계좌에 1,000,000원을 현금으로 입금하여 국민은행 당좌거래를 개설하고 당좌수표용지와 약속어음용지를 교부받았다.
    (차)   (대)

[8] (주)대여산업에 빌려주었던 대여금에 대한 이자 1,000,000원에 대해 원천징수세액 154,000원을 제외한 금액이 당사의 보통예금에 입금되었다. (단, 세금은 자산계정인 선납세금으로 처리할 것)
    (차)   (대)

분개연습 정답 및 해설

번호	차변		대변	
1	당좌예금(자산의 증가)	3,500,000	상품매출(수익의 발생)	5,000,000
	현금(자산의 증가)	1,500,000		
2	외상매입금(부채의 감소)	3,500,000	외상매출금(자산의 감소)	4,000,000
	현금(자산의 증가)	500,000		
3	현금(자산의 증가)	300,000	외상매출금(자산의 감소)	1,500,000
	보통예금(자산의 증가)	1,200,000		
4	외상매입금(부채의 감소)	10,000,000	당좌예금(자산의 감소)	9,000,000
			채무면제이익(수익의 발생)	1,000,000
5	토지(자산의 증가)	300,000,000	당좌예금(자산의 감소)	250,000,000
			단기차입금(부채의 증가)	50,000,000
6	단기차입금(부채의 감소)	50,000,000	받을어음(자산의 감소)	60,000,000
	당좌예금(자산의 증가)	10,000,000		
7	특정현금과예금(자산의 증가)	10,000,000	현금(자산의 감소)	11,000,000
	당좌예금(자산의 증가)	1,000,000		
8	선납세금(자산의 증가)	154,000	이자수익(수익의 발생)	1,000,000
	보통예금(자산의 증가)	846,000		

✔️ 이론문제 | 유동(당좌자산) - 현금 및 현금성자산 회계처리

01 다음은 기말자산과 기말부채의 일부분이다. 기말재무상태표에 표시될 계정과목과 금액이 틀린 것은?

> • 지급어음 : 10,000,000원   • 타인발행수표 : 25,000,000원
> • 받을어음 : 10,000,000원   • 우편환증서 : 5,000,000원
> • 외상매입금 : 50,000,000원   • 외상매출금 : 40,000,000원

① 매입채무 60,000,000원   ② 현금 및 현금성자산 30,000,000원
③ 매출채권 50,000,000원   ④ 당좌자산 75,000,000원

02 다음 중 기업회계기준상 당좌자산에 속하지 않는 것은?

① 일반적 상거래에서 발생한 외상매출금과 받을어음
② 회수기한이 1년 내에 도래하는 대여금
③ 상품·원재료 등의 매입을 위하여 선급한 금액
④ 받은 수익 중 귀속시기가 차기 이후에 속하는 금액

03 다음 금융상품은 모두 큰 거래비용 없이 현금으로 전환이 용이하고 이자율변동에 따른 가치변동의 위험이 중요하지 않다고 할 때, 현금성자산이 아닌 것은?

① 20×1년 12월 10일 취득하였으나 상환일이 20×2년 4월 20일인 상환우선주
② 3개월 이내의 환매조건인 환매채
③ 투자신탁의 계약기간이 3개월 이내인 초단기수익증권
④ 취득 당시 만기가 3개월 이내에 도래하는 채권

04 다음의 거래 중 분개가 틀린 것은?

> 12월 8일 현금의 회사장부가액은 1,000,000원인데, 실제현금보유액은 800,000원이며 그 원인은 알 수 없다.
> 12월 10일 위 부족액 중 100,000원은 전화요금의 기입누락으로 밝혀졌다.
> 12월 25일 위 부족액 중 50,000원은 이자비용의 기입누락으로 밝혀졌다.
> 12월 30일 결산일이 되었지만 나머지 부족액에 대한 원인을 알 수 없다.

① 12월 8일 : (차) 현금과부족 200,000원   (대) 현금   200,000원
② 12월 10일 : (차) 통신비   100,000원   (대) 현금과부족   100,000원
③ 12월 25일 : (차) 이자비용   50,000원   (대) 현금과부족   50,000원
④ 12월 30일 : (차) 현금과부족   50,000원   (대) 잡이익   50,000원

05 다음은 박문각(주)의 20×1년 12월 31일 현재 보유하고 있는 현금 및 금융상품 등의 내역이다. 이 자료를 이용하여 현금 및 현금성자산과 단기금융상품의 금액을 각각 계산하면 얼마인가?

> (1) 동전 및 지폐   230,000원
> (2) 양도성예금증서(110일 만기)   500,000원
> (3) 공사채만기이자표   300,000원
> (4) 당좌예금   1,000,000원
> (5) 당좌차월   50,000원
> (6) 소액현금   100,000원
> (7) 수입인지   50,000원
> (8) 타인발행수표   450,000원
> (9) 1년 이내 만기도래 정기예금   270,000원
> (10) 선일자수표   800,000원

	현금 및 현금성자산	단기금융상품
①	770,000원	2,080,000원
②	2,080,000원	770,000원
③	700,000원	2,150,000원
④	2,150,000원	700,000원

06 다음은 당좌예금계정에 대한 자료이다. 계정에 대한 거래의 추정으로 잘못된 것은?

		당좌예금		
9/1 전월이월	10,000	9/15 외상매입금		4,000
9/3 현금	3,000	9/22 상품		6,000
9/9 외상매출금	2,000			

① 9월 3일 수표를 발행하여 현금 3,000원을 인출하다.
② 9월 9일 외상매출금 2,000원을 회수하여 즉시 당좌예금하다.
③ 9월 15일 수표를 발행하여 외상매입금 4,000원을 지급하다.
④ 9월 22일 상품 6,000원을 매입하고 수표를 발행하여 지급하다.

07 다음 당좌예금출납장에 기입된 내용을 보고 10월 20일의 거래를 분개한 것으로 옳은 것은? (단, 2,000,000원 한도의 당좌차월 계약이 되어 있음)

당좌예금출납장 (단위 : 원)

날짜	적요	예입	인출	차 · 대	잔액
10/1	현금 예입	1,300,000		차	1,300,000
10/10	비품구입 당좌인출		900,000	차	400,000
10/20	차량할부금 지급		2,000,000	대	1,600,000
10/25	외상매출금 회수	300,000		대	1,300,000

① (차) 미지급금　2,000,000원　　(대) 당좌예금　　2,000,000원
② (차) 미지급금　2,000,000원　　(대) 당좌예금　　　400,000원
　　　　　　　　　　　　　　　　　　　단기차입금　1,600,000원
③ (차) 당좌예금　2,000,000원　　(대) 외상매출금　　400,000원
　　　　　　　　　　　　　　　　　　　단기차입금　1,600,000원
④ (차) 단기차입금　300,000원　　(대) 외상매출금　　300,000원

이론문제 정답 및 해설

01 ④ 지급어음과 외상매입금은 매입채무계정으로, 타인발행수표와 우편환증서는 현금 및 현금성자산 계정으로, 받을어음과 외상매출금은 매출채권계정으로 처리한다. 당좌자산은 타인발행수표, 외상매출금, 받을어음, 우편환증서를 합산한 금액으로 총 80,000,000원이다.

02 ④ 받은 수익 중 귀속시기가 차기 이후에 속하는 금액은 선수수익으로서 유동부채에 해당한다.

03 ① 현금성자산은 취득당시에 만기가 3개월 이내인 상환우선주를 말한다. 그러나 이 경우에는 4개월이 되므로 현금성자산에 해당하지 않는다.

04 ④ 차변의 현금과부족은 임시계정으로, 결산 때까지 원인을 밝히지 못한 경우에는 잡손실로 처리한다.
(차) 잡손실   50,000 / (대) 현금과부족   50,000

05 ②

번호	내역	현금 및 현금성자산	단기금융상품
(1)	동전 및 지폐	230,000원	–
(2)	양도성예금증서(110일 만기)	–	500,000원
(3)	공사채만기이자표	300,000원	–
(4)	당좌예금	1,000,000원	–
(5)	당좌차월(유동부채로 봄)	–	–
(6)	소액현금	100,000원	–
(7)	수입인지(세금과공과금으로 봄)	–	–
(8)	타인발행수표	450,000원	–
(9)	1년 이내 만기도래 정기예금	–	270,000원
(10)	선일자수표(어음취급함)	–	–
	합계	2,080,000원	770,000원

06 ① 9월 3일자 분개를 하면 "(차) 당좌예금 3,000 / (대) 현금 3,000"이 된다. 즉, 현금 3,000원을 당좌예금으로 입금처리한 경우이다.

07 ② 당좌예금 잔액 400,000원이 있는 상태에서 2,000,000원의 수표를 발행하였으므로, 당좌예금 잔액을 초과한 금액 1,600,000원은 당좌차월로서 유동부채인 단기차입금으로 분개를 한다.

5. 유동(당좌자산) - 단기투자자산 회계처리

금융자산 중 기업이 여유자금을 단기간에 운용하는 것으로 단기금융상품과 단기매매증권이 있다.

01 단기금융상품

금융기관이 취급하는 정기예금, 정기적금, 사용이 제한되어 있는 예금 및 기타 정형화된 상품 등으로 단기적 자금운용목적으로 소유하거나 기한이 1년 내에 도래하는 것을 말한다. 단기금융상품에는 양도성예금증서(CD), 신종기업어음(CP), 어음관리계좌(CMA), 중개어음, 표지어음 등이 있다.

02 단기매매증권

1) 단기매매증권으로 분류되기 위한 조건

① 시장성이 있어야 한다.
② 단기적 시세차익을 얻을 목적으로 취득하여야 한다.

분류	보유목적에 따른 분류	계정과목	자산종류	평가방법
지분증권 (주식)	① 시장성이 있고 단기시세차익 목적으로 취득 시(중대한 영향력 행사 목적이 없음)	단기매매증권	당좌자산	공정가액법
	② 장기투자목적으로 취득 시	매도가능증권	투자자산	공정가액법
채무증권 (채권)	① 시장성이 있고 단기시세차익 목적으로 취득 시(만기보유할 목적이 없음)	단기매매증권	당좌자산	공정가액법
	② 만기보유할 목적이 있는 경우	만기보유증권	투자자산	원가법
	③ 장기투자목적으로 취득 시	매도가능증권	투자자산	공정가액법

2) 단기매매증권 취득과 처분 시 회계처리

회계사건	차변		대변	
취득 시	단기매매증권 수수료비용(영업외비용)	1,000,000 25,000	현금	1,025,000
① 처분 장부가 < 처분가	현금	1,300,000	단기매매증권 단기매매증권처분이익	1,000,000 300,000
② 처분 장부가 > 처분가	현금 단기매매증권처분손실	950,000 50,000	단기매매증권	1,000,000

※ 단기매매증권처분이익(영업외수익)과 단기매매증권처분손실(영업외비용)은 손익계산서에 기재한다.

3) 기말시점에 단기매매증권 평가

회계사건	차변		대변	
취득 시	단기매매증권 수수료비용	1,000,000 25,000	현금	1,025,000
① 평가 장부가 1,000,000 < 공정가 1,200,000	단기매매증권	200,000	단기매매증권평가이익 200,000 (영업외수익)	
② 평가 장부가 1,000,000 > 공정가 950,000	단기매매증권평가손실 50,000 (영업외비용)		단기매매증권	50,000

📖 예제 10

다음 연속된 거래내역을 회계처리하시오.

(1) 20×1년 8월 14일 당사는 단기자금운용 목적으로 주식 500주를 주당 1,000원에 매입하였고 거래수수료 50,000원과 함께 당좌수표를 발행하여 지급하다.
(2) 20×1년 12월 31일 현재 공정가액은 주당 1,500원으로 평가되었다.
(3) 20×2년 1월 7일 위 주식을 1주당 2,000원에 처분하고, 대금은 처분수수료 50,000원을 차감한 후 현금으로 받다.

[해설]

20×1년 8/14	(차)	단기매매증권 수수료비용	500,000 50,000	(대)	당좌예금	550,000
20×1년 12/31	(차)	단기매매증권	250,000	(대)	단기매매증권평가이익	250,000
20×2년 1/7	(차)	현금	950,000	(대)	단기매매증권 단기매매증권처분이익	750,000 200,000

※ 단기매매증권의 취득금액, 공정금액, 처분금액은 다음과 같다.

20×1년 8/14 취득금액	20×1년 12/31 공정가치(종가)	20×2년 1/7 처분금액
500주 × 1,000원 = 500,000원 (수수료는 별도처리)	500주 × 1,500원 = 750,000원	(500주 × 2,000원) − 처분수수료 50,000원 = 처분금액 950,000원

4) 배당금수익 및 이자수익의 인식

회계사건	차변		대변	
소유 주식에 대한 현금 배당받으면	현금 (자산의 증가)	150,000	배당금수익 (영업외수익 증가)	150,000
소유 국공·사채 등에 대한 이자를 받으면	현금 (자산의 증가)	150,000	이자수익 (영업외수익 증가)	150,000

5) 단기매매증권의 재분류

단기매매증권은 원칙적으로 변경이 불가능하나, 시장성을 상실한 단기매매증권은 매도가능증권으로 분류가 가능하다.

분개연습 | 유동(당좌자산) – 단기투자자산 회계처리

[1] 단기시세차익목적으로 (주)수원산업의 주식 2,000주(1주당 액면 1,000원, 취득원가 1,200원)를 취득하고, 취득수수료 65,000원과 함께 당좌수표를 발행하여 지급하다.

(차)   (대)

[2] (주)EBS가 발행한 공채액면 10,000,000원(액면 10,000원)을 단기시세차익을 목적으로 9,750원에 취득하고, 대금은 보통예금 계좌에서 이체하다.

(차)   (대)

[3] 위 [1]번 (주)수원산업의 주식을 1주당 1,400원으로 매각처분하고, 대금은 매각수수료 20,000원을 차감한 후 국민은행 당좌예금에 입금하였다.

(차)   (대)

[4] 위 [2]번 (주)EBS가 발행한 공채(액면 10,000원)에 대하여 9,000원에 매각처분하고, 대금은 매각수수료 15,000원을 차감한 후 신한은행 보통예금에 입금하였다.

(차)   (대)

[5] 단기시세차익을 목적으로 (주)옥천산업의 주식 3,000주(1주당 액면 1,000원)를 1주당 1,500원에 취득하고, 대금은 취득수수료 100,000원과 함께 현금으로 지급하다.

(차)   (대)

[6] 기말 현재 결산을 위해 위 [5]번 (주)옥천산업의 주식을 공정가액 1주당 1,800원으로 평가하다.

(차)   (대)

[7] 당사는 (주)옥천산업의 주식을 보유하고 있는 상태에서 배당금영수증 1,000,000원을 받다.

(차)   (대)

분개연습 정답 및 해설

번호	차변			대변	
1	단기매매증권(자산의 증가)	2,400,000		당좌예금(자산의 감소)	2,465,000
	수수료비용(비용의 발생)	65,000			
2	단기매매증권(자산의 증가)	9,750,000		보통예금(자산의 감소)	9,750,000
3	당좌예금(자산의 증가)	2,780,000		단기매매증권(자산의 감소)	2,400,000
				단기매매증권처분이익 (수익의 발생)	380,000
	처분가액 : (2,000주 × 1,400원) − 매각수수료 20,000원 = 당좌예금수령액 2,780,000원				
4	보통예금(자산의 증가)	8,985,000		단기매매증권(자산의 감소)	9,750,000
	단기매매증권처분손실 (비용의 발생)	765,000			
5	단기매매증권(자산의 증가)	4,500,000		현금(자산의 감소)	4,600,000
	수수료비용(비용의 발생)	100,000			
6	단기매매증권(자산의 증가)	900,000		단기매매증권평가이익 (수익의 발생)	900,000
	단기매매증권평가이익 : 3,000주 × (1,800원 − 1,500원) = 900,000원				
7	현금(자산의 증가)	1,000,000		배당금수익(수익의 발생)	1,000,000

☑️ 이론문제 | 유동(당좌자산) – 단기투자자산 회계처리

01 단기매매증권에 대한 설명으로 옳지 않은 것은?

① 단기매매증권은 단기간 내의 매매차익을 목적으로 취득한 시장성이 있는 유가증권이다.
② 단기매매증권의 평가손익은 기타포괄손익누계액으로 처리한다.
③ 단기매매증권을 취득하는 경우 취득원가는 공정가치로 측정한다.
④ 단기매매증권 취득 시 발생하는 거래수수료는 당기의 비용으로 처리한다.

02 20×1년 3월 1일 단기매매 목적으로 주당 액면금액 5,000원인 갑회사 주식 10주를 주당 20,000원에 구입하고, 구입대금과 중개수수료 20,000원을 현금으로 지급하였다. 2개월 후 동 주식 전부를 주당 25,000원에 처분한 경우 단기매매증권처분손익으로 옳은 것은?

① 단기매매증권처분손실 20,000원
② 단기매매증권처분이익 20,000원
③ 단기매매증권처분손실 50,000원
④ 단기매매증권처분이익 50,000원

03 다음은 단기매매증권과 관련된 것이다. 기말 현재 재무제표에 표시될 단기매매증권 및 영업외수익은 각각 얼마인가?

- 4/8 　(주)삼성전자 보통주 100주를 5,000,000원에 취득하고 대금은 현금으로 지급하였다.
- 8/1 　(주)삼성전자로부터 200,000원의 중간배당금을 현금으로 수령하였다.
- 12/31 (주)삼성전자 보통주의 공정가액은 5,450,000원이다.

① 5,000,000원, 200,000원
② 5,000,000원, 450,000원
③ 5,450,000원, 650,000원
④ 5,450,000원, 450,000원

04 다음 자료는 단기간 내의 매매차익을 목적으로 취득하여 보유 중인 주식 자료 내역이다. 20×2년 2월 11일 처분 시 분개로 가장 옳은 것은?

- 20×1. 11. 1. 　: 취득가액 　　　　　　1,500,000원
- 20×1. 12. 31. : 결산일 현재 공정가액 　1,600,000원
- 20×2. 2. 11. 　: 처분가액 　　　　　　1,400,000원

① (차) 현금　　　　　　　　　1,400,000원　(대) 단기매매증권　　1,400,000원

② (차) 현금　　　　　　　　　1,400,000원　(대) 단기매매증권　　1,500,000원
　　　단기매매증권처분손실　　100,000원

③ (차) 현금   1,400,000원   (대) 단기매매증권   1,600,000원

단기매매증권처분손실   200,000원

④ (차) 현금   1,400,000원   (대) 단기매매증권   1,500,000원

단기매매증권평가손실   100,000원

05 다음 중 기업회계기준상 유가증권에 대한 설명으로 틀린 것은?

① 어음이나 수표는 그 자체가 매매대상이 아니므로 회계상 유가증권에서 제외된다.

② 결산일에 단기매매증권을 보유하고 있다면 결산일 현재의 시가로 표시하도록 하고 있다.

③ 단기매매증권의 평가손익은 미실현보유손익이므로 자본항목으로 처리하여야 한다.

④ 유가증권의 단가는 개별법, 총평균법, 이동평균법 또는 합리적인 방법에 의하여 선정한다.

06 다음 자료에 의한 단기매매증권과 관련된 내용으로 올바른 것은?

> 단기간 매매차익 목적으로 취득한 (주)박문각의 주식 20주를 6월 25일 주당 400,000원에 매
> 각하고 대금은 현금으로 회수하였다. (단, (주)박문각의 주식취득현황은 다음과 같으며 단가
> 산정은 이동평균법을 적용한다.)
>
> 〈주식취득현황〉
> • 6월 6일 : 20주, 주당 100,000원   • 6월 20일 : 20주, 주당 200,000원

	단기매매증권처분이익	단가		단기매매증권처분이익	단가
①	2,000,000원	150,000원	②	5,000,000원	150,000원
③	6,500,000원	200,000원	④	7,500,000원	200,000원

07 다음은 기업회계기준서 유가증권의 회계처리에 대한 설명이다. 가장 적합하지 않은 것은?

① 단기매매증권은 다른 유가증권과목으로 분류·변경할 수 없으며, 다른 유가증권과목의
경우에도 단기매매증권으로 분류·변경할 수 없다.

② 일시적 자금운영의 목적으로 보유하는 시장성 있는 유가증권의 경우라도 매수와 매도가
적극적이고 빈번하게 이루어지면 단기매매증권으로 분류할 수 있다.

③ 만기보유증권은 만기가 확정된 채무증권 또는 지분증권으로서 상환금액이 확정되었거나
확정이 가능한 것으로, 만기까지 보유할 적극적인 의도와 능력이 있는 것을 말한다.

④ 매도가능증권이라도 재무상태표일로부터 1년 내에 만기가 도래하거나, 처분할 것이 거
의 확실하다면 유동자산으로 분류한다.

이론문제 정답 및 해설

01 ② 단기간 내의 매매차익을 목적으로 시장성이 있는 유가증권을 취득하는 경우 단기매매증권으로 계상하여야 한다. 단기매매증권의 평가손익은 영업외손익으로 처리하며 단기매매증권 취득 시 발생하는 거래수수료는 당기 비용으로 처리한다.

02 ④ 단기매매증권처분이익 = 처분금액 250,000원 − 취득원가 200,000원 = 50,000원
유의할 점은 중개수수료는 수수료비용으로 구분하여 처리해야 한다는 것이다.

03 ③ 배당금수익과 단기매매증권평가이익이 영업외수익에 해당한다. 거래 일자별로 분개는 다음과 같다.

거래일자	차변		대변	
4/8	단기매매증권	5,000,000	현금	5,000,000
8/1	현금	200,000	배당금수익(영업외수익)	200,000
12/31	단기매매증권	450,000	단기매매증권평가이익 (영업외수익)	450,000

04 ③ 각 거래 일자별로 분개는 다음과 같다.

거래일자	차변		대변	
20×1/11/1	단기매매증권	1,500,000	현금	1,500,000
20×1/12/31	단기매매증권	100,000	단기매매증권평가이익	100,000
20×2/2/11	현금	1,400,000	단기매매증권	1,600,000
	단기매매증권처분손실	200,000		

05 ③ 단기매매증권에 대한 미실현보유손익은 단기매매증권평가이익(영업외수익) 또는 단기매매증권 평가손실(영업외비용)로서 당기손익항목으로 처리한다.

06 ② 주어진 자료에 대한 분개는 다음과 같다.
(차) 현금　8,000,000　(대) 단기매매증권　　　　3,000,000
　　　　　　　　　　　　　　단기매매증권처분이익　5,000,000
이동평균법에 의해 단가를 계산하면 다음과 같다.
(20주 × 100,000 + 20주 × 200,000) ÷ 40주 = 1주 단가 150,000원

07 ① 단기매매증권은 시장성을 상실한 경우에는 매도가능증권으로 계정과목을 분류하여 변경이 가능하다.

6. 유동(당좌자산) - 외상채권 및 대손 회계처리

수취채권	매출채권 : 일반적인 상거래 채권(외상매출금 + 받을어음)
	미수금 : 일반적인 상거래 이외의 채권(기타채권)
	대여금 : 자금의 대여(기타채권)

01 외상매출금과 외상매입금

1) 외상매출금(자산)

제품이나 상품을 매출 거래처 등에 외상으로 판매하게 되면 매출이라는 수익이 발생하고 외상 판매로 인하여 받을 권리가 생기는 것을 말한다.

외상매출금	
(자산의 증가) 외상매출금 기초잔액 외상으로 판매할 경우	(자산의 감소) 매출환입(반품), 매출에누리, 매출할인, 회수불능(대손), 외상매출금 회수금액, 외상매출금 기말잔액

거래내용	차변	대변
상품을 외상으로 판매 시	외상매출금 1,000,000 (자산의 증가)	상품매출 1,000,000 (수익의 발생)
① 환입(반품), 에누리, 조기할인 시 [2]	매출환입및에누리 150,000 매출할인 50,000 (매출액 차감, 수익의 감소)	외상매출금 200,000 (자산의 감소)
② 나머지 외상매출금을 회수 시	현금 500,000 (자산의 증가)	외상매출금 500,000 (자산의 감소)
③ 대손처리 시	대손충당금 200,000 (외상매출금차감, 자산의 증가) 대손상각비 100,000 (비용의 발생)	외상매출금 300,000 (자산의 감소)

---

2) 매출품에 대한 환입(반품), 매출에누리, 매출할인은 외상매출금과 총매출액에서 동시에 차감해야 한다. 그리고 대차를 마이너스(-) 분개처리도 가능하다.
(별해분개) (차) 외상매출금 -200,000 / (대) 상품매출 -200,000

2) 외상매입금

원재료나 상품을 외상으로 매입하고 지급할 의무가 생기는 것을 말한다.

외상매입금	
(부채의 감소) 매입환출(반품), 매입에누리, 매입할인, 외상매입금 지급금액, 외상매입금 기말잔액	(부채의 증가) 외상매입금 기초잔액 외상으로 매입할 경우

거래내용	차변		대변	
상품을 외상으로 매입 시	상품 (자산의 증가)	1,800,000	외상매입금 (부채의 증가)	1,800,000
① 환출(반품), 에누리, 조기할인 시[3]	외상매입금 (부채의 감소)	300,000	매입환출및에누리 매입할인 (매입액 차감, 비용의 감소)	220,000 80,000
② 나머지 외상매입금을 지급할 경우	외상매입금 (부채의 감소)	1,500,000	현금 (자산의 감소)	1,500,000

02 받을어음과 지급어음 관리

1) 어음의 회계처리 및 원장기입

거래내용		차변		대변	
상거래 시 (상품, 원재료 등)	어음수취	받을어음 (자산의 증가)	3,000,000	상품매출 (수익의 발생)	3,000,000
	어음발행	상품 (자산의 증가)	2,500,000	지급어음 (부채의 증가)	2,500,000
상거래 아닌 경우 (비품, 건물, 차량, 기계 등)	어음수취	미수금 (자산의 증가)	4,000,000	건물 (자산의 감소)	4,000,000
	어음발행	비품 (자산의 증가)	3,200,000	미지급금 (부채의 증가)	3,200,000

---

3) 매입품에 대한 환출(반품), 매입에누리, 매입할인은 외상매입금과 총매입액에서 동시에 차감해야 한다. 그리고 대차를 마이너스(−) 분개처리도 가능하다.
(별해분개) (차) 상품 −300,000 / (대) 외상매입금 −300,000

받을어음		지급어음	
받을어음 기초잔액 어음의 수취	어음의 배서 어음의 할인 어음의 개서 어음의 대손 받을어음 기말잔액	지급어음 대금지급 지급어음 기말잔액	지급어음 기초잔액 약속어음의 발행 환어음의 인수

2) 대변에 받을어음 처리(자산의 감소)하는 경우

분류	거래내용	차변	대변
① 만기 결제	정의 : 어음 만기일에 추심하는 것을 말하며 추심수수료는 "수수료비용"으로 회계처리한다.		
	보유한 어음 55,000원이 만기가 되어 현금으로 받다.	현금　　　　　55,000 (자산의 증가)	받을어음　　　55,000 (자산의 감소)
② 배서 양도	정의 : 만기일 전에 기명날인하여 어음상의 채권을 타인에게 양도하는 것을 말한다.		
	보유한 어음 80,000원을 외상매입금을 지급하기 위해 배서양도 하다.	외상매입금　　80,000 (부채의 감소)	받을어음　　　80,000 (자산의 감소)
③ 부도	정의 : 지급이 거절된 어음을 말한다. (부도어음과 수표 → 6개월 후에 대손처리함)		
	보유한 어음 60,000원이 만기일에 지급거절이 되었다.	부도어음과수표　60,000 (자산의 증가)	받을어음　　　60,000 (자산의 감소)
④ 개서	보유한 어음 70,000원을 만기에 거래처 사정으로 연장이자 5,000원을 포함하여 개서하다.	받을어음　　　75,000 (자산의 증가)	받을어음　　　70,000 (자산의 감소) 이자수익　　　 5,000 (수익의 발생)

3) 어음 할인에 대한 매각거래와 차입거래 비교

만기일 전에 금융기관에서 할인료를 차감하고 자금을 융통하는 것을 말한다. 이때 어음의 할인료[만기금액 × 할인율 × 할인기간]는 매각거래(매출채권처분손실)와 차입거래(이자비용)로 처리할 수 있다.

① 매각거래

거래내용	차변	대변
어음할인 시	당좌예금(자산의 증가)　　940,000 매출채권처분손실(비용의 발생)　60,000	받을어음(자산의 감소)　1,000,000
만기일 무사히 결제 시	분개없음	

② 차입거래

거래내용	차변		대변	
어음할인 시	당좌예금(자산의 증가) 이자비용(비용의 발생)	××× ×××	단기차입금(부채의 증가)	×××
만기일 무사히 결제 시	단기차입금(부채의 감소)	×××	받을어음(자산의 감소)	×××

03 채권에 대한 기중에 대손 회계처리 방법

부분 재무상태표

매출채권	1,000,000	
대손충당금	(100,000)	900,000
매출채권의 순장부금액 = 매출채권 − 대손충당금		

1) 정의

① 매출채권의 대손 : 대손상각비(판매비와관리비)
② 미수금, 단기대여금 등의 대손 : 기타의 대손상각비(영업외비용)

분류	거래내용	차변		대변	
	정의 : 외상매출금 또는 받을어음을 기중에 거래처가 파산, 부도 등으로 회수가 불가능한 경우에 하는 회계처리를 말한다.				
매출 채권	⊙ 외상매출금 50,000원을 파산으로 대손처리하다. (단, 대손충당금 없음)	대손상각비 (비용의 발생)	50,000	외상매출금 (자산의 감소)	50,000
	ⓛ 외상매출금 50,000원을 파산으로 대손처리하다. (단, 대손충당금 40,000원 있음)	대손충당금 (자산의 증가) 대손상각비 (비용의 발생)	40,000 10,000	외상매출금 (자산의 감소)	50,000
	ⓒ 외상매출금 50,000원을 파산으로 대손처리하다. (단, 대손충당금 80,000원 있음)	대손충당금 (자산의 증가)	50,000	외상매출금 (자산의 감소)	50,000
기타 채권	정의 : 단기대여금 또는 미수금을 기중에 거래처가 파산 등으로 회수가 불가능한 경우를 말하며 영업외비용으로 회계처리한다.				
	단기대여금 50,000원을 파산으로 대손처리하다. (단, 대손충당금 40,000원 있음)	대손충당금 (자산의 증가) 기타의대손상각비 (비용의 발생)	40,000 10,000	단기대여금 (자산의 감소)	50,000

04 기말에 대손충당금 설정방법

1) 직접차감법

회수불가능한 채권 금액을 당기비용으로 인식하고 동시에 채권에서 직접 차감하는 방법을 말한다.

2) 대손충당금설정법(기업회계기준)

결산일에 회수 불가능한 금액을 추정하여 대손충당금을 설정하고 대손이 발생하는 경우에 대손충당금을 감액시키고 동시에 채권을 차감하는 방법을 말한다. 매출채권이 순실현가능가액으로 평가된다.

3) 대손의 추정방법

① **매출채권잔액비율법** : 회계기말 현재의 매출채권 잔액에 과거의 대손율을 적용하는 방법을 말한다.

기말 매출채권 잔액 × 대손예상률 - 대손충당금잔액 = 보충액, 환입액
↳ 당기 대손충당금

거래내용	차변	대변
㉠ 기말 결산 시 매출채권 잔액 3,000,000원에 대하여 2% 대손충당금을 설정하다. (단, 대손충당금 잔액 30,000원 있음)	대손상각비 30,000 (비용의 발생)	대손충당금 30,000 (자산의 감소)
㉡ 기말 결산 시 매출채권 잔액 3,000,000원에 대하여 2% 대손충당금을 설정하다. (단, 대손충당금 잔액 80,000원 있음)	대손충당금 20,000 (자산의 증가)	대손충당금환입 20,000 (판매관리비에서 차감항목)

② **연령분석법** : 회계기말 현재의 채권 잔액을 경과기일에 따라 분류하고, 분류된 채권에 각각 다른 대손율을 적용하는 방법을 말한다.

📖 **예제 11**

다음 신용기간에 따라 대손율을 적용하여 결산일에 대손충당금 설정에 대한 회계처리를 하시오. (단, 대손충당금 300,000원 있음)

외상(신용기간)	외상매출금	대손율
3개월 미만	10,000,000원	2%
6개월 미만	5,000,000원	3%
1년 미만	1,500,000원	5%

[해설]

[3개월 미만(10,000,000원 × 2%) + 6개월 미만(5,000,000원 × 3%) + 1년 미만(1,500,000원 × 5%)] - 대손충당금 300,000원 = 125,000원

(차) 대손상각비(비용의 발생)   125,000 / (대) 대손충당금(자산의 증가)   125,000

05 대손상각금액의 회수

1) 전기에 대손처리하였던 매출채권을 회수 시 무조건 대손충당금으로 대변에 처리하는 것으로 기중에 회수하게 되면 대손충당금이 증가하므로 결산 시 증가한 만큼 대손을 설정할 수는 없다.

2) 당기에 발생하여 회계처리하였던 채권을 회수 시에는 대손충당금, 대손상각비를 상계하는 반대의 분개를 한다.

예제 12

전기에 대손처리한 외상매출금 500,000원을 현금으로 회수한 경우 올바른 분개는?

[해설]

(차) 현금(자산의 증가)   500,000 / (대) 대손충당금(자산의 감소)   500,000

06 기타채권·채무에 관한 기장

거래내용	채권(자산처리)		채무(부채처리)	
① 상품 등의 매입, 매출 전 계약금을 주고받는 경우	(차) 선급금(자산의 증가) (대) 현금(자산의 감소)	10,000 10,000	(차) 현금(자산의 증가) (대) 선수금(부채의 증가)	10,000 10,000
② 상품 이외의 자산을 외상(월말)거래 한 경우	(차) 미수금(자산의 증가) (대) 기계장치(자산의 감소)	15,000 15,000	(차) 기계장치(자산의 증가) (대) 미지급금(부채의 증가)	15,000 15,000
③ 금전을 빌려주거나(대여) 빌려온(차입)경우	(차) 단기대여금(자산의 증가) (대) 현금(자산의 감소)	8,000 8,000	(차) 현금(자산의 증가) (대) 단기차입금(부채의 증가)	8,000 8,000
④ 종업원 등이 가불한 경우	(차) 주임종단기채권(자산의 증가) (대) 현금(자산의 감소)	5,000 5,000	－	
⑤ 사원에게 여비개산액(출장비)을 지급한 경우	(차) 가지급금(자산의 증가) (대) 현금(자산의 감소)	3,000 3,000	－	
⑥ 내용불명의 돈을 회수한 경우	－		(차) 현금(자산의 증가) (대) 가수금(부채의 증가)	4,000 4,000

✅ 분개연습 | 유동(당좌자산) - 외상채권 및 대손 회계처리

단, 상품판매는 상품매출계정 사용, 부가가치세는 고려하지 말 것

[1] (주)엘지전기의 외상매출금 30,000,000원 중 20,000,000원은 전자어음으로 받고 나머지는 보통예금으로 입금받았다.
(차)   (대)

[2] 만기가 도래한 받을어음 5,000,000원의 추심을 의뢰하고, 추심수수료 200,000원을 제외한 잔액을 받아서 당좌예금계좌에 입금하였다.
(차)   (대)

[3] 당사는 전기에 대손처리한 외상매출금 3,600,000원을 회수하여 보통예금에 입금하였다.
(차)   (대)

[4] 당사는 거래처 (주)노원산업의 파산으로 인하여 받을어음 7,000,000원을 대손처리하다. (단, 대손충당금 잔액은 4,000,000원이 있다.)
(차)   (대)

[5] 기말 결산 시 매출채권 잔액 9,800,000원의 1%를 대손충당금으로 설정하였다. (단, 대손충당금 잔액은 50,000원이 있다.)
(차)   (대)

[6] 기말 결산 시 매출채권 잔액 8,000,000원의 1%를 대손충당금으로 설정하였다. (단, 대손충당금 잔액은 100,000원이 있다.)
(차)   (대)

[7] 당사는 (주)삼천전기에서 받아 보관 중인 약속어음 10,000,000원을 만기일 이전에 신한은행에서 할인하고, 할인료 180,000원을 차감한 잔액은 당좌예입하다. (단, 어음할인에 대한 회계처리는 매각거래로 한다.)
(차)   (대)

[8] 당사는 (주)삼천포산업의 외상매입금 5,500,000원을 지급하기 위하여 (주)목포산업으로부터 받아 보관 중인 약속어음을 배서양도하다. (단, 어음할인에 대한 회계처리는 매각거래로 한다.)
(차)   (대)

[9] 종업원 최수영에게 급여 3,500,000원을 지급함에 있어, 가불금 500,000원과 소득세원천징수세액 150,000원(지방소득세 포함), 건강보험료 등 280,000원을 공제한 잔액을 종업원 보통예금 계좌에 이체하여 주다.

(차)   (대)

[10] 직원 서장훈에게 출장을 명하고 여비개산액 500,000원을 지급한 후 출장을 다녀와 숙박비 및 식대 등으로 540,000원을 지출하였다고 보고하였다. 출장비는 정산 후 추가로 현금 지급하였다.

(차)   (대)

[11] 당사에 입금된 가수금 4,000,000원의 내역이 다음과 같이 확인되었다.

─────────〈자료〉─────────

가수금 내역 : 거래처 외상매출금 회수액   2,650,000원
　　　　　　　거래처 상품주문대금 계약금   1,350,000원

(차)   (대)

분개연습 정답 및 해설

번호	차변		대변	
1	받을어음(자산의 증가)	20,000,000	외상매출금(자산의 감소)	30,000,000
	보통예금(자산의 증가)	10,000,000		
2	수수료비용(비용의 발생)	200,000	받을어음(자산의 감소)	5,000,000
	당좌예금(자산의 증가)	4,800,000		
3	보통예금(자산의 증가)	3,600,000	대손충당금(자산의 감소)	3,600,000
4	대손충당금(자산의 증가)	4,000,000	받을어음(자산의 감소)	7,000,000
	대손상각비(비용의 발생)	3,000,000		
5	대손상각비(비용의 발생)	48,000	대손충당금(자산의 감소)	48,000
6	대손충당금(자산의 증가)	20,000	대손충당금환입 (판매관리비에서 차감항목)	20,000
7	매출채권처분손실 (비용의 발생)	180,000	받을어음(자산의 감소)	10,000,000
	당좌예금(자산의 증가)	9,820,000		
8	외상매입금(부채의 감소)	5,500,000	받을어음(자산의 감소)	5,500,000
9	급여(비용의 발생)	3,500,000	주임종단기채권(자산의 감소)	500,000
			예수금(부채의 증가)	430,000
			보통예금(자산의 감소)	2,570,000
10	여비교통비(비용의 발생)	540,000	가지급금(자산의 감소)	500,000
			현금(자산의 감소)	40,000
11	가수금(부채의 감소)	4,000,000	외상매출금(자산의 감소)	2,650,000
			선수금(부채의 증가)	1,350,000

☑️이론문제 | 유동(당좌자산) - 외상채권 및 대손 회계처리

01 다음 외상 거래 중 매출채권 계정에 계상할 수 없는 항목은?

① 자동차회사가 판매용 트럭을 외상으로 판매한 경우
② 컴퓨터회사가 판매용 컴퓨터를 외상으로 판매한 경우
③ 가구제조회사가 공장용 건물을 외상으로 매각한 경우
④ 회계법인이 회계감사용역을 외상으로 제공한 경우

02 다음 자료에 의하여 외상매출금 회수액을 계산하면 얼마인가?

• 외상매출금 기초잔액	222,000원
• 당기에 외상매출액	1,500,000원
• 외상매출금 기말잔액	380,000원
• 외상매출한 상품 중 환입액(불량품)	30,000원

① 1,302,000원　　　　　　　　　② 1,312,000원
③ 1,322,000원　　　　　　　　　④ 1,332,000원

03 다음 자료에 의하여 외상매입 중 매입에누리 및 환출품을 계산하면 얼마인가?

• 기초외상매입금	342,000원
• 당기 중 외상매입액	1,250,000원
• 당기 중 외상매입금 지급액	1,000,000원
• 기말 외상매입금	570,000원

① 19,000원　　　　　　　　　② 20,000원
③ 21,000원　　　　　　　　　④ 22,000원

04 대손충당금에 관한 설명으로 옳지 않은 것은?

① 당기에 발생한 대손금은 대손충당금을 먼저 상계하고, 부족한 금액은 대손상각비로 처리한다.
② 전기에 대손처리한 외상매출금을 회수할 경우에는 외상매출금을 대변에 기재한다.
③ 대손충당금은 매출채권계정에서 차감하는 평가계정이다.
④ 일반적 상거래에서 발생한 대손상각비는 판매비와관리비에서 처리하고, 기타채권에서 발생한 기타의 대손상각비는 영업외비용으로 처리한다.

※ (05~07) 다음의 자료를 이용하여 연령분석법에 의한 대손추산액을 계산하고, 각각의 물음에 대하여 답하시오.

경과기간분석표		
경과기간	신용매출액(외상)	회수율
1개월 이내	120,000원	95%
1개월 ~ 6개월	100,000원	80%
6개월 ~ 1년	70,000원	50%
1년 이상	50,000원	20%
계	340,000원	

05 위 자료에 의한 당기의 대손추산액은 얼마인가?

① 95,000원   ② 98,000원
③ 101,000원   ④ 103,000원

06 위 자료와 연결하여 기말의 대손충당금 잔액이 80,000원이 있을 경우의 분개로서 옳은 것은?

① (차) 대손충당금 21,000   (대) 대손충당금환입 21,000
② (차) 대손상각비 21,000   (대) 대손충당금 21,000
③ (차) 대손상각비 80,000   (대) 대손충당금 80,000
④ (차) 대손상각비 21,000   (대) 매출채권 21,000

07 위 자료와 연결하여 기말의 대손충당금 잔액이 120,000원이 있을 경우의 분개로서 옳은 것은?

① (차) 대손충당금 19,000   (대) 대손충당금환입 19,000
② (차) 대손상각비 19,000   (대) 대손충당금 19,000
③ (차) 대손상각비 20,000   (대) 대손충당금 20,000
④ (차) 대손상각비 19,000   (대) 매출채권 19,000

08 외상매출금 20,000원이 회수불능되었다. 기업회계기준에 따라 회계처리할 경우 다음 각 상황별로 계상되어야 할 대손상각비는 얼마인가?

> • 상황 1 : 대손충당금 잔액이 없는 경우
> • 상황 2 : 대손충당금 잔액이 13,000원인 경우
> • 상황 3 : 대손충당금 잔액이 23,000원인 경우

① 20,000원, 13,000원, 3,000원   ② 20,000원, 7,000원, 0원
③ 20,000원, 7,000원, 3,000원   ④ 20,000원, 13,000원, 0원

09 다음 매출채권과 관련된 기업회계기준의 내용 중 틀린 것은?

① 채권에 대한 대손이 확정되는 경우 당해 채권의 발생연도에 관계없이 대손충당금과 우선 상계하고 잔액이 부족한 경우 대손상각비로 처리한다.
② 대손충당금의 설정 시에는 회수불능추정액과 대손충당금 잔액의 차액을 회계처리하는 충당금 설정방법에 따른다.
③ 대손충당금은 해당 자산에 평가계정으로 자산에 차감하는 형식으로 표시하거나 직접 가감하여 표시한다.
④ 매출채권에서 발생한 대손상각비는 영업외비용으로 분류하고 기타채권에서 발생한 기타 대손상각비는 판매비와관리비로 분류한다.

10 당기 초에 영업활동을 개시한 (주)신도림산업은 상품의 매출원가에 30%의 이익을 가산하여 외상판매하고 있다. 당기 중 상품 총매입액이 800,000원, 기말상품재고액이 250,000원, 당기 중 현금회수액이 400,000원이라면 기말에 미회수된 매출채권잔액은 얼마인가?

① 180,000원   ② 254,000원
③ 390,000원   ④ 315,000원

11 다음은 (주)한공의 총계정원장의 일부와 대손 관련 자료이다. 당기 손익계산서에 계상되는 대손상각비는 얼마인가?

외상매출금					
1/1	전기이월	100,000	12/22	대손충당금	6,000
12/21	매출	500,000	12/22	대손상각비	×××

대손충당금					
12/22	외상매출금	6,000	1/1	전기이월	6,000
			12/31	대손상각비	×××

- 당기에 회수한 외상매출금액은 없다.
- 12월 22일 거래처의 파산으로 외상매출금 10,000원이 회수 불가능한 것으로 판명되었다.
- 12월 31일 매출채권 잔액에 대하여 1%의 대손충당금을 설정하기로 한다.

① 5,000원 ② 5,900원
③ 6,000원 ④ 9,900원

12 다음에서 설명하는 내용으로 옳은 것은?

① 상품을 주문하고, 계약금을 미리 지급한 경우 선수금 계정 대변에 기입한다.
② 현금을 빌려주고 2개월 후에 받기로 한 경우 장기대여금 계정 차변에 기입한다.
③ 상품 이외의 자산을 판매하고 대금을 받지 않은 경우 미수금 계정 차변에 기입한다.
④ 현금의 수입은 있었으나 회계처리할 계정과목이나 금액이 불확실한 경우 가지급금 계정 차변에 기입한다.

13 다음 (   )에 들어갈 알맞은 말은?

당사가 자금수요자에게 현금을 대여하고 차용증서 대신에 약속어음을 받았을 경우에는 (   ) 계정과목을 사용하며, 반대로 자금공급자로부터 현금을 차입하고 차용증서 대신에 약속어음을 지급하였을 경우에는 (   ) 계정과목을 사용한다.

① 가지급금, 가수금 ② 미수금, 미지급금
③ 받을어음, 지급어음 ④ 대여금, 차입금

14 다음 계정 기입에 대한 설명으로 옳은 것은?

선수금			
	9/25	현금	200,000

① 거래처에 상품을 주문하고 계약금 200,000원을 현금으로 지급하다.
② 업무용으로 사용하던 컴퓨터를 200,000원에 매각하고 대금은 10일 후에 받기로 하다.
③ 출장 중인 사원으로부터 원인 불명의 송금수표 200,000원이 송금되어 오다.
④ 상품을 매출하기로 하고 계약금 200,000원을 자기앞수표로 받다.

이론문제 정답 및 해설

01 ③ 가구제조회사가 공장용 건물을 외상으로 매각하는 경우 일반적인 상거래가 아니므로 미수금계정으로 계상한다.

02 ②

외상매출금			
기초	222,000	환입	30,000
매출	1,500,000	기말	380,000
		회수	(1,312,000)

03 ④

외상매입금			
지급	1,000,000	기초	342,000
기말	570,000	매입	1,250,000
환출	(22,000)		

04 ② 전기에 대손처리한 외상매출금을 회수할 경우에는 대손충당금 계정을 대변에 기재한다.

05 ③

경과기간	대손추산액
1개월 이내	120,000 × 0.05 = 6,000원
1개월 ~ 6개월	100,000 × 0.2 = 20,000원
6개월 ~ 1년	70,000 × 0.5 = 35,000원
1년 이상	50,000 × 0.8 = 40,000원
계	101,000원

06 ② 경과기간분석표에 의해서 대손추산액 101,000원에서 대손충당금 잔액 80,000원을 차감하면 "(차) 대손상각비 21,000 / (대) 대손충당금 21,000"이 된다.

07 ① 경과기간분석표에 의해서 대손추산액 101,000원에서 대손충당금 잔액 120,000원을 차감하면 "(차) 대손충당금 19,000 / (대) 대손충당금환입 19,000"이 된다.

08 ② 상황별로 대손상각비를 계상하면 다음과 같다.
- 상황 1 : 대손충당금이 없으므로 전액 차변에 대손상각비 20,000원으로 처리
- 상황 2 : 차변에 대손충당금 13,000원을 먼저 상계하고 나머지를 대손상각비 7,000원으로 분개
- 상황 3 : 대손충당금을 먼저 상계하고 전액 차변에 대손충당금 20,000원으로 분개

09 ④ 매출채권에서 발생한 대손상각비는 판매비와관리비로 분류하고 기타채권에서 발생한 기타의 대손상각비는 영업외비용으로 분류한다.

10 ④ 기말에 미회수된 매출채권은 315,000원 = (800,000원 − 250,000원) × 1.3 − 400,000원으로 계산한다.

11 ④ 12월 22일 (차) 대손충당금   6,000원   (대) 외상매출금   10,000원
　　　　　　　　　　대손상각비   4,000원
　　　12월 31일 (차) 대손상각비   5,900원   (대) 대손충당금   5,900원
　　　즉, 당기 손익계산서상 대손상각비 : 4,000원 + 5,900원 = 9,900원이 된다.

12 ③ 상품을 주문하고, 계약금을 미리 지급한 경우 선급금 계정 차변에 기입하고, 현금을 빌려주고 2개월 후에 받기로 한 경우 단기대여금 계정 차변에 기입하며, 현금의 수입은 있었으나 회계처리할 계정과목이나 금액이 불확실한 경우 확정될 때까지 가수금 계정 대변에 기입한다.

13 ④ 제시된 글은 금융어음을 설명한 것으로 현금을 대여하고 약속어음을 수취하면 대여금을 사용하며, 현금을 차입하고 약속어음을 발행하여 지급하면 차입금을 사용한다.

14 ④ 계정 기입 내용을 분개하면 "(차변) 현금 200,000원 / (대변) 선수금 200,000원"이며, 상품을 매출하기로 하고 계약금을 자기앞수표로 받은 경우의 분개이다.

7. 유동(재고자산) - 상품매매기장에 관한 회계처리

01 재고자산의 정의와 취득원가

1) 재고자산의 정의

재고자산이란 기업의 정상적인 영업활동 과정에서 판매를 위하여 보유하고 있는 자산과, 제품을 생산하거나 서비스를 제공하는 과정에서 투입될 원재료나 소모품 형태로 존재하는 자산을 말한다.

구분		의의	계정 과목
상기업		판매목적으로 보유하고 있는 자산	상품
		업무목적으로 보유하고 있는 자산	유형 및 무형자산
제조기업		판매를 위하여 보유하거나 생산과정에 있는 자산 및 생산과정에 투입될 원재료	원재료, 저장품, 재공품, 반제품, 제품
부동산매매기업		판매목적으로 보유하고 있는 자산	상품
		업무목적으로 보유하고 있는 자산	유형 및 무형자산

📖 **예제 13**

재고자산으로 볼 수 없는 것은?

① 부동산매매기업에서 판매를 목적으로 구입한 건물
② 도자기제조기업에서 생산을 목적으로 구입한 흙
③ 가전제품제조기업에서 직원 사무실에 비치한 에어컨
④ 우유제조기업에서 생산한 치즈

[해설] --
③ 가전제품제조기업에서 직원 사무실에 비치한 에어컨은 복리후생비 또는 비품으로 회계처리한다.

---

2) 재고자산의 종류

판매용 상품, 제품, 반제품, 재공품, 원재료, 저장품(소모품 등)

▼ **기말재고자산의 포함 여부 분류**

구분		매출자의 수익인식 시기	재고자산 포함 여부
미착품	선적기준	선적 시점	선적 전 : 매출자, 선적 후 : 매입자
	도착기준	도착 시점	도착 전 : 매출자, 도착 후 : 매입자
시송품		매입 의사표시한 시점	매입 의사표시 전 : 매출자
적송품		수탁자 판매한 시점	수탁자 판매 전 : 위탁자
할부판매		인도 시점	인도 시점 이후 : 매입자

📖 **예제 14**

다음의 항목 중에서 기말재고자산에 포함되지 않는 항목은?

① 수탁자에게 판매를 위탁하기 위하여 발송한 상품

② 도착지 인도기준에 의하여 운송 중인 매입상품

③ 소비자가 구입의사를 표시하기 전에 시용판매된 제품

④ 선적지 인도기준에 의하여 운송 중인 매입상품

[해설] --

② 도착지 인도기준인 매입상품은 매입자에게 도착되었을 경우 매입자의 상품이나, 운송 중에 있으므로 판매자의 재고자산으로 보고되어야 한다.

3) 재고자산의 취득원가

매입원가 = 매입가격 + 매입부대비용[4] + 수입관세(환급예정분 제외) − 매입할인, 에누리, 환출 등

02 재고자산의 수량 결정방법

1) 계속기록법

재고자산의 입출고마다 수량을 계속적으로 기록하는 방법으로 장부상 재고수량을 기말재고수량으로 결정하는 방법이며 통제목적과 내부관리목적에 적합하다.

기초재고수량 + 당기 매입수량 − 당기판매수량 = 기말재고수량

2) 실지재고조사법

재고자산을 매입할 때에는 매입수량, 금액을 모두 기입하지만 매출할 때에는 특별한 기록을 하지 않았다가 기말에 실지재고조사를 통하여 기말재고의 수량을 파악하여 당기판매수량을 산출하는 방법으로 외부보고목적에 충실하다.

기초재고수량 + 당기 매입수량 − 기말재고 수량 = 당기판매수량

3) 혼합법(병행법)

계속기록법에 의하여 상품재고장의 기록은 유지하고 일정시점에서 실지재고조사를 하는 방법이다. 따라서 회계연도 말에 실지재고조사법에 의하여 수량을 조사하여 차이가 있는 것은 재고자산 감모손실로 처리하고 비용으로 인식한다.

---

4) 취득과정에서 정상적으로 발생한 지출이며 취득원가에 포함해야 한다(매입운임, 하역비, 설치비, 보관료, 등기비용, 보험료, 세금, 수입 관련한 수입관세 등).

03 재고자산의 단가 결정방법

1) 개별법

개별물량흐름을 직접 추적하여 원가를 대응시키는 방법이다. 즉 재고자산에 가격표를 붙여 매입 상품별로 매입가격을 알 수 있도록 함으로써 매입가격별로 판매된 것과 재고로 남은 것을 구별하여 매출원가와 기말재고로 구분한다. 주로 거래 빈도수가 많지 않고 수량이 적은 고가품 판매업, 부동산 매매업, 조선업 등에서 사용한다.

2) 선입선출법과 후입선출법

구분	선입선출법	후입선출법
장점	• 물량흐름은 먼저 들어온 것이 먼저 판매되므로 원가흐름가정이 실물흐름과 일치한다. • 기말재고는 최근에 구입한 상품의 원가가 되므로 재무상태표상 재고자산가액은 공정가액에 가깝다. • 디플레이션 시 절세효과를 가질 수 있다.	• 현행수익에 최근원가가 대응되므로 수익·비용의 대응이 적절하게 이루어진다. • 물가상승 시 이익이 과소계상되므로 물가변동에 유연하다. • 세금이연효과로 인해 현금흐름이 유리하다.
단점	• 현행수익에 과거원가가 대응되므로 수익·비용의 대응이 부적절하다. • 물가상승 시 이익이 과대계상되므로 법인세부담과 배당 압력이 높아진다.	• 물량흐름은 나중에 들어온 것이 먼저 판매되므로 실물흐름과 반대이다. • 재고자산이 현재가치를 표시하지 못한다.

예제 15

8월 중 상품매매에 관한 다음 거래를 계속기록법에 의한 선입선출법과 후입선출법으로 기록한 경우 기말재고와 매출원가는 각각 얼마인가?

8월 1일 : 전월이월		50개	@180
10일 : 매입		120개	@200
11일 : 매입환출	(10일 매입분	30개)	
20일 : 매출		100개	@270

	선입선출법		후입선출법	
	기말재고	매출원가	기말재고	매출원가
①	7,200원	19,000원	7,200원	19,000원
②	8,000원	19,000원	7,200원	19,800원
③	8,000원	19,800원	8,000원	19,000원
④	10,000원	23,000원	10,000원	23,000원

[해설]

② • 선입선출법은 먼저 매입한 상품을 먼저 출고시키는 방법으로 기말재고는 나중에 매입한 상품이 남게 된다.

기말재고 = (40개×@200) = 8,000원

매출원가 = 기초재고(50개×@180) + 당기총매입(120개×@200)

         − 매입환출(30개×@200) − 기말재고(40개×@200) = 19,000원

또는 기초재고(50개×@180) + 매입(50개×@200) = 19,000원이 바로 매출원가가 된다.

• 후입선출법은 나중에 매입한 상품을 먼저 출고시키는 방법으로 기말재고는 먼저 매입한 상품이 남게 된다.

기말재고 = (40개×@180) = 7,200원

매출원가 = 기초재고(50개×@180) + 당기총매입(120개×@200)

         − 매입환출(30개×@200) − 기말재고(40개×@180) = 19,800원

또는 기초재고(10개×@180) + 매입(90개×@200) = 19,800원이 바로 매출원가가 된다.

3) 이동평균법

계속기록법하에서 재고의 구입이 일어날 때마다 매입 당시까지 누적된 직전 취득원가에 새로 구입한 취득원가를 가산하여 이를 판매가능한 수량으로 나누어 가중평균단가를 구한 후 상품의 매출이 일어날 때마다 각각의 평균단가를 매출원가로 처리하는 방법이다.

$$\text{이동평균단가} = \frac{\text{매입직전재고가액 + 매입가액}}{\text{매입직전재고가액 + 매입수량}}$$

4) 총평균법

실지재고조사법하에서 한 회계기간 동안 구입한 판매 가능한 상품총원가를 총판매가능수량으로 나누어 평균단위당 원가를 구하여 기말재고금액과 매출원가를 산정하는 방법으로 실무적으로 적용이 간편한 방법이다.

$$\text{총평균단가} = \frac{\text{기초재고액 + 당기매입액}}{\text{기초재고수량 + 당기매입수량}}$$

04 물가 상승 시 재무제표에 미치는 영향

▼ 원가흐름의 가정 요약

구분	크기 비교
기말재고자산	선입선출법 > 이동평균법 ≥ 총평균법 > 후입선출법
매출원가	선입선출법 < 이동평균법 ≤ 총평균법 < 후입선출법
당기순이익	선입선출법 > 이동평균법 ≥ 총평균법 > 후입선출법
법인세	선입선출법 > 이동평균법 ≥ 총평균법 > 후입선출법
현금흐름	선입선출법 < 이동평균법 ≤ 총평균법 < 후입선출법

05 재고자산 감모손실과 재고자산 평가손실

1) 저가법

취득원가와 시가를 비교하고 저가법을 의무화하며 시가가 취득원가보다 낮은 경우에는 시가를 재무상태표 가액으로 한다. 단, 재고자산평가이익은 회계처리하지 않는다.

2) 재고자산 감모손실(수량차이)

재고자산 감모손실은 자연증발이나 도난·파손·훼손 등의 사유로 회사의 장부상 수량과 실제 재고수량에 의한 수량과의 차이에서 발생하는 손실을 말한다.

> 감모손실 = 감모수량(장부상 수량 − 실제 수량) × 장부상 단위당 취득원가

거래내용	차변		대변	
정상적 감모 (원가성이 있음)	매출원가 (비용의 발생)	×××	재고자산 (자산의 감소)	×××
비정상적 감모 (원가성이 없음)	재고자산감모손실 (비용의 발생)	×××	재고자산(자산의 감소) (적요8번 타계정으로 대체)	×××

3) 재고자산 평가손실(가격차이) − 종목별 기준법을 원칙으로 함

거래내용	차변		대변	
시세하락 (재고자산 평가손실)	재고자산 평가손실 (매출원가 가산)	×××	재고자산 평가충당금 (재고자산 차감계정)	×××
시세회복 (순실현가능가치의 회복)	재고자산 평가충당금 (재고자산 가산계정)	×××	재고자산 평가충당금환입 (매출원가 차감)	×××

※ 단, 공정가치가 장부금액보다 상승한 경우에는 최초의 장부금액을 초과하지 않는 범위 내에서 평가손실을 환입한다.

06 상품매출원가와 매출총이익 계산

- 당기 순매입액 = 총매입액 + 매입운임 등 취득부대비용 − 매입에누리와 환출 − 매입할인
- 당기 순매출액 = 총매출액 − 매출에누리와 환입 − 매출할인
- 매출원가 = 기초상품재고액 + 당기순매입액 − 기말상품재고액 + 정상적인 재고자산감모손실 + 재고자산평가손실
- 매출총이익 = 당기 순매출액 − 매출원가

예제 16

다음 보기를 참고하여 매출액, 매출원가, 매출총이익을 계산하시오.

• 총매출액	1,000,000원	• 매출할인	20,000원
• 총매입액	600,000원	• 매입에누리	30,000원
• 매입할인	4,000원	• 매입운임	50,000원
• 기초상품재고액	150,000원	• 기말상품재고액	110,000원
• 매출운임	25,000원	• 매입하역비	15,000원

[해설]

- 매출액 : 1,000,000 − 20,000 = 980,000원
- 매출원가 : 150,000 + 600,000 + 50,000 + 15,000 − 30,000 − 4,000 − 110,000 = 671,000원
- 매출총이익 : 980,000 − 671,000 = 309,000원

☑️ 이론문제 │ 유동(재고자산) - 상품매매기장에 관한 회계처리

01 다음 괄호 안에 들어갈 내용으로 옳은 것은?

> ( )은 영업과정에서 판매를 위하여 보유하거나 생산과정에 있는 자산 및 생산 또는 서비스 제공과정에 투입될 원재료나 소모품의 형태로 존재하는 자산이다.

① 무형자산　　　　　　　　　　② 당좌자산
③ 유형자산　　　　　　　　　　④ 재고자산

02 상품계정에 대한 설명으로 틀린 것은?

① 외부에서 구입하는 재고자산이다.
② 판매를 목적으로 보유하는 재고자산이다.
③ 상품 매입 시 발생되는 운반비는 판매관리비 중 운반비에 해당된다.
④ 판매된 상품은 상품매출원가로 대체된다.

03 상품의 매입과 매출에 관련된 자료가 다음과 같을 때 기업회계기준에 따른 매출총이익은 얼마인가?

• 총매출액	100,000원	• 총매입액	30,000원
• 매입운임	2,000원	• 매입에누리액	4,000원
• 기초상품재고액	2,000원	• 기말상품재고액	8,000원

① 100,000원　　　　　　　　　② 78,000원
③ 22,000원　　　　　　　　　　④ 6,000원

04 다음 자료를 이용하여 기말상품재고액을 계산하면 얼마인가?

• 기초상품재고액	100,000원	• 당기상품매입액	200,000원
• 당기상품매출액	300,000원	• 매출총이익	50,000원

① 50,000원　　　　　　　　　　② 100,000원
③ 150,000원　　　　　　　　　　④ 200,000원

05 다음 자료를 이용하여 매출원가를 계산하면 얼마인가?

• 기초상품재고액	5,000,000원	• 당기매입액	80,000,000원
• 매입환출액	2,000,000원	• 매입할인액	3,000,000원
• 기말상품재고액	6,000,000원	• 동점부담운임	120,000원

① 74,000,000원   ② 146,000,000원

③ 144,000,000원   ④ 134,000,000원

06 다음 자료를 이용하여 갑상품의 4월 말 매출총이익을 계산하면 얼마인가?

• 4월의 매출액 : 300EA × 250원 = 75,000원
• 재고자산평가방법 : 선입선출법
• 4월의 상품재고장

날짜	적요	입고			출고
		수량(EA)	단가(원)	금액(원)	수량(EA)
4/1	전월이월	200	100	20,000	
4/12	매입	300	200	60,000	
4/26	매출				300

① 15,000원   ② 35,000원

③ 40,000원   ④ 55,000원

07 상품매출에 의한 매출에누리와 매출환입, 매출할인에 대한 올바른 회계처리방법은?

① 매출에누리와 매출할인은 매출액에서 차감하고 매출환입은 비용처리한다.

② 매출에누리와 매출할인, 매출환입 모두 비용처리한다.

③ 매출에누리와 매출할인, 매출환입 모두 매출액에서 차감한다.

④ 매출에누리와 매출할인은 비용처리하고, 매출환입은 외상매출금에서 차감한다.

08 재고자산의 평가방법 중 다음과 같은 특징이 있는 평가방법은?

• 일반적으로 물량흐름과 원가흐름의 가정이 일치하지 않는다.
• 기말재고자산은 오래전에 구입한 원가로 구성되어 현재가치를 표시하지 못한다.
• 현재의 수익에 현재의 원가가 대응되므로 다른 방법에 비하여 수익·비용이 적절히 이루어진다.

① 후입선출법   ② 선입선출법

③ 이동평균법   ④ 총평균법

09 물가가 계속 상승하고 재고자산의 수량이 일정하게 유지된다는 가정하에서 매출원가를 가장 작게 하는 재고자산 평가방법으로 옳은 것은?

① 선입선출법　　　② 이동평균법　　　③ 총평균법　　　④ 후입선출법

10 다음은 상품매입과 관련된 자료이다. 기말재고자산은 얼마인가?

항목	금액(취득원가 기준)	비고
기말재고자산 실사액	150,000원	창고보유분
미착상품	90,000원	선적지인도조건으로 매입한 상품으로 기말 현재 운송 중
시송품	90,000원	고객이 매입의사를 표시한 재고액 30,000원 포함

① 150,000원　　　② 240,000원　　　③ 300,000원　　　④ 330,000원

11 주어진 자료에서 영업이익을 계산하면 얼마인가?

• 당기매출액	1,000,000원	• 기초상품재고액	400,000원
• 당기매입액	500,000원	• 기말상품재고액	200,000원
• 급여	200,000원	• 이자비용	20,000원

① 80,000원　　　② 100,000원　　　③ 120,000원　　　④ 140,000원

12 당기 중 상품가격이 계속 상승하고 기말상품재고수량이 기초상품재고수량보다 증가하였다. 매출총이익이 큰 순서대로 바르게 나열한 것은?

① 선입선출법 > 총평균법 > 후입선출법　　② 후입선출법 > 총평균법 > 선입선출법
③ 총평균법 > 후입선출법 > 선입선출법　　④ 후입선출법 > 선입선출법 > 총평균법

13 (주)제주산업의 20×1년도의 자료이다. 20×1년도의 매출원가는 얼마인가?

• 기초재고	400,000원	• 당기매입액	5,000,000원
• 당기매출액	6,000,000원		

단, 장부상 기말재고는 2,000개 @200원, 실사된 수량은 1,800개이다. 실사감모수량 중 50개는 원가성이 있는 것으로 본다.

① 5,000,000원　　　　　　　　② 5,010,000원
③ 5,020,000원　　　　　　　　④ 5,058,000원

14 다음 자료에 의하여 감모된 재고자산에 대한 회계처리로 옳은 것은? (단, 감모된 재고자산은 모두 정상적인 감모에 해당한다.)

> • 상품 장부재고수량 : 120개(단위당 원가 : 100원, 단위당 시가 : 200원)
> • 상품 실제재고수량 : 100개

① (차) 매출원가   2,000원   (대) 상품   2,000원
② (차) 매출원가   4,000원   (대) 상품   4,000원
③ (차) 재고자산감모손실(영업외비용)   2,000원   (대) 상품   2,000원
④ (차) 재고자산감모손실(영업외비용)   4,000원   (대) 상품   4,000원

15 다음 중 기말재고자산에 포함되지 않는 것은?

① 선적지 인도기준으로 운송 중에 있는 미착상품(매입품)
② 위탁판매에 의해서 이미 수탁자가 판매한 위탁품
③ 매입자의 매입의사 표시가 없는 시송품
④ 매입계약이 체결되었으나 인도되지 않은 상품

16 다음 자료를 이용하여 A상품의 2월 말 상품재고액을 계산하면 얼마인가? (단, 재고자산 평가는 총평균법에 의한다.)

A상품재고장

(단위 : 개, 원)

날짜	적요	인수란			인도란		
		수량	단가	금액	수량	단가	금액
2/1	전월이월	300	100	30,000			
2/10	매입	500	200	100,000			
2/12	매출				200		
2/20	매입	200	400	80,000			
2/25	매출				200		

① 50,000원
② 84,000원
③ 126,000원
④ 160,000원

이론문제 정답 및 해설

01 ④ 재고자산에 대한 설명이다.

02 ③ 상품 매입 시 발생되는 운반비는 상품의 구입가격에 포함한다.

03 ② • 매출원가 = 기초상품재고액 + 당기순매입액 − 기말상품재고액
  22,000원 = 2,000원 + (30,000원 + 2,000원 − 4,000원) − 8,000원
  • 매출총이익 = 총매출액 − 매출원가
  78,000원 = 100,000원 − 22,000원

04 ① 상품매출원가 = 당기상품매출액 300,000원 − 매출총이익 50,000원 = 250,000원
  기말상품재고액 = 기초상품재고액 100,000원 + 당기상품매입액 200,000원 − 상품매출원가
  250,000원 = 50,000원

05 ① 매출원가 74,000,000원 = 기초상품재고액 5,000,000원 + (당기매입액 80,000,000원 − 매입
  환출액 2,000,000원 − 매입할인액 3,000,000원) − 기말상품재고액 6,000,000원이다. 이때
  당기매입액은 매입환출액과 매입할인액을 차감한 순매입액을 가산하며 동점부담의 운임은 거래
  처부담의 운임이므로 포함시키지 않는다.

06 ② 매출총이익 35,000원 = 매출액 75,000원 − 매출원가 40,000원
  * 매출원가 = (200개 × 100원) + (100개 × 200원) = 40,000원

07 ③ 매출에누리와 매출환입, 매출할인액 모두 매출액에서 직접 차감한 후 순매출액을 계산한다.

08 ① 후입선출법에 대한 설명이다.

09 ① 물가가 계속 상승하고 재고자산의 수량이 일정하게 유지된다는 가정하에서 매출원가의 크기는
  다음과 같다. [선입선출법 < 이동평균법 ≦ 총평균법 < 후입선출법]

10 ③ 기말재고자산 = 150,000원 + 90,000원 + 60,000원 = 300,000원
  ※ 기말재고자산 실사액은 아니나 기말재고자산에 포함해야 할 금액
  • 선적지인도조건으로 매입한 상품으로 기말 현재 운송 중인 미착상품 90,000원
  • 고객이 매입의사를 표시하지 않은 시송품 재고액 60,000원(90,000원 − 30,000원)

11 ② 매출원가 700,000원 = 기초상품재고액 400,000원 + 당기매입액 500,000원 − 기말상품재고액
  200,000원
  매출총이익 300,000원 = 매출액 1,000,000원 − 매출원가 700,000원
  ∴ 영업이익 100,000원 = 매출총이익 300,000원 − 급여 200,000원
  단, 이자비용은 영업외비용에 해당하므로 계산에 넣지 않는다.

12 ① 인플레이션으로 상품가격이 상승하는 경우에는 기말재고액의 크기가 선입선출법 > 이동평균법
  ≧ 총평균법 > 후입선출법의 순으로 결정된다.

13 ② 매출원가 5,010,000원 = 기초재고 400,000원 + 당기매입 5,000,000원 − 장부상 기말재고
400,000원(2,000개 × 200원) + 정상적인 감손손실 10,000원(50개 × 200원)

14 ① 감모수량은 20개(장부수량 − 실제수량)이며 기말재고자산 단위당 원가가 개당 100원이므로 재
고자산감모손실액은 2,000원이다. 감모된 재고자산은 모두 정상적인 감모에 해당하므로 매출원
가에 가산한다.

15 ② 위탁판매에서 수익의 인식시점은 수탁자가 위탁품을 판매한 날이 되므로 기말재고자산에 포함시
켜서는 안 된다.

16 ③ 재고자산의 평가방법을 총평균법으로 적용한 경우 상품의 총평균단가는 210원이다.
(월초상품재고액 + 당월 순매입액) ÷ (월초상품수량 + 당월 순매입수량)
= (30,000원 + 100,000원 + 80,000원) ÷ (300개 + 500개 + 200개) = @210원
∴ 2월 말 상품재고액 : 상품의 월말 잔고수량 × 총평균단가 = (1,000개 − 400개) × @210원
= 126,000원

8. 비유동자산 - 투자자산 회계처리

기업의 정상적인 영업활동과는 무관하게 타회사를 지배하거나 통제할 목적 또는 장기적인 투자, 이윤을 얻을 목적으로 장기적으로 투자된 자산을 말한다.

01 투자자산의 분류

1) 투자 부동산

영업활동과 무관한 투자목적으로 보유하는 토지, 건물 등을 말하며 그 내용을 주석으로 공시하여야 한다.

2) 장기금융상품

금융기관이 취급하는 정형화된 상품이나 신종금융상품에 투자한 경우로 재무상태표일로부터 1년 이후에 만기가 도래하는 것을 말하며 장기금융상품 중 차입금에 대한 담보제공 등으로 인하여 사용이 제한되는 경우에는 주석으로 공시한다.

3) 장기대여금

이자수익을 창출할 목적으로 타인에게 장기의 자금을 대여한 경우를 말하며 그 내용이 중요하여 재무상태표에 개별표시하고 대여 내용은 주석으로 기재하여야 한다.

4) 유가증권

타사가 발행한 지분증권, 국·공채, 사채 등의 채무증권에 투자한 경우를 말한다. 유가증권은 단기매매증권, 매도가능증권, 만기보유증권, 지분법적용투자주식으로 분류된다.

5) 기타의 투자자산

위에 속하지 않는 투자자산을 말한다.

02 매도가능증권 취득, 평가, 처분에 관한 회계처리

1) 매도가능증권으로 취득 시

■ 취득가액 1,000,000원, 수수료 25,000원인 경우			
(차) 매도가능증권	1,025,000	(대) 현금	1,025,000
취득원가 → 취득가액 + 취득부대비용(수수료·등록비·증권거래세 등)			

2) 취득일 이후의 평가

원칙적으로 공정가치로 평가하며, 만약 시장성이 없는 경우에는 공정가치가 신뢰성을 상실하여 측정할 수 없으므로 취득원가로 평가한다.

① 장부금액 1,025,000원 < 공정가치 1,100,000원인 경우

(차) 매도가능증권	75,000	(대) 매도가능증권평가이익	75,000
(비유동(투자)자산 증가)		(기타포괄손익누계액)	

② 장부금액 1,025,000원 > 공정가치 1,000,000원인 경우

(차) 매도가능증권평가손실	25,000	(대) 매도가능증권	25,000
(기타포괄손익누계액)		(비유동(투자)자산 감소)	

▼ **기업회계기준에 의한 유가증권 평가방법**

과목		평가방법	평가손익	관련재무제표
단기매매증권		공정가치법	당기손익	손익계산서
매도가능증권	원칙	공정가치법	기타포괄손익누계액	재무상태표
	예외*	원가법	–	–
만기보유증권		상각원가법	–	–
지분법적용투자주식		지분법	당기손익	손익계산서

* 지분증권 가운데 공정가치를 합리적으로 측정할 수 없는 증권에 적용된다.

3) 처분 시 회계처리

매도가능증권평가손익을 먼저 반영한 후 매도가능증권처분이익(영업외수익)과 매도가능증권처분손실(영업외비용)로 인식해야 한다.

① 공정가치 1,100,000원, 처분금액 1,200,000원이며 매도가능증권평가이익 75,000원이 반영되어 있는 경우

(차) 현금(처분가)	1,200,000	(대) 매도가능증권	1,100,000
매도가능증권평가이익	75,000	매도가능증권처분이익	175,000

② 공정가치 1,000,000원, 처분금액 1,200,000원이며 매도가능증권평가손실 25,000원이 반영되어 있는 경우

(차) 현금(처분가)	1,200,000	(대) 매도가능증권	1,000,000
		매도가능증권처분이익	175,000
		매도가능증권평가손실	25,000

4) 배당금수익 및 이자수익의 인식

회계사건	차변		대변	
소유 주식에 대한 현금 배당을 받은 경우	현금 (자산의 증가)	150,000	배당금수익 (영업외수익 증가)	150,000
소유 국공·사채 등에 대한 이자를 받은 경우	현금 (자산의 증가)	150,000	이자수익 (영업외수익 증가)	150,000

03 만기보유증권

만기보유증권은 만기가 고정되었고 지급금액이 확정되었거나 만기까지 보유할 적극적인 의도와 능력이 있는 경우의 금융자산을 말한다.

1) 취득원가

매입금액 + 취득부대비용(수수료 등 포함)

(차) 만기보유증권	×××	(대) 현금	×××

2) 기말평가

만기보유증권은 취득원가에서 할인·할증 상각액을 가감한 가액을 의미하는 상각원가법으로 평가한다. 따라서 기말에 별도의 회계처리를 하지 않는다.

✅ 분개연습 │ 비유동자산 - 투자자산 회계처리

[1] 비업무용 토지 8,000,000원을 취득하면서 취·등록세로 200,000원 및 매입수수료 100,000원을 현금으로 지급하다.
(차)   (대)

[2] 현금 20,000,000원을 2년 상환조건으로 대여하다.
(차)   (대)

[3] 다음 연속된 거래를 분개하시오.

> ① 20×1년 1월 1일 장기 투자 목적으로 (주)수성산업의 주식 100주(1주 액면 5,000원)를 6,000원에 취득하고 대금은 취득수수료 15,000원과 함께 현금으로 지급하다. (단, 구입한 주식은 중대한 영향력을 행사할 수 없고, 시장성이 있다.)
> ② 20×1년 12월 31일 (주)수성산업의 위 ①번의 1주 공정가액이 4,500원으로 하락하였다.

① (차)   (대)

② (차)   (대)

분개연습 정답 및 해설

번호		차변		대변	
1		투자부동산	8,300,000	현금	8,300,000
2		장기대여금	20,000,000	현금	20,000,000
3	①	매도가능증권	615,000	현금	615,000
	②	매도가능증권평가손실	165,000	매도가능증권	165,000

이론문제 │ 비유동자산 – 투자자산 회계처리

01 기업회계기준상 투자자산이 아닌 것은?

① 장기금융상품　　　　　　② 매도가능증권
③ 투자부동산　　　　　　　④ 개발비

02 다음의 (　　　)에 들어갈 계정과목으로 옳은 것은?

> 유가증권을 분류하는 목적에 따라 장기간 투자를 목적으로 보유하는 것 중에서 단기매매증권이나 만기보유증권으로 분류되지 않는 것을 (　　　)이라 한다.

① 투자부동산　　　　　　　② 매도가능증권
③ 특정현금과예금　　　　　④ 산업재산권

03 다음 2가지의 목적을 참고로 취득원가와 공정가액에 의하여 20×1년 손익계산서에 표시되는 단기매매증권평가이익과 매도가능증권평가이익은 얼마인가?

주식취득	취득목적	1주 공정가액
1,500주 1주 취득 1,000원 취득수수료 30,000원	단기간의 시세차익을 목적으로 하는 경우	1주 1,150원
	장기 투자를 목적으로 하는 경우	

	단기매매증권평가이익	매도가능증권평가이익		단기매매증권평가이익	매도가능증권평가이익
①	225,000원	195,000원	②	225,000원	185,000원
③	195,000원	225,000원	④	195,000원	185,000원

이론문제 정답 및 해설

01 ④ 개발비는 무형자산이다.

02 ② 매도가능증권은 기업의 여유자금을 활용하여 장기간 투자를 통해 이윤 또는 배당 수령을 목적으로 하는 유가증권이다.

03 ① 단기매매증권은 취득 시에 취득수수료를 별도로 처리하기 때문에 1,500,000원을 취득원가로 본다. 기말결산에는 1주 공정가액이 1,150원으로 증가하여 단기매매증권평가이익은 225,000원이 된다. 매도가능증권은 취득 시에 취득수수료를 포함하므로 1,530,000원을 취득원가로 본다. 기말결산에는 1주 공정가액이 1,150원으로 증가하여 매도가능증권평가이익은 195,000원이 된다.

9. 비유동자산 - 유형자산 회계처리

◀01 유형자산의 정의와 종류

1) 유형자산의 정의

유형자산은 물리적인 형체가 있는 자산으로서 재화의 생산, 용역의 제공, 타인에 대한 임대 또는 자체적으로 사용할 목적으로 보유하고 장기간(1년 초과) 사용할 것이 예상되는 비화폐성자산으로서 토지, 건물, 기계장치 등을 말한다.

2) 유형자산 인식조건

① 기업 실체에 의해 지배하고 있어야 한다.
② 자산의 미래 경제적 효익이 유입될 가능성이 높다.
③ 자산의 취득원가를 신뢰성 있게 측정할 수 있다.

3) 유형자산의 종류

① **토지** : 대지, 임야, 전답, 잡종지 등이며 매매목적 보유 토지와 비업무용 토지는 제외한다.
② **건물** : 건물과 냉난방, 조명 및 기타 부속설비를 말한다.
③ **구축물** : 교량, 안벽, 부교, 갱도, 기타의 토목설비, 공작물 등을 말한다.
④ **기계장치** : 기계장치, 운송설비(컨베이어, 호이스트, 기중기 등) 및 기타 부속설비를 말한다.
⑤ **차량운반구** : 철도차량, 자동차, 기타 육상운반구 등을 말한다.
⑥ **선박** : 선박과 기타의 수상운반구를 말한다.
⑦ **건설중인자산** : 유형자산의 건설을 위한 재료비, 노무비, 경비를 말하며 건설을 위하여 지출한 도급액을 말한다.
⑧ 그 밖에 비행기, 비품, 공구와 기구, 금형 등이 있다.

◀02 유형자산의 취득원가 결정

취득원가 = 매입금액(취득시점의 공정가치) + 직접부대비용 - 매입할인

■ 유형자산 취득 시 취득원가에 포함해야 할 부대비용

• 매입 시 운반비	• 하역비	• 보관료	• 설치비
• 취·등록세	• 관세	• 복구비용	• 운송 보험료

• 자본화대상인 차입원가
• 강제로 매입하는 채권의 매입금액과 현재가치의 차액
• 설계와 관련하여 전문가에게 지급하는 수수료
• 신규 건물과 토지 구입 시 건물철거비용

---

1) 토지, 건물, 구축물의 외부구입 시 취득원가

가장 일반적인 방법으로서 매입가격에 그 자산이 본래의 기능을 수행하기까지 발생한 중개료, 등기료, 설치비, 운반비, 기존 건물의 철거비용 등의 취득부대비용을 가산한 금액으로 정한다.

예제 17

다음 자료에서 (주)박문각의 토지, 건물, 구축물 등 유형자산의 계정과목별 취득원가는 얼마인가?

1. 신축을 위한 구건물과 토지 구입비용	2,000,000
2. 철거비용	180,000
3. 철거폐물 판매수익	20,000
4. 토지정지비	50,000
5. 중개수수료	15,000
6. 관청이 유지관리할 도로포장비	70,000
7. 토지취득세와 등록세	45,000
8. 건물건설원가	3,400,000
9. 건물주차장 건설비	210,000
10. 울타리공사비	120,000
11. 건물등기비	10,000

[해설]

- 토지원가 = 2,000,000* + 180,000 − 20,000** + 50,000 + 15,000 + 70,000*** + 45,000 = 2,340,000원
  * 신축목적이므로 전액 토지원가에 산입한다.
  ** 철거비용은 토지원가에 산입하고 폐물 판매수익은 차감한다.
  *** 관청이 관리할 도로에 대한 지출은 구축물이 아닌 토지의 원가이다.
- 건물원가 = 3,400,000 + 10,000 = 3,410,000원
- 구축물원가 = 210,000 + 120,000 = 330,000원

2) 일괄구입

이종자산을 일괄취득한 경우 대금을 당해 자산의 공정가액을 기준으로 안분하여 개별 유형자산의 취득원가를 결정한다.

$$개별자산의\ 취득원가 = 일괄구입가격 \times \frac{개별자산의\ 공정시가}{일괄구입자산의\ 공정시가액}$$

3) 자가건설

① 완성 전까지 지출한 설계비, 재료비, 노무비, 경비 및 도급·주문한 경우의 계약금, 중도금, 제조·건설·매입에 사용된 차입금 등의 이자비용 등을 취득원가로 계상한다.

(차) 건설중인자산(자산의 증가) ×××	(대) 현금(자산의 감소) ×××

② 완성 후 사용가능 시점

(차) 건물(자산의 증가) ×××	(대) 건설중인자산(자산의 감소) ×××

4) 현물출자

주식을 발행한 대가로 현금 이외의 자산을 수령하는 것을 말하며 기업회계기준에서는 공정가액을 취득원가로 한다고 규정되어 있다.

(차) 토지(자산의 증가) ×××	(대) 자본금(자본의 증가) ×××
	주식발행초과금(자본잉여금 증가) ×××

5) 증여·무상 취득

기업회계기준에서는 공정가액을 취득원가로 한다고 규정되어 있다.

📖 **예제 18**

(주)박문각은 (주)강남으로부터 토지를 무상으로 증여받았다. 증여 시점에서의 공정한 시가는 8,000,000원이며 (주)강남의 장부가액은 5,300,000원이었다. (주)박문각은 토지소유 이전과 관련하여 220,000원을 현금으로 지출하였다. 토지의 취득원가를 계산하고 회계처리를 하시오.

[해설]

• 토지의 취득원가 = 8,000,000 + 220,000 = 8,220,000원
• 회계처리

(차) 토지(자산의 증가)	8,220,000	(대) 자산수증이익(수익의 발생)	8,000,000
		현금(자산의 감소)	220,000

6) 이종자산의 교환과 동종자산의 교환

구분	이종자산 교환	동종자산 교환
교환손익 인식여부	자기가 제공한 자산의 공정가액, 교환손익을 인식한다.	자기가 제공한 자산의 장부가액, 교환손익을 인식하지 않는다.
현금수수	현금수수와 무관하게 교환손익을 즉시 인식한다.	① 현금수수액이 중요하지 않은 경우 : 동종자산과의 교환거래로 보고 교환손익을 인식하지 않는다. ② 현금수수액이 중요한 경우 : 이종자산의 교환으로 취급한다.

7) 강제로 국공채를 매입하는 경우

유형자산을 취득하면서 불가피하게 국가 기관에 등록되어 있는 국채, 공채 등을 취득하는 경우 매입금액과 현재가치의 차액을 자산의 취득원가에 포함한다.

예제 19

다음 거래를 분개하시오.

업무용 승용차 5,000,000원을 구입하면서, 액면가액 500,000원(공정가액 350,000원)의 공채를 구입하고 대금은 현금으로 지급하다. (단, 공채는 단기매매증권으로 할 것)

[해설]

(차) 차량운반구(자산의 증가) 5,150,000 / (대) 현금(자산의 감소) 5,500,000
　　단기매매증권(자산의 증가) 350,000

---

03 유형자산의 취득 후 지출(후속 원가)

구분	자본적 지출	수익적 지출
분류	① 본래의 용도를 변경하기 위한 개조 ② 엘리베이터 및 에스컬레이터 설치 ③ 냉난방 및 피난시설 설치 ④ 내용연수가 연장되는 지출 ⑤ 중고품을 구입하고 사용 전 수리비 지급 ⑥ 기타 개량, 확장, 증설 등 자산의 가치를 증가시키는 것	① 오래된 건물, 벽의 도색 ② 파손된 유리, 기와의 대체 ③ 기계의 소모된 부속품과 벨트의 대체 ④ 자동차의 타이어, 배터리 교체 ⑤ 건물 내부의 조명기구 교환 ⑥ 유지나 원상회복 등을 위한 것
효과	① 자산의 과대계상 ② 당기순이익 과대계상 ③ 법인세 과대계상	① 비용의 과대계상 ② 당기순이익 과소계상 ③ 법인세 과소계상
분개	(차) 유형자산(자산의 증가)　××× (대) 현금(자산의 감소)　×××	(차) 수선비(비용의 발생)　××× (대) 현금(자산의 감소)　×××

04 감가상각비

유형자산의 취득원가에서 잔존가치를 차감한 감가상각대상금액을 매 기간별 체계적이고 합리적으로 배부하여 비용화시키는 과정을 말한다.

1) 감가상각 계산의 요소

감가상각을 하기 위해서는 다음의 3가지 요소가 결정되어야 한다.

① **취득원가** : 취득원가는 자산의 취득금액 또는 처분금액 이외에 이를 사용하기까지 부대비용과 자본적 지출로 사용된 금액도 포함된다.

② **내용연수** : 기업 활동이나 수익창출활동에 이용 가능한 기간을 말한다. 내용연수 기간이 감가상각 대상기간이 되며 내용연수는 자산의 마모 등 물리적 원인과 기술진부화 등 경제적 원인을 고려하여 측정하여야 한다.

③ **잔존가치** : 유형자산의 내용연수가 끝나는 시점에 자산을 처분 또는 폐기할 때 획득될 것으로 추정되는 금액에서 폐기 및 처분에 관련된 비용 등을 차감한 금액을 말한다.

2) 감가상각방법

감가상각방법은 합리적이고 체계적인 방법을 사용하여야 한다.

① **정액법** : 자산의 내용연수에 걸쳐 균등하게 감가상각비를 인식하는 방법을 말한다.

$$감가상각비 = \frac{(취득원가 - 잔존가액)}{내용연수} \times \frac{사용월수}{12}$$

② **정률법** : 유형자산의 장부가액에 매기간 상각률을 적용하여 감가상각하는 방법으로 초기에 많은 금액이 상각되고 기간이 경과함에 따라 상각액이 점차 감소하게 된다.

$$감가상각비 = (취득원가 - 감가상각누계액) \times 상각률 \times \frac{사용월수}{12}$$

③ **내용연수합계법** : 내용연수의 합계를 분모로 하고 잔여내용연수를 분자로 하여 상각률을 구하고 이 상각률을 감가상각대상액에 곱하여 당해 감가상각비를 산출하는 방법이다.

$$감가상각비 = (취득원가 - 잔존가액) \times \frac{(내용연수 역순)}{내용연수의 합계} \times \frac{사용월수}{12}$$

④ **생산량비례법** : 생산 또는 채굴량에 비례하여 가치가 소멸하는 유형자산에 적용하는 방법으로서 산림, 유전, 광산과 같은 천연자원의 감가상각비를 계산하는 데 유용한 방법이다.

$$감가상각비 = (취득원가 - 잔존가액) \times \frac{당기 \ 실제생산량}{총예정생산량} \times \frac{사용월수}{12}$$

3) 감가상각비 회계처리

유형자산에서 차감하는 형식의 간접차감법으로 인식한다.

(차) 감가상각비(비용의 발생) ××× (대) 감가상각누계액(자산의 감소) ×××

재무상태표		손익계산서	
기계장치	50,000,000	판매비와관리비	
감가상각누계액	(9,000,000)	1. 감가상각비	9,000,000
	41,000,000	2. ⋮	

05 유형자산의 처분

유형자산을 처분하거나 영구적으로 폐기하여 미래 경제적 효익을 기대할 수 없게 될 때 재무상태표에서 제거한다.

> ■ **처분 회계**
> • 유형자산처분이익 = 처분금액 > 장부금액
> • 유형자산처분손실 = 처분금액 < 장부금액

(차) 현금(처분가격)	×××	(대) 유형자산(취득원가)	×××
감가상각누계액	×××	유형자산처분이익	×××

✅분개연습 | 비유동자산 – 유형자산 회계처리

[1] 업무용 토지 100,000,000원을 취득하고, 대금 중 30,000,000원은 당좌수표를 발행하여 지급하고 잔액 중 50,000,000원은 약속어음을 발행하여 지급하고 잔액은 월말에 지급하기로 하다. (단, 취득세와 등록세 등 1,000,000원은 현금으로 지급하다.)

(차) (대)

[2] 20×1년 1월 1일에 비품을 취득하여 3년간 사용하기로 하였다. 20×2년의 감가상각비를 계산하여 회계처리하시오. (단, 취득원가 10,000,000원, 정률법 연 10%, 간접법으로 처리)

(차) (대)

[3] 업무용 자동차를 처분하고, 그 대금 1,800,000원 중 1,500,000원은 거래처발행의 자기앞수표로 받고, 잔액은 월말에 받기로 하다. (단, 취득가액 2,500,000원, 내용연수 10년, 잔존가액은 없음, 정액법, 간접법, 2년간 감가상각하여 왔음)

(차) (대)

[4] 공장에 업무용으로 사용하고 있던 차량에 대해 수선을 하고 당좌수표를 발행하여 지급하다. (단, 수리비용 6,000,000원, 자본적 지출 70%, 수익적 지출 30%)

(차) (대)

분개연습 정답 및 해설

번호	차변		대변	
1	토지(자산의 증가)	101,000,000	당좌예금(자산의 감소)	30,000,000
			미지급금(부채의 증가)	70,000,000
			현금(자산의 감소)	1,000,000
2	감가상각비(비용의 발생)	900,000	비품감가상각누계액(자산의 감소)	900,000
	• 20×1년 (10,000,000 − 0) × 10% = 1,000,000원 • 20×2년 (10,000,000 − 1,000,000) × 10% = 900,000원			
3	감가상각누계액(자산의 증가)	500,000	차량운반구(자산의 감소)	2,500,000
	현금(자산의 증가)	1,500,000		
	미수금(자산의 증가)	300,000		
	유형자산처분손실(비용의 발생)	200,000		
	• 1차년도 : (2,500,000 − 0) ÷ 10년 = 250,000원 • 2차년도 : (2,500,000 − 0) ÷ 10년 = 250,000원 ∴ 누계액 500,000원이 된다.			
4	차량운반구(자산의 증가)	4,200,000	당좌예금(자산의 감소)	6,000,000
	차량유지비(비용의 발생)	1,800,000		

✔️ 이론문제 | 비유동자산 – 유형자산 회계처리

01 다음 중 감가상각을 필요로 하지 않는 자산은?

> 건물, 비품, 기계장치, 토지, 기계장치, 건설중인자산, 차량운반구

① 건물, 건설중인자산　　　　　② 비품, 기계장치
③ 토지, 차량운반구　　　　　　④ 토지, 건설중인자산

02 유형자산에 대한 설명 중 틀린 것은?

① 자산의 원상회복을 위한 지출액은 수익적 지출이며, 자산의 내용연수를 증가시켜주는 지출액은 자본적 지출로 분개를 한다.
② 모든 유형자산에 대해 감가상각을 한다.
③ 유형자산의 취득원가는 순수구입대금에 부대비용을 가산하고 매입할인 등은 차감하여 산정한다.
④ 신규 건물과 토지를 구입하면서 기존 건물을 철거한 비용은 토지의 취득원가에 가산한다.

03 당기 중에 건물신축목적으로 토지를 구입하면서 다음과 같은 지출이 이루어진 경우 토지의 취득가액은 얼마인가?

• 토지 취득대금	50,000,000원
• 토지상의 구건물 철거비용	4,000,000원
• 구건물 철거 시 철골자재 등 매각대금	1,000,000원
• 토지 취득세 및 등록세	1,200,000원
• 토지 재산세	600,000원

① 45,200,000원　　　　　　② 54,200,000원
③ 50,450,000원　　　　　　④ 50,100,000원

04 다음 중 감가상각과 관련된 설명으로 옳지 않은 것은?

① 수익비용대응의 원칙에 따라 내용연수 동안 합리적이고 체계적인 방법으로 감가상각대상금액을 비용으로 인식하는 것이다.
② 감가상각대상금액이란 내용연수 동안 비용으로 인식할 총금액을 말한다.
③ 내용연수 동안 비용으로 인식되는 총금액은 감가상각방법에 따라 상이하다.
④ 내용연수 초기에는 정액법에 의한 감가상각비보다 정률법에 의한 감가상각비가 더 크다.

05 (주)박문각은 20×1년 3월 1일 영업용 건물을 10,000,000원에 구입한 후 다음과 같이 지출했을 때 건물계정의 잔액은 얼마인가?

• 노후된 건물 외벽의 도색비용	1,000,000원
• 건물 내부의 조명기구 교환	600,000원
• 건물 증축비용	500,000원
• 엘리베이터 설치비	2,500,000원

① 11,160,000원 ② 12,100,000원
③ 13,000,000원 ④ 14,600,000원

06 다음의 유형자산 취득 후 지출한 내용 중 자본적 지출로 처리해야 할 금액의 합계액은 얼마인가?

- 건물의 냉난방설비 설치 2,000,000원(건물 가치 증가)
- 기계장치에 불량률 감소 장치 설치 1,000,000원(불량률 감소)
- 본사 건물의 도색 4,000,000원(2년마다 실시)
- 운행 중인 화물차 엔진교체 3,000,000원(내용연수 연장)

① 6,000,000원 ② 7,000,000원
③ 9,000,000원 ④ 10,000,000원

07 다음과 같은 업무용 자동차에 대하여 20×2년 12월 31일 결산 시 재무상태표에 표시될 차량운반구에 대한 순장부가액을 계산한 것으로 옳은 것은?

- 취득일 : 20×1년 1월 1일
- 취득원가 : 5,000,000원
- 내용연수 : 5년
- 정률(상각률) : 연 40%
- 상각방법 : 정률법
- 단, 결산은 연 1회이며 매년 정상적으로 상각함

① 1,000,000원 ② 1,200,000원
③ 1,800,000원 ④ 2,000,000원

08 (주)박문각은 사용하던 B승용차를 (주)안양의 건물과 교환하기로 하였다. 동 승용차의 장부가액은 500,000원(취득원가 10,000,000원)이고, 추가로 500,000원을 현금으로 지급하다. 승용차의 공정가액이 700,000원인 경우 당기의 유형자산처분손익은 얼마인가?

① 이익 300,000원 　　　　　　　② 이익 400,000원
③ 손실 300,000원 　　　　　　　④ 이익 200,000원

09 다음 거래 내용을 자료로 건물의 취득원가를 계산하면 12월 31일 감가상각비는 얼마인가?

7/1 : 창고용 건물 1동을 8,000,000원에 구입하고, 취득세 및 등기비용 300,000원과 함께 당좌수표를 발행하여 지급하다.
7/2 : 사용 전 수리비 700,000원을 현금으로 지급하다.
7/5 : 건물의 화재보험에 가입하고, 보험료 600,000원을 현금으로 납입하다.
12/31 : 취득원가는 각자계산, 내용연수는 5년, 상각방법은 연수합계법, 잔존가치는 없다.

① 2,100,000원 　　　　　　　② 2,200,000원
③ 2,300,000원 　　　　　　　④ 3,000,000원

10 20×1년 초에 총 1,000개의 제품생산이 기대되는 기계장치를 500,000원에 구입하였다. 20×1년 100개의 제품을 생산한 경우 생산량비례법에 의한 감가상각비는 얼마인가? (단, 기계장치의 잔존가치는 없다.)

① 50,000원 　　　　　　　② 100,000원
③ 150,000원 　　　　　　　④ 200,000원

11 다음은 건물에 대한 감가상각 관련 정보이다. 20×2년도 말 재무상태표에 표시되는 건물의 감가상각누계액은 얼마인가?

• 취득일 : 20×1년 1월 1일	• 취득원가 : 10,000,000원
• 내용연수 : 10년	• 잔존가치 : 500,000원
• 감가상각방법 : 정률법(상각률 28%)	

① 1,000,000원 　　　　　　　② 2,016,000원
③ 2,800,000원 　　　　　　　④ 4,816,000원

12 다음과 같은 유형자산(건물)을 매각한 경우 유형자산처분손익은 얼마인가?

> • 취득일자 : 20×1년 1월 1일 　　• 매각일자 : 20×2년 6월 30일
> • 취득금액 : 4,000,000원 　　　　• 처분금액 : 1,500,000원
> • 내용연수 : 5년 　　　　　　　　• 잔존가치 : 0원
> • 상각방법 : 정액법(월할상각)

① 유형자산처분이익 1,300,000원 　　② 유형자산처분손실 1,300,000원
③ 유형자산처분이익 1,700,000원 　　④ 유형자산처분손실 1,700,000원

이론문제 정답 및 해설

01 ④ 토지와 건설중인자산은 감가상각 대상 자산이 아니다.

02 ② 유형자산 중 토지와 건설중인자산 등은 비상각자산에 해당한다. 그래서 모든 유형자산을 감가상각하지는 않는다.

03 ② 토지의 취득원가는 [토지 취득대금 50,000,000원 + 토지상의 구건물 철거비용 4,000,000원 − 구건물 철거 시 철골자재 등 매각대금 1,000,000원 + 토지 취득세 및 등록세 1,200,000원]으로 계산하면 된다. 토지의 재산세 600,000원은 세금과공과금으로 분개한다.

04 ③ 내용연수 동안 비용으로 인식되는 총금액은 감가상각방법과 상관없이 동일하다.

05 ③ 건물계정의 금액은 자본적 지출(건물 증축비용, 엘리베이터 설치비)을 합하여 구한다.

06 ① 2,000,000원 + 1,000,000원 + 3,000,000원 = 6,000,000원

07 ③ 정률법은 미상각잔액(장부금액)에 정률을 곱하여 계산하며, 2년분의 감가상각액은 다음과 같이 계산되어 감가상각누계액은 3,200,000원이 된다. 여기에서 순장부가액 1,800,000원은 취득원가 5,000,000원에서 감가상각누계액 3,200,000원을 차감하면 된다.
　• 20×1년 12월 31일 : 5,000,000원 × 0.4 = 2,000,000원
　• 20×2년 12월 31일 : (5,000,000원 − 2,000,000원) × 0.4 = 1,200,000원

08 ④ 승용차와 건물의 교환이므로 이종자산 간의 교환에 해당한다. 승용차(제공한 자산)의 공정가액을 기준으로 건물의 취득원가를 결정한다. 이때 제공한 자산의 공정가액과 장부가액과의 차액을 유형자산 처분손익으로 인식한다.

(차) 감가상각누계액   9,500,000원   (대) 차량 운반구   10,000,000원
    건물   1,200,000원   현금   500,000원
                                        유형자산처분이익   200,000원

- 건물의 취득원가 : 승용차의 공정가액 700,000원 + 현금지급 500,000원 = 1,200,000원
- 유형자산처분이익 : 승용차의 공정가액 700,000원 − 장부가액 500,000원 = 200,000원

09 ④ 건물의 취득원가는 9,000,000원이다. 건물의 취득 시 발생하는 취득세 및 등기비용과 사용 전 수리비는 취득원가에 포함하며, 보험료는 비용으로 처리한다. 따라서 12월 31일의 감가상각비는 (9,000,000원 − 0원) × 5/15 = 3,000,000원이 된다.

10 ① 20×1년 감가상각비 : 500,000원 × (100개/1,000개) = 50,000원

11 ④ 20×1년 감가상각비 : 10,000,000원 × 28% = 2,800,000원
20×2년 감가상각비 : (10,000,000원 − 2,800,000원) × 28% = 2,016,000원
20×2년도 말 재무상태표의 감가상각누계액 : 4,816,000원

12 ② 20×1년 감가상각비 : $\dfrac{4,000,000원 − 0원}{5년}$ = 800,000원

20×2년 감가상각비 : $\dfrac{4,000,000원 − 0원}{5년}$ × $\dfrac{6개월}{12개월}$ = 400,000원

유형자산처분손익 = 처분금액 − 처분일 현재 장부금액
= 1,500,000원 − (4,000,000원 − 800,000원 − 400,000원)
= (−)1,300,000원

10. 비유동자산 - 무형, 기타비유동자산 회계처리

01 무형자산

1) 무형자산의 정의

무형자산은 재화의 생산이나 용역의 제공, 타인에 대한 임대 또는 관리에 장기간 사용할 목적으로 기업이 보유하고 있는 물리적 형체가 없지만 식별 가능하고 기업이 통제하고 있으며 미래 경제적 효익이 있는 비화폐성자산을 말한다.

2) 무형자산의 인식요건

① **식별 가능성** : 무형자산이 식별 가능하기 위해서는 법적인 권리이거나 별도로 분리가 가능하여야 한다. 분리 가능의 의미는 다른 자산과 분리하여 임대, 매각, 교환, 분배할 수 있는 것을 말한다.

② **통제 가능성** : 미래 경제적 효익을 확보할 수 있고 제3자의 접근을 제한할 수 있는 배타적인 권리에 대한 소유여부를 의미한다.

③ **미래 경제적 효익** : 무형자산의 미래 경제적 효익은 재화의 매출, 용역수익, 원가절감 또는 기타 효익의 형태로 발생되며 미래 순현금의 유입으로 나타난다.

3) 무형자산의 종류

① **영업권** : 외부에서 유상 취득한 영업권만을 무형자산으로 인정하고 내부적으로 창출한 영업권은 인정하지 않는다.

② **산업재산권** : 특허권, 실용신안권, 의장권, 상표권

③ **기타** : 라이선스와 프랜차이즈, 저작권, 컴퓨터소프트웨어, 임차권리금, 광업권, 어업권 등을 포함한다. 다만 이들 항목이 중요한 경우에는 개별 표시한다.

④ **개발비** : 신제품·신기술의 개발과 관련하여 발생한 비용 중 미래 경제적 효익이 기업에 유입될 가능성이 높으며, 취득원가를 신뢰성 있게 측정 가능한 것을 말한다. 단, 연구단계와 개발단계로 구분할 수 없는 경우는 연구단계로 하여 당기비용으로 인식한다.

구분	연구단계	개발단계
분류	• 새로운 지식을 얻고자 하는 활동 • 연구결과나 기타 지식을 탐색, 평가, 최종 선택, 응용하는 활동 • 재료, 장치, 제품, 공정, 시스템이나 용역에 대한 여러 가지 대체안을 탐색하는 활동 • 새롭거나 개선된 재료, 장치, 제품, 공정, 시스템이나 용역에 대한 여러 가지 대체안을 제안, 설계, 평가, 최종 선택하는 활동	• 생산이나 사용 전의 시제품과 모형을 설계, 제작, 시험하는 활동 • 새로운 기술과 관련된 공구, 기구, 주형, 금형 등을 설계하는 활동 • 상업적 생산목적으로 실현 가능한 경제적 규모가 아닌 시험공장을 설계, 건설, 가동하는 활동 • 신규 또는 개선된 재료, 장치, 제품, 공정, 시스템이나 용역에 대하여 최종적으로 선정된 안을 설계, 제작, 시험하는 활동

효과	• 판매관리비의 연구비 • 제조원가의 연구비	• 무형자산의 개발비
	개발 이후 자산인식 요건 미충족 시에는 "경상연구개발비" 계정으로 인식한다.	

4) 무형자산의 취득원가 결정

> 취득원가 = 매입금액 + 직접부대비용 − 매입할인

> ■ **무형자산 취득 시 취득원가에 포함해야 할 비용**
> • 무형자산 창출에 직접 종사한 인원에 대한 급여, 상여금, 퇴직급여 등의 인건비
> • 무형자산 창출에 직접 사용된 재료비, 용역비 등
> • 무형자산 창출에 직접 사용된 유형자산 감가상각비와 무형자산 상각비
> • 법적 권리를 등록하기 위한 수수료, 취·등록세 등
> • 무형자산 창출에 필요하며 합리적이고 일관된 방법으로 배분할 수 있는 간접비

※ 취득원가에 포함되지 않는 것 : 판매비와관리비, 기타 간접지출, 무형자산으로 인식되기 전 명백한 비효율로 인한 손실금액 및 초기단계의 운용손실, 무형자산을 운용하는 직원의 훈련과 관련된 지출

5) 무형자산의 상각

유형자산의 감가상각과 동일한 개념으로 무형자산의 취득원가를 내용연수 동안 비용화하는 원가배부의 과정을 무형자산의 상각이라고 한다.

① 무형자산의 상각은 독점적·배타적인 권리를 부여하고 있는 관계법령이나 계약이나 정해진 경우를 제외하고는 사용가능한 시점부터 20년을 초과할 수 없다. 내용연수는 경제적 요인과 법적인 요인의 영향을 받으며 무형자산의 내용연수는 이러한 요인에 의해 결정된 기간 중 짧은 기간으로 한다.

② **잔존가치** : 무형자산의 잔존가치는 없는 것이 원칙이다.

③ **상각방법** : 무형자산의 상각방법은 합리적이고 체계적인 방법을 사용하여야 한다. 기업회계기준에서는 감가상각방법으로 정액법, 정률법, 연수합계법, 생산량비례법 등이 있으나 합리적인 상각방법을 정할 수 없는 경우에는 정액법을 사용한다. 다만 영업권의 경우 정액법만 허용된다.

④ **상각비 회계처리** : 무형자산의 상각이 다른 자산의 제조와 관련된 경우에는 관련 자산의 제조원가로, 그 밖의 경우에는 판매비와관리비로 인식한다. 무형자산을 상각할 때에는 일반적으로 기업 실무에서는 직접차감법을 많이 사용한다.

> (차) 무형자산상각비(비용의 발생) ×××   (대) 무형자산(자산의 감소)   ×××

02 기타비유동자산

1) 기타비유동자산의 정의

투자자산, 유형자산, 무형자산에 속하지 않는 비유동자산으로서 투자수익이 없고 다른 자산으로 분류하기 어려운 자산을 말한다.

2) 기타비유동자산의 분류

① 이연법인세자산 : 차감할 일시적 차이 등으로 인하여 미래에 경감될 법인세부담액으로서 유동자산으로 분류되는 이연법인세자산을 제외한 부분을 말한다.

② 보증금 : 전세권, 회원권, 임차보증금 및 영업보증금을 말한다.

③ 장기성매출채권 : 유동자산에 속하지 아니하는 일반적 상거래에서 발생한 장기의 매출채권을 말한다.

④ 장기선급비용, 장기선급금, 장기미수금 등을 포함한다.

✅ 분개연습 | 비유동자산 – 무형, 기타비유동자산 회계처리

[1] 특허청에 특허권 출원 비용 30,000,000원을 수표 발행하여 지급하고 특허권을 취득하다. (일반 기업회계기준 계정을 사용할 것)

(차) (대)

[2] 신제품 개발을 위하여 대학의 산학협력팀에게 개발비용 5,000,000원을 현금으로 지급하였다. (단, 무형자산 처리)

(차) (대)

[3] e소프트(주)에서 Smart A시스템 소프트웨어 용역을 10,000,000원을 공급받고, 대금은 월말에 지급하기로 하였다. (단, 계정과목은 무형자산 항목으로 처리한다.)

(차) (대)

[4] 창고 임차보증금에 대한 계약금 2,000,000원을 상화빌딩에 자기앞수표로 지급하였다. (단, 계약 기간은 20×1년 8월 1일 ~ 20×2년 7월 31일이다.)

(차) (대)

[5] (주)부흥상사에 사무실을 임대하였는데, 임대보증금 30,000,000원 중 3,000,000원만 (주)부흥 상사 발행 당좌수표로 받고, 나머지는 월말에 지급받기로 하였다.

(차) (대)

분개연습 정답 및 해설

번호	차변		대변	
1	특허권(자산의 증가)	30,000,000	당좌예금(자산의 감소)	30,000,000
2	개발비(자산의 증가)	5,000,000	현금(자산의 감소)	5,000,000
3	소프트웨어(자산의 증가)	10,000,000	미지급금(부채의 증가)	10,000,000
4	선급금(자산의 증가)	2,000,000	현금(자산의 감소)	2,000,000
5	현금(자산의 증가)	3,000,000	임대보증금(자산의 감소)	30,000,000
	미수금(자산의 증가)	27,000,000		

☑️이론문제 | 비유동자산 - 무형, 기타비유동자산 회계처리

01 다음 무형자산에 대한 설명 중 틀린 것은?

① 무형자산의 상각방법 중 합리적인 상각방법을 정할 수 없는 경우에는 정액법을 사용한다.
② 다른 기업의 제품을 독점적으로 사용할 수 있는 권리는 우리 회사의 무형자산에 속하지 않는다.
③ 저작권자가 자기 저작물을 복제, 번역 등을 독점적으로 이용할 수 있는 권리도 무형자산의 일종이다.
④ 컴퓨터 소프트웨어도 무형자산에 속한다.

02 기말 현재 재무상태표상의 개발비 잔액은 54,000원이었다. 이것은 2년 전 개발비가 현금으로 지급된 것이다. 개발비를 5년간 정액법으로 상각할 경우 제3차년도 말 개발비의 상각액은 얼마인가?

① 27,000원   ② 10,800원
③ 54,000원   ④ 18,000원

03 다음은 기말 현재 보유하고 있는 특허권 계정에 대한 자료이다. 이에 대한 설명으로 옳지 않은 것은?

특허권			
1/1 전기이월	3,500,000원	12/31 무형자산상각비	500,000원
		〃 차기이월	3,000,000원
	3,500,000원		3,500,000원

- 당기 결산일 : 20×4년 12월 31일
- 상각방법 : 정액법
- 내용연수 : 10년
- 특허권 취득일 : 20×1년 1월 1일
- 잔존가치 : 없음

① 특허권의 취득원가는 3,500,000원이다.
② 특허권의 연간 상각비는 500,000원이다.
③ 결산 정리 후 특허권의 장부금액은 3,000,000원이다.
④ 결산일의 특허권 상각분개는 (차) 무형자산상각비 500,000원 / (대) 특허권 500,000원이다.

04 다음은 무형자산에 대한 대화내용이다. 잘못 설명하고 있는 사람은?

무형자산은 물리적형체가 없고 식별이 불가능해.

김한국

미래 경제적 효익은 매출이나 원가절감으로 나타나지.

이공인

일반적으로 법적 권리로 부터 나오지.

정사회

내부적으로 창출한 브랜드, 고객 목록 등은 무형자산으로 인식하지 않아.

박회계

① 김한국   ② 이공인

③ 정사회   ④ 박회계

이론문제 정답 및 해설

01 ② 다른 기업의 제품을 독점적으로 사용할 수 있는 권리를 우리 회사가 갖는다면 우리 회사의 무형 자산에 속한다.

02 ④ 문제에서 제시된 개발비는 3차년도 기말 현재 개발비 잔액이므로 잔여내용연수 3년으로 나누면 18,000원이 개발비상각액이 된다.

03 ① 20×4년도는 특허권을 상각하는 4차년도이고, 상각방법은 정액법으로서 매년 500,000원씩 균 등하게 상각하고 있다. 따라서 총 2,000,000원의 상각액을 기말 장부금액에 가산하면 특허권의 취득원가는 5,000,000원이 된다.

04 ① 무형자산은 영업활동에 사용할 목적으로 보유하고 있는 자산으로 물리적 형체가 없지만 식별 가 능하고, 기업이 통제하고 있으며, 미래 경제적 효익이 있는 자산이다. 단, 미래 경제적 효익에 대해 불확실성이 높다.

11. 부채 - 유동부채와 비유동부채 회계처리

01 부채의 정의

1) 부채란 특정기업이 과거의 거래나 사건의 결과로 인해, 현재 기업실체가 부담하고 그 이행에 자원의 유출이 예상되는 의무이다.

2) 기업회계기준에서는 매입채무, 미지급비용 등 영업활동과 관련된 부채는 1년 기준과 정상영업 순환주기기준 중·장기를 기준으로 구분하며 기타의 부채는 1년 기준으로 유동부채로 분류하도록 하고 있다.

02 유동부채 중 매입채무

분류	거래내용	차변		대변	
외상 매입금	① 상품 30,000원을 외상으로 매입하다.	상품 (자산의 증가)	30,000	외상매입금 (부채의 증가)	30,000
	② ①의 외상매입금을 현금으로 지급하다.	외상매입금 (부채의 감소)	30,000	현금 (자산의 감소)	30,000
지급 어음	① 상품 35,000원을 매입하고 대금은 약속어음을 발행하여 지급하다.	상품 (자산의 증가)	35,000	지급어음 (부채의 증가)	35,000
	② ①의 약속어음을 현금으로 지급하다.	지급어음 (부채의 감소)	35,000	현금 (자산의 감소)	35,000

03 부가세예수금

상품 등을 매출하고 받는 10%의 부가세를 말하며, 부가가치세법상 과세기간이 종료되는 시점에 부가세대급금과 상계처리한다.

▼ 부가가치세대급금(자산)과 부가가치세예수금(부채)의 비교

구분	차변		대변	
상품 매입 시	상품(자산의 증가) 부가세대급금(자산의 증가)	××× ×××	현금(자산의 감소)	×××
상품 매출 시	현금(자산의 증가)	×××	상품매출(수익의 발생) 부가세예수금(부채의 증가)	××× ×××
부가세 상계	부가세예수금(부채의 감소)	×××	부가세대급금(자산의 감소) 미지급세금(부채의 증가)	××× ×××

04 유동부채 중 기타부채

분류	거래내용	차변		대변	
미지급금	① 비품 20,000원을 외상으로 매입하다.	비품 (자산의 증가)	20,000	미지급금 (부채의 증가)	20,000
	② ①의 미지급금을 현금으로 지급하다.	미지급금 (부채의 감소)	20,000	현금 (자산의 감소)	20,000
선수금	① 상품을 주문받고 계약금 70,000원을 현금으로 받다.	현금 (자산의 증가)	70,000	선수금 (부채의 증가)	70,000
	② ①에 대해 실제 상품을 발송하다.	선수금 (부채의 감소)	70,000	상품매출 (수익의 발생)	70,000
예수금	① 급여 50,000원 중 원천징수세액 5,000원을 제외하고 현금으로 지급하다.	급여 (비용의 발생)	50,000	예수금 (부채의 증가) 현금 (자산의 감소)	5,000 45,000
	② ①의 원천징수세액을 세무서에 현금으로 납부하다.	예수금 (부채의 감소)	5,000	현금 (자산의 감소)	5,000
선수수익	① 1년분 임대료 60,000원을 현금으로 받다.	현금 (자산의 증가)	60,000	선수수익 (부채의 증가)	60,000
	② ① 중 당기분 임대료 48,000원을 계상하다.	선수수익 (부채의 감소)	48,000	임대료 (수익의 증가)	48,000
미지급 비용	결산일 현재 미지급 급여 20,000원을 계상하다.	급여 (비용의 발생)	20,000	미지급비용 (부채의 증가)	20,000
유동성 장기부채	장기차입금 80,000원의 상환기간이 1년 내로 도래하다.	장기차입금 (부채의 감소)	80,000	유동성장기부채 (부채의 증가)	80,000

05 비유동부채 - 사채

이사회의 결의에 의하여 일반 대중으로부터 장기자금을 조달하기 위하여 회사가 발행한 확정채무임을 표시하는 유가증권을 사채라 한다.

06 비유동부채 - 장기차입금

1년을 초과하는 상환 조건으로 빌려온 금전을 말한다.

07 비유동부채 - 퇴직급여충당부채

1) 인식요건 3가지

① 장래에 지출될 것이 확실하고

② 당해 지출에 원인이 당기에 있으며

③ 당해 지출금액을 합리적으로 추정할 수 있어야 한다.

2) 결산시점에 퇴직급여 설정 회계처리

(차) 퇴직급여(비용의 발생)	1,000	(대) 퇴직급여충당부채(부채의 증가)	1,000

3) 퇴직금지급 시

(차) 퇴직급여충당부채(부채의 감소)	1,000	(대) 현금(자산의 감소)	1,200
퇴직급여(비용의 발생)	200		

08 가지급금과 가수금

1) 가지급금의 정의

임직원의 출장경비를 먼저 처리하는 경우 또는 현금을 지급하였으나 계정과목이나 금액을 확정할 수 없을 경우 차변에 먼저 처리한 후에 구체적인 계정과목이나 금액이 확정되면 대변에 상계처리한다.

거래내용	차변		대변	
영업직원 마동탁에게 광주 출장을 명하고 100,000원을 현금으로 지급하다.	가지급금 (자산의 증가)	100,000	현금 (자산의 감소)	100,000
출장을 다녀온 후에 출장비 120,000원을 지출함을 확인하고 차액은 현금으로 지급하다.	여비교통비 (비용의 발생)	120,000	현금(자산의 감소) 가지급금(자산의 감소)	20,000 100,000

2) 가수금의 정의

현금의 수입이 있었으나 처리할 계정과목 또는 금액을 확정할 수 없을 경우 대변에 먼저 처리한 후에 구체적인 계정과목이나 금액이 확정되면 차변에 상계처리한다.

거래내용	차변		대변	
영업직원 마동탁이 내용을 알 수 없는 금액 150,000원을 보통예금에 보내왔다.	보통예금 (자산의 증가)	150,000	가수금 (부채의 증가)	150,000
가수금은 외상매출금 회수금액으로 판명되다.	가수금 (부채의 감소)	150,000	외상매출금 (자산의 감소)	150,000

✅ 분개연습 │ **부채 – 유동부채와 비유동부채 회계처리**

[1] 사업 확장을 위해 제주저축은행에서 5,000,000원을 차입(20×1.3.1)하여 즉시 당사 보통예금에 이체하다. (단, 상환예정일 : 20×1.8.23, 이자지급 : 매월 말일, 이자율 : 연 6%)
(차)   (대)

[2] 당월분 사원의 급여를 다음과 같이 보통예금 계좌에서 종업원 급여계좌로 이체하다.

성명	부서	급여	원천징수세액		차감지급액
			소득세	지방소득세	
이명훈	영업부	4,200,000원	250,000원	25,000원	3,925,000원
장현수	영업부	3,500,000원	180,000원	18,000원	3,302,000원
계		7,700,000원	430,000원	43,000원	7,227,000원

(차)   (대)

[3] 2기 확정 부가가치세 신고분에 대한 부가가치세예수금 31,000,000원과 부가가치세대급금 19,600,000원을 상계처리하고 전자신고에 따른 세액공제 10,000원 차감한 잔액을 1월 25일 납부할 예정이다. 12월 31일 기준으로 적절한 회계처리를 하시오. (단, 납부세액은 미지급세금 계정을 사용하고 전자신고 세액공제는 잡이익으로 처리하시오.)
(차)   (대)

[4] 당사는 사원들의 퇴직금확보를 위해 결산 시에 퇴직금 50,000,000원을 설정하다.
(차)   (대)

분개연습 정답 및 해설

번호	차변		대변	
1	보통예금(자산의 증가)	5,000,000	단기차입금(부채의등가)	5,000,000
2	급여(판)(비용의 발생)	7,700,000	예수금(부채의 증가)	473,000
			보통예금(자산의 감소)	7,227,000
3	부가세예수금(부채의 감소)	31,000,000	부가세대급금(자산의 감소)	19,600,000
			잡이익(수익의 발생)	10,000
			미지급세금(부채의 증가)	11,390,000
4	퇴직급여(비용의 발생)	50,000,000	퇴직급여충당부채(부채의 증가)	50,000,000

☑️이론문제 | 부채 – 유동부채와 비유동부채 회계처리

01 다음 중 보고기간 종료일로부터 1년 이후에 만기가 도래하는 부채에 속하는 계정과목은?

① 사채   ② 선수금
③ 단기차입금   ④ 유동성장기부채

02 다음 중 유동부채 계정과목이 나타나는 거래가 아닌 것은?

① 급여 지급 시 근로소득세를 원천징수하다.
② 상품을 주문하고 계약금을 현금으로 지급하다.
③ 결산일 현재 장기차입금의 상환기일이 3개월 이내로 도래하여 유동성대체하다.
④ 거래처로부터 내용 불명의 금액이 보통예금 계좌로 입금되다.

03 다음 중 부채에 대한 설명으로 옳지 않은 것은?

① 예수금은 유동부채에 속한다.
② 퇴직급여충당부채는 유동부채에 속한다.
③ 단기차입금은 보고기간 종료일로부터 1년 이내에 상환될 부채이다.
④ 유동성장기부채는 보고기간 종료일로부터 1년 이내에 상환될 부채이다.

04 다음 중 유동부채와 비유동부채의 분류가 올바르게 짝지어진 것은?

	유동부채	비유동부채		유동부채	비유동부채
①	미지급비용	미지급법인세	②	퇴직급여충당부채	선수수익
③	선수수익	퇴직급여충당부채	④	매입채무	미지급법인세

05 퇴직급여충당부채에 관한 자료가 다음과 같다. 기말에 추가로 설정하여야 할 퇴직급여충당부채는 얼마인가?

> 가. 퇴직급여충당부채 기초잔액 : 20,000,000원
> 나. 기중 퇴직자(1년 이상 근속자) 퇴직금지급액 : 12,000,000원
> 다. 기말 현재 전 종업원이 퇴직할 경우 지급해야 할 퇴직금추계액 : 25,000,000원

① 17,000,000원   ② 13,000,000원
③ 5,000,000원   ④ 25,000,000원

06 퇴직급여충당부채 계정에 기입된 5월 18일 거래를 추정한 것으로 옳은 것은?

퇴직급여충당부채			
5/18 현금	3,000,000	1/1 전기이월	10,000,000

① 당기분 퇴직급여 추산액 3,000,000원을 계상하다.
② 당기에 지급했던 퇴직급여 중 과다지급액 3,000,000원을 현금으로 회수하다.
③ 종업원이 퇴직하여 퇴직급여 3,000,000원을 현금으로 지급하다.
④ 퇴직급여충당부채 추산액의 초과금 3,000,000원을 현금으로 회수하다.

이론문제 정답 및 해설

01 ① 사채는 회사가 장기자금을 조달하기 위해서 사채권을 발행하고 자금을 차입하는 비유동부채이다.

02 ② (차) 선급금(유동자산의 증가) ××× (대) 현금(유동(당좌)자산의 감소) ×××

03 ② 퇴직급여충당부채는 비유동부채에 속한다.

04 ③ 미지급비용, 미지급법인세, 선수수익, 매입채무는 모두 유동부채이며, 퇴직급여충당부채는 비유동부채이다.

05 ① 기말 현재 퇴직급여충당부채잔액 : 8,000,000원 = 20,000,000원 - 12,000,000원
기말 현재 추가설정액 : 17,000,000원 = 25,000,000원 - 8,000,000원

06 ③ 5월 18일 거래는 실제 퇴직하는 종업원에게 퇴직급여를 현금으로 지급하는 내용이다.
(차) 퇴직급여충당부채 3,000,000원 (대) 현금 3,000,000원

12. 주식회사의 자본 회계처리

01 자본의 의의

기업의 자산총액에서 부채총액을 차감한 후의 잔여청구권으로 주주지분 또는 순자산이라 한다.

- 자본등식 : 자산 − 부채 = 자본(잔여지분, 순자산)
- 자산 = 채권자 지분 + 소유주 지분
- 발행주식수 × 1주당 액면가액 = 자본금

02 주식의 발행

구분	차변	대변
할증발행 (액면가액 < 발행가액)	당좌예금　　　×××(발행가액)	자본금　　　×××(액면가액) 주식발행초과금　　　×××
	주식발행비용은 발행금액에서 차감하며 영향은 주식발행초과금에서도 동시에 차감된다.	
평가발행 (액면가액 = 발행가액)	당좌예금　　　×××(발행가액) 주식할인발행차금　　　×××	자본금　　　×××(액면가액) 현금　　　×××(발행비용)
할인발행 (액면가액 > 발행가액)	당좌예금　　　×××(발행가액) 주식할인발행차금　　　×××	자본금　　　×××(액면가액)
	주식발행비용은 발행금액에서 차감하며 영향은 주식할인발행차금에서도 동시에 가산된다.	

03 증자와 감자

1) 증자

자본금을 증가시키는 것을 말한다.

구분	차변	대변	예
실질적 증자(유상증자)	당좌예금　×× ×	자본금　×× ×	주식발행
형식적 증자(무상증자)	제잉여금　×× ×	자본금　×× ×	잉여금 자본전입

2) 감자

자본금을 감소시키는 것을 말한다.

구분	차변	대변	예
실질적 감자(유상감자)	자본금　×× ×	당좌예금　×× ×	매입소각
형식적 감자(무상감자)	자본금　×× ×	이월결손금　×× × 감자차익　×× ×	결손금 보전

04 자본잉여금의 의의

자본거래에서 발생한 잉여금으로서 주식발행에 의한 주식의 납입, 자본의 변동 등 주주와의 자본
거래에서 발생하는 잉여금을 말한다. 자본잉여금은 기업을 유지하는 데 필요한 자본의 일부로서
결손보전이나 자본전입의 경우에만 사용할 수 있다. 자본잉여금의 종류에는 주식발행초과금, 자기
주식처분이익, 감자차익 등이 있다.

05 자본조정

자본에 가산 또는 차감되어야 하나 자본금, 자본잉여금, 이익잉여금 어느 항목에도 속하지 않아
임시적으로 처리하는 계정을 말한다.

1) 주식할인발행차금

주식을 액면가액 이하로 발행하는 것으로 주식발행초과금을 먼저 상계회계처리하고 상계할 주
식발행초과금이 존재하지 않을 경우 "3년" 이내로 매기 균등상각하며 동 금액만큼 이익잉여금
처분에서 상각한다.

2) 미교부주식배당금

이익처분 중 주식으로 배당하는 것을 말한다.

3) 자기주식(= 재취득주식)

발행한 자기회사 주식을 다시 재취득하여 자기주식 취득 시 취득원가로 기록하고, 기업회계기
준에서 채택한 자본의 차감계정인 자본조정으로 회계처리(원가법)한다.

06 기타포괄손익누계액

1) 매도가능증권평가손익
2) 해외사업환산손익
3) 파생상품평가손익

07 이익잉여금

손익거래에 의하여 발생한 잉여금을 말하며, 영업활동이나 재무활동 등 기업의 이익창출활동에 의
해 축적된 이익으로서 사외에 유출되거나 불입자본에 대체되지 않고 사내에 유보된 부분을 말한
다. 이익잉여금은 배당을 통해 주주에게 분배되거나 사내에 유보되어 결손보전 또는 사업확장 등
의 특정 목적에 사용하기 위한 것이다.

1) 이익준비금

회사는 자본금의 1/2에 달할 때까지 매 결산기의 금전에 의한 배당액의 1/10 이상의 금액을
적립한다(법정준비금).

2) 기타법정적립금

재무구조개선적립금

3) 임의적립금

① **적극적 적립금** : 기업의 순자산을 증대시키기 위한 목적으로 적립한다(감채적립금, 사업확장적립금 등). 또한 적극적 적립금은 목적달성이 되면 별도적립금으로 대체한다.

② **소극적 적립금** : 기업의 순자산의 감소를 막기 위한 적립금을 말한다(배당평균적립금, 결손보전적립금, 퇴직급여적립금 등).

4) 차기이월이익잉여금

당기순이익에서 주주총회에서 이익처분한 것을 차감한 잔액을 말한다.

✅ 분개연습 | 주식회사의 자본 회계처리

[1] 증자를 목적으로 신주 1,500주(1주 액면 1,000원)를 1,500원에 발행하고, 주금은 주식을 발행하기 위한 제비용 100,000원을 차감한 후 납입을 받아 당좌예금하다.
(차)   (대)

[2] (주)박문각은 주식 20,000주(1주 액면 500원)를 480원으로 할인발행하고, 납입금은 주식발행비용 200,000원을 차감한 후 당좌예금하다.
(차)   (대)

[3] (주)경남은 경영의 악화로 인하여 이사회 및 주주총회의 특별결의로 발행주식 중 10,000주(1주 액면 5,000원)를 1주당 3,000원으로 매입소각하고, 대금은 수표를 발행하여 지급하다.
(차)   (대)

[4] (주)충남은 이사회의 결의에 의하여 이익준비금 5,000,000원을 자본에 전입하기로 하고, 1주 액면 500원의 주식 10,000주를 발행하여 구 주주에게 무상으로 교부하다.
(차)   (대)

[5] 주주총회에서 이익에 대하여 현금배당 5,000,000원, 주식배당 2,000,000원, 이익준비금 적립 500,000원을 결의하였다.
(차)   (대)

[6] 과거에 자기주식(액면가액 : 5,000,000원, 취득가액 : 7,000,000원)을 취득하였는데, 이 자기주식을 전액 소각하였다. 회계처리일 당시 감자차익이나 감자차손 잔액은 없다.
(차)   (대)

분개연습 정답 및 해설

번호	차변		대변	
1	당좌예금(자산의 증가)	2,150,000	자본금(자본의 증가)	1,500,000
			주식발행초과금(자본잉여금)	650,000
2	당좌예금(자산의 증가)	9,400,000	자본금(자본의 증가)	10,000,000
	주식할인발행차금 (자본조정, 자본의 감소)	600,000		
3	자본금(자본의 감소)	50,000,000	당좌예금(자산의 감소)	30,000,000
			감자차익(자본잉여금)	20,000,000
4	이익준비금(이익잉여금 감소)	5,000,000	자본금(자본의 증가)	5,000,000
5	이월이익잉여금 (이익잉여금 감소)	7,500,000	미지급배당금(부채의 증가)	5,000,000
			미교부주식배당금(자본조정 증가)	2,000,000
			이익준비금(자본잉여금 증가)	500,000
6	자본금(자본의 감소)	5,000,000	자기주식(자본조정 차감)	7,000,000
	감자차손(자본조정 증가)	2,000,000		

이론문제 | 주식회사의 자본 회계처리

01 자본금의 증가는 실질적 증자(유상증자)와 형식적 증자(무상증자)가 있다. 형식적 증자와 관계가 없는 것은?

① 자본전입   ② 주식할인발행
③ 전환주식에 의한 증자   ④ 주식배당

02 사업규모를 축소하기 위하여 1주 액면가액 5,000원의 주식 3,000주를 주당 4,500원에 매입 소각하였을 경우 빈칸에 들어갈 내용으로 적당한 것은?

(차) ( )	15,000,000	(대) 현금	13,500,000
		( )	1,500,000

① 자기주식, 감자차익   ② 자본금, 감자차익
③ 자본금, 주식발행초과금   ④ 자기주식, 자기주식처분이익

03 주주들에게 당기분 배당액 3,000,000원 중 2,000,000원을 금전으로 지급한 경우, 이 회사가 설정할 이익준비금의 최저 한도액은 얼마인가?

① 300,000원   ② 800,000원
③ 200,000원   ④ 1,000,000원

04 다음은 (주)박문각의 잉여금 현황이다. 이 중 자본잉여금에 해당하는 총 금액은 얼마인가?

• 당기순이익	36,000원	• 신축적립금	33,000원
• 이익준비금	85,000원	• 감자차익	53,000원
• 주식발행초과금	28,000원	• 자기주식처분이익	21,000원

① 102,000원   ② 28,000원
③ 134,000원   ④ 49,000원

05 다음 중 주식회사의 자본을 실질적으로 감소시킨 거래는 어느 것인가?

① 회사가 자금이 부족하여 현금배당을 하지 않고 주식배당을 했다.
② 자본준비금과 이익준비금을 자본금에 전입시켰다.
③ 회사는 결산 결과 당기순이익이 발생하였다.
④ 회사는 결산 결과 당기순손실이 발생하였다.

06 다음은 (주)은하의 결손금 처리 전 자본 현황이다. 처리 전 결손금이 18,000,000원인 경우 결손금처리에 사용될 자본잉여금은 얼마인가?

• 자본금	80,000,000원	• 주식발행초과금	2,000,000원
• 이익준비금	10,000,000원	• 임의적립금	6,000,000원

① 0원
② 1,000,000원
③ 2,000,000원
④ 4,000,000원

07 자본금 60,000,000원인 회사가 현금배당과 주식배당을 각각 10% 실시하는 경우 회사가 적립하여야 할 이익준비금의 최소 한도액은 얼마인가?

① 150,000원
② 600,000원
③ 400,000원
④ 1,200,000원

이론문제 정답 및 해설

01 ② 주식할인발행은 대변에 자본금은 증가하면서 차변에 자산이 증가하는 것으로 실질적 증자에 해당한다.

02 ② 사업규모를 축소하기 위하여 매입소각하는 경우는 무상감자에 해당되므로 차변에는 자본금(자본금의 감소)와 대변에 감자차익으로 표시해야 한다.

03 ③ 이익준비금의 최저한도액 = 현금배당액 × 10%이므로 200,000원이 된다.

04 ① 자본잉여금 102,000원 = 감자차익 53,000원 + 주식발행초과금 28,000원 + 자기주식처분이익 21,000원

05 ④ 결산의 결과 당기순손실이 발생한 것은 자본금을 실질적으로 감소시킨 거래가 된다.

06 ③ 자본잉여금은 주식발행초과금, 감자차익, 자기주식처분이익이 해당한다.

07 ② 금전배당액 × 10% = 이익준비금이므로 (60,000,000 × 10%) × 10% = 600,000원이 된다.

13. 수익과 비용 인식 회계처리

◢ 01 수익의 인식기준

주요 경영활동에서 재화의 생산·판매, 용역의 제공 등에 따른 경제적 효익의 유입으로서 이는 자산의 증가 또는 부채의 감소 및 그 결과에 따른 자본의 증가로 나타난다.

▼ 일반기업회계기준서에서 수익인식 기준

구분	기준서
재화판매	원칙 : 판매기준(인도하는 날)
용역제공	원칙 : 진행기준

1) 수익의 인식

수익이 실현되었거나 실현가능할 때의 실현기준과 수익이 획득되었을 때의 가득기준이 있다.

2) 현금주의와 발생주의의 기준 이해

① **현금주의** : 기업의 경제적 사건의 발생여부와 무관하게 영업활동으로 인한 현금유입을 수익으로 인식하며, 현금유출은 비용으로 인식하는 방법이다.

② **발생주의** : 순자산에 영향을 미치는 경제적 사건이 발생한 시점(화폐적 금액으로 측정하여 수익과 비용 인식)에서 경영성과를 측정하기 때문에 현행회계의 기간손익계산의 기본원리가 되고 있다.

3) 특수매매 시 인식기준 적용

① **위탁판매** : 수탁자가 제3자에게 위탁품을 판매한 날

② **시용판매** : 고객이 구매의사를 표시한 날

③ **할부판매** : 원칙은 단기와 장기 구분 없이 판매한 날

※ 특례 : 기업회계기준은 중소기업 특례로서 장기할부판매 시 회수기준과 단기용역매출 시 완성기준 적용을 할 수 있도록 규정함

④ **부동산판매** : 소유권이전등기일, 매입자가 사용가능일 중 가장 빠른 날

⑤ **상품권판매** : 선수금(상품권선수금 계정 등)으로 처리한 후 상품권을 회수한 날(물품 등을 제공하거나 판매한 때)

📖 예제 20

다음 중 기업회계기준에 의한 수익인식기준으로 틀린 것은?

① 상품권매출 – 상품권을 회수한 날
② 장기건설공사 – 완성기준
③ 위탁판매 – 수탁자가 적송품(위탁품)을 판매한 날
④ 시용판매 – 매입자가 매입의사표시를 한 날

[해설]

② 건설형공사계약의 경우 특례규정을 제외하고 장·단기를 불문하고 진행기준에 따라 수익을 인식하도록 규정하고 있다.

02 비용

영업활동과 관련하여 재화를 생산·공급하고 용역을 제공함으로써 발생하게 되는 기업의 자산감소 및 소비, 부채의 증가를 의미한다.

1) 비용의 인식기준

수익비용대응의 원칙에 근거한다.

① **직접대응** : 수익과 비용이 직접적인 인과관계가 성립할 때 수익인식시점에서 비용을 인식하는 것이다(예 매출원가, 판매수수료, 매출운임 등).
② **간접대응** : 특정수익과 직접적인 인과관계를 명확히 알 수 없지만 발생원가가 일정기간 동안 수익창출활동에 기여한 경우 해당기간에 걸쳐 합리적이고 체계적인 방법에 의해 배부해야 한다(예 감가상각비, 보험료기간배부).
③ **즉시인식** : 당기의 발생원가가 미래효익을 제공하지 못하거나 전기에 자산으로 기록된 항목이 미래의 경제적 효익을 상실할 때는 발생 즉시 당기의 비용으로 인식한다(예 일반관리비, 광고선전비, 이자비용 등).

📖 예제 21

다음 중 기업회계기준에 의한 비용인식기준으로 틀린 것은?

① 수익비용대응의 원칙에 근거한다.
② 직접대응은 수익과 비용이 직접적인 인과관계가 성립할 때 인식한다.
③ 간접대응의 예는 감가상각비, 보험료 등 기간배부 항목을 말한다.
④ 즉시인식의 예는 매출원가, 판매수수료 등의 인식이다.

[해설]

④ 즉시인식의 예는 일반관리비, 광고선전비, 이자비용 등이 해당한다.

2) 영업외손익

① **영업외수익** : 기업의 영업활동과 무관하게 발생되는 수익으로 이자수익, 단기매매증권처분이익, 단기매매증권평가이익, 유형자산처분이익 등이 있다.

② **영업외비용** : 기업의 영업활동과 무관하게 발생되는 비용으로 이자비용, 단기매매증권처분손실, 단기매매증권평가손실, 유형자산처분손실, 잡손실 등이 있다.

3) 법인세 등(= 법인세비용)

법인기업이 회계연도를 결산한 후 발생한 과세표준에 적용 세율을 곱하여 산출한 세금을 말한다.

구분	차변		대변	
중간예납 시	선납세금(자산의 증가)	×××	현금(자산의 감소)	×××
결산 시 추산액 (−) 중간예납 시	법인세비용(비용의 발생)	×××	선납세금(자산의 감소) 미지급법인세(부채의 증가)	××× ×××
확정신고 납부 시	미지급법인세(부채의 감소)	×××	현금(자산의 감소)	×××

☑️ 이론문제 | 수익과 비용 인식 회계처리

01 발생주의에 대한 설명으로 가장 옳은 것은?

① 미수수익과 미지급비용을 자산 또는 부채로 계상하여 당기의 손익계산에서 제외하는 것이다.

② 비용의 발생에만 적용하고 수익의 발생에는 적용하지 않는 원칙이다.

③ 수익과 비용을 발생기간에 따라 정당하게 배부하도록 회계처리하는 것이다.

④ 현금수지에 따라 회계처리하는 방법이다.

02 다음 중 수익실현시기가 잘못 설명된 것은?

① 위탁매출은 수탁자가 위탁품을 판매한 날에 실현되는 것으로 한다.

② 할부판매는 상품 등을 인도한 날 또는 대금회수약정기일에 실현되는 것으로 한다. 다만, 장기할부매출의 경우에는 할부금회수기일이 도래한 날에 실현되는 것으로 할 수 있다.

③ 시용매출은 매입자로부터 매입의 의사표시를 받은 날에 실현되는 것으로 한다.

④ 장기용역매출 및 장기예약매출은 진행기준을 적용한다.

03 다음 중 직접적 인과관계에 따라 비용을 인식하는 것으로서 가장 대표적인 것은?

① 보험료의 기간배부

② 유형자산에 대한 감가상각비계상

③ 회사의 사무직 직원에 대한 급여

④ 판매수수료와 매출원가

04 다음 중 기업회계기준상 수익 인식의 시점과 기준으로 옳지 않은 것은?

① 용역매출 : 진행기준(비상장 중소기업의 단기용역은 완성기준 가능)

② 단기할부판매 : 상품 등을 인도한 날

③ 수출 : 관세청에 수출신고를 한 날

④ 상품권매출 : 재화의 판매로 상품권을 회수한 시점

이론문제 정답 및 해설

01 ③ ① 미수수익과 지급비용의 대응되는 수익과 비용은 손익계산서에 반영되어야 한다.
② 발생주의는 수익과 비용 모두 적용된다.
④ 현금주의는 현금의 수입과 지출이 있을 때를 수익과 비용이 발생한 것으로 보는 기준이며 손익의 이연인 선급비용과 선수수익, 손익의 예상인 미지급비용과 미수수익은 계상하지 않는다.

02 ② 할부판매는 상품 등을 판매한 날로 인식한다.

03 ④ 비용인식기준에서 직접 대응되는 것으로는 매출원가, 판매수수료, 매출운임이 해당한다.

04 ③ 수출의 경우에도 일반적인 상품매출과 마찬가지로 인도시점에 수익을 인식한다.

14. 결산절차 및 기말결산수정분개

01 프로그램의 결산 방법

1) 정의

1년간의 전표입력 등 회계처리에 대해 12월 31일에 장부를 마감하고 재무제표를 작성하는 과정을 말한다.

2) 수동결산

[일반전표입력]메뉴에 12월 31일자로 결산 대체 분개를 직접 입력한다.

① 선급비용, 미수수익	② 미지급비용, 선수수익
③ 가수금, 가지급금 정리	④ 현금과부족잔액 정리
⑤ 소모품정리	⑥ 외화자산, 부채 평가
⑦ 단기매매증권 평가	⑧ 선납세금정리
⑨ 총액법 적용 시 대손충당금의 환입	

3) 자동결산

[결산자료입력]메뉴에 해당금액을 입력한 후 "전표추가" 키를 이용하여 결산을 완료한다.

① 기말재고자산	② 퇴직급여충당부채
③ 유형자산, 무형자산 감가상각	④ 매출채권에 대한 대손충당금설정
⑤ 미지급법인세계상	

4) 결산 절차

① [일반전표입력]메뉴에 12월 31일자로 결산대체 분개를 직접입력
② [결산자료입력]메뉴에 해당금액을 입력한 후 "전표추가" 키를 이용하여 결산을 완료한다.
③ [제조원가 명세서]
④ [손익계산서]
⑤ [이익잉여금처분계산서] ☞ 전표추가
⑥ [재무상태표]

02 수동결산(손익의 이연과 예상)

구분	기준서
비용의 이연	(차) 선급비용 ××× / (대) 해당비용 ×××
수익의 이연	(차) 해당수익 ××× / (대) 선수수익 ×××
비용의 발생	(차) 해당비용 ××× / (대) 미지급비용 ×××
수익의 발생	(차) 미수수익 ××× / (대) 해당수익 ×××

예제 22

다음 자료에 대하여 분개하시오.

> 본사건물 화재보험에 가입하여 1년분(20×1년 10/1 ~ 20×2년 9/30) 보험료 1,200,000
> 원을 전액 보험회사에 현금으로 지급하였다. (단, 월할계산할 것)

[해설]

[1년분 보험료 ÷ 12월 = 월 보험료 100,000원]이다. 따라서 귀속연도를 구분하면 다음과 같다.

20×1년 당해 보험료	20×2년 차기 선급비용
3개월 × 100,000 = 300,000	9개월 × 100,000 = 900,000

20×2년 차기분을 12월 31일자에 다음과 같이 수정분개한다.
(차) 선급비용 900,000 / (대) 보험료 900,000

예제 23

다음 자료에 대하여 분개하시오.

> 건물에 대해 임대계약을 맺고 임대료 1년분 240,000원(20×1년 7/1 ~ 20×2년 6/30)을
> 전액 현금으로 받았다. (단, 월할계산할 것)

[해설]

[1년분 임대료 ÷ 12월 = 월 임대료 20,000원]이다. 따라서 귀속연도를 구분하면 다음과 같다.

20×1년 당해 임대료	20×2년 차기 선수수익
6개월 × 20,000 = 120,000	6개월 × 20,000 = 120,000

20×2년 차기분을 12월 31일자에 다음과 같이 수정분개한다.
(차) 임대료 120,000 / (대) 선수수익 120,000

📖 예제 24

다음 자료에 대하여 분개하시오.

> 12월분 급여 1,500,000원을 결산시점에서 미지급하였다.

[해설]

12월 31일자에 다음과 같이 수정분개한다.
(차) 급여 1,500,000 / (대) 미지급비용 1,500,000

📖 예제 25

다음 자료에 대하여 분개하시오.

> 은행 정기예금 7,500,000원에 대한 결산이자를 계상하여 원본에 전입하였다. (단, 연이율 5%, 예금가입일 20×1년 9월 1일, 만기 3년)

[해설]

이자는 7,500,000원 × 5% × 4/12 = 125,000원
12월 31일자에 다음과 같이 수정분개한다.
(차) 미수수익 125,000 / (대) 이자수익 125,000

03 수동결산분개(일반전표입력)

기타 거래내용 및 결산 수정분개
① 단기매매증권평가이익(장부가액 10,000 < 결산 공정가액 12,000) 　(차) 단기매매증권(자산의 증가)　　2,000　　(대) 단기매매증권평가이익(수익의 발생)　2,000
② 단기매매증권평가손실(장부가액 15,000 > 결산 공정가액 12,000) 　(차) 단기매매증권평가손실(비용의 발생) 3,000　　(대) 단기매매증권(자산의 감소)　　3,000
③ 장부상현금 1,600,000 < 실제현금 1,680,000 　(차) 현금(현금과부족, 자산의 증가) 80,000　　(대) 잡이익(수익의 발생)　　80,000
④ 장부상현금 1,660,000 > 실제현금 1,600,000 　(차) 잡손실(비용의 발생)　　60,000　　(대) 현금(현금과부족, 자산의 감소)　60,000
⑤ 장기차입금을 유동성장기부채로 대체 　(차) 장기차입금(부채의 감소)　　10,000　　(대) 유동성장기부채(부채의 증가)　10,000
⑥ 장부상 외화금액 800,000 < 결산 시 외화금액 1,000,000 　(차) 외상매출금(자산의 감소)　200,000　　(대) 외화환산이익(수익의 발생)　200,000 　※ 외상매입금(부채)이 감소하면 외화환산이익으로 처리한다.

04 수동결산분개(소모품과 소모품비) ▸ 실무편 'Chapter 05. 결산처리' 참조할 것

1) 소모품비로 나올 경우

소모품 미사용액 분개로 한다.

(차) 소모품	×××	(대) 소모품비	×××

2) 소모품으로 나올 경우

소모품 사용액 분개로 한다.

(차) 소모품비	×××	(대) 소모품	×××

05 자동결산분개(결산자료입력) ▸ 실무편 'Chapter 05. 결산처리' 참조할 것

1) 기말재고(상품)금액 입력

2) 퇴직급여추계액에서 퇴직급여충당부채금액을 차감하고 설정

(차) 퇴직급여	×××	(대) 퇴직급여충당부채	×××

3) 매출채권 등에 대한 대손충당금 설정

(차) 대손상각비	×××	(대) 대손충당금	×××

4) 유형·무형자산 감가상각비 설정

(차) 감가상각비	×××	(대) 감가상각누계액	×××

이론문제 | 결산절차 및 기말결산수정분개

01 다음 중 기말의 결산정리 분개 대상이 아닌 것은?

① 고정자산에 대한 감가상각비의 계상
② 미지급비용의 계상
③ 기간미경과 보험료의 선급비용 계상
④ 유가증권처분손익의 계상

02 다음 중 기말의 결산정리 분개 대상이 아닌 것은?

① 정기적금에 대한 미수이자 계상
② 차량보험료에 대한 기간미경과 선급비용계상
③ 기계장치에 대한 감가상각비 계상
④ 신용카드사용액에 대한 미지급금 현금지급

03 손익의 정리 시 수익의 이연 또는 비용의 이연에 속하지 않는 계정과목은 어느 것인가?

① 선급금   ② 선급보험료
③ 선수임대료   ④ 선수이자

04 미지급 이자비용을 당기에 계상하지 않을 경우 당기에 어떤 영향을 미치는가?

① 부채가 과대평가된다.   ② 자산이 과소평가된다.
③ 이익이 과대평가된다.   ④ 순이익이 적어진다.

05 20×1년 9월 1일 건물의 화재보험료 6개월분 180,000원을 현금으로 지급한 경우 결산 시 자산계정에 대체되는 보험료는 얼마인가? (단, 월할계산할 것)

① 120,000원   ② 60,000원
③ 100,000원   ④ 80,000원

06 결산일 현재 매출채권 잔액은 1,000,000원이며 이에 대한 결산 전 대손충당금 잔액은 70,000원이다. 기업회계기준에 따라 기말의 매출채권 잔액에 대하여 1%의 대손충당금을 설정할 경우 재무상태표에 표시되는 매출채권의 순장부가액은 얼마인가?

① 1,000,000원   ② 930,000원
③ 990,000원   ④ 920,000원

07 기말 현재 단기매매증권 보유상황은 다음과 같다. 올바른 분개는?

구분	취득원가	공정가액
A사 주식	210,000원	250,000원
B사 주식	180,000원	150,000원

① (차) 단기매매증권   40,000원   (대) 단기매매증권평가차익   40,000원
② (차) 단기매매증권평가차손   30,000원   (대) 단기매매증권   30,000원
③ (차) 단기매매증권   10,000원   (대) 단기매매증권평가차익   10,000원
④ (차) 단기매매증권평가차손   30,000원   (대) 단기매매증권   30,000원

08 다음의 사항을 통해 기말(12월 31일)에 행해질 결산분개는 어떤 것인가?

- 7월 1일 사무용 소모품 2,000,000원을 구입하고 대금은 현금으로 지급하고 다음과 같이 회계처리하였다.
    (차) 소모품   2,000,000원   (대) 현금   2,000,000원
- 12월 31일 결산일 현재 소모품 미사용금액 1,200,000원

① (차) 소모품   800,000원   (대) 소모품비   800,000원
② (차) 소모품비   800,000원   (대) 소모품   800,000원
③ (차) 소모품   1,200,000원   (대) 소모품비   1,200,000원
④ 분개없음

09 제2기 결산을 한 결과 당기순이익이 210,000원으로 계상되었으나 다음의 내용이 누락되어 계산상 오류로 발견되었다. 정확한 당기순이익은 얼마인가?

- 보험료 선급분   60,000원
- 대여금에 대한 이자 미수분   40,000원

① 310,000원   ② 270,000원
③ 110,000원   ④ 250,000원

이론문제 정답 및 해설

01 ④ 유가증권처분손익의 계상은 결산사항이 아니다.

02 ④ 신용카드사용액에 대한 미지급금 현금지급은 매월 미지급금액을 지급하는 것으로 기말결산정리 분개 대상이 아니다.

03 ① 손익의 이연에는 선급비용(선급보험료, 선급이자, 선급임차료), 선수수익이 있으며, 손익의 예상 에는 미수수익, 미지급비용이 있다.

04 ③ 미지급비용을 계상하지 않으면 비용이 과소계상되며, 이익이 과대계상된다.

05 ② 보험료 180,000원을 6개월로 나누면 1개월분 30,000원이 계산된다. 결산시점에서 20×1년 2개월분(30,000원 × 2 = 60,000원)이 선급비용이 된다.

06 ③ 대손충당금을 설정하는 공식은 [매출채권잔액 × 대손율 − 대손충당금잔액 = 당기설정액]이다. 즉, [1,000,000 × 1% − 70,000= −60,000(환입)]이 계산되므로 대손충당금잔액은 10,000원 이 남는다. 따라서 매출채권 1,000,000원에서 10,000원을 차감하면 순장부가액은 990,000원 이 표시된다.

07 ③ 취득원가의 공정가액의 차액을 보면 A사 주식(평가이익 40,000원)과 B사 주식(평가손실 30,000원)을 합하여 평가이익 10,000원이 발생하게 된다.

08 ② 800,000원(소모품사용액) = 2,000,000원(소모품구입액) − 1,200,000원(소모품미사용액)

09 ① 보험료 선급분(60,000원)과 이자 미수분(40,000원)을 당기순이익에 더하여 계산한다.
보험료 선급분 : (차) 선급 보험료 60,000원 (대) 보험료 60,000원
이자 미수분 : (차) 미수이자 40,000원 (대) 이자수익 40,000원
정확한 당기순이익 : 210,000원 + 60,000원 + 40,000원 = 310,000원

02 NCS를 적용한 부가가치세 이해

1. 부가가치세 총론

01 우리나라 부가가치세의 특징

부가가치세(VAT)란 재화 또는 용역이 생산되거나 유통되는 각 단계에서 창출된 부가가치에 부과되는 간접국세, 보통세이다.

구분	내용
일반소비세	원칙적으로 모든 재화와 용역의 소비행위에 대하여 과세하는 일반소비세이다.
소비형 부가가치세 제도	사업자가 자본재를 구입한 경우에도 구입한 과세기간에 매입세액을 공제 또는 환급받을 수 있다.
전단계세액공제법 (간접법) 채택	부가가치세 = 매출세액(매출액 × 세율) − 매입세액(매입액 × 세율)
비례세율	10%와 영세율 0%
소비지국 과세원칙	• 영세율제도 • 재화의 수입을 과세거래로 하여 국내생산물품과 동일하게 과세한다.
간접세	사업자는 부가가치세를 거래징수, 신고 또는 납부하고, 조세부담은 최종소비자에게 전가된다. 즉, 납세자와 담세자가 일치하지 않는 조세에 해당한다.

02 납세의무자

1) 납세의무자

세법에 의하여 국세를 납부할 의무가 있는 자이다. 부가가치세법에서는 영리 여부에 관계없이 사업성과 독립성을 갖춘 자로서 재화나 용역을 공급하는 자와 재화를 수입하는 자를 납세의무자라 한다.

2) 납세의무자의 분류

① 개인, 법인, 국가(외국정부 포함), 지방자치단체, 지방자치단체조합, 법인격 없는 사단, 재단, 기타단체도 납세의무를 진다. 다만, 면세사업자는 납세의무자에 포함되나, 면세규정에 의해 납세의무자의 범위에서 제외한다.

과세사업자		면세사업자
일반과세자	간이과세자	
간이과세자가 아닌 개인사업자, 법인사업자	직전 1년의 공급대가의 합계액이 1억 400만원에 미달하는 개인사업자	면세되는 재화와 용역을 공급하는 사업자로서 부가가치세가 면제되는 자
등록, 신고, 납부의무 있음	등록, 신고, 납부의무 있음	등록(소득세법 등 신고같음), 신고(있음), 납부(없음)
세금계산서 발급의무 있음	세금계산서 발급의무 있음(단, 4,800만원 미달자는 영수증 발급의무 있음)	계산서 발급의무 있음
납부세액 : 매출세액 – 매입세액	공급대가 × 업종별 부가가치율 × 10%	납부세액 없음
제반의무 있음	제반의무 있음	매입처별세금계산서합계표 제출의무 있음

② 간이과세자의 공급대가의 합계액 = 공급가액 + VAT = (매출액)

03 과세기간

세법에 의하여 국세의 과세표준의 계산에 기초가 되는 기간을 말한다.

1) 일반과세자 중 계속사업자

구분	계속사업자	예정신고기간과 확정신고기간	납부기한
1기	1.1.~6.30.	1.1.~3.31.	4.25.
		4.1.~6.30.	7.25.
2기	7.1.~12.31.	7.1.~9.30.	10.25.
		10.1.~12.31.	익년 1.25.

2) 신규사업자의 최초 과세기간

구분	신규사업자
원칙	사업개시일[5]~사업개시일이 속하는 과세기간 종료일
사업개시일 이전에 사업자등록을 신청한 경우	그 신청한 날~신청일이 속하는 과세기간 종료일

5) 개업일
① 제조업 : 제조장별로 재화의 제조를 개시하는 날
② 광업 : 사업장별로 광물의 채취, 채광을 개시하는 날
③ 기타 : 재화 또는 용역의 공급을 개시하는 날

3) 폐업자의 과세기간

과세기간 개시일부터 폐업일까지이다.

4) 간이과세자

제1기와 제2기의 구분 없이 과세기간을 1.1.~12.31.로 한다.

◀ 04 부가가치세의 납세지(=사업장)

각 사업장 소재지이며 원칙적으로 사업장마다 신고·납부하여야 한다. 다만, 2개 이상의 사업이 존재할 경우 주된 사업장 소재지로 하여 납부하거나, 사업자의 본점 또는 주사무소에서 총괄하여 신고 또는 납부할 수 있다.

1) 사업장의 의의

사업자 또는 사용인이 상시 주재하여 거래의 전부 또는 일부를 행사하는 장소를 말하며 업종별 사업장은 다음과 같다.

업종		사업장
광업		광업사무소의 소재지
제조업		최종제품을 완성하는 장소(제품포장, 용기충전장소 제외)
건설, 운수, 부동산매매	법인	법인의 등기부상 소재지(등기부상 지점소재지 포함)
	개인	그 업무를 총괄하는 장소
부동산임대업		그 부동산의 등기부상 소재지(다만, 부동산상의 권리만을 대여하는 경우 업무를 총괄하는 장소)
무인판매기를 통하여 재화·용역공급		그 사업에 관한 업무를 총괄하는 장소
비거주자, 외국법인		비거주자 또는 외국법인의 국내사업장

2) 사업장이 없는 사업자

사업자의 주소지, 거소지이며 만약 사업자가 법인인 경우에는 본점소재지가 되며, 개인인 경우에는 업무를 총괄하는 장소를 말한다.

3) 직매장·하치장·임시사업장

구분	사업장 여부	이유
직매장	○	별개의 사업장으로 봄, 사업자등록, 세금계산서 발급 [의무불이행 시] 미등록가산세, 매입세액불공제
하치장	×	재화의 보관·관리시설만을 갖춘 판매행위가 이루어지지 않는 장소로서 사업장으로 보지 않음
임시사업장	×	단, 행사가 개최되는 장소에 개설한 임시사업장은 기존사업장에 포함

4) 주사업장 총괄납부와 사업자단위과세

구분	주사업장 총괄납부	사업자단위과세
의의	주사업장 총괄납부(환급)받는 제도 (단, 신고는 각 사업장별로 행함) → 관할세무서에 "사업장별 부가가치세 과세표준 및 납부세액신고명세서" 제출	2 이상의 사업자(추가 사업장 포함)가 사업자단위 과세제도를 신청한 경우로 신고·납부·환급 제도
세금계산서 수수 등 각종 의무	각 사업장별로 행함	본점 또는 주사무소에서 행함
적용 요건	신청	사업자단위로 등록을 신청
사업장 적용	• 법인 : 본점(주사무소 포함) 또는 지점 (분사무소 포함) 중 선택 • 개인 : 주사무소	• 법인 : 본점(주사무소 포함) • 개인 : 주사무소
계속사업자 신청기간	과세기간 개시 20일 전	과세기간 개시 20일 전
신규사업자의 신청기간	주된 사업자등록증을 받은 날로부터 20일 이내	사업자등록증(사업개시일)로부터 20일 이내
포기	과세기간 개시 20일 전에 주사업장 총괄납부포기신고서 제출	과세기간 개시 20일 전에 사업자단위과세포기신고서 제출
공급의제 여부	직매장 반출 시에는 재화의 공급으로 보지 아니함. 단, 세금계산서를 발급 시에는 재화의 공급으로 본다.	직매장 반출 시에는 공급의제 규정을 적용 안 함

05 사업자등록

1) 사업자등록 신청 및 교부와 직권등록 및 거부

① 사업개시일로부터 20일 이내에 서면이나 온라인으로 신청해야 하며 전국 모든 세무서에서 신청가능하다.

② 사업장마다 등록 신청해야 하며 사업개시 전이라도 사업자등록이 가능하다. 신청일로부터 2일 이내 교부되며(5일 연장가능), 자료 제출 미비 시에 10일간의 보정요구를 할 수 있다.

③ 세무서장이 직권등록 및 등록거부가 가능하다. 휴폐업 시 지체 없이 관할세무서장에게 신고해야 하며, 관할세무서장은 지체 없이 말소하고 사업자등록증을 회수해야 한다.

2) 사업자등록 정정 및 미등록 시 제재

① 정정사유

사업자등록 정정사유	재교부기한
• 상호를 변경하는 때 • 통신판매업자가 사이버몰의 명칭 또는 인터넷 도메인 이름을 변경하는 때	신고일 당일
• 면세사업자가 추가로 과세사업을 영위하고자 할 때 • 법인의 대표자를 변경하는 때 • 사업의 종류에 변경하거나 추가하는 때 • 상속으로 인하여 사업자의 명의가 변경되는 때(증여의 경우 정정사유 아닌 폐업 사유) • 공동사업자의 구성원 또는 출자지분의 변경이 있는 때	신고일부터 2일 내

② 미등록 제재

> • 미등록가산세 : 공급가액의 1%(등록기한 경과 후 1개월 이내에 등록하는 경우 50% 감면)
> • 등록 전 매입세액 불공제(단, 등록신청일로부터 역산하여 20일 이내의 것은 공제가능)
> • 조세범처벌법에 의한 50만원 이하의 벌금 또는 과료 처벌
> • 타인 명의 사업자등록 또는 타인 명의 사업자등록을 이용하여 사업을 하는 경우 직전일까지의 공급가액의 1% 가산세, 2년 이하 징역 또는 2천만원 벌금

✔이론문제 | 부가가치세 총론

01 다음 중 부가가치세법상 사업자등록 정정사항이 아닌 것은?

① 상호변경
② 사업자 주소이전
③ 사업종류의 변경
④ 개인사업자의 폐업

02 다음 중 부가가치세법상 과세기간과 관련된 설명으로 옳지 않은 것은?

① 과세기간이란 세법에 따라 국세의 과세표준 계산의 기초가 되는 기간이다.
② 간이과세자는 1월 1일부터 6월 30일까지를 과세기간으로 한다.
③ 일반과세자의 제1기 예정신고기간은 1월 1일부터 3월 31일까지이다.
④ 사업자가 폐업하는 경우 과세기간은 해당 과세기간의 개시일부터 폐업일까지이다.

03 부가가치세 납세지 및 사업장과 관련된 설명으로 옳지 않은 것은?

① 부가가치세법상 납세지는 각 사업장을 납세지로 하는 것이 원칙이다.
② 부동산임대업의 사업장은 부동산의 등기부상 소재지이다.
③ 주사업장총괄납부를 신청하는 경우 각 사업장의 납부세액을 주된 사업장에서 총괄하여 납부할 수 있다.
④ 사업장이 둘 이상인 사업자가 사업자단위과세를 신청하는 경우에도 사업장마다 사업자 등록을 하여야 한다.

04 다음 중 우리나라 부가가치세의 특징에 해당하지 않는 것은?

① 납세의무자의 인적사항을 고려하지 않는 물세이다.
② 소비지국과세원칙에 따라 수출 재화에 대하여는 영세율을 적용한다.
③ 납세의무자인 사업자는 영리목적이 있는지 여부와는 무관하다.
④ 전단계거래액공제법에 따라 부가가치세를 계산한다.

05 부가가치세법상 납세지(사업장)에 대한 설명으로 옳지 않은 것은?

① 부가가치세는 사업장마다 신고·납부하는 것이 원칙이다.
② 무인자동판매기를 통한 사업은 당해 판매기가 설치된 장소가 사업장이다.
③ 직매장은 사업장으로 보며 하치장은 사업장으로 보지 아니한다.
④ 제품의 포장만을 하거나 용기에 충전만을 하는 장소는 사업장으로 보지 아니한다.

06 다음 중 부가가치세 납세의무에 대해 바르게 설명하고 있는 사람은?

① 진수 : 면세사업자도 부가가치세 납세의무가 있어.
② 수현 : 사업자등록을 하지 않으면 부가가치세 납세의무는 없어.
③ 민혁 : 재화를 수입하는 사람도 부가가치세 납세의무가 있어.
④ 세진 : 국가나 지방자치단체는 부가가치세 납세의무가 없어.

07 다음 중 부가가치세법상 사업자등록에 대하여 잘못 설명한 사람은?

① 현지 : 국가와 지방자치단체는 부가가치세법상 사업자에 해당되지 않아 사업자등록 의무가 없어.
② 미수 : 일시적, 우발적으로 재화 또는 용역을 공급하는 자는 사업자등록 의무가 없어.
③ 효정 : 사업자의 사망으로 상속이 개시된 경우에는 폐업으로 보지 않고 사업자등록의 정정사유로 보는 거야.
④ 은주 : 관할세무서장은 사업자가 사업자등록신청을 하지 않은 경우 직권등록을 할 수 있어.

08 다음 중 부가가치세법상 과세기간에 관한 설명으로 틀린 것은?

① 제1기는 1월 1일부터 6월 30일, 제2기는 7월 1일부터 12월 31일까지이다.
② 사업자는 각 과세기간의 과세표준과세액을 과세기간 종료일부터 25일 이내에 신고납부하여야 한다.
③ 폐업자는 폐업일이 속하는 과세기간의 개시일부터 과세기간 종료일까지로 한다.
④ 간이과세포기의 경우는 그 과세기간 개시일로부터 포기신고일이 속하는 달의 말일까지로 한다.

이론문제 정답 및 해설

01 ④ 개인사업자의 폐업은 지체 없이 폐업신고를 해야 한다.

02 ② 간이과세자는 1월 1일부터 12월 31일까지를 과세기간으로 한다.

03 ④ 사업자단위과세제도는 원활한 납세의무 이행과 납세관리의 효율성을 위해 사업자의 본점(주사무소)에서 총괄하여 사업자등록, 세금계산서 발급, 신고·납부할 수 있게 하는 제도이다.

04 ④ 부가가치세는 전단계세액공제법에 따라 매출세액을 계산한 후 전단계의 매입세액을 차감하여 납부세액을 계산한다.

05 ② 무인자동판매기를 통한 사업은 그 사업에 관한 업무를 총괄하는 장소가 사업장이다.

06 ③ ① 면세사업자는 부가가치세 납세의무가 없다.
　　② 부가가치세 납세의무와 사업자등록 여부는 무관하다.
　　④ 국가나 지방자치단체도 부가가치세 납세의무가 있다.

07 ① 국가와 지방자치단체는 부가가치세법상 사업자에 해당한다.

08 ③ 폐업자는 폐업일이 속하는 과세기간의 개시일부터 폐업일까지로 한다.

2. 과세거래

01 부가가치세 과세대상 거래

재화의 공급, 용역의 공급, 재화의 수입이 부가가치세의 과세대상이다.

구분	내용
재화의 공급	• 사업자가 재산적 가치가 있는 유체물과 무체물을 공급하는 것은 과세대상이다.* – 유체물 : 상품, 제품, 원재료, 기계, 건물 등 – 무체물 : 동력, 열, 특허권, 광업권, 지상권, 영업권, 기타 권리 등 • 사업성이 있는 경우에만 과세됨. 비사업자는 과세 안 함
용역의 공급	• 사업자가 공급하는 용역은 과세대상이다. • 비사업자는 과세 안 함
재화의 수입	• 용역의 수입은 과세대상이 아니다. 사업자 여부와 무관하게 과세함 • 소비지국 과세원칙 실현목적
부수재화 · 용역의 공급	주된 재화와 용역에 따라 판단한다.

* 재산적 가치가 없는 것은 과세대상이 아니다. 토지는 재산적 가치가 있으나 토지의 공급은 부가가치세 면세대상이며 수표·어음·유가증권 등은 제외한다.

02 재화의 공급

1) 실질공급

계약상 또는 법률상 매매, 가공계약(자기가 주요 자재의 전부 또는 일부를 부담하는 가공계약 포함), 교환계약, 경매·수용·현물출자, 사업자가 재화를 빌려주고 반환받는 소비대차거래 등(단, 국세징수법의 규정에 따른 공매와 민사집행법의 규정에 따른 강제경매는 제외)을 말한다.

2) 간주공급

대상은 매입세액이 공제된 것만 해당하며, 공급가액은 간주시가로 하며 VAT는 간주시가의 10%로 한다. (단, 총괄납부승인사업장 아닌 직매장 반출은 공급가액은 원가, VAT는 원가의 10%로 함)

구분	사업관련 여부	과세대상
자가공급	○	면세전용, 비영업용 승용차와 그 유지를 위한 재화로 사용[승용차(단, 8인승 이하이며 배기량 1,000cc 이하 제외)], 직매장 반출 등
개인적 공급	×	사업과 무관하게 개인적인 공급, 사업자가 무(無)대가, 시가보다 낮은 대가 등
사업상 증여	○	자기의 고객, 불특정 다수인에게 무상증여, 저가증여 등
폐업 시 잔존재화	○	폐업 시 잔존재화는 자기에게 공급한 것으로 봄

▼ 타 사업장 반출

반출목적	사업자의 구분	자가공급 해당 여부	세금계산서 발급의무
비판매목적	모든 사업자	×	×
판매목적	총괄납부 승인 ×	○	○
	총괄납부 승인 ○	×	×

3) 재화의 공급이 아닌 것

담보제공, 조세의 물납, 사업의 포괄적 양도, 손해배상금, 지체상금, 위약금, 배당금, 광고선전용 견본품, 하치장 반출, 총괄납부사업자의 직매장 반출 등이 있다.

03 용역의 공급

계약상 또는 법률상의 모든 원인에 의하여 역무를 제공하거나 재화·시설물 또는 권리를 사용하게 하는 것을 말한다. 업종에는 건설업, 숙박 및 음식업, 부동산업 및 임대업, 운수업 등이 있다.

> ■ **용역의 공급으로 보지 아니하는 것**
> • 무상공급, 근로의 제공, 간주공급 적용 안 함
> • 지연선적 체선료, 조기선적 조출료, 협회 찬조금, 용역의 수입은 과세대상이 아님
> • 부동산업 및 임대업 중 전·답·과수원 목장용지 임야 또는 염전 임대업은 제외

재화의 무상공급(예 특허권의 양도)은 간주공급에 해당되어 과세하지만 용역의 무상공급(예 특허권의 대여)은 원칙적으로 간주공급에 해당하지 않는다. 그러나 특수관계자 간 부동산 임대용역의 무상공급은 간주공급에 해당되어 과세한다.

04 재화의 수입

수입하는 물품을 보세구역으로부터 인취하는 시점에 부가가치세, 관세, 통관수수료 등을 세관장에게 지불하고 수입세금계산서를 발급받아 매입세액을 공제받는다.

1) 외국으로부터 국내에 도착한 물품(외국 선박에 의하여 공해에서 채집되거나 잡힌 수산물을 포함한다)으로서 수입신고가 수리되기 전의 것
2) 수출신고가 수리된 물품(수출신고가 수리된 물품으로서 선적되지 아니한 물품을 보세구역에서 반입하는 경우는 제외한다)

05 주된 사업에 부수되는 일시적, 우발적 공급의 과세와 면세적용

주된 사업	부수 재화·용역	과세·면세
과세사업	과세	과세
	면세	과세
면세사업	과세	면세
	면세	면세

06 공급시기

재화와 용역의 공급시기는 재화와 용역의 공급을 어느 과세기간에 귀속시킬 것인가의 판단기준으로 공급시기가 속하는 과세기간이 종료하는 때에 납세의무가 성립되어 세금계산서를 발급하게 된다.

1) 일반적 재화의 공급시기

① 재화의 이동이 필요한 경우 : 재화가 인도되는 때
② 재화의 이동이 필요하지 않은 경우 : 재화가 이용가능하게 되는 때
③ 위 ①, ②를 적용할 수 없을 경우 : 재화의 공급이 확정되는 때

2) 재화의 공급시기

거래형태	공급시기
① 현금판매, 외상판매, 할부판매	재화가 인도되거나 이용가능하게 되는 때
② 재화의 공급으로 보는 가공	가공된 재화를 인도하는 때
③ 장기할부판매	대가의 각 부분을 받기로 한 때
④ 완성도기준지급, 중간지급조건부로 재화를 공급 : 전력 기타 공급단위를 구획할 수 없는 재화의 계속적 공급	
⑤ 자가공급	재화가 사용(소비)되는 때
⑥ 개인적 공급(판매목적 타 사업장 반출)	재화를 반출하는 때
⑦ 사업상 증여	재화를 증여하는 때
⑧ 폐업 시 잔존재화	폐업하는 때
⑨ 무인판매기를 이용한 재화공급	현금을 인취하는 때
⑩ 수출재화 　㉠ 원양어업 및 위탁판매수출의 경우 　㉡ 위탁가공무역방식으로 수출하거나 외국인 　　도수출의 경우	수출선적일, 재화가 인도되는 때 ㉠ 수출재화의 공급가액이 확정될 때 ㉡ 외국에서 당해 재화가 인도될 때
⑪ 상품권	재화가 실제로 인도되는 때

3) 용역의 공급시기

역무가 제공되거나 재화, 시설물 또는 권리가 사용되는 때를 말한다.

거래형태	공급시기
① 통상적 공급, 단기할부조건부 용역	역무의 제공이 완료되는 때
② 완성도기준지급 · 중간지급 · 장기할부 또는 기타조건부 용역 : 공급단위를 구획할 수 없는 용역의 계속적 공급	대가의 각 부분을 받기로 한 때
③ ①과 ②에 해당하지 않는 경우	역무의 제공이 완료되고 그 공급가액이 확정되는 때
④ 간주임대료, 선세금, 2과세기간 이상에 걸쳐 부동산임대용역을 공급한 후 받는 안분 계산된 임대료	예정신고기간 또는 과세기간의 종료일
⑤ 폐업 전에 공급한 용역의 공급시기가 폐업일 이후에 도래하는 경우	폐업일

4) 재화의 수입시기

관세법에 따른 수입신고가 수리된 때로 본다.

5) 공급시기의 특례

대가가 수반되고 재화의 공급으로 봄	대가가 수반되지 않는 경우
① 재화 또는 용역 공급 전 대가를 수취한 경우 : 세금계산서 등을 발급하는 때 ② 재화 또는 용역 공급 전에 세금계산서 등을 발급하는 때 : 발급일로부터 7일 이내 대가를 받을 경우 ③ 재화 또는 용역 공급 전에 세금계산서 등을 발급하고 발급일로부터 7일 이후 대가를 받을 경우 : 계약서와 약정서 등에 대금 청구시기와 지급시기 정함	공급 전에 세금계산서 또는 영수증을 발급 : 발급한 때 ① 장기할부판매로 재화 또는 용역을 공급함 ② 전력, 그 밖에 공급단위를 구획할 수 없는 재화를 계속적으로 공급함 ③ 통신 등 그 공급단위를 구획할 수 없는 용역을 계속적으로 공급함

07 거래장소

1) 재화의 공급장소

① 재화의 이동이 필요한 경우 : 재화의 이동이 개시되는 장소

② 재화의 이동이 필요하지 않은 경우 : 재화가 공급되는 시기에 재화가 소재하는 장소

2) 용역의 공급장소

① 역무가 제공되거나 재화, 시설물 또는 권리가 사용되는 장소

② 국내외에 걸쳐 용역이 제공되는 국제운송인 경우에는 사업자가 비거주자 또는 외국법인이면 여객이 탑승하거나 화물이 적재되는 장소

☑️이론문제 | **과세거래**

01 다음 중 부가가치세가 과세되는 재화 또는 용역의 공급은?

① 시내버스 운송　　　　　　　　　② 항공기 운송
③ 바나나 판매　　　　　　　　　　④ 신문 판매

02 부가가치세법상 부가가치세가 과세되는 재화 · 용역의 공급이 아닌 것은?

① 상가건물의 임대용역　　　　　　② 사업용 고정자산과 별도로 양도하는 영업권
③ 상품권의 판매　　　　　　　　　④ 운전학원 용역

03 다음 중 현행 부가가치세법상 과세대상거래와 거리가 먼 것은?

① 재화의 사업상 증여　　　　　　② 토지의 무상공급
③ 폐업 시 잔존재화　　　　　　　④ 재화의 개인적 공급

04 화장품판매점을 운영하는 사업자가 다음과 같이 재화를 공급한 경우 부가가치세 과세거래
에 해당하지 않는 것은? (단, 해당 재화는 구입 시 모두 매입세액공제를 받았다.)

① 판매촉진을 위하여 매출처 담당자에게 수분크림을 증정한 경우
② 집에서 사용하기 위하여 사업장에서 선크림을 가져간 경우
③ 손님에게 무상으로 견본품을 증정한 경우
④ 세일기간 중에 고객에게 화장품을 할인하여 판매한 경우

05 다음 보기 중에서 부가가치세법상 재화의 공급의제 규정 중 당초 매입세액이 불공제된 경
우에도 재화의 공급의제로 볼 수 있는 것은 무엇인가?

① 폐업 시 잔존재화　　　　　　　② 판매목적 타사업장 반출
③ 개인적 공급　　　　　　　　　④ 사업상 증여

06 부가가치세법상 일정한 대가를 받지 않고 재화를 공급하거나, 재화의 이동이 없을 때에도
일정한 경우에 해당하면 재화의 공급으로 간주하는 재화의 공급의제에 해당하는 것은?

① 조세의 물납　　　　　　　　　② 사업의 양도
③ 법률에 의한 경매 · 공매　　　　④ 폐업 시 잔존재화

07 부가가치세법상 공급시기에 관한 설명 중 잘못된 것은?

① 둘 이상의 과세기간에 걸쳐 부동산 임대용역을 제공하고 그 대가를 선불로 받는 경우에는 예정신고 또는 확정신고 기간의 종료일

② 공급시기가 되기 전에 대가의 전부 또는 일부를 받고, 이와 동시에 그 받은 대가에 대하여 세금계산서를 발행하는 경우에는 그 발급하는 때

③ 재화의 공급의제의 경우 예정신고 또는 확정신고 기간의 종료일

④ 폐업 전에 공급한 재화 또는 용역의 공급시기가 폐업일 이후에 도래하는 경우에는 그 폐업일

08 부가가치세법상 재화공급시기가 잘못된 것은?

① 현금·외상·할부 판매의 경우 : 재화가 인도 또는 이용 가능하게 되는 때

② 완성도기준지급에 의한 경우 : 대가의 각 부분을 받기로 한 때

③ 보세구역내에서 보세구역외로 공급하는 경우 : 수입신고수리일

④ 재화의 공급의제의 경우 : 재화가 인도되거나 각 부분을 받기로 한 때

09 다음 중 부가가치세법상 재화의 공급시기로 옳은 것은?

① 외상판매의 경우 : 대가를 받을 때

② 재화의 공급으로 보는 가공의 경우 : 재화의 가공이 완료된 때

③ 반환조건부 판매 : 조건이 성취되거나 기한이 지나 판매가 확정되는 때

④ 장기할부판매 : 최종 할부금 지급기일

이론문제 정답 및 해설

01 ② 항공기 운송용역은 과세대상이나, 시내버스 운송용역은 면세대상이다. 바나나 판매와 신문 판매는 면세대상이다.

02 ③ 상품권은 화폐대용증권으로서 부가가치세가 과세되는 재화에 해당하지 않는다.

03 ② 토지의 무상공급은 매입세액이 공제되지 아니한 것으로서 대가를 받지 아니하고 공급하는 것은 과세대상이 아니다.

04 ③ ① 판매촉진을 위하여 매출처 담당자에게 수분크림을 증정한 경우는 사업상 증여로 보며, ② 집에서 사용하기 위하여 사업장에서 선크림을 가져간 경우는 개인적 공급으로 보며, ④ 세일기간 중에 고객에게 화장품을 할인하여 판매한 경우는 재화의 공급으로 본다.

05 ② 주사업장총괄납부사업자 또는 사업자단위과세사업자가 아닌 2 이상의 사업장이 있는 사업자가 자기사업과 관련하여 생산 또는 취득한 재화를 타인에게 직접 판매할 목적으로 다른 사업장에 반출하는 것은 재화의 공급으로 본다.

06 ④ 사업자가 사업을 폐지하는 때에 잔존하는 재화는 자기에게 공급하는 것으로 보기 때문에 재화의 공급으로 본다.

07 ③ 재화가 사용 또는 소비되는 때(폐업 시의 잔존재화에 대하여는 폐업하는 때)이다.

08 ④ 재화의 공급의제의 경우에는 재화가 사용 또는 소비되는 때를 공급시기로 본다.

09 ③ ① 외상판매의 경우 재화를 인도하는 때이며, ② 재화의 공급으로 보는 가공의 경우 가공된 재화를 인도하는 때이며, ④ 장기할부판매는 대가의 각 부분을 받기로 한 때이다.

3. 영세율과 면세

01 영세율

매출과세표준(= 공급가액)에 적용하는 세율을 "0"으로 하는 것을 말한다.

▼ 영세율과 면세의 비교

구분	영세율	면세
기본취지	소비지국 과세원칙, 국제적 이중과세 방지	부가가치세의 역진성 완화
적용대상	수출하는 재화 등	기초생활필수품·면세용역
적용제도	완전면세제도	부분(불완전)면세제도
매출세액	0	없음
매입세액	전액환급(조기환급 가능)	없음
사업자 여부	부가가치세법상 과세사업자	부가가치세법상 사업자가 아님
과세표준 신고납부	있음	면세 수입금액 신고
매입세액 회계처리	부가세대급금으로 공제	매입원가 해당
의무	모든 제반사항, 세금계산서 발급과 제출의무 있음	매입처별세금계산서합계표 제출의무와 대리납부의무는 있음, 계산서 발급의무 있음, 수취 세금계산서 제출의무 있음

1) 적용대상자

거주자 또는 내국법인에 대해 적용된다(일반·간이과세사업자에게만 적용, 면세사업자는 적용 안 됨). 따라서 비거주자 또는 외국법인인 경우에는 상호면세주의에 의한다.

2) 영세율 대상

① 내국물품을 외국에 직수출한 경우(세금계산서 발급 안 함)
② 국내거래(L/C 또는 구매확인서)에 의해 수출한 경우에는 영세율세금계산서 발급함
③ 국외에서 제공하는 용역
④ 선박·항공기의 외국항행용역
⑤ 수출재화 임가공용역

02 면세의 의의

■ **면세제도의 취지와 목적**
면세제도의 취지와 목적은 동일세율로 과세되는 부가가치세의 세부담 역진성을 완화시키고 국민의 서민생활 보호와 후생복지 등을 위하여 조세 정책적, 사회 정책적으로 최종소비자에게 부가가치세의 조세부담을 경감시켜주기 위한 것이며, 면세되는 재화·용역을 공급하는 면세사업자는 부가가치세법 상의 사업자가 아니다.

1) 면세적용대상 재화 또는 용역

구분	내용
기초생활 필수 재화·용역	① 미가공식료품[식용에 공하는 농·축·수·임산물과 소금(기계정제염 제외)포함] 단, 비식용 외국산만 과세 ② 국내생산 비식용의 농·축·수·임산물 ③ 수돗물(생수는 과세) ④ 연탄·무연탄(유연탄·갈탄·착화탄은 과세) ⑤ 여객운송용역[단, 항공기, 시외우등고속버스, 전세버스, 택시 특수자동차, 특종선 박, 고속철도, 삭도(케이블카), 관광유람선, 관광버스, 관광궤도차량(모노레일 등), 관광사업 목적 바다열차 등의 여객운송은 과세] ⑥ 여성용 생리처리 위생용품(유아용 위생용품은 면세)
의료보건 용역	① 의료보건용역 및 약사의 제조용역(단, 애완동물 진료용역은 과세, 의약품의 단순판 매는 과세)과 혈액 ② 정부의 허가·인가 또는 승인을 얻거나 등록·신고한 교육용역(무허가·무인가 교 육용역, 자동차운전학원은 과세) ③ 반려동물 질병예방, 치료목적의 동물 진료비와 혈액
문화관련 재화·용역	① 도서(도서 대여용역 포함)·신문(인터넷신문 포함)·잡지·관보·뉴스통신·방송 등(광고는 과세) ② 예술창작품(골동품 제외)·예술행사·문화행사·비직업운동경기 ③ 도서관·과학관·박물관·미술관·동물원·식물원에의 입장(단, 오락과 유흥시설 이 함께 있는 동물원, 식물원, 해양수족관은 과세, 극장입장은 과세)
생산요소	① 금융·보험용역 ② 저술가, 작곡가 등 직업상 제공하는 인적용역(공인회계사·세무사·변호사·관세 사·변리사 등의 전문인력이 제공하는 용역은 과세) ③ 토지의 공급(토지의 임대는 과세)
기타	① 우표(수집용 우표는 제외)·인지·증지·복권·공중전화 ② 국가·지방자치단체·지방자치단체조합 또는 공익단체에 무상으로 공급하는 재화· 용역(단, 유상공급하면 과세함) ③ 종교·자선·학술·구호·기타 공익을 목적으로 하는 단체가 공급하는 재화·용역

2) 재화의 수입 시 면세대상 재화

① 식용 미가공식료품(커피두와 코코아두의 수입은 과세), 도서·신문·잡지, 외국으로부터 국가 또는 지방자치단체에 기증하는 재화

② 거주자가 수취하는 소액물품으로서 관세가 면제되는 재화

3) 면세포기

① 관할세무서장에게 면세사업 포기신고를 하게 되면 과세사업자로 전환되므로 지체 없이 사업자등록을 하여야 한다.

② 면세포기의 효과 : 면세대상 재화·용역이 과세대상 재화·용역으로 전환되므로 부가가치세 매입세액은 공제가능 매입세액으로 전환된다. 면세포기 신고 후 3년간 다시 면세를 적용받을 수 없다.

③ 면세포기가 가능한 재화·용역

ㄱ 영세율이 적용되는 재화·용역

ㄴ 학술연구단체·기술연구단체가 학술연구 또는 기술연구와 관련하여 설비 또는 무상으로 공급하는 재화·용역

☑️ 이론문제 | 영세율과 면세

01 다음 중 면세에 해당하는 것은 몇 개인가?

ⓐ 가공된 식료품	ⓑ 수돗물	ⓒ 무연탄 및 연탄
ⓓ 신문, 도서	ⓔ 골동품	ⓕ 서비스용역
ⓖ 수집용 우표	ⓗ 유연탄	ⓘ 시내버스운송용역
ⓙ 복권	ⓚ 도서대여용역	ⓛ 세무사용역

① 3개   ② 6개
③ 9개   ④ 12개

02 부가가치세법상 면세에 대한 설명으로 잘못된 것은?

① 부가가치세법상 면세규정은 열거주의에 의하고 있다.
② 면세되는 재화나 용역을 공급하는 사업과 관련된 매입세액은 공제받지 못한다.
③ 면세제도는 불완전면세제도에 해당한다.
④ 사업자가 토지를 공급하는 때에는 면세에 해당하나, 토지임대용역을 공급하는 때에는 면세에 해당한다.

03 다음 중 부가가치세법상 면세에 해당되지 않는 것은?

① 문화관련 재화의 용역(학술, 자선, 종교 등 공급하는 재화 또는 용역)
② 의료보건용역(조산사가 제공하는 용역)
③ 기초생활필수품(미가공식료품)
④ 여객운송용역(항공기, 시내버스, 고속철도)

04 다음 중 부가가치세법상 영세율이 적용되지 않는 것은?

① 내국물품을 외국으로 반출하는 것
② 중계무역방식에 의한 수출
③ 국외에서 공급하는 용역
④ 외국인관광객에게 공급하는 음식용역

05 다음 중 부가가치세법상 영세율에 대한 설명이 올바른 것은?

① 영세율이 적용되는 경우에는 조기환급을 받을 수 없다.
② 부가가치세의 부담을 완전히 제거하지 못하는 불완전면세제도이다.
③ 영세율을 적용받는 사업자는 매입세액을 매출세액에서 공제받을 수 없다.
④ 영세율이 적용되는 경우에도 내국신용장, 구매확인서에 의한 공급 시에는 세금계산서 발행의무가 있다.

06 다음 중 부가가치세법상 영세율이 적용되지 않는 것은?

① 내국신용장에 의하여 공급하는 수출재화임가공용역
② 국외에서 공급하는 용역
③ 수출하는 재화
④ 국내선 항공기 운항 용역

07 다음 중 부가가치세가 면세되는 재화와 용역의 공급으로 짝지어진 것은?

가. 토지의 공급	나. 고속철도에 의한 여객운송 용역
다. 광고 용역	라. 장의업자가 제공하는 장의용역

① 가, 나   ② 나, 다
③ 다, 라   ④ 가, 라

08 다음 중 부가가치세법상 영세율에 대한 설명으로 옳은 것은?

① 간이과세자는 영세율을 적용받을 수 없다.
② 비거주자와 외국법인에 대하여는 영세율을 적용할 수 없다.
③ 과세기간 종료 후 30일 이내 내국신용장을 개설한 경우에도 영세율을 적용한다.
④ 국외에서 제공하는 용역에 대하여는 거래상대방이나 대금의 결제방법에 관계없이 영세율을 적용한다.

이론문제 정답 및 해설

01 ② ⓑ 수돗물, ⓒ 무연탄 및 연탄, ⓓ 신문, 도서, ① 시내버스운송용역, ⓙ 복권, ⓚ 도서대여용역
이 면세에 해당한다.

02 ④ 토지임대용역을 공급 시에는 임대료 수입분에 대하여 과세한다.

03 ④ 여객운송용역은 면세대상에 해당한다. 다만, 항공기, 고속버스, 전세버스, 택시, 고속철도 등은
과세한다.

04 ④ 외국인관광객에게 공급하는 음식용역은 영세율 적용대상이 아니다.

05 ④ ① 조기환급을 받을 수 있다.
② 불완전면세제도는 면세제도를 말한다.
③ 영세율을 적용받는 사업자는 매입세액을 매출세액에서 공제받을 수 있다.

06 ④ 국내선 항공기 운항 용역은 면세에 해당한다.

07 ④ 토지의 공급 및 장의업자가 제공하는 장의용역은 부가가치세가 면세된다.

08 ④ ① 간이과세자는 영세율을 적용받을 수 있다.
② 비거주자와 외국법인에 대하여는 상호면세주의에 의하여 영세율을 적용한다.
③ 과세기간 종료 후 25일 이내 내국신용장을 개설한 경우에 영세율을 적용한다.

4. 과세표준

◢ 01 과세표준의 의의

납세의무자가 납부해야 할 세액산출의 기준이 되는 과세대상을 말한다(=공급가액).

		구분		❶ 신 고 내 용 금액	세율	세액
과세표준및매출세액	과세	세금계산서 발급분	(1)		10/100	
		매입자발행 세금계산서	(2)		10/100	
		신용카드·현금영수증 발행분	(3)		10/100	
		기타(정규영수증 외 매출분)	(4)		10/100	
	영세율	세금계산서 발급분	(5)		0/100	
		기타	(6)		0/100	
		예정신고 누락분	(7)			
		대손세액 가감	(8)			
		합계	(9)		㉮	

◢ 02 재화 또는 용역의 공급에 대한 과세표준

구분	과세표준으로 산정할 금액
금전의 대가	• 대가(단, 금전 이외일 경우 : 자기가 공급한 재화·용역의 시가) • 특수관계자로부터 부당한 저가, 무상 수령 : 자기가 공급한 시가

1) 과세표준 산정기준

포함하는 금액	포함하지 않는 금액	공제하지 않는 금액
• 금전의 대가 • 산재보험료 • 운송비 • 개별소비세 • 할부이자상당액 등	• 국고보조금(공공보조금) • 구분 기재된 봉사료 • 매출환입과 에누리, 매출할인 • 파손·멸실된 재화의 가액 • 할부 연체이자 제외	• 대손금 • 판매장려금 • 하자보증금

2) 외화의 환산

외화 수령	• 공급시기 도래 전에 원화로 환가한 경우 : 그 환가한 금액 • 공급시기 이후에 외국통화 기타 외국환의 상태로 보유하거나 지급받는 경우 : 기준(재정)환율

◢ 03 재화의 수입에 대한 과세표준

구분	과세표준으로 산정할 금액
수입재화의 과세표준	관세의 과세가격 + 관세 + 개별소비세 + 주세 + 교통세·에너지·환경세 + 교육세·농특세

✅ 이론문제 | **과세표준**

01 다음 중 부가가치세법상 과세표준에 포함하지 않는 것은?

① 공급받는 자에게 도달하기 전에 파손된 재화의 가액
② 재화의 수입에 대한 관세의 과세가격 및 관세
③ 재화나 용역을 공급한 후의 그 공급가액에 대한 장려금
④ 재화나 용역을 공급한 후의 그 공급가액에 대한 대손금

02 다음 자료를 토대로 20×1년 제1기 예정신고기간(1.1.~3.31.)의 부가가치세 과세표준은 얼마인가?

1/1~3/31의 거래 (VAT 별도)	(1) 상품을 10,000,000원에 외상으로 판매하다. (2) 거래처에 견본품으로 제품(시가 1,000,000원, 원가 800,000원)을 증여하다. (3) 위 (1)의 외상매출금을 기일 전 회수하면서 100,000원을 할인해 주다.

① 11,000,000원   ② 10,900,000원
③ 10,700,000원   ④ 9,900,000원

03 부가가치세법상 공급가액에 대한 설명 중 틀린 것은?

① 금전으로 대가를 받은 경우에는 그 대가
② 금전 이외의 대가를 받은 경우에는 자기가 공급한 재화 또는 용역의 원가
③ 폐업하는 재고재화의 경우에는 시가
④ 부가가치세가 표시되지 않거나 불분명한 경우에는 100/110에 해당하는 금액

04 다음 자료에 의하여 부가가치세 과세표준을 계산하면 얼마인가?

> 1. 제품판매액(공급가액) : 50,000,000원
> 2. 대손금(공급가액) : 6,000,000원
> 3. 장려물품 제공액 : 원가 3,000,000원(시가 3,500,000원)
> 4. 판매할 제품 중 대표자 개인적 사용분 : 원가 3,000,000원(시가 5,000,000원)

① 56,000,000원   ② 57,000,000원
③ 58,500,000원   ④ 59,500,000원

05 다음의 자료에 의하여 과세사업자가 20×1년 제1기 부가가치세 예정신고기간의 과세표준을 계산하면 얼마인가?

> 가. 상품외상매출액 : 15,000,000원(매출할인 1,000,000원 차감 전)
> 나. 거래처에 상품 증정 : 1,000,000원(시가 2,000,000원)
> 다. 광고선전용으로 무상 제공한 견본품 : 4,000,000원(시가)

① 15,000,000원
② 16,000,000원
③ 19,000,000원
④ 20,000,000원

06 다음은 일반과세자가 20×1년 제2기 예정신고기간의 공급 내역이다. 이 자료로 부가가치세 매출세액을 계산하면 얼마인가?

> • 제품 매출액 : 7,000,000원
> • 거래처에 증정한 제품(시가 2,000,000원) : 1,000,000원
> • 내국신용장에 의한 공급가액 : 3,000,000원

① 700,000원
② 800,000원
③ 900,000원
④ 1,000,000원

07 다음 중 부가가치세 공급가액(또는 과세표준)에 포함되는 것은?

① 공급에 대한 대가의 지급이 지체되었음을 이유로 받는 연체이자
② 대가의 일부로 받는 운송보험료
③ 재화 또는 용역의 공급과 직접 관련되지 아니하는 국고보조금
④ 공급에 대한 대가를 약정기일 전에 받았다는 이유로 사업자가 당초의 공급가액에서 할인해 준 금액

08 다음의 자료에 의하여 20×1년 제2기 예정신고기간의 부가가치세 과세표준을 계산하면 얼마인가?

일자	거래내용	금액(부가가치세 제외)
7월 18일	외상매출액	20,000,000원
8월 26일	하치장 반출액	원가 5,000,000원(시가 : 7,000,000원)
9월 19일	판매장려용으로 증정한 제품	원가 1,500,000원(시가 : 2,000,000원)

① 20,000,000원
② 21,500,000원
③ 22,000,000원
④ 27,000,000원

이론문제 정답 및 해설

01 ① 공급받는 자에게 도달하기 전에 파손된 재화의 가액은 과세표준에 포함하지 않는다.

02 ④ 매출액 10,000,000원 − 할인 100,000원 = 과세표준 9,900,000원이다. 견본품은 과세대상이 아니다.

03 ② 금전 이외의 대가를 받은 경우에는 자기가 공급한 재화 또는 용역의 시가를 공급가액으로 한다.

04 ③ 50,000,000원 + 3,500,000원 + 5,000,000원 = 58,500,000원

　 대손금, 판매장려금, 하자보증금은 과세표준에서 공제하지 않는다. 장려물품(현물)과 물품증정 (개인적 공급)은 시가로 과세표준에 산입한다.

05 ② 15,000,000원 − 1,000,000원 + 2,000,000원 = 16,000,000원

　 매출할인은 매출액에서 차감하고 상품증정액은 시가를 공급가액으로 한다. 광고선전용으로 무상 제공한 견본품은 과세대상이 아니다.

06 ③ 매출세액 900,000원 = (7,000,000원 + 2,000,000원) × 10% + 3,000,000원 × 0%로 계산한다.

07 ② 연체이자, 재화 또는 용역의 공급과 직접 관련되지 아니하는 국고보조금과 매출할인은 공급가액 에 포함하지 아니하나 대가의 일부로 받는 운송보험료는 공급가액에 포함한다.

08 ③ 20,000,000원(외상매출액) + 2,000,000원(사업상증여, 시가) = 22,000,000원

5. 매입세액의 계산

01 매입세액의 계산구조

매입세액이란 자기의 과세사업을 위하여 사용되었거나 사용될 재화 또는 용역의 공급, 재화의 수입에 대한 세액공제이다. 매입세액에 대한 내용은 다음 표와 같다.

매출세액	과세표준 × 세율 + 예정신고누락분 ± 대손세액				
(−)매입세액	▼ 부가가치세 신고서				
	세금계산서 수취분	일반매입	(10)			
		수출기업 수입분 납부유예	(10-1)			
		고정자산 매입	(11)			
	예정신고 누락분		(12)			
	매입자발행 세금계산서		(13)			
	그 밖의 공제매입세액		(14)			
	합계 (10)-(10-1)+(11)+(12)+(13)+(14)		(15)			
	공제받지 못할 매입세액		(16)			
	차감계 (15)-(16)		(17)		㉯	
(=) 납부(환급)세액					
(−) 예정신고 미환급세액(또는 예정고지세액)					
(−) 신용카드 매출전표 매입세액					
(−) 기타 공제·경감세액					
(+) 가산세액					
(=) 차가감 납부(환급)세액					

02 세금계산서 등에 의한 매입세액

1) 세금계산서 및 수입세금계산서 수취분

자기의 사업을 위하여 세금계산서 또는 전자세금계산서 등을 이용하여 재화를 매입하거나 또는 수입한 것 중 공제받을 수 있는 매입세액을 말한다.

2) 매입자발행세금계산서에 의한 매입세액공제 특례

부가가치세법상 납세의무자로 등록한 사업자(세금계산서 교부의무가 있는 간이과세자 포함)가 재화 또는 용역을 공급하고 세금계산서를 교부하지 아니한 경우 그 재화 또는 용역을 공급받은 자는 관할세무서장의 확인을 받아 매입자발행세금계산서를 발행할 수 있다.

3) 신용카드매출전표 수취명세서

일반과세자가 신용카드 매출전표 등(직불카드영수증·기명식선불카드영수증·현금영수증 등 포함)에 공급받는 자와 부가가치세액을 별도로 기재한 매출전표를 교부받은 경우에는 세금계산서를 교부받은 것으로 보아 매입세액을 공제한다.

03 공제받을 수 없는 매입세액

1) 등록 전 매입세액

2) 접대비(기업업무추진비)와 이와 유사한 비용의 지출에 대한 매입세액

3) 세금계산서 미수취와 불분명 매입세액(영수증수취 매입세액)

4) 세금계산서합계표 미제출 및 부실기재 매입세액

5) 비영업용 소형승용차의 구입과 유지에 관한 매입세액

6) 사업과 관련 없는 지출에 대한 매입세액

7) 면세사업과 관련한 매입세액

8) 토지의 자본적 지출 관련 매입세액

단, 다음의 경우에는 매입세액을 공제받을 수 있다.

- 필요적 기재사항이 일부착오기재, 기타의 기재사항으로 거래사실이 확인되는 경우
- 예정신고 시 누락된 것을 확정신고 때 신고하면 가능
- 국세기본법에 의해 과세표준신고서와 함께 제출하는 경우
- 국세기본법에 의해 경정청구서와 함께 제출해 확인하여 경정기관이 경정하는 경우

■ 소형승용차의 정의

소형승용차란 사람의 수송만을 목적으로 제작된 일반형 승용자동차로서 개별소비세 과세대상이 되는 차량을 말한다. 다만 화물차, 밴, 8인승 초과 승합차와 배기량 1,000cc 미만으로 길이 3.5m, 폭 1.5m 이하의 것은 개별소비세가 과세되지 않으므로 매입세액을 공제받을 수 있다.

☑️ 이론문제 | 매입세액의 계산

01 부가가치세법상 매입세액 공제대상에 해당하는 것은?

① 간이영수증 수취분 매입세액
② 면세사업에 관련된 매입세액
③ 접대비(기업업무추진비) 관련 매입세액
④ 발급받은 매입세금계산서 누락분을 경정기관의 확인을 거쳐 제출하는 경우

02 일반과세자(제조업 영위)가 재화와 용역을 공급받고 세금계산서를 발급받았다. 다음 중 매출세액에서 공제받을 수 없는 매입세액은 얼마인가?

> 가. 공장을 신축하기 위한 토지조성공사비에 대한 매입세액 : 6,000,000원
> 나. 업무용 승용차(1,988cc, 5인승)의 구입에 대한 매입세액 : 4,000,000원
> 다. 포장용 기계의 수리비에 대한 매입세액 : 5,000,000원

① 5,000,000원   ② 6,000,000원   ③ 10,000,000원   ④ 11,000,000원

03 다음은 의류도매업을 영위하는 일반과세자가 20×1년 제1기 부가가치세 예정신고 기간에 발급받은 세금계산서의 매입세액 내역이다. 매입세액 공제액은 얼마인가?

일자	내역	매입세액
1.7.	상품 매입	1,000,000원
2.10.	종업원 회식비	500,000원
2.28.	거래처 접대용품 구입비	300,000원
3.30.	대표이사 승용차(3,000cc) 수리비	300,000원

① 1,000,000원   ② 1,300,000원   ③ 1,500,000원   ④ 1,800,000원

04 다음 중 부가가치세법상 공제 가능한 매입세액은 얼마인가? (단, 필요한 거래증빙은 적법하게 수령하였으며, 거래금액에는 부가가치세액이 포함되지 않았다.)

> 가. 공장을 건설할 목적으로 토지를 100,000,000원에 구입하였다.
> 나. 거래처에 증정할 목적으로 그릇세트를 10,000,000원에 구입하였다.
> 다. 생산에 사용할 원재료를 300,000,000원에 구입하였다.

① 0원   ② 30,000,000원   ③ 31,000,000원   ④ 40,000,000원

05 다음 중 제조 · 도매업을 영위하는 회사가 부가가치세법상 공제가능한 매입세액이 아닌 것은?

① 과세사업을 위하여 사용되었거나 사용될 세금계산서에 의한 매입세액

② 자기의 사업을 위하여 사용할 목적으로 수입하는 재화의 수입에 대한 부가가치세액

③ 과세사업을 위하여 사용될 원재료를 직전연도 공급대가 4,800만원 미만인 간이과세자로부터 매입하고 신용카드매출전표를 수취한 매입세액

④ 관할세무서장의 확인을 받아 발행한 매입자발행세금계산서상의 매입세액

06 다음 도매업을 영위하는 회사가 자료를 토대로 공제받을 수 있는 매입세액을 계산하면 얼마인가? (단, 세금계산서는 적법하게 수령하였다.)

- 상품 운반용 트럭 구입 관련 매입세액 : 5,000,000원
- 본사 건물의 자본적 지출과 관련된 매입세액 : 4,000,000원
- 거래처 접대와 관련된 매입세액 : 3,000,000원

① 4,000,000원   ② 5,000,000원

③ 7,000,000원   ④ 9,000,000원

07 다음 의류제조업을 영위하는 회사의 자료를 토대로 부가가치세법상 매입세액으로 공제가능한 금액을 계산하면 얼마인가? (단, 모든 거래는 사업과 관련하여 세금계산서를 수취하였다고 가정한다.)

가. 원단 매입세액	10,000,000원
나. 토지의 자본적 지출에 해당하는 매입세액	4,000,000원
다. 업무용 9인승 승합차(3,000cc)의 차량유지비에 해당하는 매입세액	3,000,000원
라. 접대비(기업업무추진비) 관련 매입세액	5,000,000원

① 7,000,000원   ② 9,000,000원

③ 13,000,000원   ④ 17,000,000원

08 다음의 자료를 토대로 20×1년 제1기 확정신고 시 매출세액에서 공제받을 수 없는 매입세액을 계산하면 얼마인가? (단, 세금계산서는 적법하게 수취하였다.)

일자	거래내용	부가가치세액
4월 19일	사업용 원재료 매입	1,000,000원
4월 26일	대표이사 주택 수리	1,500,000원
5월 3일	공장부지 조성을 위한 자본적 지출	5,000,000원
6월 25일	기계장치 구입	2,000,000원

① 3,500,000원 ② 6,500,000원
③ 7,000,000원 ④ 8,500,000원

이론문제 정답 및 해설

01 ④ 발급받은 매입세금계산서 누락분을 경정기관의 확인을 거쳐 제출하는 경우에는 매입세액을 공제받을 수 있다.

02 ③ 6,000,000원 + 4,000,000원 = 10,000,000원이 된다. 토지조성공사비에 대한 매입세액과 업무용승용차(1,988cc, 5인승)에 대한 매입세액은 매출세액에서 공제되지 않으나, 포장용 기계의 수리비에 대한 매입세액은 공제된다.

03 ③ 1,000,000원 + 500,000원 = 1,500,000원이다. 거래처 접대용품 구입비는 접대비(기업업무추진비)이므로 그 매입세액은 공제되지 아니하며, 대표이사 승용차의 수리비는 사업과 직접 관련 없는 지출이므로 해당 매입세액은 공제대상이 아니다.

04 ② 토지는 면세대상 재화이며, 접대비(기업업무추진비) 관련 매입세액은 공제대상 매입세액에 해당하지 않는다.

05 ③ 간이영수증 발급 간이과세자로부터의 매입액에 대하여는 매입세액을 공제받을 수 없다.

06 ④ 상품 운반용 트럭 구입 관련 매입세액 + 본사 건물의 자본적 지출과 관련된 매입세액 = 5,000,000원 + 4,000,000원 = 9,000,000원이며 거래처 접대와 관련된 매입세액은 불공제 대상이다.

07 ③ 10,000,000원(원단 매입세액) + 3,000,000원(업무용 승합차 매입세액) = 13,000,000원이다. 토지의 자본적 지출에 해당하는 매입세액과 접대비(기업업무추진비) 관련 매입세액은 매입세액 공제를 받지 못한다.

08 ② 1,500,000원(대표이사 주택 수리) + 5,000,000원(공장부지 조성을 위한 자본적 지출) = 6,500,000원이다.

6. 세금계산서

01 세금계산서 개관

구분	내용
의의	사업자가 재화·용역을 공급할 때 부가가치세를 거래징수한 사실을 증명하기 위하여 교부하는 계산서
기능	송장·청구서·대금영수증·증빙서류와 장부, 과세자료 기능
발급의무자	일반과세자 및 간이과세자로 사업자등록을 하고 재화 또는 용역을 공급하는 사업자
발급시기	1) 원칙 : 재화 또는 용역의 공급시기에 발급 2) 특례 ① 공급시기 도래 전 선발급 : 발급인정, 7일 이내에 대가를 지급받는 경우 ② 공급시기 도래 후 후발급 : 월합계세금계산서 발급, 다음에 해당하는 경우에는 공급일이 속하는 달의 다음 달 10일까지 세금계산서를 발급할 수 있다. ㉠ 거래처별로 1역월의 공급가액을 합계하여 당해 월의 말일자를 발행일자로 하여 세금계산서를 발급하는 경우 ㉡ 거래처별로 1역월 이내에서 사업자가 임의로 정한 기간의 공급가액을 합계하여 그 기간의 종료일자를 발행일자로 하여 세금계산서를 발급하는 경우 ㉢ 관계증빙서류 등에 의하여 실제거래사실이 확인되는 경우로서 당해 거래일자를 발행일자로 하여 세금계산서를 발급하는 경우
발행 및 교부	재화·용역을 공급하는 사업자가 2매를 발행하여 1매는 공급자가 보관하고 1매는 공급받는 자에게 교부
필요적 기재사항	1) 공급하는 사업자의 등록번호와 성명 또는 명칭 2) 공급받는 자의 등록번호 3) 공급가액과 부가가치세액 4) 작성연월일
임의적 기재사항	1) 공급하는 자의 주소 2) 공급받는 자의 상호·성명·주소 3) 공급하는 자와 공급받는 자의 업태와 종목 4) 공급품목·단가와 수량·공급연월일·거래의 종류

▼ 세금계산서의 종류

구분		발급의무자
세금계산서	세금계산서	일반과세사업자 또는 4,800만원 초과 간이과세자가 발급
	전자세금계산서	
	수입세금계산서	세관장이 재화의 수입자에게 발급
	매입자발행세금계산서	매입자가 발급
계산서	계산서, 전자계산서	면세사업자
영수증	신용카드매출전표	간이과세자(공급대가 합계액이 4,800만원 미만인 자) 또는 최종소비자와 거래하는 사업자가 발급
	현금영수증	
	영수증	영세사업자, 면세사업자 등이 발급

02 전자세금계산서 발급

1) 발급의무자

법인사업자(영리법인, 국가·지방자치단체 등과 수익사업을 영위하는 비영리법인)와 직전 연도의 사업장별 재화 및 용역의 공급가액(면세공급가액 포함)의 합계액이 8,000만원 이상인 개인사업자만 의무발급한다.

※ 단, 8,000만원 미만의 개인사업자는 전자세금계산서를 선택하여 발급할 수 있다.

2) 발급

원칙적으로는 공급일자에 발급하지만 세금계산서 발급특례가 적용된 경우에는 거래시기가 속하는 달의 다음 달 10일까지 발급한다.

3) 발급명세 전송

전자세금계산서의 발급의무자는 전자세금계산서를 발급하였을 때에 "발급일의 다음 날"까지 전자세금계산서 발급명세를 국세청장에게 전송하여야 한다.

4) 세금계산서 발급의무가 면제되는 경우

① 택시운송 사업자, 노점 또는 행상을 하는 자
② 소매업 또는 미용, 욕탕 및 유사서비스업을 영위하는 자가 공급하는 재화 또는 용역. 다만, 소매업의 경우에는 공급받는 자가 세금계산서의 발급을 요구하지 아니하는 경우에 한한다.
③ 무인자동판매기를 이용하여 재화 또는 용역을 공급하는 자
④ 전력 또는 도시가스를 실지로 소비하는 자(사업자가 아닌 자에 한한다)를 위하여 「전기사업법」에 의한 전기사업자 또는 「도시가스사업법」에 의한 도시가스사업자로부터 전력 또는 도시가스를 공급받는 명의자
⑤ 도로 및 관련시설 운영용역을 공급하는 자. 다만, 공급받는 자로부터 세금계산서의 발급을 요구받은 경우를 제외한다.
⑥ 자가공급(판매목적 타사업장 반출 제외), 개인적공급, 사업상증여, 폐업 시 잔존재화로서 공급의제되는 재화
⑦ 영세율이 적용대상이 되는 재화·용역(단, 내국신용장, 구매확인서 등을 활용한 영세율세금계산서 발급 대상자는 제외)
⑧ 기타 국내사업장이 없는 비거주자 또는 외국법인에게 공급하는 재화·용역
⑨ 부동산임대용역 중 간주임대료
⑩ 전자서명인증사업자가 인증서를 발급하는 용역(다만, 공급받는 자가 사업자로서 세금계산서의 발급을 요구하는 경우 제외)

03 영수증

1) 영수증발급의무자

간이과세자(직전연도 공급대가의 합계액이 4,800만원 미만인 자 또는 신규로 사업을 시작하는 개인사업자 중 간이과세자)와 일반과세자 중 소매업 등 주로 사업자가 아닌 자에게 재화·용역을 공급하는 일정한 사업을 영위하는 사업자이다.

2) 고객 요청 시 세금계산서를 발급하여야 하는 사업

소매업, 음식점업(다과점업 포함), 숙박업, 간이과세자가 배제되는 전문자격사업 및 행정사업, 우정사업조직이 소포우편물을 방문접수하여 배달하는 용역을 공급하는 사업, 공인인증서를 발급하는 사업, 국내사업장이 없는 비거주자 또는 외국법인에 공급하는 재화 또는 용역 등이다.

3) 고객이 요청하더라도 세금계산서를 발급할 수 없는 사업

이발·미용업, 목욕업, 극장업, 무도학원, 진료용역을 공급하는 사업, 전자적 용역 등이다.

4) 영수증 발급효과

부가가치세가 별도로 구분가능한 신용카드매출전표영수증 등 적격증빙을 받는 경우에는 매입세액공제를 받을 수 있다.

5) 간이과세자의 영수증 발급 적용기간

1역년의 공급대가의 합계액이 4,800만원에 미달하거나 그 이상이 되는 해의 다음 해의 7월 1일부터 6월 30일까지로 한다. 단, 신규사업자의 경우 사업개시일부터 사업을 시작한 해의 다음 해의 6월 30일까지로 한다.

✅이론문제 │ 세금계산서

01 다음 중 부가가치세법상 전자세금계산서제도에 대한 설명으로 옳지 않은 것은?

① 모든 법인사업자는 전자세금계산서 발급의무가 있다.
② 당해연도 공급가액이 5억원 이상인 개인사업자는 전자세금계산서 발급의무가 있다.
③ 전자세금계산서 발급의무가 없는 개인사업자도 전자세금계산서를 발급할 수 있다.
④ 법인사업자는 전자세금계산서를 발급한 날의 다음 날까지 '세금계산서발급명세'를 국세청장에게 전송하여야 한다.

02 부가가치세 과세사업을 영위하는 김대박씨가 컴퓨터를 구입하고 다음의 증명서류를 수취한 경우 매입세액을 공제받을 수 없는 것은?

① 세금계산서　　　　　　　　　② 신용카드매출전표
③ 현금영수증　　　　　　　　　④ 금전등록기계산서

03 다음 중 세금계산서(또는 전자세금계산서)에 대한 설명으로 옳지 않은 것은?

① 직전연도 공급대가 합계액이 4,800만원 미만인 간이과세자는 세금계산서를 발급할 수 없다.
② 법인사업자는 전자세금계산서를 의무발급하여야 한다.
③ 면세사업자는 세금계산서와 계산서 중 하나를 선택하여 발급할 수 있다.
④ 공급받는 자의 주소는 필요적 기재사항이 아니다.

04 부가가치세법상 세금계산서에 대하여 바르게 설명하고 있는 사람은 누구인가?

① 은영 : 세금계산서의 작성연월일은 꼭 기재하지 않아도 돼.
② 정준 : 면세사업자도 세금계산서를 발급할 수 있어.
③ 세현 : 세금계산서는 재화 또는 용역의 공급시기에 발급하는 것이 원칙이야.
④ 민우 : 재화를 직접 수출하는 경우에도 세금계산서는 발급해야 돼.

이론문제 정답 및 해설

01 ② 법인사업자와 공급대가의 합계액이 8,000만원 이상인 개인사업자는 전자세금계산서 발급의무가
있다.

02 ④ 금전등록기계산서를 수취하는 경우 매입세액을 공제받을 수 없다.

03 ③ 면세사업자는 세금계산서를 발급할 수 없다.

04 ③ ① 세금계산서의 작성연월일은 필요적 기재사항이다.
② 면세사업자는 세금계산서를 발급할 수 없다.
④ 수출하는 재화에 대해서는 세금계산서 발급의무가 면제된다.

7. 신고와 납부세액

부가가치세법은 매출세액에서 매입세액을 공제하여 납부(환급)세액을 산출한다.

(−)	매출세액	과세표준 × 세율 + 예정신고누락분 ± 대손세액
	매입세액	= 세금계산서 등의 매입세액 + 기타공제 매입세액 − 공제받지 못할 매입세액
	납부세액	= 매출세액 − 매입세액
(−)	세액공제	• 신용카드매출전표 발급 등에 대한 세액공제 • 전자세금계산서 발급·전송에 대한 세액공제 • 전자신고에 대한 세액공제
(+)	가산세액	• 예정신고 미환급세액 및 예정고지세액
	차가감 납부세액	= 납부세액 ± 가산·공제세액

01 예정신고와 납부

1) 예정신고 · 납부의무자

영세법인을 제외한 법인사업자

2) 예정신고 · 납부를 할 수 있는 자

① 휴업 또는 사업부진 등으로 인하여 각 예정신고기간의 공급가액 또는 납부세액이 직전 과세기간의 공급가액 또는 납부세액의 1/3에 미달하는 자

② 각 예정신고기간분에 대하여 조기환급을 받고자 하는 자

3) 예정신고 · 납부기간과 기한

구분	예정신고 · 납부기간			예정신고 · 납부기한
	계속사업자	신규사업자	과세유형전환자	
1기 예정	1.1.~3.31.	개업일~3.31.	① 1.1.~유형전환 말일 ② 유형전환일~3.31.	4월 25일
2기 예정	7.1.~9.30.	개업일~9.30.	① 7.1.~유형전환 말일 ② 유형전환일~9.30.	10월 25일

① 과세유형전환자는 과세기간 개시일부터 유형전환 말일까지 분에 대해서 25일 이내에 확정신고·납부하여야 한다.

② 예정신고·납부기한은 예정신고·납부기간 종료 후 25일 이내이다.

4) 예정고지와 납부

소규모 영세사업자의 납세편의를 도모하고, 과세행정의 효율을 기하고자 관할세무서장이 직전기 납부세액의 50%를 고지하여 납부하도록 하는 것을 말한다.

① **예정고지 대상자** : 예정신고·납부를 하는 자를 제외한 개인사업자와 직전 과세기간 과세표준이 1.5억원 미만인 법인

② 예정고지 · 납부 제외 : 납부세액이 50만원 미만, 간이사업자에서 일반사업자로 변경된 경우
이면 제외

③ 예정고지 기간 : 제1기 4.1.~4.10., 제2기 10.1.~10.10.

02 확정신고와 납부

사업자는 각 과세기간을 종료함으로써 과세표준과 납부세액 또는 환급세액을 정부에 신고하는 것
을 말한다.

1) 확정신고 · 납부의무자

원칙은 과세사업자(영세율사업자, 면세포기사업자, 간이과세자 포함)이며 예외적으로 합병 시
에는 합병 후 존속법인과 합병신설법인이 해당한다.

2) 확정신고 · 납부기간과 기한

구분	확정신고 · 납부기간			확정신고 · 납부기한
	계속사업자	신규사업자	과세유형전환자	
1기	1.1.~6.30.	개업일~6.30.	1.1.~폐업일(합병등기일)	7월 25일
2기	7.1.~12.31.	개업일~12.31.	7.1.~폐업일(합병등기일)	다음연도 1월 25일

3) 확정신고 · 납부 대상 및 제외 대상

예정신고 누락 과세표준과 세액, 가산세를 포함하고 예정신고 및 영세율 등 조기환급신고를 한
내용은 신고대상에서 제외한다. 그 과세기간 종료 후 25일내에 각 사업장 관할세무서장에게
신고 · 납부하여야 한다.

03 결정 · 경정 방법

1) 원칙

세금계산서, 장부, 기타 증빙을 근거로 하여 실지조사에 의하여 경정하여야 한다.

2) 예외(추계조사)

① 과세표준을 계산할 때 필요한 세금계산서, 수입세금계산서, 장부 또는 그 밖의 증명 자료가
없거나 그 중요한 부분이 갖추어지지 아니한 경우

② 세금계산서, 수입세금계산서, 장부 또는 그 밖의 증명 자료의 내용이 시설규모, 종업원 수와
원자재 · 상품 · 제품 또는 각종 요금의 시가에 비추어 거짓임이 명백한 경우

③ 세금계산서, 수입세금계산서, 장부 또는 그 밖의 증명 자료의 내용이 원자재 사용량, 동력
(動力) 사용량이나 그 밖의 조업 상황에 비추어 거짓임이 명백한 경우

3) 추계조사 시 매입세액공제
   ① 원칙 : 추계조사에 따라 납부세액을 계산할 때 공제하는 매입세액은 발급받은 세금계산서를 관할세무서장에게 제출하고 그 기재내용이 분명한 부분으로 한정한다.
   ② 예외 : 다만, 재해 또는 그 밖의 불가항력으로 인하여 발급받은 세금계산서가 소멸되어 세금계산서를 제출하지 못하게 되었을 때에는 해당 사업자에게 공급한 거래상대방이 제출한 세금계산서에 의하여 확인되는 것을 납부세액에서 공제하는 매입세액으로 한다.

4) 결정·경정기관
   ① 일반적인 경우 : 각 사업장 관할세무서장이지만 국세청장이 중요하다고 할 경우에는 관할지방국세청장 또는 국세청장이 된다.
   ② 총괄납부사업자인 경우 : 각 사업장 관할세무서장이지만 국세청장이 중요하다고 할 경우에는 관할지방국세청장 또는 국세청장이 된다.

04 일반환급

1) 과세기간별 일반환급
   확정신고기한 경과 후 30일 내(조기환급은 15일 이내)이다.

2) 결정·경정에 의한 환급
   지체없이 환급되어야 한다.

05 조기환급

1) 조기환급대상
   ① 영세율을 적용받는 경우
   ② 사업설비(감가상각자산)를 신설, 취득, 확장 또는 증축하는 경우
   ③ 조기환급기간, 예정신고기간 또는 과세기간의 종료일 현재 재무구조개선계획승인권자가 승인한 재무구조개선계획을 이행 중인 경우

2) 조기환급신고기간
   예정신고기간 중 또는 과세기간 최종 3개월 중 매월 또는 매 2월에 조기환급기간이 끝난 날부터 25일 이내이다.

3) 조기환급기간
   각 조기환급기간별로 해당 조기환급신고기한이 지난 후 15일 이내이다.

✔️이론문제 | **신고와 납부세액**

01 다음은 20×1년 제1기 부가가치세 확정신고 자료이다. 확정신고 시에 납부할 부가가치세액은 얼마인가?

- 과세표준 : 550,000,000원(영세율 해당액 100,000,000원 포함)
- 매입세액 : 21,000,000원(토지조성 관련 매입세액 1,000,000원과 접대비(기업업무추진비) 지출에 관련된 매입세액 2,000,000원 포함)

① 22,000,000원   ② 24,000,000원
③ 27,000,000원   ④ 34,000,000원

02 다음은 일반과세자의 20×1년 제1기 부가가치세 예정신고 자료이다. 예정신고 시 납부할 세액을 계산하면 얼마인가?

- 국내매출액(공급가액) : 60,000,000원
- 하치장 반출액 : 10,000,000원
- 매입세액 : 5,000,000원(접대비(기업업무추진비) 관련 매입세액 2,000,000원 포함)

① 1,000,000원   ② 2,000,000원
③ 3,000,000원   ④ 4,000,000원

03 다음 중 부가가치세법상 조기환급 사유가 아닌 것은?

① 영세율을 적용받은 경우
② 폐업하는 경우
③ 재무구조개선계획을 이행 중인 경우
④ 사업 설비를 신설·취득·확장 또는 증축하는 경우

04 다음 중 부가가치세법상 부가가치세에 대한 설명으로 옳지 않은 것은?

① 부가가치세 예정고지세액이 100만원 미만인 경우 고지하지 않는다.
② 사업자가 사업설비를 신설·취득·확장 또는 증축하는 경우, 조기 환급을 신청할 수 있다.
③ 간이과세자의 해당 과세기간에 대한 공급대가의 합계액이 4천800만원 미만이면 그 과세기간의 부가가치세 납부의무를 면제한다.
④ 납부세액의 재계산은 확정신고 시에만 적용이 가능하다.

05 다음 중 부가가치세 신고와 납부에 관한 설명으로 옳지 않은 것은?

① 사업자단위과세사업자는 본점 또는 주사무소에서 사업자단위로 신고·납부하여야 한다.
② 사업자가 8월 7일에 폐업한 경우 신고기한은 10월 25일이다.
③ 영세율이 적용되는 경우에는 조기환급을 받을 수 있다.
④ 주사업장 총괄납부사업자도 신고는 각 사업장별로 하여야 한다.

06 다음 자료를 토대로 제조업을 영위하는 일반과세자 (주)한공의 20×1년 제1기 부가가치세 예정신고 시 부가가치세 납부세액을 계산하면 얼마인가? (단, 세금계산서는 적법하게 수수하였고 주어진 자료 외에는 고려하지 않는다.)

> 가. 제품 공급대가 : 11,000,000원
> 나. 매입세액 : 700,000원(영업부서에서 사용할 2,000cc 중고승용차에 대한 매입세액 200,000원 포함)

① 300,000원　　　　　　② 400,000원
③ 500,000원　　　　　　④ 600,000원

이론문제 정답 및 해설

01 ③ (450,000,000원 × 10% + 100,000,000원 × 0%) − (21,000,000원 − 1,000,000원 − 2,000,000원) = 27,000,000원

02 ③ 납부세액 = 매출세액 − 매입세액
= (60,000,000원 × 10%) − (5,000,000원 − 2,000,000원) = 3,000,000원

03 ② 폐업하는 경우는 폐업사유에 해당한다.

04 ① 부가가치세 예정고지세액이 50만원 미만인 경우 고지하지 않는다.

05 ② 폐업하는 경우 폐업일이 속한 달의 다음 달 25일 이내에 신고·납부하여야 한다.

06 ③ (11,000,000원 × 10/110) − (700,000원 − 200,000원) = 500,000원

PART

02

FAT(회계실무) 1급
실무

01 회계정보시스템운용
(프로그램설치 및 기초정보관리)

📎 01 회사등록

1) 더존 Smart A (iPLUS) 실무교육프로그램 2025 실행한 후 사용자 로그인 화면

교육용프로그램을 설치한 후 첫 화면으로서 기출문제 백데이터를 복구한 경우에는 회사를 선택하여 로그인할 수 있지만 실습을 하기 위해서는 회사등록을 먼저 수행하고 로그인을 할 수 있다.

한국공인회계사회 AT자격시험 홈페이지(https://at.kicpa.or.kr/)에서 교육용 프로그램 더존 Smart A (iPLUS)를 다운로드한 후 설치를 하고 바탕화면에서 🔲 아이콘을 실행하면 아래의 화면을 확인할 수 있다.

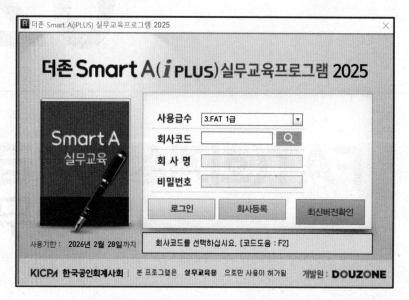

① 사용급수 : 작업하고자 하는 사용급수[예 3.FAT 1급]를 단추(▼)를 클릭하여 선택한다.

② 회사코드 : 기출문제 백데이터를 복구한 경우에는 [F2 코드도움]을 클릭하여 실습하고자 하는 회사를 선택하면 된다. 처음 회사를 등록하여 실습한다면 회사등록 버튼을 클릭하여 신규회사를 등록한 후 작업을 한다.

③ 회사명 : 회사코드에서 실습할 회사를 선택하면 자동으로 회사명이 나타난다.

④ 비밀번호 : 필요에 의해 사용하지만 교육용에서는 생략한다.

2) 회사등록

재무회계 ⇨ 기초정보관리 ⇨ 회사등록

프로그램을 운용하기 위해서는 회사등록이 가장 먼저 선행되어야 한다. 회사의 사업자등록증상의 내용을 정확하게 등록하여야 한다. FAT 1급은 법인사업자를 가정하여 시험을 수행한다.

[회사등록 왼쪽 화면]

1. 회사코드 : 0101~9999 사이의 값으로 입력한다.
2. 회사명 : 사업자등록증상의 회사명(영문 30자, 한글 30자 내)을 입력한다.
3. 구분 : 법인사업자 0번, 개인사업자 1번
4. 사용 : 사용 0번, 미사용 1번

[기본사항 탭]

1. 회계연도 : 등록하는 회사기수, 회계연도를 입력한다.
2. 사업자등록번호 : 사업자등록증에 기재된 번호를 입력한다.

👊 알아두기

사업자등록번호 이해하기

사업자등록번호는 예를 들면 123-45-67890으로 표시한다.

▶ 앞의 3자리 : 사업장이 소재하고 있는 관할세무서 코드를 의미한다.

▶ 중간의 2자리

개인사업자	01 ~ 79	과세사업자	89	법인이 아닌 종교단체
	80	아파트관리사무소 등	90 ~ 99	면세사업자
법인사업자	81,86,87	영리법인의 본점	82	비영리법인의 본/지점
	85	영리법인의 지점	84	외국법인의 본/지점

▶ 뒤의 5자리 : 4자리까지는 일련번호이며, 마지막 1자리는 검증번호를 의미한다.

3. 법인등록번호 : 사업자등록증에 기재된 법인등록번호를 입력한다.
4. 대표자명 : 사업자등록증에 기재된 대표자 이름을 입력한다.
5. 내·외국인구분 : 내국인인지 외국인인지를 선택한다.
6. 대표자주민번호 : 대표이사의 주민등록번호를 입력한다.
7. ~ 9. 사업장 주소, 전화번호, FAX번호 : 사업장소재지를 입력하고 전화번호와 FAX번호를 입력한다.

10. ~ 12. **업종코드, 업태, 종목** : 프로그램은 업종코드에서 업태와 종목을 자동으로 반영할 수 있는 기능을 갖추고 있다. ?단추 또는 F2를 클릭하여 다음과 같은 화면이 나타나면 업종세부에서 검색하여 등록한다. 업종세부를 입력하면 업태와 종목이 자동 반영된다.

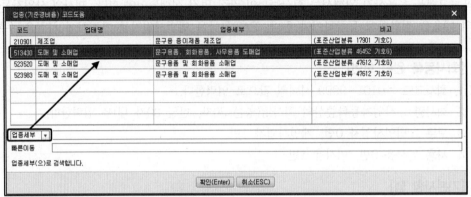

13. **사업장세무서** : 관할세무서는 ?단추 또는 F2를 클릭하여 세무서명을 검색하여 반영할 수 있고 사업장주소를 입력하면 자동으로 반영된다.

14. **지방세 법정동코드** : 사업장의 지방청에 지방세 관련한 신고를 하기 위하여 선택하는 코드로 F2 또는 ?단추를 클릭하여 사업장 주소 중 동을 입력하여 조회 후 해당하는 주소의 코드를 더블 클릭 또는 하단에 확인(Enter)을 눌러 반영시킨다.

15. ~ 17. **설립년월일, 개업년월일, 폐업년월일** : 설립년월일은 법인등기사항증명서에 법인성립일로 표시된 날이며 개업년월일은 사업자등록증상의 날짜를 입력한다. 폐업의 경우에는 폐업년월일을 입력한다.

18. **국세환급금계좌, 지점, 계좌번호, 은행** : 국세환급금 발생 시에 환급받기 위한 정보를 입력한다. 지방세 법정동코드에서 ?단추 또는 F2를 클릭하여 검색한 후 등록할 수 있고 사업장주소를 입력하면 자동으로 반영된다.

19. **소유여부** : 사업장의 소재지가 회사명의의 건물(1.자가)인지 또는 임대차계약을 통해 대여(2.임대)하고 있는지를 입력한다.

실습하기

자료설명	㈜스마트문구(회사코드 : 2000, 10기, 회계기간 : 2025.01.01. ~ 2025.12.31)는 문구 및 사무용품을 판매하는 도매 및 소매업을 하는 법인사업자이다. 다음의 참고자료를 이용한다. [사업장전화번호 : 02-3211-1234, 사업장 FAX번호 : 02-3322-1235, 업종코드 : 513430, 대표자주민번호 : 750728-1774915]
수행과제	회사등록에 반영하시오.

사 업 자 등 록 증

(법인과세자)

등록번호 : 109-81-33490

상   호 : ㈜스마트문구

대   표   자 : 공 도 윤

법 인 등 록 번 호 : 110111-1146045

개 업 년 월 일 : 2016년 1월 21일

사업장 소재지 : 서울 강서구 양천로 101(방화동)

본 점 소재지 : 서울 강서구 양천로 101(방화동)

사 업 의 종 류 : [업태] 도매 및 소매업   [종목] 문구용품외

교 부 사 유 : 신규

공 동 사 업 자 :

사업자단위과세 적용사업자여부 : 여(   ) 부(√)

전자세금계산서 전용 메일주소: gdy@bill36524.com

2016년 1월 21일

강서세무서장

실습하기 작업순서

① 더존 iPLUS 실무교육프로그램 첫 화면에서 "사용급수 : 3. FAT 1급"을 선택한 후, 회사등록 을 클릭하여 사업자등록증상의 내용을 입력한다.

② 회사등록 실습화면 보기

③ 반드시 회사등록 창을 닫고 다시 회사코드를 검색(돋보기 모양 클릭 또는 F2)하여 회사명을 더블클릭하거나 확인(Enter)을 눌러 "재 로그인"을 한다.

알아두기

회사등록을 마친 후 등록한 회사를 불가피하게 삭제하려면 회사를 선택한 후 화면 상단에 있는 🗑 삭제 (F5)를 클릭한다. 그러면 "회사코드 삭제 시 실제 회사 내 모든 데이터가 삭제됩니다. 그래도 [2000] 회사를 삭제하시겠습니까?"라는 경고창이 표시된다. 삭제[Ctrl + F5]버튼을 클릭하여 지울 경우 바로 삭제가 되지 않고 Ctrl + F5의 키보드 키로만 삭제를 실행할 수 있다. 회사등록목록에 회사가 한 개일 경우 새로 회사등록을 하지 않으면 그 회사는 삭제할 수 없다.

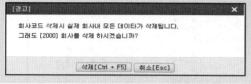

02 환경설정

재무회계 ⇨ 기초정보관리 ⇨ 환경설정

회사의 시스템환경을 설정하기 위한 메뉴이며 시스템전반에 걸쳐서 영향을 미치기 때문에 가급적 초기 설정값을 수정하지 않는 것이 좋다.

실습하기

자료설명	(주)스마트문구는 도매 및 소매업을 운영하는 법인기업으로 카드채권과 카드채무에 대하여 "외상매출금"과 "외상매입금"계정을 사용하고자 한다.
수행과제	환경설정을 수정 등록하시오.

실습하기 작업순서

① 환경설정 메뉴 회계(1) 탭에서 카드채권에는 "108. 외상매출금"과 카드채무에는 "251. 외상매입금" 계정과목을 입력한다.

계정과목을 찾는 방법은 ❓를 눌러서 외상 2글자를 입력한 후 확인을 누르면 외상이라는 글자가 포함된 계정과목을 검색하여 등록할 수 있다.

② 환경등록 실습화면 보기

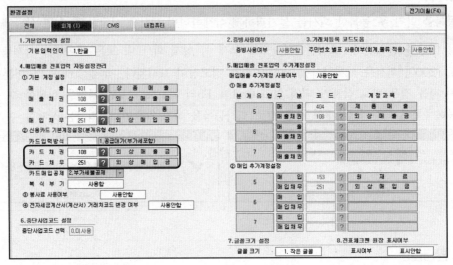

03 거래처등록 및 등록내용 수정

재무회계 ⇨ 기초정보관리 ⇨ 거래처등록

거래처등록 메뉴는 경영활동에서 발생할 수 있는 매출처, 매입처, 사업자등록증이 없는 개인거래처 등을 등록하여 관리하고자 할 경우 사용한다. 기업의 채권, 채무의 관리목적과 세금계산서, 계산서, 신용카드매출전표 등의 증빙발행목적으로도 사용된다. 거래처등록 메뉴는 일반거래처, 금융기관, 카드탭으로 구성되어 있다.

1) 일반거래처등록

> **[일반거래처등록 왼쪽 화면]**
> 1. **거래처코드** : 0101~97999 사이의 코드를 입력한다.
> 2. **거래처명** : 거래처의 사업자등록증에 기재된 거래처명을 입력한다.
> 3. **사업자등록번호** : 거래처를 구분하여 "0. 사업자등록번호, 1. 주민등록번호, 2. 외국인번호"를 입력한다.
> 4. **대표자** : 거래처의 대표자명을 입력한다.
> 5. **구분** : 거래처의 형태를 구분하여 "0. 전체, 1. 매출, 2. 매입" 중 선택하여 입력한다.
> 6. **사용** : 거래처를 프로그램에서 사용할 것인가의 여부를 판단하는 것으로 만약 [1. ×]로 입력하면 전표를 입력할 때 거래처명이 검색되지 않게 되므로 [0. ○]를 선택해야 한다.

[일반거래처등록 기본사항 탭]

1 ~ 3. 사업자등록번호, 주민등록번호, 대표자명 : 거래처 사업자등록증에 기재된 것으로 왼쪽 화면에서 입력하면 자동으로 반영된다.

4 ~ 5. 업태, 종목 : 거래처의 사업자등록증에 기재된 업태와 종목을 입력한다.

6 ~ 7. 우편번호, 사업장주소 : 거래처의 사업자등록증에 기재된 사업장주소를 입력한다.

[일반거래처등록 추가사항 탭]

FAT 1급에서는 전자세금계산서를 발급 및 전송하는 문제가 출제되므로 추가사항 탭에서

4. 담당자메일주소 [ ] @ [ ] [선택해주세요 ▼] [추가] 거래처 담당자의 이메일주소를 반드시 입력하여야 한다.

---

2) 금융거래처등록

[금융거래처등록 왼쪽 화면]

1. **금융거래처코드** : 98000 ~ 99599 사이의 코드를 입력한다.
2. **금융기관명** : 금융기관의 상호를 입력한다.
3. **계좌번호** : 해당 금융기관의 예금 계좌번호를 입력한다.
4. **구분** : 금융기관에 가입된 통장을 구분하여 "0. 일반(보통예금, 당좌예금), 1. 정기적금, 2. 정기예금" 중 선택하여 입력한다.

[금융거래처등록 기본사항 탭]

1. **계좌번호** : 왼쪽 화면에서 입력된 계좌번호가 자동으로 반영된다.
2. **계좌 개설점** : 문제에서 주어진 자료를 입력한다.
3. **예금 종류** : "0. 보통 1. 당좌 3. 기타" 중 지문에 따라 선택하여 입력한다.
4 ~ 18. **관련 항목** : 문제에서 주어진 자료를 입력한다.

[금융거래처등록 추가사항 탭]

기업이 급여이체, 4대 보험, 공과금 등 자동납부를 할 경우에 등록한다.

---

3) 카드거래처등록

[카드거래처등록 왼쪽 화면]

1. 카드거래처코드 : 99600 ~ 99999 사이의 코드를 입력한다.
2. 카드(사)명 : 법인카드명과 카드사를 입력한다.
3. 카드(가맹점)번호 : 구분항목의 분류에 따라 [0. 매입 : 카드번호 입력]과 [1. 매출 : 가맹점번호]를 입력한다.
4. 구분 : 카드구분을 "0. 매입, 1. 매출" 중에 선택한다.

[카드거래처등록 중 구분을 "0. 매입"카드로 사용할 경우]

왼쪽 화면에서 카드(가맹점)번호란에 카드번호를 입력하면 오른쪽 화면 "1. 카드번호"에 자동 반영되고, "2. 카드구분"의 빈칸을 선택하여 화면 하단에 나타난 메시지에 따라 [0.회사], [1.개인], [2.회사카드가 국세청에 등록한 사업용카드인 경우], [3. 개인카드가 국세청에 등록한 사업용카드인 경우(법인제외)]를 선택하여 관련 자료를 입력한다.

[카드거래처등록 중 구분을 "1. 매출"카드로 사용할 경우]

왼쪽 화면에 카드번호(가맹점번호)가 자동으로 반영되며 관련 자료를 입력한다.

실습하기

자료설명	(주)스마트문구는 다음의 일반거래처, 금융기관, 카드거래처를 사용하고자 한다. 단, 거래시작일은 실습의 편의를 위해 2025년 1월 1일로 시작한다.
수행과제	거래처등록에 반영하시오.

일반							
코드	거래처	사업자 등록번호	구분	대표자	업태	종목	사업장주소 담당자 메일주소
101	(주)아트나라	113-86-83198	전체	김나로	도매	문구	경기 부천시 경인로 21 na@bill36524.com
102	(주)알파문구	215-81-73652	전체	이다온	도매	문구	서울 양천구 신목로 46 daon@bill36524.com
103	(주)드림문구	140-81-08202	전체	박대언	제조외	문구, 사무용품	시울 강서구 등촌로 185 un@bill36524.com
104	(주)무지개	301-86-25209	전체	정모아	도소매	문구 잡화	서울 양천구 목동동로 87 moa@bill36524.com
105	(주)오피스알파	113-82-03615	전체	윤민하	도매	문구	인천 계양구 계양산로 1 ha@bill36524.com

106	(주)부영오피스	113-18-59802	전체	최노을	도매	문구	서울 강남구 선릉로 706 no@bill36524.com
107	(주)한진기계	621-81-37773	전체	노창환	제조외	사무 기계외	경기 광명시 시청로 20 hj@bill36524.com
109	성실부동산	117-13-70764	전체	김성실	부동산업	부동산 중개	경기 하남시 대청로 10 sil@bill36524.com
200	송중기	주민등록번호 : 850531-1774911					
금융							
98001	국민은행	계좌번호 : 804601-02-100265 계좌개설일 : 2016년 1월 25일 예금종류 : 당좌예금					
98002	신한은행	계좌번호 : 342-56-12345 계좌개설일 : 2016년 1월 25일 예금종류 : 보통예금					
카드							
99601	신한카드	카드번호 : 2279-8852-1234-1234, 구분 : 매입, 카드구분 : 0. 회사					
99602	우리카드사	가맹점번호 : 123123123, 구분 : 매출					
은행							
100	국민은행	어음관리 등을 하기 위해 기능모음(F11) ▼ 에서				등록 은행등록　　　　　　F8	을 한다.
200	신한은행						

✏️ 실습하기 작업순서

① (주)아트나라(일반거래처 등록) - 기본사항 입력화면

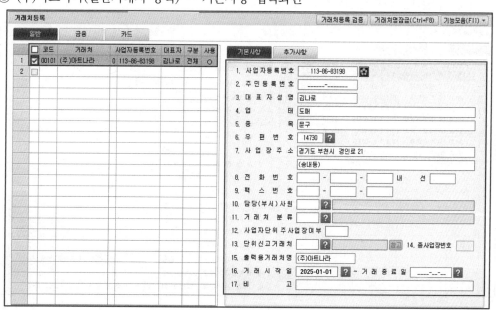

👐 **알아두기**

거래처등록 삭제 및 변경

거래처등록은 상대거래처를 입력하는 것으로 중요한 정보이므로 정확하게 입력을 해야 한다. 만약, 거래처코드를 잘못 입력했다면 변경이 불가능하므로 코드 앞에 커서를 체크한 후 화면 상단에 있는 🗑️삭제 버튼을 클릭하여 삭제한 후 재입력하며, 내용을 잘못 입력한 경우에는 내용 만 수정하면 된다.

② (주)아트나라(일반거래처 등록) - 추가사항에 담당자 메일주소 입력화면

※ 102. (주)알파문구부터 동일하게 입력한다.

③ 금융기관 등록

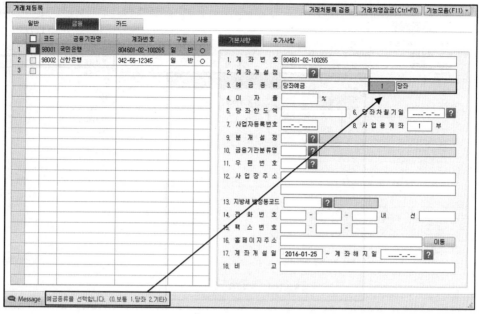

[금융거래처 등록 후 화면 살펴보기]

④ 신용카드 등록

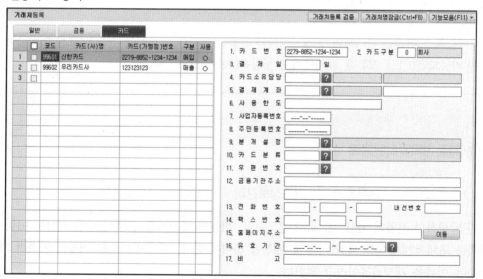

[카드거래처 등록 후 화면 살펴보기]

⑤ 은행등록

☕ 알아두기

은행등록

은행등록은 어음을 관리하거나 정기예적금 등을 구분하여 관리하는 것으로 오른쪽 상단에 있는 기능모음(F11) 메뉴를 클릭하여 은행등록(F8)을 하면 된다.

04 계정과목및적요등록

재무회계 ⇨ 기초정보관리 ⇨ 계정과목및적요등록

거래가 발생하면 기업의 자산, 부채, 자본, 수익, 비용의 증감변동 금액이 발생하는데, 이러한 증감변화를 구체적인 항목을 세워 기록 및 계산을 하여야 한다. 이러한 단위를 계정이라 하며 계정에 표현하는 이름을 계정과목이라고 말한다.

계정과목은 일반기업회계기준에 따라 가장 일반적인 체계로 설정되어 있으며 필요에 따라 추가 등록하거나 기존에 사용하고 있는 계정과목을 수정하여 사용할 수 있으며, 계정과목에 필요한 적요사항(현금적요와 대체적요)도 기본적으로 등록된 것 이외에도 추가로 등록하여 사용할 수 있다.

[계정과목등록 메뉴 이해하기 – 계정과목 코드체계]

1. **대분류** : 왼쪽에 있는 전체(자산, 부채, 자본, 수익(매출), 비용(매출원가, 판관비), 기타, 제조, 도급, 분양) 분류항목 중에서 선택한다.
2. **중분류** : 대분류에서 선택된 항목 아래에서 중분류 항목을 선택한다.

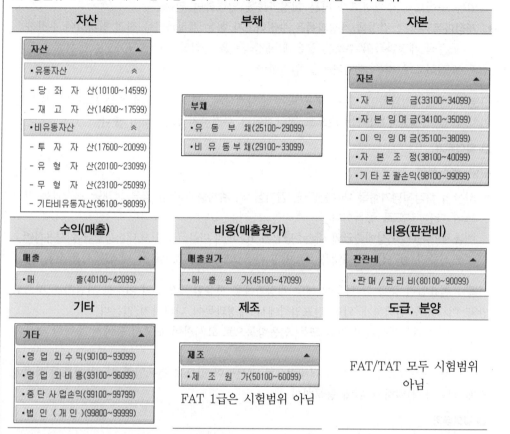

자산
자산 ▲
• 유동자산 ☆
- 당 좌 자 산(10100~14599)
- 재 고 자 산(14600~17599)
• 비유동자산 ☆
- 투 자 자 산(17600~20099)
- 유 형 자 산(20100~23099)
- 무 형 자 산(23100~25099)
- 기타비유동자산(96100~98099)

부채
부채 ▲
• 유 동 부 채(25100~29099)
• 비 유 동 부 채(29100~33099)

자본
자본 ▲
• 자 본 금(33100~34099)
• 자 본 잉 여 금(34100~35099)
• 이 익 잉 여 금(35100~38099)
• 자 본 조 정(38100~40099)
• 기 타 포 괄손익(98100~99099)

수익(매출)
매출 ▲
• 매 출(40100~42099)

비용(매출원가)
매출원가 ▲
• 매 출 원 가(45100~47099)

비용(판관비)
판관비 ▲
• 판 매 / 관 리 비(80100~90099)

기타
기타 ▲
• 영 업 외 수 익(90100~93099)
• 영 업 외 비 용(93100~96099)
• 중 단 사 업손익(99100~99799)
• 법 인 (개 인)(99800~99999)

제조
제조 ▲
• 제 조 원 가(50100~60099)

FAT 1급은 시험범위 아님

도급, 분양

FAT/TAT 모두 시험범위 아님

3. **소분류** : 사용자가 중분류에서 선택한 항목에 대해 오른쪽 화면에서 해당 항목에 대한 계정과목코드, 계정과목, 구분, 사용여부, 과목, 관계, 관리항목, 출력항목명, 영문명, 현금적요, 대체적요를 나타내준다.
   • **계정과목코드** : 101번 ~ 999번까지 등록되어 있다.
   • **계정과목** : 기업회계기준에 따라 가장 일반적인 계정과목은 이미 등록되어 있으며 회사의 특성에 따라 수정하거나 추가할 수 있다.

알아두기

시험에서 계정과목 추가 또는 수정방법

▶ 신규 계정과목 등록 : 계정과목 중 [회 사 설정계정과목] 은 신규계정과목을 등록할 수 있는 곳이므로 추가하고자 하는 계정과목을 입력하면 된다.

▶ 계정과목 수정 : 검정색 계정과목은 수정하고자 하는 계정과목을 직접 입력하여 수정하고 붉은색 계정과목의 수정은 붉은색 계정과목을 클릭하고 Ctrl + F1을 동시에 누른 후 수정하고자 하는 계정과목을 입력한다.

• **구분** : 해당 계정과목이 재무상태표 또는 손익계산서, 제조원가명세서 등 보고서에 영향을 미치게 될 특성을 나타내는 것으로 가급적이면 수정하지 않는 것이 좋다.

알아두기

구분 보충설명

▶ 자산의 차감적평가항목 대손충당금, 감가상각누계액을 입력할 경우 : 해당 계정과목 코드의 다음 코드로 등록한다.

예를 들어 108.외상매출금의 대손충당금은 108번의 다음코드 109.대손충당금을 사용하며 202.건물의 감가상각누계액은 202번의 다음코드 203.감가상각누계액을 사용한다.

• **사용** : 전표입력 등을 할 경우에 해당 계정과목을 사용할 것인가의 여부를 판단하는 것으로 만약 미사용을 선택하게 되면 전표입력에서 계정과목이 나타나지 않는다.

• **관계** : 해당 계정과목에서 차감 또는 연동항목으로 표시하여 보고서 등에서 출력할 경우에 나타나도록 하는 것이다.

• **적요** : 각 과목별로 현금적요와 대체적요로 구분되어 있으며 전표입력 시 각 전표의 성격에 맞게 적요를 선택하기 위해 등록한다.

알아두기

현금적요와 대체적요

▶ 현금적요 : 전표입력에서 입금전표와 출금전표와 같은 현금거래에서 해당 거래에 대한 사유를 입력하는 것으로 추가 또는 내용을 수정할 수 있다.

▶ 대체적요 : 전표입력에서 대체전표의 거래에서 해당 거래에 대한 사유를 입력하는 것으로 추가 또는 내용을 수정할 수 있다.

실습하기

자료설명	다음의 수정 및 추가 자료를 (주)스마트문구의 계정과목 및 적요 등록에 반영하시오. 단, 빨간색 글씨를 수정할 경우에는 "Ctrl + F1"을 눌러주고 수정한다.
수행과제	1. 판매촉진을 위한 성과급을 지급하기 위해 801. 급여계정과목의 현금적요 2번에 "직원성과급 지급"을 등록하시오. 2. 점포 임대료를 전세금에서 보증금과 월세로 변경하면서, 계정과목과 적요를 변경하고자 한다.

139번 변경 전	139번 변경 후
선급공사비	선급임차료(현금적요 1번 : 매월 선급임차료)

3. 138번 "전도금"을 "소액현금"으로 수정하여 등록하시오.

실습하기 작업순서

코드란에 계정과목 코드를 입력하면 해당 계정과목으로 이동한다.

① 판매관리비 801. 급여계정과목 클릭 ⇨ 현금적요 2번에 입력한다.

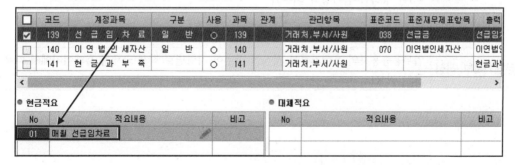

② 139번 선급공사비를 클릭 ⇨ "선급임차료"로 수정하고, 현금적요 1번에 입력한다.

③ 138번 "전도금"을 클릭하고 Ctrl + F1 누른 후 ⇨ "소액현금"으로 수정 입력한다.

	코드	계정과목	구분	사용	과목	관계	관리항목	표준코드	표준재무제표항목	출력
☐	136	선 납 세 금	일 반	○	136		거래처,부서/사원	072	선급법인세	선납세
☐	137	주 . 임 .종단기채권	일 반	○	137		거래처,부서/사원	037	주주임원종업원단기	주.임.
☑	138	소 액 현 금	일 반	○	[Ctrl] + [F1] 누른 후 변경하기				자산	소액현
☐	139	선 급 임 차 료	일 반	○	139					선급임
☐	140	이 연 법 인 세자산	일 반	○	140		거래처,부서/사원	070	이연법인세자산	이연법

◢05 업무용승용차등록

세법에서는 업무용승용차의 사적 사용을 제한하기 위해 일정요건에 따른 비용인정기준을 마련하고 있다. 업무용승용차별로 임직원 전용 자동차보험에 가입하면 승용차관련 비용의 일정 금액(1,500만원)을 인정하되 운행기록부 등을 작성 시 업무사용 비율만큼 추가 인정하는 제도이다.

업무용승용차는 해당 법인의 사업용자산에 속하거나 임차한(리스 포함) 승용차로 해당 사업자가 제조, 판매시설 등 사업장 방문, 거래처, 대리점 방문, 회의참석, 판촉활동, 출퇴근, 교육훈련 등 직무와 관련된 업무를 위하여 사용할 경우에 해당한다.

적용대상 업무용승용차	개별소비세법 제1조 제2항 제3호에서 정하는 개별소비세 과세대상 승용자동차
제외대상	• 1,000cc 이하의 경차, 승용자동차가 아닌 9인승 이상의 승합차, 버스, 트럭 등 • 운수업, 자동차판매업, 자동차임대업(렌트회사), 운전학원업, 기계경비업무를 하는 경비업, 시설대여업(리스회사)에서 사업상 수익을 얻기 위하여 직접 사용하는 승용자동차, 경비업의 출동차량, 장례업의 운구차량 등
관련비용	감가상각비, 임차료, 유류비, 보험료, 수선비, 자동차세, 통행료 등
손금인정	• 임직원전용보험에 가입한 경우 • 업무용 관련비용이 1,500만원을 초과하는 경우 운행일지를 작성하여야 업무사용비율만큼 손금인정 가능
감가상각비	• 5년 정액법 감가상각 의무화 • 연간 800만원 한도 손금산입 • 800만원 초과액은 이월하여 한도 내 손금산입
운행기록부 작성	업무용승용차의 운행기록부 서식에 맞추어 차량별로 작성(국세청 홈페이지에서 다운로드 가능)

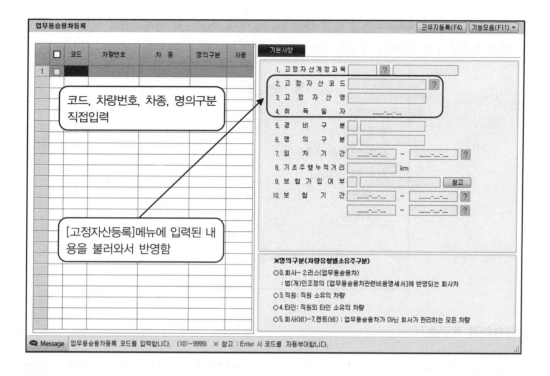

PART 02

실습하기

업무용승용차 관리

(주)스마트문구의 업무용승용차를 등록하기 위해서 다음을 수행하시오.

1. 다음의 고정자산을 고정자산등록 메뉴에 등록하시오.

고정자산 계정과목	코드	자산	취득일	방법	기초가액	전기말 상각누계액	내용 연수	업무용승용차 여부	경비구분
208.차량운반구	100	30다1234	2023.01.01.	정액법	30,000,000	12,000,000	5	여	800번대

2. 고정자산등록 메뉴에 등록한 업무용승용차를 업무용승용차등록 메뉴에 등록하시오.

코드	차량번호	차종	명의구분	사용	기초주행 누적거리	보험가입여부	보험기간
0101	30다1234	소나타	회사	○	35,000	업무용전용자동 차보험(법인)	2025.01.01.~ 2026.01.01.

3. 업무용승용차 관련 비용 중 822. 차량유지비 계정과목에 업무용승용차 관리항목을 추가등록하시오.

4. 업무용승용차 소나타에 주유를 하고 대금 80,000원을 현금으로 결제하였다. 일반전표에 입력하고 업무용승용차관리를 수행하시오.

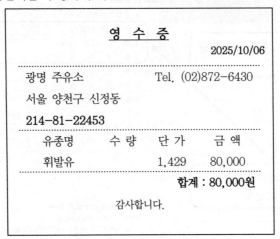

영 수 증

2025/10/06

광명 주유소	Tel. (02)872-6430
서울 양천구 신정동	
214-81-22453	

유종명	수 량	단 가	금 액
휘발유		1,429	80,000

합계 : 80,000원

감사합니다.

✏️ **실습하기 작업순서**

1. 고정자산등록 메뉴의 고정자산계정과목에서 208.차량운반구를 선택하여 입력한다. 상각방법은 정액법으로 수정하고 업무용승용차여부에서 [여]로 등록한다.

2. 업무용승용차등록메뉴에서 해당 차량에 대한 정보를 입력하고 고정자산코드란에서 [F2 코드도 움]을 눌러 고정자산등록에서 등록하였던 그랜저의 정보를 자동반영한다.

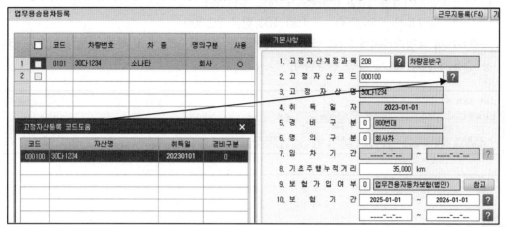

3. 계정과목및적요등록 메뉴에서 822.차량유지비 계정과목을 찾아서 관리항목에서 [F2 코드도움] 을 눌러 관리항목 창을 띄운다. 32.업무용승용차관리를 선택하고 사용에서 [○]로 반영한다.

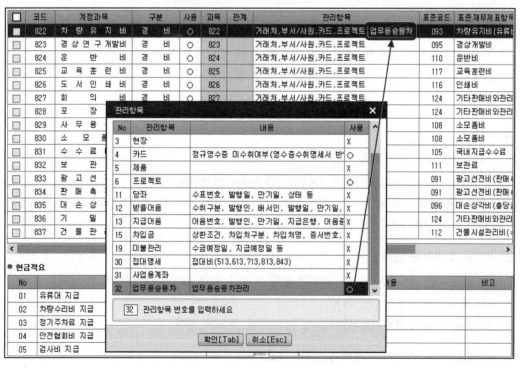

4. 일반전표 입력 방법

[일반전표입력]메뉴에 10월 6일자로 분개를 입력한다.

(차) 822.차량유지비 80,000 / (대) 101.현금 80,000

차량유지비 계정과목에서 F3을 클릭 → 화면하단 승용차 코드에서 F2를 선택 확인 → 업무용 승용차 관리자료가 자동 반영된다.

업무용 승용차 관리									삭제(F5)
승용차코드	차량번호	차 종	구 분	코 드	부서/사원	임차여부	임차기간		보험기간
0101	30다1234	소나타	1.유류비 ▼			0.회사차	____-__-__ ____-__-__		2025-01-01 2026-01-01

※ 업무용승용차를 입력하면 「업무용승용차등록」에 등록된 사원이 전표에 반영됩니다.
「업무용승용차등록」에 등록된 사원과 전표의 사원이 다른 경우 업무용승용차관리창 밖의 전표의 부서에 해당사원을 입력하시기 바랍니다.

06 전기분 재무상태표

재무회계 ⇨ 기초정보관리 ⇨ 전기분재무상태표

계속사업자가 결산을 수행한 후 [마감후이월] 작업을 한다면 전기분 자료는 자동 반영되지만 프로그램을 처음 구입하는 경우에는 전기분 자료를 직접 입력하게 된다.

전기분 재무상태표는 전기분 재무상태표의 내용을 입력하는 메뉴로서 전기분과 당기분의 비교식 재무상태표를 작성할 수 있다.

👐 알아두기

1. 계정과목을 입력하는 방법

① [F2 코드도움]을 눌러서 계정과목을 검색하여 입력한다.

② 코드란에 찾고자 하는 계정과목 2글자를 입력한 후 엔터를 치면 계정과목코드도움창이 뜨고 계정과목을 선택하면 된다.

2. 금액을 입력하는 방법

금액을 입력할 경우에는 키보드 오른쪽에서 "+"를 누르면 "000"이 입력되어 큰 금액을 입력할 경우 유용하게 사용할 수 있다.

예를 들어 2,000,000원을 입력할 경우 2++를 누르면 된다.

3. 대손충당금과 감가상각누계액 입력하는 방법

대손충당금과 감가상각누계액은 자산의 차감적 평가항목으로서 해당 자산 계정과목 코드의 다음 코드를 사용한다.

예를 들어 108.외상매출금 → 109.대손충당금
110.받을어음 → 111.대손충당금
202.건물 → 203.감가상각누계액
208.차량운반구 → 209.감가상각누계액
212.비품 → 213.감가상각누계액

알아두기

FAT 1급에서 전기분 재무상태표 학습 Point

▶ 대차차액의 불일치 : 시험에서는 기본적 자료가 입력되어 있지만 대차차액을 발생시켜 놓은 경우로서 누락된 계정과목이나 오류금액 등이 원인이 되므로 해당 계정과목과 금액을 수정하여 반드시 대차차액을 일치시키고 차액이 0원인 것을 확인하여야 한다.

▶ 기말상품재고액의 반영 : 전기분 재무상태표의 [상품]은 기말상품재고액을 나타내므로 반드시 전기분 손익계산서의 [상품매출원가 중 기말상품재고액]과 일치시켜 주어야 한다.

실습하기

수행과제 다음의 자료를 이용하여 (주)스마트문구의 전기분 재무상태표에 입력하시오.

전기분재무상태표

제9기 2024년 12월 31일 현재

회사명 : (주)스마트문구
(단위 : 원)

과목	금액		과목	금액
자 산			부 채	
Ⅰ. 유 동 자 산		363,364,200	Ⅰ. 유 동 부 채	267,424,200
(1) 당 좌 자 산		320,770,000	외 상 매 입 금	67,194,200
현 금		80,000,000	지 급 어 음	67,380,000
당 좌 예 금		67,300,000	미 지 급 금	50,000,000
보 통 예 금		58,810,000	예 수 금	173,000
정 기 예 금		60,110,000	선 수 금	19,298,800
단 기 매 매 증 권		1,590,000	단 기 차 입 금	61,558,000
외 상 매 출 금	36,000,000		선 수 수 익	1,820,000
대 손 충 당 금	150,000	35,850,000	Ⅱ. 비 유 동 부 채	126,419,000
받 을 어 음	17,000,000		장 기 차 입 금	116,919,000
대 손 충 당 금	890,000	16,110,000	퇴 직 급 여 충 당 부 채	9,500,000
미 수 금		1,000,000	부 채 총 계	393,843,000

(2) 재 고 자 산		42,594,200	자 본	
상 품		42,594,200	Ⅰ. 자 본 금	186,300,000
Ⅱ. 비 유 동 자 산			Ⅱ. 자 본 잉 여 금	0
(1) 투 자 자 산		150,000,000	Ⅲ. 자 본 조 정	0
장 기 대 여 금		150,000,000	Ⅳ. 기타포괄손익누계액	0
(2) 유 형 자 산		94,500,000	Ⅴ. 이 익 잉 여 금	
건 물		20,000,000	이 익 준 비 금	0
기 계 장 치		40,000,000	미처분이익잉여금	87,721,200
차 량 운 반 구	42,000,000		(당기순이익:67,721,200)	
감 가 상 각 누 계 액	21,000,000	21,000,000	자 본 총 계	274,021,200
비 품	15,000,000			
감 가 상 각 누 계 액	1,500,000	13,500,000		
(3) 무 형 자 산		50,000,000		
특 허 권		50,000,000		
(4) 기 타 비 유 동 자 산		10,000,000		
임 차 보 증 금		10,000,000		
자 산 총 계		667,864,200	부 채 와 자 본 총 계	667,864,200

※ 미처분이익잉여금은 375.이월이익잉여금으로 입력한다.

[계정과목 코드별 금액]

코드	금액	코드	금액	코드	금액	코드	금액
101	80,000,000	111	890,000	212	15,000,000	260	61,558,000
102	67,300,000	120	1,000,000	213	1,500,000	263	1,820,000
103	58,810,000	146	42,594,200	232	50,000,000	293	116,919,000
104	60,110,000	179	150,000,000	251	67,194,200	295	9,500,000
107	1,590,000	202	20,000,000	252	67,380,000	331	186,300,000
108	36,000,000	206	40,000,000	253	50,000,000	375	87,721,200
109	150,000	208	42,000,000	254	173,000	962	10,000,000
110	17,000,000	209	21,000,000	259	19,298,800		

[별해 입력방법 : 계정과목 코드를 모를 경우]

계정과목 코드에서 F2를 눌러 해당 계정과목을 조회하여 입력하거나 2글자를 조회하여 입력할 수도 있다.

실습하기 정답

[전기분 재무상태표 실습 화면]

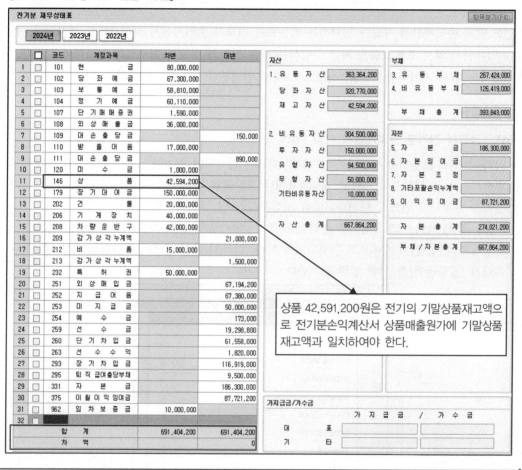

상품 42,591,200원은 전기의 기말상품재고액으로 전기분손익계산서 상품매출원가에 기말상품재고액과 일치하여야 한다.

07 전기분 손익계산서

재무회계 ⇨ 기초정보관리 ⇨ 전기분 손익계산서

전년도 말의 손익계산서 자료를 입력하는 메뉴로서 비교식 손익계산서 작성자료로 제공된다. 전기분 손익계산서 역시 프로그램을 처음 구입하는 경우 전기의 자료가 없으므로 입력하여야 한다. 계속사업자는 결산 시 [마감후이월] 작업으로 자동 반영된다.

알아두기

FAT 1급에서 전기분 손익계산서 학습 Point

▶ **당기순이익의 불일치** : 시험에서는 기본적 자료가 입력되어 있지만 당기순이익에 대해 오류를 발생시켜 놓은 경우로서 누락된 계정과목이나 오류금액 등이 원인이 되므로 해당 계정과목과 금액을 수정하여 반드시 당기순이익을 시험문제와 일치시키면 된다.

▶ **기말상품재고액의 반영** : 전기분 손익계산서의 [상품매출원가 중 기말상품재고액]은 전기분 재무상태표의 [상품]이 자동으로 반영되어야 한다. 따라서 만약 금액이 없다면 전기분 재무상태표에서 [상품금액]을 선행 입력해야 한다.

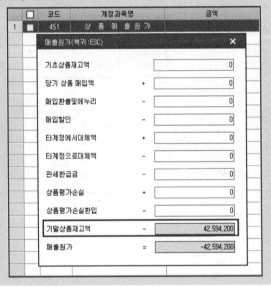

▌ 실습하기

수행과제	다음의 자료를 이용하여 (주)스마트문구의 전기분 손익계산서에 입력하시오.

전기분손익계산서

제9기 2024년 1월 1일부터 2024년 12월 31일까지

회사명 : (주)스마트문구   (단위 : 원)

과목	금액	
Ⅰ. 매 출 액		505,516,200
상 품 매 출	505,516,200	
Ⅱ. 상 품 매 출 원 가		254,100,000
기 초 상 품 재 고 액	107,965,000	
당 기 상 품 매 입 액	188,729,200	
기 말 상 품 재 고 액	42,594,200	
Ⅲ. 매 출 총 이 익		251,416,200
Ⅳ. 판 매 비 와 관 리 비		135,695,000
급 여	67,438,400	
복 리 후 생 비	12,000,000	
여 비 교 통 비	4,658,000	
접 대 비(기 업 업 무 추 진 비)	5,855,000	
통 신 비	3,130,000	
수 도 광 열 비	2,251,300	
세 금 과 공 과 금	1,653,000	
감 가 상 각 비	2,858,500	
임 차 료	14,000,000	
수 선 비	650,000	
보 험 료	2,645,800	
차 량 유 지 비	780,000	
운 반 비	950,000	
교 육 훈 련 비	5,000,000	
소 모 품 비	4,000,000	
수 수 료 비 용	1,200,000	
광 고 선 전 비	6,100,000	
잡 비	525,000	
Ⅴ. 영 업 이 익		115,721,200
Ⅵ. 영 업 외 수 익		0
Ⅶ. 영 업 외 비 용		43,500,000
이 자 비 용	18,500,000	
기 부 금	25,000,000	
Ⅷ. 법 인 세 차 감 전 순 이 익		72,221,200
Ⅸ. 법 인 세 등		4,500,000
Ⅹ. 당 기 순 이 익		67,721,200

코드	금액	코드	금액	코드	금액	코드	금액
401	505,516,200	814	3,130,000	821	2,645,800	833	6,100,000
451	254,100,000	815	2,251,300	822	780,000	848	525,000
801	67,438,400	817	1,653,000	824	950,000	931	18,500,000
811	12,000,000	818	2,858,500	825	5,000,000	933	25,000,000
812	4,658,000	819	14,000,000	830	4,000,000	998	4,500,000
813	5,855,000	820	650,000	831	1,200,000		

 실습하기 작업순서

상품매출원가 입력방법

① 코드 "451. 상품매출원가"를 입력하면 보조입력창이 나타나며, 해당되는 내용을 입력한다.

② 기초상품재고액과 당기상품매입액 등을 입력한다.

③ 기말상품재고액은 [전기분 재무상태표]에서 입력한 금액이 자동으로 반영된다.

[전기분 손익계산서 실습 화면]

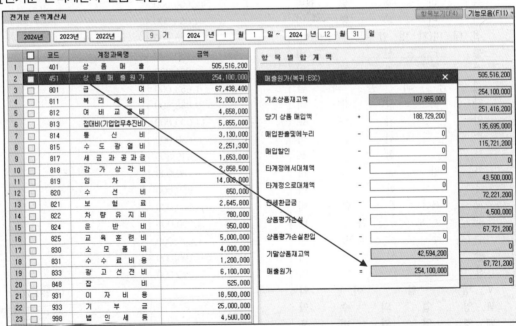

→ 기말상품재고액 42,594,200원은 전기분 재무상태표의 상품 금액과 일치하여야 한다. 당기
순이익 금액을 확인한다.

◀08 전기분 원가명세서

제조업에서 당기제품제조원가를 산출하기 위해 작성하는 표이다. 여기에는 원재료소비액, 노무비 소비액, 변동제조경비와 고정제조경비를 포함하여 당기총제조비용을 산출한 후 기초재공품재고액 과 기말재공품재고액을 차가감하여 구하면 된다. 그러나 FAT 1급 시험에서 전기분 원가명세서는 시험출제 범위에 들어가지 않으므로 생략한다.

◀09 전기분 이익잉여금처분계산서

[기초정보관리] 중 [전기분 잉여금처분계산서] 메뉴에 전기의 이익잉여금처분계산서 또는 결손금 처리계산서의 처분내역을 입력하는 것으로서 계속기업의 경우 전년도의 마감 후 이월 메뉴에서 장 부마감을 하면 다음 기수의 초기이월메뉴로 자동 반영된다. 계속기업이라도 처음 전산처리하는 경 우에는 전기분 이익잉여금처분계산서에 해당 과목과 금액을 입력하여야 한다.

또한 "미처분이익잉여금"은 전기분 재무상태표에 [이월이익잉여금]으로 반영되어야 한다. 이때 차 액은 이익잉여금처분의 내용으로 일반전표에서 처분확정일을 기준으로 대체분개하여 이월이익잉 여금의 금액을 동일하게 하여준다. 단, 유념해야 할 것은 이월결손금은 음수(-)로 기재한다. 차기이월이익잉여금을 계산하는 식은 다음과 같다.

> 차기이월이익잉여금 = 전기이월이익잉여금 + 당기순이익 - 이익잉여금처분액

▌실습하기

수행과제 다음의 자료를 이용하여 (주)스마트문구의 전기분 이익잉여금처분계산서에 입력하시오.

이익잉여금처분계산서

제9기 2024년 1월 1일부터 2024년 12월 31일까지
처분확정일 : 2025년 2월 28일

(주)스마트문구 (단위: 원)

계정과목	금액	
Ⅰ. 미처분이익잉여금		87,721,200
1. 전기이월 미처분이익잉여금	20,000,000	
2. 당기순이익	67,721,200	
Ⅱ. 임의적립금 등의 이입액		0
Ⅲ. 이익잉여금처분액		0
Ⅳ. 차기이월 미처분이익잉여금		87,721,200

실습하기 정답

[전기분 이익잉여금처분계산서 실습 화면]

전기분 이익잉여금처분계산서			기능모음(F11) ▼
결산 기준 제 9 기	결산 기준 시작일 2024-01-01 결산 기준 종료일 2024-12-31 처분 확정 일자 2025-02-28 <F3 : 추가 가능>		

과목	계정코드 및 과목명		금액
I. 미처분이익잉여금			87,721,200
1. 전기이월미처분이익잉여금			20,000,000
2. 회계변경의 누적효과	369	회 계 변 경 의 누 적 효 과	
3. 전기오류수정이익	370	전 기 오 류 수 정 이 익	
4. 전기오류수정손실	371	전 기 오 류 수 정 손 실	
5. 중간배당금	372	중 간 배 당 금	
6. 당기순이익			67,721,200
II. 임의적립금 등의 이입액			
1.			
2.			
합 계			87,721,200
III. 이익잉여금처분액			
1. 이익준비금	351	이 익 준 비 금	
2. 기업합리화적립금	352	기 업 합 리 화 적 립 금	
3. 배당금			
가. 현금배당	265	미 지 급 배 당 금	
나. 주식배당	387	미 교 부 주 식 배 당 금	
4. 사업확장적립금	356	사 업 확 장 적 립 금	
5. 감채 적립금	357	감 채 적 립 금	
6. 배당평균적립금	358	배 당 평 균 적 립 금	
IV. 차기이월 미처분이익잉여금			87,721,200

◀10 거래처별 초기이월

재무회계 ⇨ 기초정보관리 ⇨ 거래처별 초기이월

전기분 재무상태표의 데이터가 자동반영되므로 반드시 전기분 재무상태표를 먼저 입력하여야 한다. 거래처별 초기이월은 거래처별로 채권, 채무 등을 관리하기 위한 목적으로 입력하는 메뉴이며 입력 후 거래처원장에 전기이월란에 표기된다.

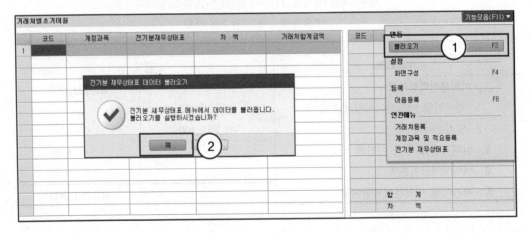

알아두기

FAT 1급에서 거래처별 초기이월 학습 Point

▶ 시험문제에서 주어진 해당 계정과목에서 세부내역 등을 입력할 때 : 화면 왼쪽에 있는 계정과목 코드에서 Tab키 또는 더블클릭을 이용하여 입력한다.

▶ 화면 오른쪽에서 거래처 코드를 입력할 경우 : F2를 눌러 해당 거래처코드를 검색하여 입력한다.

▶ 차액의 일치성 : 계정과목별 거래처와 금액을 입력한 후 반드시 차액이 0원이 되는 것을 확인해야 한다.

실습하기

자료설명	(주)스마트문구의 전기분 재무제표는 이월받아 등록되어 있다.
수행과제	거래처별 초기이월 사항을 수정 및 입력하시오.

계정과목	거래처명	금액	비고
당좌예금	98001.국민은행	67,300,000원	
보통예금	98002.신한은행	58,810,000원	
외상매출금	00101.(주)아트나라	12,000,000원	
	00102.(주)알파문구	24,000,000원	
받을어음	• 거래처명(발행인) : 00103.(주)드림문구 • 어음번호 : 00420241010123456789 • 지급기관 : 국민은행 양천지점 • 발행일자(거래일자) : 2025년 10월 10일	• 만기일 : 2025년 3월 10일 • 어음금액 : 17,000,000원 • 수취구분 : 자수 • 어음종류 : 6.전자	
외상매입금	00104.(주)무지개	27,194,200원	
	00105.(주)오피스알파	25,000,000원	
	00106.(주)부영오피스	15,000,000원	
지급어음	• 거래처명(발행인) : 00101.(주)아트나라 • 어음번호 : 00420241115123456789 • 지급은행 : 국민은행	• 만기일 : 2025년 2월 15일 • 어음금액 : 67,380,000원 • 발행일자 : 2024년 11월 15일	
미지급금	00106.(주)부영오피스	50,000,000원	

실습하기 작업순서

① 기능모음(F11)에서 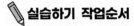 (F3)버튼을 클릭하여 "전기분 재무상태표 메뉴에서 데이터를 불러옵니다. 불러오기를 실행하시겠습니까?" 라는 메시지가 나오면 "예"를 클릭한다.

> 계정과목 선택 ⇨ 오른쪽 거래처코드 더블클릭 또는 F2 ⇨ 거래처 확인한 후 Enter를 누르고
> 금액을 입력한다.

[당좌예금 입력된 화면]

	코드	계정과목	전기분재무상태표	차 액	거래처합계금액		코드	거래처	금액
2	102	당좌예금	67,300,000		67,300,000		98001	국민은행	67,300,000
3	103	보통예금	58,810,000	58,810,000					

[보통예금 입력된 화면]

	코드	계정과목	전기분재무상태표	차 액	거래처합계금액		코드	거래처	금액
3	103	보통예금	58,810,000		58,810,000		98002	신한은행	58,810,000
4	104	정기예금	60,110,000	60,110,000					
5	107	단기매매증권	1,590,000	1,590,000					

[외상매출금 입력된 화면]

	코드	계정과목	전기분재무상태표	차 액	거래처합계금액		코드	거래처	금액
6	108	외상매출금	36,000,000		36,000,000		00101	(주)아트나라	12,000,000
7	109	대손충당금	150,000	150,000			00102	(주)알파문구	24,000,000
8	110	받을어음	17,000,000	17,000,000					

② 받을어음 계정과목에서 더블클릭 또는 Tab키를 눌러 상세한 내역을 입력한 다음 ESC를 눌러 원래 화면으로 복원한다.

[받을어음 입력된 화면]

[외상매입금 입력된 화면]

	코드	계정과목	전기분재무상태표	차 액	거래처합계금액		코드	거래처	금액
8	251	외상매입금	67,194,200		67,194,200		00104	(주)무지개	27,194,200
9	252	지급어음	67,380,000	67,380,000			00105	(주)오피스알파	25,000,000
10	253	미지급금	50,000,000	50,000,000			00106	(주)부영오피스	15,000,000
11	254	예수금	173,000	173,000					

③ 기능모음(F11)에서 어음등록 (F8)을 선택하여 먼저 지급어음 자료를 입력한다.

[지급어음 거래처별 초기이월 자료 입력된 화면]

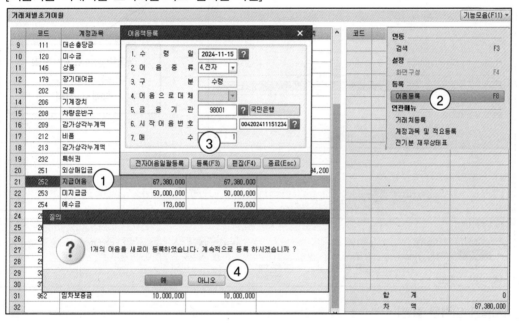

④ 지급어음 계정과목에서 Tab키를 누르고 코드에서 F2를 눌러 거래처와 만기일자를 입력한다.
어음번호에서 F2를 누르고 어음코드도움에서 어음번호 확인 후 확인을 눌러 반영한 다음, ESC
를 눌러 원래 화면으로 복원한다.

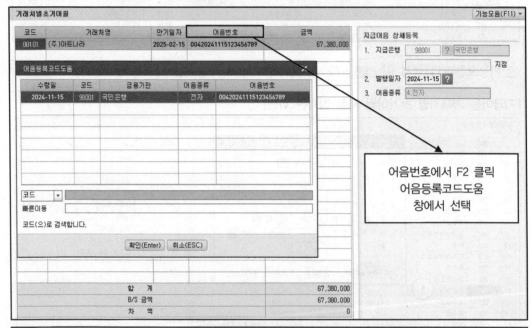

[미지급금 입력된 화면]

	코드	계정과목	전기분재무상태표	차 액	거래처합계금액	^	코드	거래처		금액
8	253	미지급금	50,000,000		50,000,000		00106	(주)부영오피스		50,000,000
9	254	예수금	173,000	173,000						
10	259	선수금	37,020,000	37,020,000						

02 전표관리(일반전표입력)

◢ 01 전표입력 – 입금, 출금, 대체전표의 작성

기업은 경영활동상에서 회계상의 거래가 발생하였을 경우 거래의 8요소에 의해서 전표를 발행하게 된다. 전표는 부가가치세와 관련이 없는 일반전표와 부가가치세와 관련이 있는 매입매출전표로 나뉘게 되며, 일반전표는 입금전표, 출금전표, 대체전표로 구분할 수 있다.

입금전표는 거래총액이 전액 현금으로 입금된 경우에 발행하며, 출금전표는 거래총액이 전액 현금으로 지출된 경우에 발행한다. 대체전표는 거래총액 중 현금을 전혀 수반하지 않은 거래이거나 거래총액 중 일부가 현금의 수입과 지출이 있는 경우에 해당한다.

1) 입금전표, 출금전표, 대체전표 이해하기

구분	내용	분개
입금전표	전액 현금으로 입금된 경우	(차) 현금　×××　(대) 상품매출　×××
출금전표	전액 현금으로 지출된 경우	(차) 이자비용　×××　(대) 현금　×××
대체전표	현금거래가 전혀 없는 경우	(차) 비품　×××　(대) 미지급금　×××
	거래금액 중 일부 현금의 수입과 지출이 있는 경우	(차) 현금　×××　(대) 상품매출　××× 　　받을어음　×××

2) 일반전표메뉴 알아보기

재무회계 ⇨ 전표입력/장부 ⇨ 일반전표입력

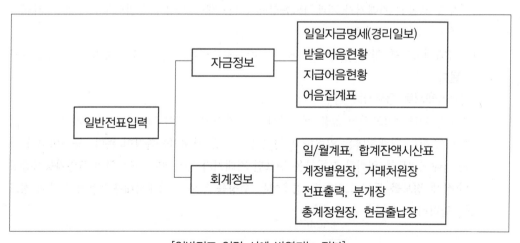

[일반전표 입력 시에 반영되는 장부]

일반전표입력 메뉴는 부가가치세 신고와 관련 없는 거래를 입력하는 메뉴이다. 부가가치세와 관련이 있는 거래(세금계산서, 계산서, 수입세금계산서, 신용카드와 현금영수증 거래) 외의 모든 거래자료를 입력하며, 전표를 입력하면 각종 제장부에 자동으로 반영된다.

[일반전표입력 메뉴 입력 시 유의사항]

① **일자** : 전표를 입력할 월과 일을 입력하면 화면 아래 일자에 자동으로 반영된다.

② **번호** : 차대변이 일치하는 전표를 입력하면 전표번호가 자동으로 부여된다. 전표번호를 수정하고자 하는 경우에는 `기능모음(F11) ▼` `번호수정` `F7` 을 클릭하여 전표번호를 수정한다.

③ **구분** : 입력할 전표유형을 하단의 메시지 중에서 선택한다.

`전표의 구분을 입력합니다.[1:출금, 2:입금, 3:차변, 4:대변, 5:결산차변, 6:결산대변]`

④ **계정과목 코드**
> ▶ 계정과목을 입력하는 방법
>> ㉠ [F2 코드도움]을 누르고 계정코드도움창이 뜨면 계정과목을 2글자 입력하여 계정과목을 선택한다.
>> ㉡ 코드란에 찾고자 하는 계정과목을 2글자 입력한 후 엔터를 치면 계정과목코드도움창이 뜨고 계정과목을 선택한다.

⑤ **거래처명과 코드**
> ▶ 거래처코드를 입력하는 방법
>> ㉠ 커서를 거래처코드란에 두고 [F2 코드도움]을 누르면 거래처 거래처도움창이 뜬다. 해당 화면에서 입력하고자 하는 거래처를 선택하고 확인을 누른다.
>> ㉡ 커서를 거래처코드란에 두고 입력하고자 하는 거래처명을 두 글자 입력하면 해당 글자가 포함된 거래처가 거래처도움창에 뜬다. 해당 화면에서 입력하고자 하는 거래처를 선택하고 확인을 누른다.
>> ㉢ 거래처코드를 알고 있는 경우에는 거래처코드란에 코드를 입력하면 자동으로 반영된다.

> ▶ 신규거래처를 등록하는 경우
> 커서가 거래처코드란에 있을 때 "+"를 누르면 "00000"이 자동으로 표기가 된다. 입력하고자 하는 거래처명을 입력하고 엔터를 누르면 거래처등록창이 뜬다. 등록하고자 하는 거래처코드를 입력하고 등록을 누르면 거래처가 등록된다. 거래처의 사업자등록증상의 상세 정보를 등록하고자 할 경우에는 수정을 누르고 거래처내용수정에서 상세 정보를 입력하고 확인을 누른다.

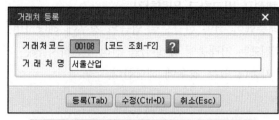

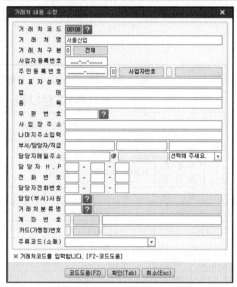

[기초정보관리] ⇨ [거래처등록] 메뉴에서 신규거래처를 등록해도 되고 수정 및 삭제도 가능하다.

▶ 실무시험 수행 시 거래처를 반드시 입력해야 하는 계정과목

채권	외상매출금, 받을어음, 미수금, 대여금(장기, 단기), 선급금, 보통예금, 당좌예금, 정기예적금, 장기성예금, 가지급금, 임차보증금
채무	외상매입금, 지급어음, 미지급금, 차입금(장기, 단기), 선수금, 유동성장기부채, 가수금, 임대보증금

⑥ **적요** : [F2 코드도움]을 눌러서 적요도움창에서 해당하는 적요를 선택하여 등록한다. 화면 하단에 보이는 적요는 내장적요이며, 사업장에서 필요하다고 판단되는 적요를 등록하고자 하는 경우에는 [F8 수정적요등록]을 눌러서 내장적요를 수정할 수도 있고 추가로 등록하여 사용할 수도 있다. <u>적요는 타계정 대체와 관련된 적요만 채점대상이다.</u>

⑦ **금액** : 금액을 입력할 경우에는 키보드 오른쪽에서 "+"를 누르면 "000"이 입력되어 큰 금액을 입력할 경우 유용하게 사용할 수 있다. 예를 들어 2,000,000원을 입력할 경우 2++를 누르면 된다.

3) 입금전표와 대체전표 비교하고 입력하기

입금전표는 거래총액이 전액 현금으로 입금된 경우에 해당하며, 차변에 현금으로 회계처리한다. 그러나 대체전표는 거래총액 중 현금을 전혀 수반하지 않은 거래이거나 거래총액 중 일부가 현금의 수입과 지출이 있는 경우에 해당한다.

▌실습하기

입금전표

NO_____	입 금 표 (공급받는자용)			
	(주)아트나라 귀하			

공급자	사 업 자 등록번호	109-51-33490		
	상 호	(주)스마트문구	성명	공도윤
	사 업 장 소 재 지	서울시 강서구 양천로 101		
	업 태	도 · 소매업	종목	문구용품

작성일	공급대가총액	비고
2025.1.18	5,000,000	

공 급 내 역				
월/일	품명	수량	단가	금액
1.18.	문구			5,000,000
합 계	₩5,000,000			
위 금액을 영수(청구)함				

자료설명	거래처 (주)아트나라에 상품을 매출하고 현금을 받고 발급한 입금표이다. (단, 부가가치세는 생략할 것)
수행과제	거래자료를 입력하시오.

✎실습하기 작업순서

① 2025년 1월 18일 분개를 한다.

(차) 101. 현금 5,000,000 / (대) 401. 상품매출 5,000,000

② 일반전표입력 메뉴를 열어 위 ①번의 분개를 입금전표 유형으로 입력한다.

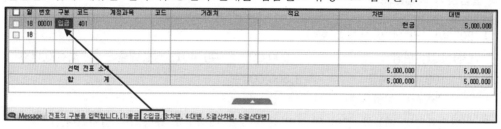

PART
02

실습하기

대체전표

No. _____

견 적 서

2025년 1월 20일

(주)알파문구   **귀하**

아래와 같이 견적합니다.

공급자	등 록 번 호	109-81-33490		
	상호(법인명)	(주)스마트문구	성명	공도윤 ㉑
	사업장주소	서울시 강서구 양천로 101 (방화동)		
	업 태	도매및소매업	종목	문구용품외
	전 화 번 호	02-3211-1234/fax:02-3322-1234		

합 계 금 액	사백사십만원정(₩ 4,400,000)				
품 명	규 격	수 량	단 가	공 급 가 액	비 고
상품		110	40,000	4,400,000	

■ 보통예금(신한은행) 거래내역

번호	거래일	내용	찾으신금액	맡기신금액	잔액	거래점
		계좌번호 342-56-12345		(주)스마트문구		
1	2025-01-20	(주)알파문구		3,500,000	×××	×××

자료설명	상품을 매출하고 대금 중 일부는 신한은행 보통예금계좌로 입금받고 잔액은 현금으로 받다. (단, 부가가치세는 생략한다.)
수행과제	거래자료를 입력하시오.

✏️ **실습하기 작업순서**

① 2025년 1월 20일 분개를 한다.

    (차) 101. 현금   900,000 / (대) 401. 상품매출   4,400,000

        103. 보통예금   3,500,000

        (98002. 신한은행)

② 일반전표입력 메뉴를 열어 위 ①번의 분개를 대체전표 유형으로 입력한다.

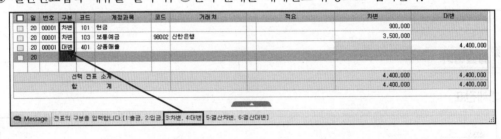

	일	번호	구분	코드	계정과목	코드	거래처	적요	차변	대변
☐	20	00001	차변	101	현금				900,000	
☐	20	00001	차변	103	보통예금	98002	신한은행		3,500,000	
☐	20	00001	대변	401	상품매출					4,400,000
☐	20									
			선택 전표 소계						4,400,000	4,400,000
			합 계						4,400,000	4,400,000

💬 Message 전표의 구분을 입력합니다.[1:출금, 2:입금, 3:차변, 4:대변, 5:결산차변, 6:결산대변]

---

4) 출금전표와 대체전표 비교하고 입력하기

출금전표는 거래총액이 전액 현금으로 지출된 경우에 해당하며 대변에 현금으로 회계처리한다. 그러나 대체전표는 거래총액 중 현금을 전혀 수반하지 않은 거래이거나 거래총액 중 일부가 현금의 수입과 지출이 있는 경우에 해당한다.

📖 **실습하기**

출금전표

```
        ** 현금영수증 **
          (지출증빙용)

 사업자등록번호  : 105 - 41 - 68349 송성민
 사업자명       : 인정맛집
 단말기ID       : 73453259(tel:02-345-4546)
 가맹점주소     : 서울 중랑구 봉우재로41길 28-1

 현금영수증 회원번호
 109 - 81 - 33490 (주)스마트문구
 승인번호       : 83746302  (PK)
 거래일시       : 2025년 2월 6일
 - - - - - - - - - - - - - - - - - - - - - - - -
 공급금액                        200,000원
 부가세금액                       20,000원
 총합계                         220,000원
 - - - - - - - - - - - - - - - - - - - - - - - -
 휴대전화, 카드번호 등록
 http://현금영수증.kr
 국세청문의(126)
 38036925 - GCA10106 - 3870 - U490
   《《《《《이용해 주셔서 감사합니다.》》》》》
```

자료설명	거래처 체육대회에 도시락을 제공하고 대금은 현금으로 지급하였다.
수행과제	거래자료를 입력하시오.

실습하기 작업순서

① 2025년 2월 6일 분개를 한다.

　(차) 813. 접대비(기업업무추진비)　　220,000 / (대) 101. 현금　　　　220,000

② 일반전표입력 메뉴를 열어 위 ①번의 분개를 출금전표 유형으로 입력한다.

실습하기

대체전표

거래명세서				(공급받는자 보관용)			

공급자	등록번호				공급받는자	등록번호	109-81-33490	
	상호	(주)한진기계	성명	노창환		상호	(주)스마트문구	성명	공도윤
	사업장 주소	경기 광명시 시청로 20				사업장 주소	서울시 강서구 양천로 101 (방화동)	
	업태	제조외	종사업장번호			업태	도매및소매업	종사업장번호
	종목	사무기계외				종목	문구용품외	

거래일자	미수금액	공급가액	세액	총 합계금액
2025.2.25.		3,600,000		3,600,000

NO	월	일	품목명	규격	수량	단가	공급가액	세액	합계
1	2	25	제작기계 수선				3,600,000		3,600,000

자료설명	제작기계를 수리하고 거래명세를 발급받았으며, 대금은 월말에 월합계세금계산서를 발급받고 지급하기로 하였다.
수행과제	거래자료를 입력하시오.

✏️ **실습하기 작업순서**

① 2025년 2월 25일 분개를 한다.

(차) 820. 수선비   3,600,000 / (대) 253. 미지급금   3,600,000
                                                  (00107. (주)한진기계)

② 일반전표입력 메뉴를 열어 위 ①번의 분개를 대체전표 유형으로 입력한다.

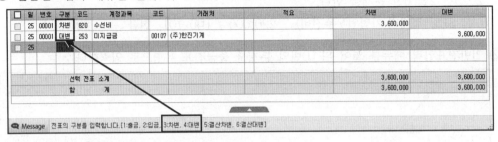

◢ 02 전표관리 - 증명서류 관리하기(NCS 적용)

1) 지출증명서류의 의의

기업은 경영활동을 하면서 매일 일어나는 거래를 전표에 입력을 한다. 이때 발생한 비용은 반드시 업무와 관련성이 있어야 하며, 이것을 증명하는 것을 적격증빙이라고 말한다. 과거나 현재에도 실무에서는 전표를 작성하고 영수증 보관의무 및 세무조사, 자료제출용으로 전산파일을 만들며 작성된 전표 뒷면에는 원본 또는 사본 적격증빙을 부착하여 놓는다.

2) 지출증명서류의 종류

적격증빙에는 전자세금계산서, 전자계산서, 신용카드매출전표, 현금영수증, 영수증(3만원 이하) 등이 있다.

3) 지출증명서류 수취에 대한 특례

법인세법 시행령에서 지출증명서류 수취 대상 거래의 요건, 즉 지출증명서류 수취 대상이 되는 거래 상대방 및 거래금액 기준이 규정되어 있다. 이러한 기준을 충족하지 않는 거래는 지출증명서류를 수취하지 않더라도 가산세 등의 불이익을 받는 대상에서 제외된다.

4) 경비 등의 송금명세서를 제출한 경우

공급받은 재화 또는 용역의 거래금액을 「금융실명거래 및 비밀보장에 관한 법률」에 의한 금융기관을 통하여 지급한 경우로서 법 제60조의 규정에 의한 법인세과세표준신고서에 송금사실을 기재한 경비 등의 송금명세서를 첨부하여 납세지 관할세무서장에게 제출하는 경우에도 지출증명서류 수취 대상에서 면제된다.

5) 지출증명서류의 관리

법인과 소득세법에 의한 사업소득이 있는 개인사업자가 사업과 관련하여 세법에서 규정하고 있는 사업자로부터 재화 또는 용역을 공급받고 그 대가를 지급하는 경우에는 지출증명서류를 받아 이를 법인세과세표준신고 또는 소득세과세표준신고 기한이 경과한 날로부터 5년간 보관하여야 한다.

6) 정규증명서류 미수취에 대한 제재

업무와 관련된 지출은 원칙적으로 손금으로 인정받게 되는데, 법인세법과 소득세법에서는 이러한 손금에 대한 입증책임을 부여함으로써 업무관련 지출이 있을 경우 법에서 정하는 정규증명서류를 수취하도록 하고 있고, 이러한 의무를 지키지 않으면 가산세 등의 불이익을 주도록 하고 있다. 따라서 업무와 관련되지 않은 지출에 대해서는 법정지출증명서류를 수취한다고 하더라도 법인세법상의 손금 인정이 불가능하다. 손금으로 인정되지 않는 경우에는 가산세의 불이익은 없다.

> 정규증명서류 미수취 금액 × 2%
> ※ 법인세 산출세액이 없는 경우에도 적용됨

7) 적격증빙을 이용한 일반전표 입력하기

실습하기

증빙에 의한 전표입력 [출금전표 또는 대체전표]

영 수 증 (공급받는자용)					
NO		(주)스마트문구			귀하
공급자	사 업 자 등록번호	211-26-11112			
	상 호	강서맛집	성명		김수환
	사 업 장 소 재 지	서울특별시 양천구 목동서로 337			
	업 태	서비스업	종목		식당
작성일자		공급대가총액			비고
2025.03.03.		120,000원			
공 급 내 역					
월/일	품명	수량		단가	금액
3/3	식대				120,000
합 계		₩ 120,000			
위 금액을 **영수**(청구)함					

자료설명	영업부 직원들의 야근업무 시 식사대금을 현금으로 지급하고 영수증을 발급받았다.
수행과제	1. 거래자료를 입력하시오. 2. 적격증빙미수취에 따른 영수증수취명세서를 작성하시오.

✏️ 실습하기 작업순서

① 2025년 3월 3일 분개를 한다.

(차) 811. 복리후생비   120,000 / (대) 101. 현금   120,000

② 일반전표입력 메뉴를 열어 위 ①번의 분개를 출금전표 또는 대체전표 유형으로 입력한다.

□	일	번호	구분	코드	계정과목	코드	거래처	적요	차변	대변
□	03	00001	출금	811	복리후생비				120,000	현금
			선택 전표 소계						120,000	120,000
			합	계					120,000	120,000

③ 식대 지출금액이 3만원을 초과한 경비로서 적격증빙을 수취하지 않았으므로 거래금액의 2%에 대한 지출증빙서류 미수취 가산세가 적용되는 대상이다. [결산/재무제표 1] ⇒ [영수증수취명세서(2)] 메뉴에 직접 입력을 하면 영수증수취명세서(1)에는 자동으로 반영된다.

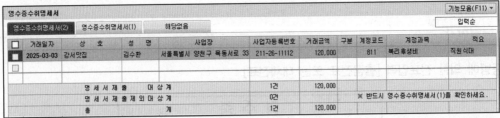

실습하기

증빙에 의한 전표입력 [대체전표]

3월분 급여대장

㈜스마트문구 재경부   [지급일 : 2025년 3월 25일]

구분	수당항목				공제항목			
	기본급	직책수당	식대	급여 총액	소득세	지방소득세	국민연금	건강보험
					127,220원	12,720원	157,500원	124,070원
					고용보험	장기요양보험	공제합계	차인지급액
김우혁	3,000,000원	300,000원	200,000원	3,500,000원	31,500원	15,890원	468,900원	3,031,100원

자료설명	재경부의 3월분 급여를 신한은행 보통예금 계좌에서 이체하여 지급하였다.
수행과제	거래자료를 입력하시오.

실습하기 작업순서

① 2025년 3월 25일 분개를 한다.

    (차) 801.급여   3,500,000 / (대) 254.예수금   468,900

                                       103.보통예금   3,031,100

                                (98002.신한은행)

② 일반전표입력 메뉴를 열어 위 ①의 분개를 대체전표 유형으로 입력한다.

□	일	번호	구분	코드	계정과목	코드	거래처	적요	차변	대변
□	25	00001	차변	801	급여				3,500,000	
□	25	00001	대변	254	예수금					468,900
□	25	00001	대변	103	보통예금	98002	신한은행			3,031,100
			선택 전표 소계						3,500,000	3,500,000
			합 계						3,500,000	3,500,000

실습하기

증빙에 의한 전표입력 [대체전표]

신용카드매출전표

가 맹 점 명 자연미인 (02)2601-3771
사업자번호 211-65-35525
대 표 자 명 정 혜 숙
주   소 서울 강남구 역삼로 369

국민카드   신용승인
거래일시   2025-04-11 오전 12:18:31
카드번호   2279-8852-×××*-12**
유효기간   **/**
가맹점번호   456456456
매 입 사 신한카드(전자서명전표)

화장품세트(특대호)   10set   880,000원
합   계   880,000원

캐셔:033307 김상희

20250411/10062411/00046160

자료설명	매출 거래처에 선물할 화장품세트를 구입하고 신용카드로 결제하였다.
수행과제	거래자료를 입력하시오.

실습하기 작업순서

① 2025년 4월 11일 분개를 한다.

(차) 813. 접대비(기업업무추진비) 880,000 / (대) 253. 미지급금   880,000
(99601. 신한카드)

② 일반전표입력 메뉴를 열어 위 ①번의 분개를 대체전표 유형으로 입력한다.

	일	번호	구분	코드	계정과목	코드	거래처	적요	차변	대변
☐	11	00001	차변	813	접대비(기업업무추진비)				880,000	
☐	11	00001	대변	253	미지급금	99601	신한카드			880,000
■	11									
				선택 전표 소계					880,000	880,000
				합 계					880,000	880,000

실습하기

증빙에 의한 전표입력 [출금전표 또는 대체전표]

2025 년분 자동차세 신고납부서

납세자 보관용 영수증

납 세 자	공도윤				
주 소	서울 강서구 양천로 101(방화동)				
납세번호	기관번호		제목	납세년월기	과세번호
과세대상	61저3000 (승용차)	구 분	자동차세	지방교육세	납부할 세액 합계
		당 초 산 출 세 액	381,040		
		선납공제액(10%)	—		381,040원
과세기간	2025.01.01. ~2025.06.30.	요일제감면액(5%)	—		
		납 부 할 세 액	381,040	0	

〈납부장소〉

위의 금액을 영수합니다.
2025 년 6 월 30 일

*수납인이 없으면 이 영수증은 무효입니다 *공무원은 현금을 수납하지 않습니다.

| 자료설명 | [6월 30일]
관리부에서 사용하고 있는 업무용 승용차에 대한 자동차세를 현금으로 납부하였다. |
| 수행과제 | 거래자료를 입력하시오. |

실습하기 작업순서

① 2025년 6월 30일 분개를 한다.

(차) 817. 세금과공과금　381,040 / (대) 101. 현금　381,040

② 일반전표입력 메뉴를 열어 위 ①번의 분개를 출금전표 또는 대체전표 유형으로 입력한다.

□	일	번호	구분	코드	계정과목	코드	거래처	적요	차변	대변
□	30	00001	출금	817	세금과공과금				381,040	현금
□	30									
			선택 전표 소계						381,040	381,040
			합　　계						381,040	381,040

실습하기

증빙에 의한 전표입력 [대체전표]

2025년 6월 청구서	
작성일자: 2025. 07.01. 납부기한: 2025. 07.31.	
금 액	275,000원
고객명	(주)스마트문구
이용번호	02-3211-1234
명세서번호	66051
이용기간	6월1일~6월30일
6월 이용요금	275,000원
공급자등록번호	121-81-12646
공급받는자 등록번호	109-81-33490
공급가액	250,000원
부가가치세(VAT)	25,000원
10원미만 할인요금	0원
입금전용계좌	신한은행
	465465465
이 청구서는 부가가치세법 시행령 제53조 제4항에 따라 발행하는 전자세금계산서입니다.	

자료설명	[7월 15일] 사무실 영업용 전화요금 청구서이다. 대금은 신한은행 보통예금계좌에서 이체하여 납부하였다. (단, 작성일자는 무시하고 납부일기준으로 한다.)
수행과제	거래자료를 입력하시오.

실습하기 작업순서

① 2025년 7월 15일 분개를 한다.

(차) 814. 통신비   275,000 / (대) 103. 보통예금   275,000
(98002. 신한은행)

② 일반전표입력 메뉴를 열어 위 ①번의 분개를 대체전표 유형으로 입력한다.

□	일	번호	구분	코드	계정과목	코드	거래처	적요	차변	대변
□	15	00001	차변	814	통신비				275,000	
□	15	00001	대변	103	보통예금	98002	신한은행			275,000
□	15									
			선택 전표 소계						275,000	275,000
			합 계						275,000	275,000

실습하기

증빙에 의한 전표입력 [출금전표 또는 대체전표]

거래명세서
(공급자 보관용)

공급자					공급받는자				
	등록번호	521-81-00224				등록번호	109-81-33490		
	상호	한일공업사	성명	김금일		상호	(주)스마트문구	성명	공도윤
	사업장주소	서울특별시 양천구 국회대로 132 (신정동)				사업장주소	서울특별시 강서구 양천로 101		
	업태	서비스	종사업장번호			업태	도매 및 소매업	종사업장번호	
	종목	자동차정비				종목	문구 외		

거래일자	미수금액	공급가액	세액	총 합계금액
2025.7.20	440,000원			

NO	월	일	품목명	규격	수량	단가	공급가액	세액	합계
1	7	20	타이어교체				400,000원	40,000원	440,000원

자료설명	[7월 20일] 영업부에서 사용하고 있는 소나타 승용차(2,000cc)의 타이어를 교체하고 대금은 일주일 뒤 지급하기로 하였다. 신규거래처 한일공업사를 코드번호 "108"로 등록한다.
수행과제	거래자료를 입력하시오.

실습하기 작업순서

① 2025년 7월 20일 분개를 한다.

　(차) 822. 차량유지비 　　440,000 / (대) 253. 미지급금 　　440,000

② 일반전표입력 메뉴를 열어 위 ①의 분개를 대체전표 유형으로 입력한다.

　253.미지급금 거래처 코드에서 "+"를 입력하면 코드란에 00000이 반영된다. 한일공업사를 입력하고 엔터를 치면 거래처등록창이 뜨고 수정을 누른다.

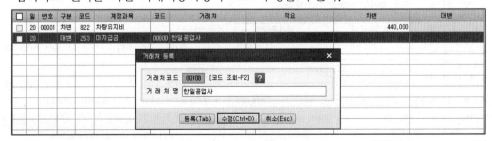

③ 거래처내용수정창에서 사업장의 상세정보를 입력한 후 확인을 누른다.

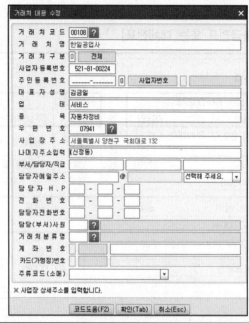

	일	번호	구분	코드	계정과목	코드	거래처	적요	차변	대변
☐	20	00001	차변	822	차량유지비				440,000	
☐	20	00001	대변	253	미지급금	00108	한일공업사			440,000
☐	20									
				선택 전표 소계					440,000	440,000
				합 계					440,000	440,000

실습하기

증빙에 의한 전표입력 [출금전표 또는 대체전표]

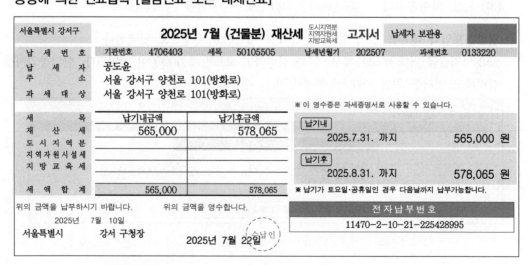

■ 보통예금(신한은행) 거래내역

번호	거래일	내용	찾으신금액	맡기신금액	잔액	거래점
		계좌번호 342-56-12345　　(주)스마트문구				
1	2025-07-22	강서구청	565,000		×××	×××

자료설명	[7월 22일] 매장건물의 재산세를 신한은행 보통예금 계좌에서 전용계좌로 입금하였다.
수행과제	거래자료를 입력하시오.

✎ **실습하기 작업순서**

① 2025년 7월 22일 분개를 한다.

　　(차) 817. 세금과공과금　　565,000 / (대) 103. 보통예금　　565,000
　　　　　　　　　　　　　　　　　　　　　　　　　(98002. 신한은행)

② 일반전표입력 메뉴를 열어 위 ①번의 분개를 출금전표 또는 대체전표 유형으로 입력한다.

□	일	번호	구분	코드	계정과목	코드	거래처	적요	차변	대변
□	22	00001	차변	817	세금과공과금				565,000	
□	22	00001	대변	103	보통예금	98002	신한은행			565,000
□	22									
			선택 전표 소계						565,000	565,000
			합　　계						565,000	565,000

▌**실습하기**

증빙에 의한 전표입력 [대체전표]

자동차보험증권

증 권 번 호	2025-1234567890	계 약 일	2025년 8월 1일
보 험 기 간	2025년　8월　1일부터		2026년　8월　1일까지
보 험 계 약 자	(주)스마트문구	주민(사업자)번호	109-81-33490
피 보 험 자		주민(사업자)번호	

보험가입 자동차			
자 동 차 번 호	61저3000	자 동 차 가 액	3,783 만원
차　　　　　명	기아 카니발	부 속 품 가 액	3,783 만원
차　　　　　종	승용(suv~2800cc)	기 계 장 치 가 액	0 만원
최초신규등록	2016	합　　　　　계	3,783 만원
부 　 속 　 품	알루미늄 휠, 네비게이션		

보상하는 내용 및 가입금액		
대인배상 I (책임보험)	가입유무 [O]	가입금액 [자동차 손해배상 보장법 시행령에서 정한 금액]
대인배상 I (책임보험 초과손해)	가입유무 [O]	가입금액 [무한]
대물배상	가입유무 [O]	가입금액 [1사고당 1억원]
자기신체사고	가입유무 [O]	가입금액 [1인당 사망/장해 3000만원, 1인당 부상 1500만원]
무보험차상해	가입유무 [O]	가입금액 [1인당 최고 2억원]
차량손해	가입유무 [O]	가입금액 [3000만원, 자기부담금: 보험금의 20%(최저 5만원/최고 50만원)]

보험료 납입사항					
총보험료	120 만원	납입보험료	120 만원	미납입 보험료	0 원

■ 보통예금(신한은행) 거래내역

번호	거래일	내용	찾으신금액	맡기신금액	잔액	거래점
		계좌번호 342-56-12345 (주)스마트문구				
1	2025-08-01	자동차보험료	1,200,000		×××	×××

자료설명	[8월 1일] 본사 소유의 승용차에 대한 보험료를 신한은행 보통예금 계좌에서 이체하여 지급하고, 자동차보험증권을 교부받았다. (단, 비용으로 회계처리할 것)
수행과제	거래자료를 입력하시오.

실습하기 작업순서

① 2025년 8월 1일 분개를 한다.

(차) 821. 보험료   1,200,000 / (대) 103. 보통예금   1,200,000
　　　　　　　　　　　　　　　　　　　　　(98002. 신한은행)

② 일반전표입력 메뉴를 열어 위 ①번의 분개를 대체전표 유형으로 입력한다.

일	번호	구분	코드	계정과목	코드	거래처	적요	차변	대변
01	00001	차변	821	보험료				1,200,000	
01	00001	대변	103	보통예금	98002	신한은행			1,200,000
01									
		선택 전표 소계						1,200,000	1,200,000
		합 계						1,200,000	1,200,000

03 자금관리

01 현금시재 관리하기(NCS 적용)

1) 현금과 현금성자산의 필요지식

기업에서 현금 및 현금성자산은 단기간의 지불능력을 나타내는 중요한 지급수단이다. 재화나 용역의 구입과 각종 비용을 지불하기 위해 사용하기도 하며, 기업의 신용능력을 판단하기 위한 비율을 산정하는 데 사용하기도 한다.

2) 출납관리와 현금출납장의 필요지식

기업은 경영활동에서 발생한 자금에 대해서 수납관리, 지급관리, 자금시재관리와 금고관리를 하면서 운영의 책임소재를 명확히 한다. 그리고 일, 주, 월 단위 현금의 수입과 지출을 조회하며 현금출납장을 작성하여 현금의 장부상 잔액과 실제 잔액이 일치하는가의 여부를 판단한다. 앞서 이론편에서 학습을 하였듯이 현금계정의 잔액이 불일치할 경우 "현금과부족"이라는 임시계정을 두어, 원인을 파악하기 전까지 분개처리를 해두었다가 결산 시에 계정과목을 확정하여 대체분개를 하여야 한다.

3) 현금시재 관리하기와 관련된 장부

현금시재를 관리하기 위해서는 현금출납장 또는 일/월계표를 이용할 수 있다.

 실습하기

(주)스마트문구의 현금출납장을 조회하여 7월 31일의 현금잔액을 확인하시오.

실습하기 정답

직무수행 결과 7월 31일의 현금잔액은 83,678,960원이다.

현금출납장							기능모음(F11) ▼
전체							
기간 2025 년 07 월 31 일 ~ 2025 년 07 월 31 일 ?							
전표일자	코드	적요명	코드	거래처명	입금	출금	잔액
		[전 일 이 월]			85,178,960		85,178,960

02 예금 관리하기(NCS 적용)

1) 예금과 적금의 구분관리의 필요지식

예금은 여유자금을 안전하게 보관하기 위해서 또는 기업이 영업상 필요한 자금의 출납을 금융기관에 대행시키기 위한 목적으로 사용하기도 하고 특정한 목적에 의해서만 인출이 가능하도록 설정해 사용하는 경우도 있다.

2) 예금과 적금에 대한 직무의 필요성 – 통장사본에 의한 거래입력, 통장잔액 확인 등

기업은 일반적으로 대금결제를 할 때 현금거래가 아닌 보통예금, 당좌예금 등의 통장거래를 이용할 때가 있다. 이를 통하여 일일자금명세(경리일보) 또는 예적금현황을 조회 및 출력할 수 있다.

실습하기

통장사본에 의한 거래입력 [대체전표]

■ 보통예금(신한은행) 거래내역

번호	거래일	내용	찾으신금액	맡기신금액	잔액	거래점
		계좌번호 342-56-12345		(주)스마트문구		
1	2025-08-10	(주)드림문구		3,000,000	×××	×××

자료설명	(주)드림문구에서 신한은행 보통예금계좌로 입금된 내역이다. 입금액 중 외상매출금 2,500,000원이며 나머지는 주문 상품대금을 미리 받은 것이다.
수행과제	거래자료를 입력하시오.

실습하기 작업순서

① 2025년 8월 10일 분개를 한다.

    (차) 103. 보통예금   3,000,000 / (대) 108. 외상매출금   2,500,000

       (98002. 신한은행)   (00103. (주)드림문구)

                                       259. 선수금   500,000

                                       (00103. (주)드림문구)

② 일반전표입력 메뉴를 열어 위 ①번의 분개를 대체전표 유형으로 입력한다.

	일	번호	구분	코드	계정과목	코드	거래처	적요	차변	대변
☐	10	00001	차변	103	보통예금	98002	신한은행		3,000,000	
☐	10	00001	대변	108	외상매출금	00103	(주)드림문구			2,500,000
☐	10	00001	대변	259	선수금	00103	(주)드림문구			500,000
☐	10									
			선택 전표 소계						3,000,000	3,000,000
			합 계						3,000,000	3,000,000

③ 8월 10일자로 일일자금명세(경리일보)를 조회할 수 있다.

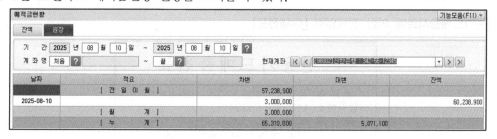

④ 8월 10일자로 예적금현황 원장을 조회할 수 있다.

---

1) 법인카드의 필요지식

법인카드는 개인을 대상으로 발급하는 것과 달리 기업이나 법인을 대상으로 은행이나 카드회사에서 발급하는 카드이다. 주의할 점은 회사는 독립된 경제적 실체이므로, 회사의 임원이나 구성원과 회사는 별개의 주체라는 것이다. 법인카드를 사용할 경우에는 법인카드 사용승인 신청서, 법인카드 사용 내역서, 법인카드 사용대장을 사용하여야 한다.

2) 법인카드 관리하기의 분개처리 필요지식

기업이 대금결제 수단으로 신용카드를 이용해야 한 경우에 대해 분개한다. 이때 유의할 점은 상품 등과 같은 재고자산 거래이면 외상매출금 또는 외상매입금을 사용하여야 하며, 재고자산 거래가 아닌 거래일 경우에는 미수금 또는 미지급금을 사용하여야 한다.

알아두기

[매출]
상품을 매출하고 신용카드 결제를 받은 경우
→ 외상매출금 ××× / 상품매출 ×××
상품 외의 매출을 하고 신용카드 결제를 받은 경우
→ 미수금 ××× / 차량운반구 ×××

[매입]
상품을 매입하고 신용카드 결제를 한 경우
→ 상품 ××× / 외상매입금 ×××
상품 외의 매입을 하고 신용카드 결제를 한 경우
→ 비품 ××× / 미지급금 ×××

실습하기

신용카드매출자료에 의한 전표입력 [대체전표]

신용카드매출전표

가 맹 점 명 사고팔고부동산 (02)765-8766
사업자번호 113-05-85294
대 표 자 명 신 길 선
주   소 서울 구로구 디지털로27나길 5

신한카드   신용승인
거래일시   2025-08-11 오전 14:18:14
카드번호   2279-8852-×××*-12**
유효기간   **/**
가맹점번호   31357189
매입사: 신한카드(전자서명전표)

| 판매금액 | 350,000원 |
| 합 계 | 350,000원 |

캐셔:031691 선 길 선

20250811/10062411/00046160

자료설명	[8월 11일] 사고팔고부동산에서 토지 취득 시 발생한 중개수수료를 지급하고 발급받은 신용카드매출전표이다.
수행과제	거래자료를 입력하시오.

실습하기 작업순서

① 2025년 8월 11일 분개를 한다.

  (차) 201.토지   350,000   / (대) 미지급금   350,000
                              (99601. 신한카드)

② 일반전표입력 메뉴를 열어 위 ①번의 분개를 대체전표 유형으로 입력한다.

□	일	번호	구분	코드	계정과목	코드	거래처	적요	차변	대변
□	11	00001	차변	201	토지				350,000	
□	11	00001	대변	253	미지급금	99601	신한카드			350,000
□	11									
			선택 전표 소계						350,000	350,000
			합 계						350,000	350,000

◢04 어음·수표 관리하기(NCS 적용)

1) 어음과 수표의 발행과 관리

약속어음은 어음의 발행인이 수취인에게 지급기일에 어음금액을 지급할 것을 약속하는 증서이다. 어음을 수취하면 받을어음으로 회계처리하고 어음용지를 은행에서 수령하고 약속어음을 발행하면 지급어음으로 회계처리한다. 수표의 경우는 주로 큰 금액을 현금으로 결제하기 번거로운 경우 특정금액을 간편하게 결제하기 위해 사용한다.

2) 전자어음과 실물어음의 차이

약속어음과 환어음의 사용은 오래되었으나 전자어음의 사용은 2014년부터는 전자어음발생 의무기업이 확대되어 직전 사업연도 말의 자산총액이 10억원 이상인 법인사업자는 모두 전자어음을 발행할 의무가 있다.

3) 어음의 수령, 등록, 만기결제, 배서, 할인 등

기업이 대금을 수취하거나 대금결제를 할 때 약속어음 또는 전자어음을 사용한다. 이때 기업이 재화나 용역을 공급하고 약속어음 또는 환어음이나 전자어음을 수취할 경우에는 차변에 받을어음을 표시하고, 발행을 할 경우에는 대변에 지급어음으로 분개를 표시한다.

하지만 약속어음 또는 환어음이나 전자어음을 차변에 기록했던 것들이 만기결제, 배서, 할인 등의 사유가 발생할 경우에는 대변에 받을어음을 기록해야 한다. 반대로 약속어음 또는 환어음이나 전자어음을 대변에 기록했던 것들이 만기결제의 사유가 발생할 경우에는 차변에 지급어음을 기록해야 한다.

[받을어음 회계처리]

구분	차변		대변	
어음의 수취	받을어음	×××	상품매출	×××
만기결제	당좌예금	×××	받을어음	×××
부도	부도어음과수표	×××	받을어음	×××
할인	당좌예금 매출채권처분손실	××× ×××	받을어음	×××
배서양도	외상매입금	×××	받을어음	×××

→ 어음의 수취인 경우에만 차변에 받을어음으로 회계처리하고 만기결제, 부도, 할인, 배서양도 모두 대변에 받을어음으로 회계처리한다.

실습하기

전자어음 수취 전표입력 [대체전표]

자료 1.

거래명세서
(공급자 보관용)

공급자	등록번호	109-81-33490			공급받는자	등록번호	140-81-08202		
	상호	(주)스마트문구	성명	공도윤		상호	(주)드림문구	성명	박대언
	사업장 주소	서울 강서구 양천로 101 (방화동)				사업장 주소	서울 강서구 등촌로 185		
	업태	도매 및 소매업	종사업장번호			업태	제조	종사업장번호	
	종목	문구용품외				종목	문구, 사무용품		

거래일자	미수금액	공급가액	세액	총 합계금액
2025.08.12.		5,000,000		5,000,000

NO	월	일	품목명	규격	수량	단가	공급가액	세액	합계
1	8	12	노트		100	33,000	3,300,000		3,300,000
	8	12	파일		100	17,000	1,700,000		1,700,000

자료 2.

전 자 어 음

(주)스마트문구 귀하   08820250812123456789

금 사백오십만원정   <u>4,500,000원</u>

위의 금액을 귀하 또는 귀하의 지시인에게 지급하겠습니다.

지급기일 2025년 11월 30일   발행일 2025년 8월 12일
지 급 지 신한은행   발행지
지급장소 강서지점   주 소 서울 강서구 등촌로 185
                                  발행인 (주)드림문구

자료설명	(주)드림문구에 상품 5,000,000원을 매출하고 8월 10일 먼저 받은 계약금 500,000원을 제외한 나머지 대금을 전자어음으로 받았다.
수행과제	1. 거래자료를 입력하시오. 2. 자금관리정보를 입력하여 받을어음현황에 반영하시오.

✏️ 실습하기 작업순서

① 2025년 8월 12일 분개를 한다.

  (차) 259. 선수금   500,000 / (대) 401. 상품매출   5,000,000
      (00103. (주)드림문구)
      110. 받을어음   4,500,000
      (00103. (주)드림문구)

② 일반전표입력 메뉴를 열어 위 ①번의 분개를 대체전표 유형으로 입력한다.

□	일	번호	구분	코드	계정과목	코드	거래처	적요	차변	대변
□	12	00001	차변	259	선수금	00103	(주)드림문구		500,000	
□	12	00001	차변	110	받을어음	00103	(주)드림문구		4,500,000	
□	12	00001	대변	401	상품매출					5,000,000
■	12									
			선택 전표 소계						5,000,000	5,000,000
			합 계						5,000,000	5,000,000

③ 받을어음에 커서를 두고 오른쪽 화면 상단에 있는 `기능모음(F11) ▼` 중에서 `자금관리` `F3` 을 클릭하거나 F3을 눌러 화면 하단에 받을어음 관리에서 어음의 상세정보를 정확하게 입력한다.

	일	번호	구분	코드	계정과목	코드	거래처	적요	차변	대변
☐	12	00001	차변	259	선수금	00103	(주)드림문구		500,000	
☐	12	00001	차변	110	받을어음	00103	(주)드림문구	08820250812123456789-보관	4,500,000	
☐	12	00001	대변	401	상품매출					5,000,000
			선택 전표 소계						5,000,000	5,000,000
			합 계						5,000,000	5,000,000

● 받을어음 관리 삭제(F5)

어음상태	1	보관	어음종류	6	전자	어음번호	08820250812123456789	수취구분	1	자수
발행인	00103	(주)드림문구		발행일		2025-08-12	만기일	2025-11-30	배서인	
지급은행	200	신한은행	지점	강서	할인기관		지점	할인율(%)		
지급거래처						* 수령된 어음을 타거래처에 지급하는 경우에 입력합니다.				

실습하기

전자어음 수취 전표입력 [대체전표]

전 자 어 음

(주)스마트문구 귀하   08820250813123456788

금   오백만원정   <u>5,000,000원</u>

위의 금액을 귀하 또는 귀하의 지시인에게 지급하겠습니다.

지급기일 2025년 10월 13일   발행일 2025년 8월 13일
지 급 지 신한은행   발행지 경기도 부천시 경인로 21
지급장소 강서지점   주 소
     발행인 (주)아트나라

자료설명	(주)아트나라에서 외상매출대금 5,000,000원을 전자어음으로 받았다.
수행과제	1. 거래자료를 입력하시오. 2. 자금관리정보를 입력하여 받을어음현황에 반영하시오.

실습하기 작업순서

① 2025년 8월 13일 분개를 한다.

(차) 110. 받을어음   5,000,000 / (대) 108. 외상매출금   5,000,000
     (00101. (주)아트나라)   (00101. (주)아트나라)

② 일반전표입력 메뉴를 열어 위 ①번의 분개를 대체전표 유형으로 입력한 후 [F3 자금관리]를 클릭하여 전자어음에 표시된 정보를 입력한다.

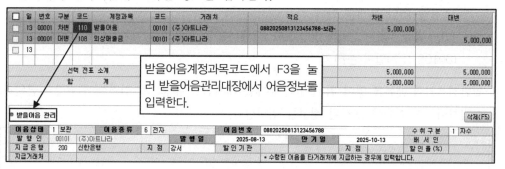

	일	번호	구분	코드	계정과목	코드	거래처	적요	차변	대변
	13	00001	차변	110	받을어음	00101	(주)아트나라	0882025081312345678-보관-	5,000,000	
	13	00001	대변	108	외상매출금	00101	(주)아트나라			5,000,000
	13									
				선택 전표 소계					5,000,000	5,000,000
				합 계					5,000,000	5,000,000

받을어음계정과목코드에서 F3을 눌러 받을어음관리대장에서 어음정보를 입력한다.

● 받을어음 관리   삭제(F5)

어음상태	1	보관	어음종류	6	전자	어음번호	0882025081312345678		수취구분	1	자수
발행인	00101	(주)아트나라		발행일	2025-08-13	만기일	2025-10-13	배서인		
지급은행	200	신한은행	지점	강서	할인기관		지점	할인율(%)		
지급거래처						* 수령된 어음을 타거래처에 지급하는 경우에 입력합니다.				

실습하기

약속어음 수취 전표입력 [대체전표]

약 속 어 음

(주)스마트문구 귀하   라마12341234

금 칠백삼십만원정   7,300,000원

위의 금액을 귀하 또는 귀하의 지시인에게 지급하겠습니다.

지급기일 2025년 10월 15일   발행일 2025년 8월 15일
지 급 지 신한은행   발행지 서울 양천구 신목로 46
지급장소 강서지점   주 소
                            발행인 (주)알파문구

자료설명	매출처 (주)알파문구에 상품 7,300,000원을 매출하고 대금은 동점발행 약속어음으로 받았다.
수행과제	1. 거래자료를 입력하시오. 2. 자금관리정보를 입력하여 받을어음현황에 반영하시오.

🖋 실습하기 작업순서

① 2025년 8월 15일 분개를 한다.

　(차) 110. 받을어음　　　7,300,000 / (대) 401. 상품매출　　　7,300,000
　　　(00102. (주)알파문구)

② 일반전표입력 메뉴를 열어 위 ①번의 분개를 대체전표 유형으로 입력한 후 [F3 자금관리]를 클릭하여 약속어음에 표시된 정보를 입력한다.

□	일	번호	구분	코드	계정과목	코드	거래처	적요	차변	대변
□	15	00001	차변	110	받을어음	00102	(주)알파문구	라마12341234-보관-[만기일자	7,300,000	
□	15	00001	대변	401	상품매출					7,300,000
□	15									
			선택 전표 소계						7,300,000	7,300,000
			합　계						7,300,000	7,300,000

● 받을어음 관리　　　　　　　　　　　　　　　　　　　　　　　　　　삭제(F5)

어음상태	1	보관	어음종류	1	약속(일반)		어음번호	라마12341234		수취구분	1	자수
발행인	00102	(주)알파문구		발행일		2025-08-15	만기일	2025-10-15		배서인		
지급은행	200	신한은행	지점	강서	할인기관			지점		할인율(%)		
지급거래처						* 수령된 어음을 타거래처에 지급하는 경우에 입력합니다.						

📙 실습하기

수취된 전자어음 만기결제 전표입력 [대체전표]

■ 당좌예금(국민은행) 거래내역

번호	거래일	내용	찾으신금액	맡기신금액	잔액	거래점
		계좌번호 804601-02-100265　(주)스마트문구				
1	2025-03-10	(주)드림문구		17,000,000	×××	×××

자료설명	2024년 10월 10일 수취한 (주)드림문구에서 발행한 전자어음이 만기가 되어 국민은행 당좌예금계좌로 입금받았다.
수행과제	1. 거래자료를 입력하시오. 2. 자금관리정보를 입력하여 받을어음현황에 반영하시오.

실습하기 작업순서

어음 만기결제 거래 전표입력

① 2025년 3월 10일 분개를 한다.

    (차) 102. 당좌예금　　　　17,000,000 / (대) 110. 받을어음　　　　17,000,000

      (98001. 국민은행)　　　　　　　　　　　　　(00103. (주)드림문구)

② 일반전표입력 메뉴를 열어 위 ①번의 분개를 대체전표 유형으로 입력한 후 [F3 자금관리]를 클릭하여 어음 정보를 관리한다.

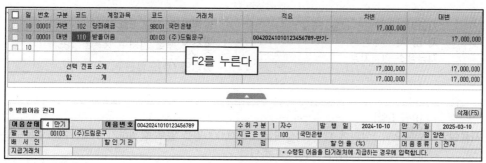

③ 어음번호에서 F2를 눌러 받을어음 어음번호 코드도움에서 해당어음을 선택한다.

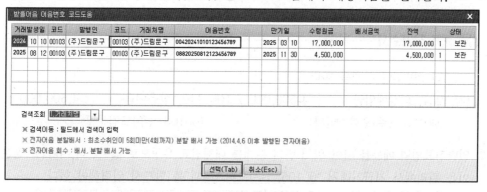

실습하기

수취된 전자어음 배서양도 전표입력 [대체전표]

전 자 어 음

(주)스마트문구 귀하   08820250812123456789

금 사백오십만원정   4,500,000원

위의 금액을 귀하 또는 귀하의 지시인에게 지급하겠습니다.

지급기일 2025년 11월 30일   **발행일** 2025년 8월 12일
지 급 지 신한은행   **발행지** 서울 강서구 등촌로 185
지급장소 강서지점   **주 소**
                                  발행인 (주)드림문구

자료설명	[9월 5일] (주)오피스알파에 대한 외상대금 4,500,000원을 일부 결제하기 위해 (주)드림문구로부터 받은 전자어음을 배서양도하였다.
수행과제	거래자료를 입력하시오.

실습하기 작업순서

① 2025년 9월 5일 분개를 한다.

(차) 251. 외상매입금   4,500,000 / (대) 110. 받을어음   4,500,000
(00105. (주)오피스알파)   (00103. (주)드림문구)

② 일반전표입력 메뉴를 열어 위 ①번의 분개를 대체전표 유형으로 입력한다. 유의할 점은 받을어음 관리에서 지급거래처 "00105. (주)오피스알파"를 반드시 입력해야 한다.

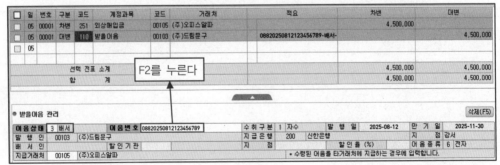

거래발생일	코드	발행인	코드	거래처명	어음번호	만기일	수령원금	배서금액	잔액	상태
2025 08 12	00103	(주)드림문구	00103	(주)드림문구	08820250812123456789	2025 11 30	4,500,000		4,500,000	1 보관

검색조회 1.거래처명 ▼

※ 검색이동 : 필드에서 검색어 입력
※ 전자어음 분할배서 : 최초수취인이 5회미만(4회까지) 분할 배서 가능 (2014.4.6 이후 발행된 전자어음)
※ 전자어음 회수 : 배서, 분할 배서 가능

선택(Tab) 취소(Esc)

실습하기

약속어음 할인 거래 전표입력 [대체전표]

■ 보통예금(신한은행) 거래내역

번호	거래일	내용	찾으신금액	맡기신금액	잔액	거래점
		계좌번호 342-56-12345 (주)스마트문구				
1	2025-09-15	(주)알파문구		7,200,000	×××	×××

자료설명	매출처 (주)알파문구로부터 받아 보관 중인 약속어음을 만기일 이전에 신한은행에서 할인하고, 할인료 100,000원을 차감한 잔액은 보통예금에 입금하였다. (단, 매각거래이며 할인율입력은 생략한다.)
수행과제	1. 거래자료를 입력하시오. 2. 자금관리정보를 입력하여 받을어음현황에 반영하시오.

실습하기 작업순서

① 2025년 9월 15일 분개를 한다.
   (차) 103. 보통예금   7,200,000 / (대) 110. 받을어음   7,300,000
      (98002. 신한은행)   (00102. (주)알파문구)
      936. 매출채권처분손실   100,000

② 일반전표입력 메뉴를 열어 위 ①번의 분개를 대체전표 유형으로 입력한 후 [F3 자금관리]를 클릭하여 어음 정보를 관리한다.

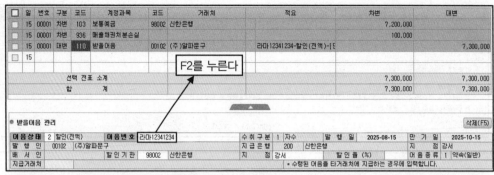

□	일	번호	구분	코드	계정과목	코드	거래처	적요	차변	대변
□	15	00001	차변	103	보통예금	98002	신한은행		7,200,000	
□	15	00001	차변	936	매출채권처분손실				100,000	
□	15	00001	대변	110	받을어음	00102	(주)알파문구	라마12341234-할인(전액)-[5		7,300,000
□	15									
				선택 전표 소계					7,300,000	7,300,000
				합 계					7,300,000	7,300,000

F2를 누른다

● 받을어음 관리 | 삭제(F5)

어음상태	2 할인(전액)	어음번호	라마12341234	수취구분	1 자수	발행일	2025-08-15	만기일	2025-10-15
발행인	00102	(주)알파문구		지급은행	200	신한은행		지점	강서
배서인		할인기관	98002	신한은행	지점	강서	할인율(%)	어음종류	1 약속(일반)
지급거래처						* 수령된 어음을 타거래처에 지급하는 경우에 입력합니다.			

받을어음 어음번호 코드도움 ✕

거래발생일	코드	발행인	코드	거래처명	어음번호	만기일	수령원금	배서금액	잔액	상태
2025 08 15			00102	(주)알파문구	라마12341234	2025 10 15	7,300,000		7,300,000	1 보관

검색조회 [전체조회] ▼ [   ]

※ 검색이동 : 필드에서 검색어 입력
※ 전자어음 분할배서 : 최초수취인이 5회미만(4회까지) 분할 배서 가능 (2014.4.6 이후 발행된 전자어음)
※ 전자어음 회수 : 배서, 분할 배서 가능

선택(Tab) 취소(Esc)

실습하기

지급어음 등록 및 발행 거래 전표입력 [대체전표]

약 속 어 음

(주)무지개 귀하   자가21332133

금 삼백오십만원정   3,500,000원

위의 금액을 귀하 또는 귀하의 지시인에게 지급하겠습니다.

지급기일 2025년 10월 16일   발행일 2025년 9월 16일
지 급 지 국민은행   발행지
지급장소 강서지점   주 소 서울 강서구 양천로 101
                          발행인 (주)스마트문구

자료설명	(주)무지개에서 판매용 문구를 3,500,000원에 구입하고 대금은 약속어음을 발행하였다.
수행과제	1. 거래자료를 입력하시오. 2. 어음등록 후 자금관리정보를 입력하여 받을어음현황에 반영하시오.

실습하기 작업순서

① 2025년 9월 16일 분개를 한다.

　(차) 146. 상품　3,500,000 / (대) 252. 지급어음　3,500,000
　　　　　　　　　　　　　　　　　　(00104. ㈜무지개)

② 일반전표입력 메뉴에서 상단에 있는 기능모음(F11) 중 어음등록(Ctrl + 4) 또는 [어음등록]
버튼을 클릭하여 약속어음을 먼저 등록한다.

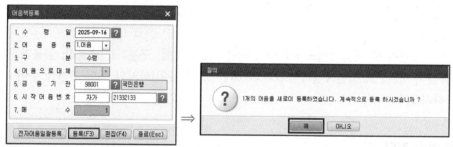

③ 일반전표입력 메뉴를 열어 위 ①번의 분개를 대체전표 유형으로 입력한 후 [F3 자금관리]를
클릭하여 어음 정보를 관리한다. 단, 반드시 만기일자는 확인하여 수정 입력한다.

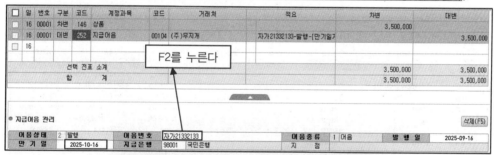

실습하기

NCS 수행준거에 맞춘 어음관련 제장부들을 조회하여 직무수행을 하시오.

1. 9월 16일의 금융/자금관리 중 일일자금명세(경리일보)에 대한 직무수행을 하시오.
2. 금융/자금관리 중 받을어음현황에서 [어음조회 탭, 조회구분: 1. 거래일, 조회기간: 2025년 1월 1일부터 2025년 9월 30일]에 대한 조회 조건을 주어 직무수행을 하시오.
3. 금융/자금관리 중 지급어음현황에서 [지급은행별 탭, 지급은행 98001.국민은행, 어음구분: 1. 전체, 만기일: 2025년 1월 1일부터 2025년 9월 30일]에 대한 조회 조건을 주어 직무수행을 하시오.
4. 금융/자금관리 중 어음집계표에서 [지급어음수불관리 탭, 구분: 1. 수불장, 금융기관 : 전체, 어음책 수령일: 2025년 1월 1일부터 2025년 12월 31일]까지의 조회 조건을 주어 직무수행을 하시오.

실습하기 정답

1. 금융/자금관리 ⇨ 일일자금명세(경리일보) 직무수행 결과 화면

일일자금명세(경리일보)   경리일보(F8) 기능모음(F11)

일 자 [2025]년 [09]월 [16]일 ? 자금항목 [0. 전체 ▼] 일일거래 구분 [0. 전체 ▼] < 09월16일 >

구분	계정과목	현금수입	차변대체	현금지출	대변대체	적요	거래처
일일거래	상 품		3,500,000				
	지 급 어 음				3,500,000	자가21332133-발행-[만기]	(주)무지개
계	전일현금:85,178,960		3,500,000		3,500,000	당일현금:85,178,960	
구분	은행	전일잔액	당일증가	당일감소	당일잔액	한도잔액	계좌번호
당좌예금	국민은행	84,300,000			84,300,000	84,300,000	804601-02-100265
계		84,300,000			84,300,000	84,300,000	
구분	은행	전일잔액	당일증가	당일감소	당일잔액	계좌개설점	계좌번호
보통예금	신한은행	67,438,900			67,438,900		342-56-12345
계		67,438,900			67,438,900		
<현금등가물>		236,917,860			236,917,860		
구분	거래처	전일잔액	당일증가	당일감소	당일잔액	어음번호	만기일
받을어음	(주)아트나라	5,000,000			5,000,000	08820250813123456788	2025-10-13
계		5,000,000			5,000,000		
구분	거래처	전일잔액	당일증가	당일감소	당일잔액	어음번호	만기일
지급어음	(주)아트나라	67,380,000			67,380,000	00420241115123456789	2025-02-15
	(주)무지개		3,500,000		3,500,000	자가21332133	2025-10-16
계		67,380,000	3,500,000		70,880,000		
<자금>		72,380,000	3,500,000		75,880,000		
구분	차입거래처	총상환액	당일상환액	당일잔액	총대출액	차입금번호	차입거래처계좌번호
단기차입금	초기미사용거래처				61,558,000	61,558,000	
계					61,558,000	61,558,000	
구분	차입거래처	총상환액	당일상환액	당일잔액	총대출액	차입금번호	차입거래처계좌번호

2. 금융/자금관리 ⇨ 받을어음현황 직무수행 결과 화면

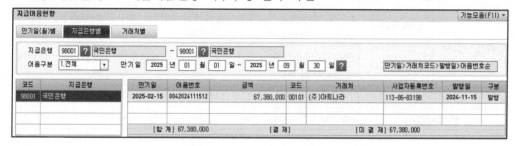

| 받을어음현황 | | | | | | | | | | 기능모음(F11) ▼ |

| 만기일(월)별 | 거래처별 | **어음조회** | 부분할인/분할배서조회 | | | | | | |

조회구분 0.전체 ▼ 1.거래일 ▼ 2025 년 01 월 01 일 ~ 2025 년 09 월 30 일 [?] 거래처 처음 [?] ~ 끝 [?]

만기일	어음번호	코드	거래처	원금	보유금액 (분할배서후금액)	미보유금액 (분할배서금액)	수취일	처리일	어음상태	수취구분	어음종류
2025-03-10	00420241010123456789	00103	(주)드림문구	17,000,000		17,000,000	2025-01-01	2025-03-10	만기	자수	전자
2025-10-13	08820250813123456788	00101	(주)아트나라	5,000,000	5,000,000		2025-08-13	2025-08-13	보관	자수	전자
2025-10-15	라마12341234	00102	(주)알파문구	7,300,000		7,300,000	2025-08-15	2025-09-15	할인	자수	약속(일반
2025-11-30	08820250812123456789	00103	(주)드림문구	4,500,000		4,500,000	2025-08-12	2025-09-05	배서양도	자수	전자
합계				33,800,000	5,000,000	28,800,000					

3. 금융/자금관리 ⇨ 지급어음현황 직무수행 결과 화면

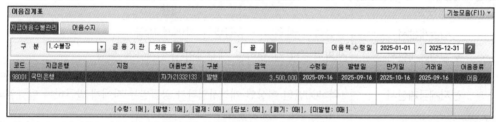

| 지급어음현황 | | | | | | | 기능모음(F11) ▼ |

| 만기일(월)별 | **지급은행별** | 거래처별 | | | | | |

지급은행 98001 [?] 국민은행 ~ 98001 [?] 국민은행
어음구분 1.전체 ▼ 만기일 2025 년 01 월 01 일 ~ 2025 년 09 월 30 일 [?]   만기일>거래처코드>발행일>어음번호순

코드	지급은행	만기일	어음번호	금액	코드	거래처	사업자등록번호	발행일	구분
98001	국민은행	2025-02-15	0042024111512	67,380,000	00101	(주)아트나라	113-86-83198	2024-11-15	발행
		[합계] 67,380,000		[결제]		[미결제] 67,380,000			

4. 금융/자금관리 ⇨ 어음집계표 직무수행 결과 화면

| 어음집계표 | | | | | | | | | 기능모음(F11) ▼ |

| 지급어음수불관리 | 어음수지 | | | | | | | | |

구 분 1.수불장 ▼ 금융기관 처음 [?] ~ 끝 [?]   어음책수령일 2025-01-01 ~ 2025-12-31 [?]

코드	지급은행	지점	어음번호	구분	금액	수령일	발행일	만기일	거래일	어음종류
98001	국민은행		자가21332133	발행	3,500,000	2025-09-16	2025-09-16	2025-10-16	2025-09-16	어음
		[수령: 1매], [발행: 1매], [결제: 00매], [담보: 00매], [폐기: 00매], [미발행: 00매]								

부가가치세신고
(전자세금계산서 발급 및 전송, 매입매출전표입력)

 01 세금계산서 발급·수취하기

1) 세금계산서의 정의 및 종류

세금계산서는 사업자가 재화 또는 용역을 공급할 때 부가가치세를 거래징수하고 이를 증명하기 위하여 공급받는 자에게 교부하는 세금영수증이다.

[사업자별 발행 증빙 서류]

구분		내용
과세사업자	일반과세자	(전자)세금계산서, 매입자발행세금계산서, 영수증(신용카드, 직불카드 포함 – 최종소비자 대상일 경우)
	간이과세자	영수증(신용카드, 직불카드 포함), 세금계산서(직전연도 공급대가 4,800만원 이상)
세관장		수입세금계산서, 수입계산서
면세사업자		계산서, 영수증(신용카드, 직불카드 포함 – 최종소비자 대상일 경우)

[세금계산서의 종류]

구분	내용
세금계산서	공급하는 사업자가 공급받는 자에게 발급
수입세금계산서	재화의 수입에 대하여 세관장이 수입자에게 발급
전자세금계산서	법인사업자와 직전연도의 사업장별 재화 및 용역 공급가액 합계액이 1억 400만원 이상인 개인사업자가 공급받는 자에게 발급하며 발급일의 다음날까지 국세청에 전송
매입자발행세금계산서	공급하는 사업자가 세금계산서를 발급하지 않는 경우 공급받는 자가 거래일로부터 3개월 이내에 관할세무서장에게 거래사실(거래건당 공급대가 10만원 이상) 확인을 받아 발급

2) 세금계산서 발급 및 발급시기

① 세금계산서의 발급의무자는 납세의무자로 등록한 사업자이다. 부가가치세법상 사업자가 아닌 면세사업자는 소득세법 또는 법인세법상의 의무자이므로 부가가치세 납세의무가 없어 세금계산서를 발급할 수 없다.

② 재화 또는 용역 공급시기 전에 세금계산서를 발급한 경우

원칙은 세금계산서 발급일로부터 7일 이내이며, 부득이하게 7일을 경과한 경우에는 거래 당사자 간의 계약서에 대금청구시기와 지급시기가 별도로 기재되어야 하며 대금청구시기와 지급시기가 30일 이상 차이가 나지 않을 때 정당한 세금계산서로 인정된다.

③ 재화 또는 용역 공급시기 후에 세금계산서를 발급한 경우

　㉠ 월합계액으로 세금계산서를 발행한 경우 : 작성연월일은 말일자 또는 종료일자로 작성하여 발급은 다음 달 10일까지이며, 국세청 전송은 발급일로부터 1일 이내이다.

　㉡ 거래사실이 확인되는 경우 : 작성연월일은 거래일자로 작성하고 발급은 다음 달 10일까지이며, 국세청 전송은 발급일로부터 1일 이내이다.

02 매입매출전표

매입매출전표는 부가가치세와 관련이 있는 전표로서 부가가치세신고서, 매출처별 또는 매입처별세금계산서합계표, 매입매출장, 계산서합계표 등에 자동 반영된다. 매입매출전표입력 메뉴의 상단 부분은 부가가치세와 관련된 공급가액과 부가가치세를 입력하며, 하단 부분은 일반전표의 분개내역을 입력한다.

[매입매출전표입력 메뉴 설명]

1. 월 : 해당 거래의 달을 나타내는 것으로 2자리를 입력하거나 월의 드롭단추를 클릭하여 해당 월을 선택할 수 있다.
2. 일 : 해당 일자 두 자리수를 입력한다.
3. 유형 : 매입매출자료를 입력하기 위해서는 유형 코드가 중요하다. 유형은 "매출"과 "매입"으로 나뉘며, 유형 코드에 따라 부가가치세신고서의 각 해당 항목에 자동 집계된다.

▶ 매출에 대한 유형 선택표　　※ FAT 1급 시험에서는 11, 13, 17번만 출제된다.

코드	유형	입력내용	반영되는 서식
11	과세매출	매출세금계산서(부가가치세 10%) (차) 현금　　　　　　　　××× (대) 제품매출　　　　　　××× 　　부가세예수금　　　　×××	매출처별세금계산서합계표, 매입매출장, 부가가치세신고서 등
13	면세매출	부가세면세사업자가 발행하는 계산서 (차) 현금　　　　　　　　××× (대) 제품매출　　　　　　××× 단, 부가세가 면제되므로 부가세예수금은 없다.	매출처별계산서합계표, 매입매출장, 부가세신고서
17	카드매출과세	신용카드매출전표 발행분(과세) (차) 미수금 또는 외상매출금　××× (대) 제품매출　　　　　　××× 　　부가세예수금　　　　××× 단, 미수금 또는 외상매출금에 카드거래처를 반영한다.	매입매출장, 신용카드매출전표발행집계표, 부가세신고서의 과세매출의 신용카드·현금영수증란

上 단의 PART 02 실무편

▶ 매입에 대한 유형 선택표   ※ FAT 1급 시험에서는 51, 53, 54, 57번만 출제된다.

코드	유형	입력자료	반영되는 서식
51	과세	매입세금계산서(부가가치세 10%) (차) 원재료 ××× 부가세대급금 ××× (대) 현금 ×××	매입매출장, 부가세신고서의 일반매입란과 고정자산매입란, 매입처별세금계산합계표
53	면세	부가세면세사업가가 발행하는 계산서 (차) 원재료 ××× (대) 현금 ××× 단, 부가세가 면세이므로 부가세는 없다.	매입매출장, 매입처별계산서합계표
54	불공	매입세액불공제분 세금계산서(부가가치세 10%)를 교부받은 경우 (차) 접대비(기업업무추진비) ××× (대) 현금 ××× 단, 부가세가 공제되지 않으므로 부가세는 공급가액과 합산하여 표시한다.	매입매출장, 매입처별세금계산서합계표, 부가세신고서 매입세액불공제 및 불공제 근거
57	카과	매입세액공제가 가능한 신용카드 매출발행전표(공급가액 세액을 구분 기재하고 이면확인분) (차) 원재료 ××× 부가세대급금 ××× (대) 미지급금 또는 외상매입금 ×××	매입매출장, 신용카드매출전표 등 수령금액 합계표(갑), 부가가치세신고서의 그 밖의 공제매입세액란

4. **품명** : 해당 품명을 입력한다. 단, 품명이 2개 이상일 경우에는 화면 상단의 복수거래 버튼을 클릭하여 입력해야 한다.

품명	수량	단가	공급가액	부가세	비고

품명편집(F3)   품명도움(F2) 삭제(F5) 확인(Tab) 취소(Esc)

5. **수량** : 수량을 입력한다.
6. **단가** : 단가를 입력한다.
7. **공급가액** : 수량과 단가를 입력하면 공급가액과 부가가치세가 자동으로 반영된다. 수정할 경우에는 직접 하면 된다.

8. **부가가치세** : 수량과 단가를 입력하면 자동으로 나타나며, 공급가액을 입력하면 나타난다. 단, 영세, 면세, 수출 등이 입력되면 나타나지 않는다.

9. **거래처** : 해당 매출처 및 매입처를 입력한다. F2 키를 이용하면 거래처 보조화면이 나타나고 거래처를 선택하여 Enter키를 입력하면 사업·주민등록번호까지 자동으로 반영된다. 또한 신규거래처를 등록할 때는 일반전표에서 설명하였듯이 거래처코드에 "+"를 입력한 후 "00000"이 나타나면 거래처명에 "신규거래처명"을 입력하여 등록하면 된다.

10. **전자세금**

구분	내용
입력안함(0번)	전자세금계산서가 아닌 경우 또는 더존 Bill36524로 발행하는 경우에 선택한다.
전자입력(1번)	더존 Bill36524가 아닌 타기관발행 전자세금계산서일 경우로서 [1. 전자입력]을 입력하며 이 기능은 세금계산서합계표에 전자세금계산서 발급분으로 조회되도록 하기 위한 것이다.
전자발행	더존 Bill36524에 의해 [전자세금계산서 발행 및 내역관리] 메뉴에서 전자세금계산서를 발급하고 국세청에 전송이 성공되면 자동으로 나타난다.

11. **분개** : 해당 거래에 대한 분개유형을 선택한다. 선택하면 해당 거래 유형에 따라 자동분개를 할 수 있다.

구분	내용
현금(1번)	전액 현금거래일 경우에 사용한다.
외상(2번)	전액 외상매출금과 외상매입금 계정으로 분개할 경우 사용한다.
혼합(3번)	전액현금과 전액외상 이외의 거래를 처리하는 것으로서 직접분개를 입력할 경우에 사용한다.
카드(4번)	신용카드에 의한 매출이나 매입일 경우 사용한다.
분개없음(0번)	매입매출전표 상단만 입력하고 하단 일반전표 입력은 하지 않을 경우 사용한다.

◢03 전자세금계산서 발행 및 내역관리

국세청에 전자세금계산서를 발급 및 전송하는 메뉴이다.

전자세금계산서의 발행은 국세청 시스템을 이용하여 발행하는 방법과 시스템사업자를 이용하여 발행하는 방법이 있는데, 더존 Smart A(더존 iPLUS) 실무교육용 프로그램은 더존 Bill36524 교육용 전자세금계산서에 의해 발행할 수 있다.

[재무회계] 메뉴 중 [매입매출전표입력]을 실행한 후 입력한 매입매출전표 데이터를 이용하여 전자세금계산서를 발행할 수 있다.

1) 전자세금계산서를 발행하는 2가지 방법

① 더존 Bill36524로 전자세금계산서를 발행한 후 국세청에 전송하는 방법이 있다.

> [매입매출전표 입력] ⇒ [전자세금계산서 발행 및 내역관리] ⇒ [매입매출전표 입력에서 "전자발행" 확인] 후 종료

② 더존 Bill36524가 아닌 다른 기관에서 이미 발행된 전자세금계산서는 [매입매출전표 입력] 메뉴 중 [전자세금]란에 "1. 전자입력"을 입력하는 방법이 있다.

2) 전자세금계산서 발행 및 내역관리 화면 구성요소 설명

① **전자발행** : 전자세금계산서 발행, 미리보기를 할 수 있다.

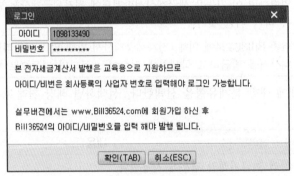

② **ACADEMY 전자세금계산서** : [전자발행]을 한 후 사용하는 메뉴로서 Bill36524 교육용 전자세금계산서 화면이 나타나며 국세청 e세로 시스템에 전자세금계산서로 발급된 내역을 전송하기 위한 가상서버이다.

③ **발행취소** : 전자발행된 전자세금계산서의 발행을 취소할 때 사용한다.

④ 기능모음 : 이메일등록에서 한 거래처의 담당자가 여러 명인 경우 이메일을 추가로 등록할 수 있고 거래처수정에서 거래처의 내용을 수정할 수 있다.

실습하기

거래명세서에 의한 전자세금계산서 발급 및 전송

거래명세서
(공급자 보관용)

공급자	등록번호	109-81-33490			공급받는자	등록번호	215-81-73652		
	상호	(주)스마트문구	성명	공도윤		상호	(주)알파문구	성명	이다온
	사업장 주소	서울 강서구 양천로 101 (방화동)				사업장 주소	서울 양천구 신목로 46		
	업태	도매 및 소매업	종사업장번호			업태	도매	종사업장번호	
	종목	문구용품외				종목	문구		

거래일자	미수금액	공급가액	세액	총 합계금액
2025.10.2.		4,000,000	400,000	4,400,000

NO	월	일	품목명	규격	수량	단가	공급가액	세액	합계
1	10	2	문구		100	40,000	4,000,000	400,000	4,400,000

자료설명	상품을 판매하고 전자세금계산서를 발급 및 전송하였으며 대금은 당월 말일에 받기로 하였다.
수행과제	1. 거래명세서에 의해 매입매출자료를 입력하시오. 2. 전자세금계산서 발행 및 내역관리 를 통하여 발급 및 전송하시오. (단, 전자세금계산서 발급 시 결제내역 및 전송일자는 고려하지 말 것)

실습하기 작업순서

① 10월 2일 매입매출전표를 입력한다. 수량과 단가를 입력하면 공급가액과 부가세는 자동으로 반영되며, [전자세금]란은 빈칸으로 비워둔다.

거래유형	품명	수량	단가	공급가액	부가세	거래처	전자세금
11.과세	문구	100	40,000	4,000,000	400,000	00102.(주)알파문구	
분개유형	(차) 108.외상매출금			4,400,000	(대) 401.상품매출		4,000,000
2.외상					255.부가세예수금		400,000

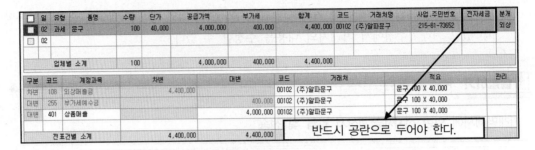

② [부가가치세 Ⅱ] ⇒ [전자세금계산서 발행 및 내역관리]에서 [조회기간 : 2025년 10월 2일 ~ 2025년 10월 2일, 거래처 : 00102. (주)알파문구, 상태 : 0.전체]를 입력하고 조회를 한 후 국세청 앞 체크박스에 체크, 하단 외상란에 4,400,000원을 입력한다.

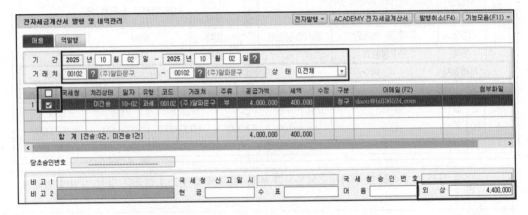

③ [전자세금계산서 발행 및 내역관리] 상단에 있는 [전자발행]버튼을 클릭하여 "확인"을 누른다.

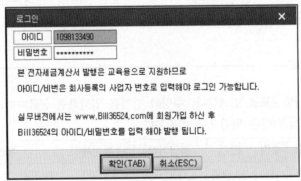

④ 전자(세금)계산서 발행 화면 하단에서 "발행(F3)"을 클릭한 후 안내 화면에서 확인을 누른다.

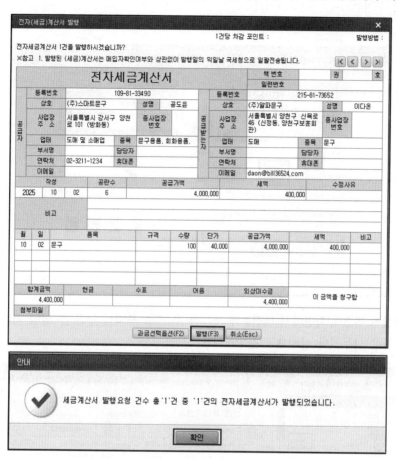

⑤ 상단에 있는 [ACADEMY 전자세금계산서]를 클릭하고 [로그인]을 클릭한다.

⑥ [세금계산서 리스트]화면에서 미전송에 체크한 후 매출 조회를 누른 후 발행 버튼을 클릭한다.
 (발행버튼은 아무거나 클릭해도 무방하다.)

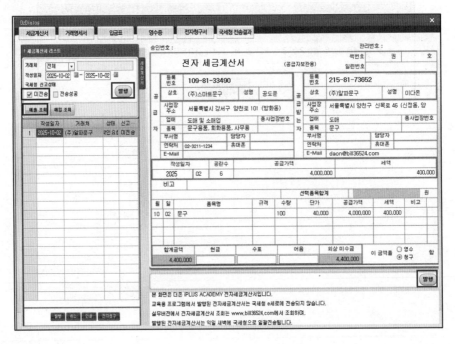

⑦ 안내메세지에서 확인을 클릭한다.

⑧ 매입매출전표입력 메뉴에서 조회를 하면 전자세금란이 전자발행으로 되어 있는 것을 확인할 수 있다.

	일	유형	품명	수량	단가	공급가액	부가세	합계	코드	거래처명	사업.주민번호	전자세금	분개
☐	02	과세	문구	100	40,000	4,000,000	400,000	4,400,000	00102	(주)알파문구	215-81-73852	전자발행	외상
☐	02												

실습하기

과세매출 자료의 전자세금계산서 발행 직무수행

거래명세서 (공급자 보관용)

	등록번호	109-81-33490				등록번호	113-82-03615		
공급자	상호	(주)스마트문구	성명	공도윤	공급받는자	상호	(주)오피스알파	성명	윤민하
	사업장주소	서울 강서구 양천로 101 (방화동)				사업장주소	서울시 송파구 양산로 5		
	업태	도매 및 소매업	종사업장번호			업태	도매	종사업장번호	
	종목	문구용품				종목	문구		

거래일자	미수금액	공급가액	세액	총 합계금액
2025.11.21.		6,000,000	600,000	6,600,000

NO	월	일	품목명	규격	수량	단가	공급가액	세액	합계
1	11	21	문구세트 A		20	220,000	4,400,000	440,000	4,840,000
2	11	21	문구세트 B		10	160,000	1,600,000	160,000	1,760,000

■ 보통예금(신한은행) 거래내역

번호	거래일	내용	찾으신금액	맡기신금액	잔액	거래점
		계좌번호 345-56-12345 (주)스마트문구				
1	2025-11-21	(주)오피스알파		4,600,000	×××	×××

자료설명	1. 상품을 공급하고 전자세금계산서를 발급 및 전송하였다. 2. 대금 중 2,000,000원은 자기앞수표로 받고 잔액은 신한은행 보통예금계좌로 입금받았다.
수행과제	1. 거래명세서에 의해 매입매출자료를 입력하시오. (단, 복수거래키를 이용하여 입력할 것) 2. **전자세금계산서 발행 및 내역관리** 를 통하여 발급 및 전송하시오. (단, 전자세금계산서 발급 시 결제내역 및 전송일자는 고려하지 말 것)

실습하기 작업순서

① 11월 21일 매입매출전표를 입력한다. 수량과 단가는 상단에 있는 복수거래 버튼을 클릭하여 입력하면 공급가액과 부가세는 자동으로 반영되며, [전자세금]란은 빈칸으로 비워둔다.

거래유형	품명	공급가액	부가세	거래처	전자세금
11.과세	문구세트A외	6,000,000	600,000	00105.(주)오피스알파	

분개유형	(차)	101.현금	2,000,000	(대)	401.상품매출	6,000,000
3.혼합		103.보통예금 (98002.신한은행)	4,600,000		255.부가세예수금	600,000

□	일	유형	품명	수량	단가	공급가액	부가세	합계	코드	거래처명	사업.주민번호	전자세금	분개
□	21	과세	문구세트 A외			6,000,000	600,000	6,600,000	00105	(주)오피스알파	113-82-03615		혼합
□	21												
		업체별 소계				6,000,000	600,000	6,600,000					

구분	코드	계정과목	차변	대변	코드	거래처	적요	관리
대변	255	부가세예수금		600,000	00105	(주)오피스알파	문구세트 A외	
대변	401	상품매출		6,000,000	00105	(주)오피스알파	문구세트 A외	
차변	101	현금	2,000,000		00105	(주)오피스알파	문구세트 A외	
차변	103	보통예금	4,600,000		98002	신한은행	문구세트 A외	
		전표건별 소계	6,600,000	6,600,000				

② [부가가치세 Ⅱ] ⇒ [전자세금계산서 발행 및 내역관리]에서 [조회기간 : 2025년 11월 21일 ~ 2025년 11월 21일, 거래처 : 00105. (주)오피스알파, 상태 : 0.전체]를 입력하고 조회를 한 후 국세청 앞에 있는 체크박스에 체크, 하단 현금란에 6,600,000원을 입력한다.

③ [전자세금계산서 발행 및 내역관리] 상단에 있는 [전자발행]버튼을 클릭하여 "확인"을 누른다.

④ 전자(세금)계산서 발행 화면 하단에서 "발행(F3)"을 클릭한 후 안내 화면에서 확인을 누른다.

⑤ 상단에 있는 [ACADEMY 전자세금계산서]를 클릭하고 [로그인]을 클릭한다.

⑥ [세금계산서 리스트] 화면에서 미전송에 체크한 후 매출조회를 누르고 발행버튼을 클릭한다. (발행버튼은 아무거나 클릭해도 무방하다.)

⑦ 안내메세지에서 확인을 클릭한다.

⑧ 상단에 있는 [국세청 전송결과]탭을 클릭하여 [매출조회]를 클릭하면, 국세청신고상태가 [전송성공]으로 되어 있는 것을 확인할 수 있다.

⑨ 매입매출전표입력 메뉴에서 조회를 하면 전자세금란이 전자발행으로 되어 있는 것을 확인할 수 있다.

[과세매출 자료 전자세금계산서 발행 직무수행 결과 화면]

	일	유형	품명	수량	단가	공급가액	부가세	합계	코드	거래처명	사업.주민번호	전자세금	분개
☐	21	과세	문구세트 A외			6,000,000	600,000	6,600,000	00105	(주)오피스알파	113-82-03615	전자발행	혼합
☐	21												
		업체별 소계				6,000,000	600,000	6,600,000					

구분	코드	계정과목	차변	대변	코드	거래처	적요	관리
대변	255	부가세예수금		600,000	00105	(주)오피스알파	문구세트 A외	
대변	401	상품매출		6,000,000	00105	(주)오피스알파	문구세트 A외	
차변	101	현금	2,000,000		00105	(주)오피스알파	문구세트 A외	
차변	103	보통예금	4,600,000		98002	신한은행	문구세트 A외	
		전표건별 소계	6,600,000	6,600,000				

알아두기

전자발행된 전자세금계산서 취소하는 방법

더존 Bill36524 프로그램으로 전자발행을 하여 전송성공된 전자세금계산서를 취소할 경우에는 [전자세금계산서 발행 및 내역관리]메뉴를 이용한다.

① [전자세금계산서 발행 및 내역관리]메뉴의 [매출]탭에서 조회기간과 거래처를 입력하면 내용이 표시된다.

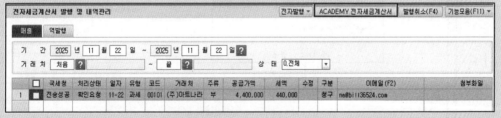

② 전송성공 앞 체크박스에 체크를 하고 상단부의 [ACADEMY 전자세금계산서]를 클릭한 후 Bill36524 화면에서 로그인 버튼을 클릭한다.

③ 세금계산리스트에서 [매출조회]버튼을 선택한 후 화면 왼쪽 하단에 있는 [취소]를 클릭하고
[예]를 클릭하면 취소완료 메시지가 뜬다.

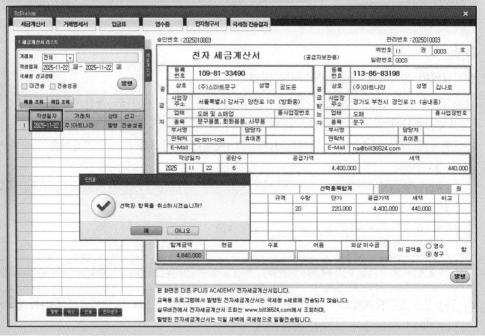

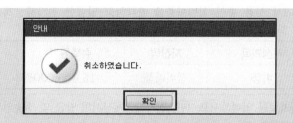

④ [전자세금계산서 발행 및 내역관리]메뉴에서 화면의 상단에 있는 [조회]버튼을 클릭하면 처리
상태가 [취소]로 변경된 것을 확인할 수 있다.

실습하기

과세매출자료 직무수행

전자세금계산서		(공급자 보관용)			승인번호		

공급자	등록번호	109-81-33490			공급받는자	등록번호	621-81-37773	
	상호	(주)스마트문구	성명	공도윤		상호	(주)한진기계	성명(대표자)	노창환
	사업장 주소	서울 강서구 양천로 101 (방화동)				사업장 주소	경기 광명시 시청로 20		
	업태	도매 및 소매업	종사업장번호			업태	제조외	종사업장번호	
	종목	문구용품외				종목	사무기계 외		
	E-Mail	gdy@bill36524.com				E-Mail	hj@bill36524.com		

작성일자	2025.12.01.	공급가액	14,000,000	세액	1,400,000
비고					

월	일	품목명	규격	수량	단가	공급가액	세액	비고
12	1	설비비품				14,000,000	1,400,000	

합계금액	현금	수표	어음	외상미수금	이 금액을	● 영수 함
15,400,000	15,400,000					○ 청구

자료설명	1. 매장에서 사용 중인 설비비품을 매각하고 발급한 전자세금계산서이다. 2. 매각 직전의 장부상 내역은 다음과 같다.

계정과목	자산명	취득원가	감가상각누계액
비품	설비비품	15,000,000원	1,500,000원

수행과제	매입매출자료를 입력하시오. (단, 전자세금계산서의 발급 및 전송업무는 생략하고 '전자입력'으로 입력할 것)

✏️ 실습하기 작업순서

① 매입매출전표입력 화면에서 12월 1일자로 입력한다.

거래유형	품명	공급가액	부가세	거래처	전자세금
11.과세	설비비품	14,000,000	1,400,000	00107.(주)한진기계	전자입력
분개유형 3.혼합	(차) 101.현금 213.감가상각누계액	15,400,000 1,500,000	(대) 212.비품 255.부가세예수금 914.유형자산처분이익	15,000,000 1,400,000 500,000	

② 직무수행 결과화면은 다음과 같다.

□	일	유형	품명	수량	단가	공급가액	부가세	합계	코드	거래처명	사업.주민번호	전자세금	분개
□	01	과세	설비비품			14,000,000	1,400,000	15,400,000	00107	(주)한진기계	621-81-37773	전자입력	혼합
□	01												
		업체별 소계				14,000,000	1,400,000	15,400,000					

구분	코드	계정과목	차변	대변	코드	거래처	적요	관리
대변	255	부가세예수금		1,400,000	00107	(주)한진기계	설비비품	
대변	212	비품		15,000,000	00107	(주)한진기계	설비비품	
차변	213	감가상각누계액	1,500,000		00107	(주)한진기계	설비비품	
차변	101	현금	15,400,000		00107	(주)한진기계	설비비품	
대변	914	유형자산처분이익		500,000	00107	(주)한진기계	설비비품	
		전표건별 소계	16,900,000	16,900,000				

실습하기

면세매출자료 직무수행

전자계산서			(공급자 보관용)			승인번호		
공급자	등록번호	109-81-33490			**공급받는자**	등록번호	113-86-83198	
	상호	(주)스마트문구	성 명(대표자)	공도윤		상호	(주)아트나라	성 명(대표자) 김나로
	사업장주소	서울 강서구 양천로 101 (방화동)				사업장주소	경기도 부천시 경인로 21	
	업태	도매 및 소매업	종사업장번호			업태	도매	종사업장번호
	종목	문구용품외				종목	문구	
	E-Mail	gdy@bill36524.com				E-Mail	na@bill36524.com	
작성일자		2025. 12. 03.		공급가액			150,000,000	

월	일	품목명	규격	수량	단가	공급가액	비고
12	03	오피스 월간지				150,000,000	

합계금액	현금	수표	어음	외상미수금	이 금액을	
150,000,000		150,000,000			●영수 ○청구	함

자료설명	(주)스마트문구는 판매용 월간지를 발간하여 (주)아트나라에 납품하였다. (단, 본 거래에 한해서 당사는 과세사업과 면세사업을 겸영한다고 가정함)
수행과제	1. 매입매출자료를 입력하시오. 2. 월간지 판매수익은 상품매출로 회계처리하고 전자계산서 거래는 '전자입력'으로 입력할 것

실습하기 작업순서

① 매입매출전표입력 화면에서 12월 3일자로 입력한다.

거래유형	품명	공급가액	부가세	거래처	전자세금
13.면세	오피스월간지	150,000,000		00101.(주)아트나라	전자입력
분개유형	(차) 101.현금	150,000,000	(대) 401.상품매출		150,000,000
1.현금					

② 직무수행 결과화면은 다음과 같다.

□	일	유형	품명	수량	단가	공급가액	부가세	합계	코드	거래처명	사업.주민번호	전자세금	분개
■	03	면세	오피스월간지			150,000,000		150,000,000	00101	(주)아트나라	113-86-83198	전자발행	현금
□	03												
		업체별 소계				150,000,000		150,000,000					

구분	코드	계정과목	차변	대변	코드	거래처	적요	관리
입금	401	상품매출	현금	150,000,000	00101	(주)아트나라	오피스월간지	
		전표건별 소계	150,000,000	150,000,000				

실습하기

카드과세매출자료 직무수행

자료설명	(주)아트나라에 상품을 판매하고 신용카드매출전표를 발급하였다.
수행과제	매입매출자료를 입력하시오.

✎ **실습하기 작업순서** ─────────────────────────────

① 매입매출전표입력 화면에서 12월 5일자로 입력한다.

거래유형	품명	공급가액	부가세	거래처	전자세금
17.카과	사무용금고	488,000	48,800	00101.(주)아트나라	

분개유형						
4.카드	(차)	108.외상매출금	536,800	(대)	401.상품매출	488,000
		(99602.우리카드사)			255.부가세예수금	48,800

② 직무수행 결과화면은 다음과 같다. 거래유형에서 17.카과를 선택한 후 신용카드사 화면에서
우리카드사를 선택하고 확인을 클릭한다.

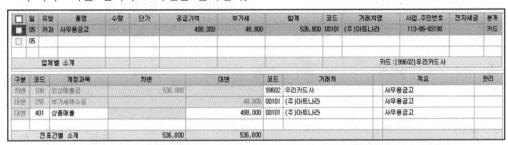

실습하기

과세매입자료 직무수행

전자세금계산서						(공급받는자 보관용)			승인번호			

공급자	등록번호	215-81-73652			공급받는자	등록번호	109-81-33490	
	상호	(주)알파문구	성명 (대표자)	이다온		상호	(주)스마트문구	성명 (대표자)	공도윤
	사업장 주소	서울 양천구 신목로 46				사업장 주소	서울 강서구 양천로 101 (방화동)	
	업태	도매		종사업장번호		업태	도매 및 소매업	종사업장번호
	종목	문구				종목	문구용품 외	
	E-Mail	daon@bill36524.com				E-Mail	gdy@bill36524.com	

작성일자	2025.12.15.	공급가액	3,400,000	세액	340,000
비고					

월	일	품목명	규격	수량	단가	공급가액	세액	비고
12	15	사무집기				3,400,000	340,000	

합계금액	현금	수표	어음	외상미수금	이 금액을	○ 영수	함
3,740,000	740,000			3,000,000		● 청구	

자료설명	(주)알파문구에서 영업부 사무실에서 사용할 업무용 사무집기를 구입하고 전자세금계산서를 발급받았다.
수행과제	매입매출자료를 입력하시오. (단, 전자세금계산서는 '전자입력'으로 입력할 것)

실습하기 작업순서

① 매입매출전표입력 화면에서 12월 15일자로 입력한다.

거래유형	품명	공급가액	부가세	거래처	전자세금
51.과세	사무집기	3,400,000	340,000	00102.(주)알파문구	전자입력
분개유형	(차) 212.비품		3,400,000	(대) 101.현금	740,000
3.혼합	135.부가세대급금		340,000	253.미지급금	3,000,000

② 직무수행 결과화면은 다음과 같다.

□	일	유형	품명	수량	단가	공급가액	부가세	합계	코드	거래처명	사업.주민번호	전자세금	분개
■	15	과세	사무집기			3,400,000	340,000	3,740,000	00102	(주)알파문구	215-81-73652	전자입력	혼합
□	15												
		업체별 소계				3,400,000	340,000	3,740,000					

구분	코드	계정과목	차변	대변	코드	거래처	적요	관리
차변	135	부가세대급금	340,000		00102	(주)알파문구	사무집기	
차변	212	비품	3,400,000		00102	(주)알파문구	사무집기	
대변	101	현금		740,000	00102	(주)알파문구	사무집기	
대변	253	미지급금		3,000,000	00102	(주)알파문구	사무집기	
		전표건별 소계	3,740,000	3,740,000				

실습하기

면세매입자료 직무수행

전자계산서			(공급받는자 보관용)		승인번호			

공급자	등록번호	119-92-10506			공급받는자	등록번호	109-81-33490		
	상호	구로농협	성명(대표자)	이희수		상호	(주)스마트문구	성명(대표자)	공도윤
	사업장주소	서울 구로구 구로중앙로28길 49 (구로동)				사업장주소	서울 강서구 양천로 101 (방화동)		
	업태	도소매업	종목	농수산물		업태	도매 및 소매업	종목	문구용품
	E-Mail	guro@bill36524.com				종목	gdy@bill36524.com		

작성일자	2025.12.23.	공급가액	1,890,000	비고	

월	일	품목명	규격	수량	단가	공급가액	비고
12	23	맛있는 사과	박스	40	47,250	1,890,000	

합계금액	현금	수표	어음	외상미수금	이 금액을	● 영수 / ○ 청구	함
1,890,000	1,890,000						

자료설명	성탄절을 맞아 불우이웃들에게 제공할 과일을 구로농협에서 현금으로 구입하였다. 구입한 과일은 구로구청에 기부하고 기부금 영수증을 발급받았다.
수행과제	매입매출자료를 입력하시오. (단, 신규거래처는 00202번으로 등록하고, 전자계산서 거래는 '전자입력'으로 입력할 것)

✏️ **실습하기 작업순서**

① 매입매출전표입력 화면에서 12월 23일자로 입력한다. 신규거래처 00202.구로농협은 거래처 코드에서 "+"키를 눌러 [수정]한 후 거래처자료를 입력하여 등록한다.

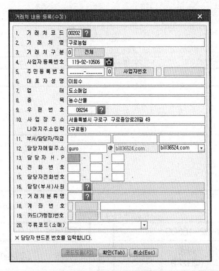

거래유형	품명	공급가액	부가세	거래처	전자세금
53.면세	맛있는 사과	1,890,000		00202.구로농협	전자입력
분개유형	(차) 933.기부금		1,890,000	(대) 101.현금	1,890,000
1.현금					

② 직무수행 결과화면은 다음과 같다.

PART
02

 실습하기

매입불공자료 직무수행

전자세금계산서					(공급받는자 보관용)		승인번호			

공급자	등록번호	117-13-70764			공급받는자	등록번호	109-81-33490			
	상호	성실부동산	성 명 (대표자)	김성실		상호	(주)스마트문구	성 명 (대표자)	공도윤	
	사업장 주소	경기도 하남시 대청로 10				사업장 주소	서울 강서구 양천로 101 (방화동)			
	업태	부동산업	종사업장번호			업태	도매 및 상품중개업	종사업장번호		
	종목	부동산중개				종목	사무용기기외			
	E-Mail	sil@bill36524.com				E-Mail	hangang@bill36524.com			

작성일자	2025.12.26.	공급가액	1,800,000	세액	180,000
비고					

월	일	품목명	규격	수량	단가	공급가액	세액	비고
12	26	수수료				1,800,000	180,000	

합계금액	현금	수표	어음	외상미수금	이 금액을	◉ 영수 ○ 청구	함
1,980,000	1,980,000						

자료설명	회사를 확장하기 위하여 토지를 구입하고 취득수수료를 성실부동산에 지급하고 전자세금계산서를 발급받았다.
수행과제	매입매출자료를 입력하시오. (단, 전자세금계산서 거래는 '전자입력'으로 입력할 것)

✎ **실습하기 작업순서**

① 매입매출전표입력 화면에서 12월 26일자로 입력한다. 토지를 구입하기 위하여 취득수수료를 지급한 것은 토지의 취득원가에 포함하여야 한다. 토지의 자본적 지출에 관한 매입세액은 부가가치세법상 매입세액 불공제사유이다.

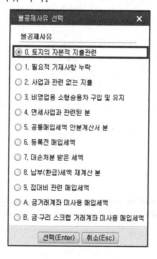

거래유형	품명	공급가액	부가세	거래처	전자세금
54.불공	수수료	1,800,000	180,000	00109.성실부동산	전자입력
불공제사유 : 0.토지의 자본적 지출관련					

분개유형					
1.현금	(차) 201.토지	1,980,000	(대) 101.현금		1,980,000

② 직무수행 결과화면은 다음과 같다.

일	유형	품명	수량	단가	공급가액	부가세	합계	코드	거래처명	사업.주민번호	전자세금	분개
26	불공	수수료			1,800,000	180,000	1,980,000	00109	성실부동산	117-13-70764	전자입력	현금
26												
	업체별 소계				1,800,000	180,000	1,980,000					

구분	코드	계정과목	차변	대변	코드	거래처	적요	관리
출금	201	토지	1,980,000	현금	00109	성실부동산	수수료	
		전표건별 소계	1,980,000	1,980,000				

실습하기

카드과세매입자료 직무수행

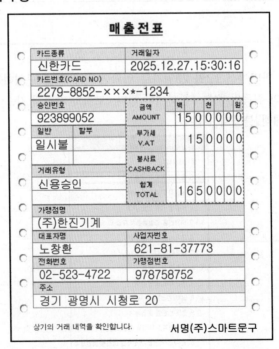

매출전표

카드종류	거래일자
신한카드	2025.12.27.15:30:16

카드번호(CARD NO)
2279-8852-×××*-1234

승인번호	금액 AMOUNT	백	천	원
923899052		1 5 0 0 0 0 0		

일반	할부	부가세 V.AT			
일시불		1 5 0 0 0 0			

		봉사료 CASHBACK	

거래유형	합계 TOTAL		
신용승인	1 6 5 0 0 0 0		

가맹점명
(주)한진기계

대표자명	사업자번호
노창환	621-81-37773

전화번호	가맹점번호
02-523-4722	978758752

주소
경기 광명시 시청로 20

상기의 거래 내역을 확인합니다.

서명 (주)스마트문구

자료설명	(주)한진기계에서 [사무용절단기계]를 제작하여 구입하고 대금은 신용카드로 결제하였다.
수행과제	매입매출전표에 입력하시오.

 실습하기 작업순서

① 매입매출전표입력 화면에서 12월 27일자로 입력한다. 신용카드사는 [99601.신한카드]를 선택하여 입력한다.

거래유형	품명	공급가액	부가세	거래처	전자세금
57.카과	사무용절단기계	1,500,000	150,000	00107.(주)한진기계	
분개유형	(차) 206.기계장치	1,500,000	(대) 253.미지급금		1,650,000
3.혼합	135.부가세대급금	150,000	(99601.신한카드)		

② 직무수행 결과화면은 다음과 같다.

□	일	유형	품명	수량	단가	공급가액	부가세	합계	코드	거래처명	사업.주민번호	전자세금	분개
■	27	카과	사무용절단기계			1,500,000	150,000	1,650,000	00107	(주)한진기계	621-81-37773		혼합
□	27												
		업체별 소계				1,500,000	150,000	1,650,000		카드:[99601]신한카드			

구분	코드	계정과목	차변	대변	코드	거래처	적요	관리
차변	135	부가세대급금	150,000		00107	(주)한진기계	사무용절단기계	
차변	206	기계장치	1,500,000		00107	(주)한진기계	사무용절단기계	
대변	253	미지급금		1,650,000	99601	신한카드	사무용절단기계	
		전표건별 소계	1,650,000	1,650,000				

📕 04 부가가치세 신고서 및 부속서류 신고하기

1) 부가가치세 신고기간과 신고기한

사업자는 각 과세기간에 대한 과세표준과 납부세액 또는 환급세액을 그 과세기간의 종료일로부터 25일 이내에 사업장관할세무서장에게 신고 및 납부를 하여야 한다.

[과세기간과 신고기한]

구분	과세기간	예정신고기간과 확정신고기간		신고기한
제1기	1.1. ~ 6.30.	예정신고기간	1.1. ~ 3.31.	4.25.
		확정신고기간	4.1. ~ 6.30.	7.25.
제2기	7.1. ~ 12.31.	예정신고기간	7.1. ~ 9.30.	10.25.
		확정신고기간	10.1. ~ 12.31.	익년 1.25.

2) 부가가치세 신고서 작성하기

당해 과세기간 동안 발생되었던 매입매출거래를 [매입매출전표]에 입력하면 [매입매출장]과 [세금계산서합계표] 및 [부가세신고서]에 자동으로 반영된다. 이렇게 반영된 것을 해당 과세기간에 부가가치세 과세표준과 매입세액, 납부세액 등을 작성하여 제출한다.

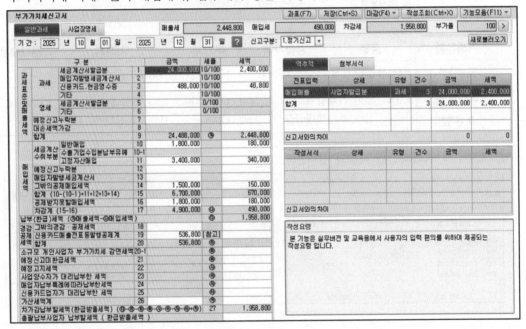

3) 세금계산서합계표와 계산서합계표 작성하기

① 세금계산서합계표

당해 과세기간 동안 발생되었던 매입매출거래를 [매입매출전표]에 입력하면 [매입매출장], [세금계산서합계표], [계산서합계표] 및 [부가세신고서]에 자동으로 반영된다. 이렇게 반영된 것을 해당 과세기간에 신고해야 하는데, 이때 필요한 서류는 부가가치세 신고서와 부속서류인 거래처별로 집계된 매입과 매출 자료를 나타낼 수 있는 매출처별 세금계산서합계표와 매입처별 세금계산서합계표이다.

이 자료는 과세자료 및 납부세액(환급세액)을 계산하기 위한 데이터가 되며 근거과세의 구현에 그 목적이 있다고 할 수 있으며 다음과 같은 화면을 구성하고 있다.

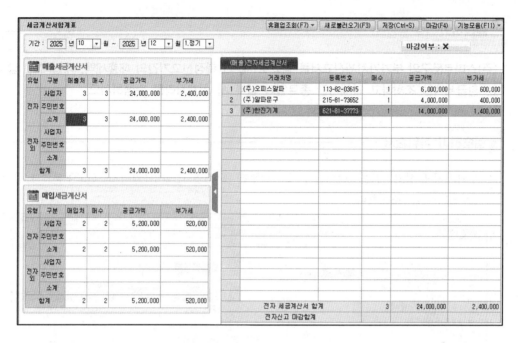

② 계산서합계표

　계산서합계표는 매출처별 계산서합계표와 매입처별 계산서합계표가 있으며 전자계산서와
전자계산서 외(종이계산서)로 구분 표기된다. 전자계산서로 발급이 되었으나 국세청에 미전
송된 경우에는 종이계산서로 간주하여 전자입력해서는 안 되며, 계산서합계표상의 전자계
산서 외의 발급분에 기재하여야 한다.

4) 과세기간 종료일 시점에서 납부 또는 환급세액 계상하기

　우리나라는 각 기수 및 신고기간에 부가가치세 납부 또는 환급세액을 계상하여 신고 및 납부
또는 환급을 한다. 매출세액이 매입세액보다 클 경우에는 대변에 미지급세금 또는 미지급금을
사용하며, 반대로 매입세액이 매출세액보다 클 경우에는 차변에 환급세액이 발생한 것으로 미
수금으로 분개한다.

구분	날짜	차변	대변	
각 과세기간 종료일	3월 31일, 6월 30일, 9월 30일, 12월 31일	부가세예수금 1,000,000 (매출세액)	부가세대급금 (매입세액) 미지급세금	800,000 200,000
납부일	실제납부일	미지급세금 200,000	현금	200,000

실습하기

(주)스마트문구의 부가가치세신고서를 참고로 제2기 확정신고기간의 매출세액, 매입세액, 납부 또는 환급세액을 조회하고 과세기간 종료일과 납부 시 회계처리를 수행하시오.

실습하기 작업순서

① 부가가치세 신고기간을 2025년 10월 1일부터 2025년 12월 31일까지, 신고구분 : 1.정기신고를 선택한 후 조회한다.

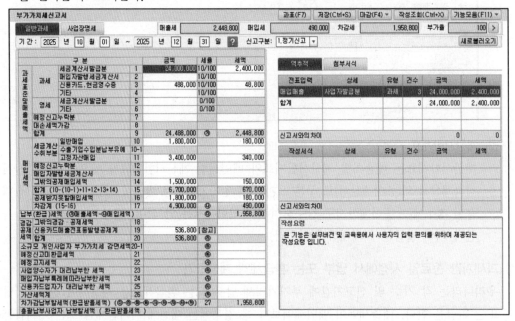

② 제2기 확정신고 과세기간 종료일(12월 31일자)로 매출세액과 매입세액, 납부세액에 대한 회계처리를 일반전표입력 메뉴에 입력한다.

[12월 31일 조회]
(차) 255.부가세예수금   2,448,800   (대) 135.부가세대급금   490,000
                                           261.미지급세금   1,958,800

③ 부가가치세 실제납부일에 대한 회계처리를 일반전표입력 메뉴에 입력한다. 단, 본 문제에 한해서 12월 31일에 곧바로 납부한 것으로 가정한다.

[12월 31일 조회]
(차) 261.미지급세금   1,958,800   (대) 101.현금   1,958,800

01 결산

결산이란 일 년 동안 기업의 경영활동에서 발생한 거래를 마감하고 외부정보이용자에게 정보전달을 하기 위한 수단인 재무제표를 작성하는 과정을 말한다.

1) 결산의 절차

① **수동결산** → 일반전표입력 메뉴에서 12월 31일자로 입력한다.

② **자동결산** → 결산자료입력 메뉴에서 결산정리 항목에 대한 금액을 결산반영금액란에 입력하면 자동으로 대체분개되어 결산이 완료된다. 고정자산등록메뉴에서 등록하였던 고정자산의 감가상각비를 반영할 수 있다.

③ **손익계산서** → 손익계산서를 열어서 당기의 순손익을 확정하고 손익대체분개가 이루어진다.

④ **이익잉여금처분계산서** → 처분확정일을 입력하고 전표추가를 한다.

⑤ **재무상태표** → 재무상태표를 열어서 결산자료를 확인한다.

> **🍵 알아두기**
>
> FAT 1급은 도소매업 법인사업자를 가정하여 시험을 응시하기 때문에 제조원가명세서는 학습하지 않는다.

2) 결산정리사항

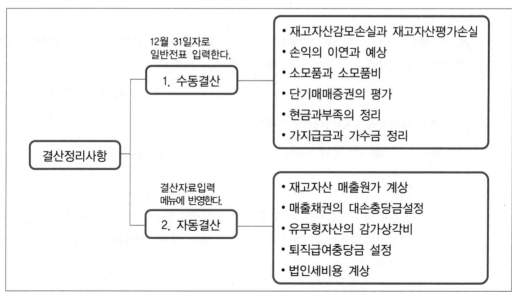

02 수동결산 항목

1) 재고자산감모손실과 재고자산평가손실

① 재고자산감모손실 : 장부상 재고수량과 실제 재고수량의 차이가 발생하였을 경우 회계처리한다.

구분	회계처리
정상적감모 (= 원가성이 있다.)	회계처리하지 않는다.

비정상적감모
[수동결산]
(= 원가성이 없다.)
	(차) 재고자산감모손실 ×××
	  (영업외비용)
	(대) 상품 ×××
	  (적요 8번 : 타계정으로의 대체액)

② 재고자산평가손실 : 장부상 금액과 순실현가능액의 차이가 발생하였을 경우 회계처리한다.

> [수동결산] (차) 재고자산평가손실　×××　(대) 상품평가충당금　×××
> 　　　　　(매출원가가산)　　　　　　　(자산의 차감적평가항목)

2) 소모품 미사용액과 소모품 사용액 처리

① 자산처리법 : 구입할 때 "소모품"으로 처리하고 기말에 당기 사용액을 "소모품비"로 대체한다.

> [수동결산]　　(차) 소모품비　　×××　(대) 소모품　　×××

② 비용처리법 : 구입할 때 "소모품비"로 처리하고 기말에 미사용액을 "소모품"으로 대체한다.

> [수동결산]　　(차) 소모품　　×××　(대) 소모품비　　×××

3) 단기매매증권의 평가

기말 결산시점에서 장부가액(=취득가액)과 공정가액을 비교하여 "공정가액"으로 평가해야 한다.

① 장부가액 < 공정가액 : 단기매매증권평가이익

> [수동결산]　　(차) 단기매매증권　　×××　(대) 단기매매증권평가이익　×××

② 장부가액 > 공정가액 : 단기매매증권평가손실

> [수동결산]　　(차) 단기매매증권평가손실 ×××　(대) 단기매매증권　　×××

4) 손익의 예상과 이연

거래는 회계연도 중에 발생하였지만 거래 자체가 다음 연도로 이연(= 선급비용 또는 선수수익)되거나 당기 회계연도에 발생 또는 예상(= 미수수익 또는 미지급비용)되는 것을 회계기말에 결산분개를 만드는 것을 말한다.

구분	결산내용	결산분개
① 미수수익 (자산)	결산시점까지 이자(수익)에 대한 미수액이 있다면 결산분개한다.	[수동결산] (차) 미수수익 ××× (대) 이자수익 ××× (자산)
② 미지급비용 (부채)	결산시점까지 급여(비용)에 대한 미지급액이 있다면 결산분개한다.	[수동결산] (차) 급여 ××× (대) 미지급비용 ××× (부채)
③ 선수수익 (부채)	결산시점에서 차기(다음 년도)분의 임대료(수익)를 먼저 받은 것이 있다면 결산분개한다.	[수동결산] (차) 임대료 ××× (대) 선수수익 ××× (부채)
④ 선급비용 (자산)	결산시점에서 보험료(비용) 미경과(= 선급)분을 먼저 지급한 것이 있다면 결산분개한다.	[수동결산] (차) 선급비용 ××× (대) 보험료 ××× (자산)

👐 알아두기

취득 시에 선급비용(자산)으로 처리한 경우

(차) 선급비용 10,000원   (대) 현금 10,000원
이 회계처리 방법은 자산처리법을 이용한 경우로, 예를 들어 경과액이 6,000원이고 미경과액이 4,000원이라면 경과액 6,000원을 당기비용으로 인식한다.
[수동결산] (차) 보험료 6,000원   (대) 선급비용 6,000원

5) 현금과부족의 정리

① 장부상 현금잔액 < 실제 현금잔액

[수동결산]   (차) 현금과부족   ×××   (대) 잡이익   ×××

② 장부상 현금잔액 > 실제 현금잔액

[수동결산]   (차) 잡손실   ×××   (대) 현금과부족   ×××

③ 결산일에 현금이 불일치하면 "잡손실" 또는 "잡이익"으로 바로 처리하며, 현금과부족 계정과목은 절대 사용하지 않는다.

6) 유동성대체

차입 당시의 비유동부채(1년을 초과하는)에 해당하는 장기차입금이 있는 경우로서 현재 결산시점에서 미래에 상환기간이 1년 이내로 도래한 경우에는 유동부채로 볼 수 있다. 이것을 결산시점에 회계처리를 하면 재무상태표 대변에 유동부채항목으로 표시가 되는데 이것을 유동성장기부채라고 한다. 반드시 차변과 대변에 거래처를 등록해주는 것을 잊지 말아야 한다.

[수동결산] (차) 장기차입금   ×××   (대) 유동성장기부채   ×××

03 자동결산 항목

1) 매출채권의 대손충당금 설정

① 합계잔액시산표상에서 매출채권(외상매출금, 받을어음)과 대손충당금의 기말잔액을 파악한다.

② 대손추산액이 대손충당금보다 크면 "대손상각비"로 부족분을 설정하고, 대손추산액이 대손충당금보다 작으면 "대손충당금환입"으로 초과분을 설정한다.

> ※ <u>(매출채권기말잔액×설정률)</u>−<u>결산전대손충당금잔액</u>=대손상각비 또는 대손충당금환입
>   ⒶⒶ   Ⓑ
>
> [수동결산]
> Ⓐ > Ⓑ : (차) 대손상각비   ×××   (대) 대손충당금   ×××
> Ⓐ < Ⓑ : (차) 대손충당금   ×××   (대) 대손충당금환입   ×××
>   (판매비와관리비의 부(−)의 계정)
>
> [또는 자동결산]
> 결산자료입력 메뉴에서 [판매비와 관리비 ⇒ 대손상각비 ⇒ 외상매출금 또는 받을어음]란에 금액을 반영한 후, 다른 자동결산 항목을 입력한 다음 상단에 있는 [전표추가]를 클릭하여 결산분개를 만든다.
>
> [기타채권(대여금, 미수금)의 대손충당금 설정액]
> (차) 기타의대손상각비   ×××   (대) 대손충당금   ×××
>   (영업외비용)

2) 재고자산(상품매출원가)의 계상

결산자료입력 메뉴에서 기말상품재고액을 결산반영금액란에 입력한 후 전표추가를 클릭하면 상품매출원가의 분개가 일반전표입력메뉴 12월 31일자로 자동반영된다.

[수동결산] 재고자산(상품매출원가)의 계상

수동결산을 하고자 하는 경우에는 합계잔액시산표를 12월로 열어서 상품계정 차변잔액금액(기초상품재고액 + 당기매입액)을 확인한다. 그리고 시험에서 제시한 기말상품재고액을 차감하면 매출원가 금액이 된다.

[상품매출원가 = 기초상품재고액 + 당기상품매입액 − 기말상품재고액]

금액을 산정하여 아래와 같이 일반전표입력메뉴 12월 31일자로 직접 입력한다.

> [수동결산]   (차) 상품매출원가   ×××   (대) 상품   ×××
> [또는 자동결산]
> 결산자료입력 메뉴에서 기말상품재고액을 입력하고 전표추가

3) 퇴직급여충당부채

퇴직급여충당부채 추가설정액 = 퇴직급여추계액 − 결산시점 퇴직급여충당부채 잔액

[수동결산]　　　(차) 퇴직급여　　　　×××　(대) 퇴직급여충당부채　××× [또는 자동결산] 퇴직급여충당부채 설정액을 퇴직급여(전입액)란에 직접 입력하고 전표추가

4) 감가상각비 계상

토지, 건설중인자산, 투자부동산을 제외한 건물, 기계장치, 차량운반구, 비품 등을 사용하거나 시간의 경과 또는 기술적 진보에 따라 물리적・경제적으로 그 가치가 점차 감소되어 가는데 이러한 가치감소분을 재무상태와 경영성과에 반영시키는 절차를 감가상각이라고 한다. [고정자산등록]메뉴에서 감가상각대상자산의 정보를 입력한 후 [결산자료입력]메뉴에서 감가상각비를 자동반영할 수 있다.

[수동결산]　　　(차) 감가상각비　　　×××　(대) 감가상각누계액　　××× [또는 자동결산] 1. 감가상각대상 자산의 자료를 [고정자산등록]메뉴에 입력을 하여 감가상각비를 산출한 후 [월별감가상각계상]메뉴 [월별감가상각비명세]탭에서 저장을 하면 [결산자료입력]메뉴에 감가상각비가 자동으로 반영이 된다. 2. [고정자산등록]을 하지 않을 경우에는 [결산자료입력]메뉴에서 해당 자산의 감가상각비를 결산입력사항금액란에 입력 후 전표추가를 누른다.

[고정자산등록 메뉴 설명] [고정자산등록] 화면은 [주요등록사항]과 [추가등록사항], [자산변동사항]으로 구성되어 있다. 1. **고정자산계정과목** : 계산하고자 하는 고정자산의 계정과목(3자리 코드번호)를 선택하는 메뉴이다. 코드를 모르는 경우에는 "?"를 클릭하거나 또는 코드에서 F2를 눌러 코드도움을 받아 해당 계정과목을 찾고 Enter를 쳐서 입력한다. 2. **자산코드와 자산명** : 해당 고정자산의 코드와 자산 품목명을 입력한다. 3. **취득연월일** : 해당 고정자산의 취득연월일을 입력한다. 4. **방법** : 정률법과 정액법을 선택한다. 5. **기초가액** : 해당 자산의 취득원가(제비용포함)를 입력하며, 무형자산인 경우에는 전기말 장부가액을 입력한다. 6. **전기말상각누계액** : 전기말 현재의 감가상각누계액을 입력한다. 7. **전기말장부가액** : 기초가액에서 전기말상각누계액을 차감한 금액이 자동으로 반영된다. 8. **신규 취득 및 증가** : 당기에 신규로 취득한 자산의 취득원가를 입력한다. 9. **상각방법** : 해당 고정자산에 대한 감가상각방법을 입력하는 것으로 [정액법 "1번"] 또는 [정률법 "0"번]을 입력한다.

10. **내용연수(상각률)** : 해당 고정자산을 취득하여 사용할 수 있는 기간을 입력하는 것으로서 상각률은 자동으로 계산된다.
11. **회사 계상 상각비** : 당기분 감가상각비가 계산되어 자동으로 표시된다.
12. **당기말상각누계액** : 전기말상각누계액과 당기감가상각비의 합계액이 자동으로 표시된다.
13. **당기말장부가액** : 기초가액에서 당기말상각누계액을 차감한 금액이 자동으로 표시된다.
14. **업종** : 내용연수의 적정여부 판단을 위한 업종구분을 나타낸다.
15. **경비구분** : 해당 고정자산의 용도에 따른 경비의 구분을 선택하는 곳이다. [500번대 제조경비 : 1번, 800번대 판매비와관리비 : 0번 중 선택]

5) 법인세등 계상

법인세추가계상액 = 법인세추산액 − 선납세금

---

1. 선납세금이 없는 경우

   [수동결산]　　(차) 법인세등　　　××× 　(대) 미지급세금　　　×××

   [또는 자동결산]

   결산자료입력 메뉴에서 법인세계상에 법인세추산액을 입력하고 전표추가를 누른다.

2. 선납세금이 있는 경우

   [수동결산]　　(차) 법인세등　　　××× 　(대) 선납세금　　　×××
   　　　　　　　　　　미지급세금　　×××

   [또는 자동결산]

   먼저 선납세금을 법인세등으로 대체해주는 분개를 일반전표에서 입력한다.
   　　　　　　　　(차) 법인세등　　　××× 　(대) 선납세금　　　×××

   결산자료입력 메뉴에서 법인세계상에 법인세추가계상액을 입력하고 전표추가를 누른다.
   　　　　　　　　(차) 법인세등　　　××× 　(대) 미지급세금　　　×××

▌실습하기

(주)스마트문구의 고정자산등록을 수행하시오.

계정과목명	자산명 및 자산코드	취득일자	취득가액	전기말상각누계액	상각방법	내용연수	경비구분
건물	본사건물 00201	2025.3.1.	150,000,000		정액법	20	판매
기계장치	절단기 00402	2024.7.14.	102,500,000	23,113,750	정률법	5	판매

※ [업무용승용차관리]에서 학습하였던 차량운반구 코드 100. 30다1234 차량은 예제에 포함하지 않았으니 제시된 자산만 등록한다.

실습하기 작업순서

① [고정자산등록] 메뉴를 열어 감가상각 자료를 입력한다. 단, 2025년에 신규취득하는 것은 주요
등록사항 탭에서 [4. 신규취득 및 증가]에 입력해야 하며, 경비구분에서는 판매는 [800번대]를
입력해야 한다.

[건물에 대한 감가상각비 직무수행 결과 화면]

[본사건물의 감가상각비 : 6,250,000원]

[기계장치에 대한 감가상각비 직무수행 결과 화면]

[절단기 감가상각비 : 35,803,198원]

② [고정자산관리대장]메뉴를 이용하여 전체 또는 계정과목별로 고정자산 관리에 대한 직무를 수행할 수 있다.

③ [월별감가상각비계상]메뉴에서 [결산기준 감가상각 계상]탭을 열어 결산월 2025년 12월 31일까지를 입력하여 조회한다.

④ [월별 감가상각비 명세]탭을 선택하면 "데이터를 저장하시겠습니까?"라는 메시지가 나오고 여기에서 "예"를 선택하면 [결산자료입력]메뉴에서 불러오기를 하여 감가상각비를 자동으로 결산에 반영시킬 수 있다.

실습하기

다음 결산자료를 참고로 (주)스마트문구의 결산을 수행하시오.

1. 손익의 예상과 이연(수동결산)

자료설명	2025년 말 보험료(판매비와 관리비) 중 미경과액(차기분)을 계상하다.
수행과제	결산정리분개를 입력하여 당기순이익에 반영하시오.

2. 기타 결산정리사항(수동결산)

자료설명	2025년 결산일 현재 장기차입금의 만기가 1년 이내로 도래하였다. (단, 거래처입력은 생략한다.)
수행과제	결산정리분개를 입력하여 당기순이익에 반영하시오.

3. 결산자료입력에 의한 자동결산

2025년 12월 31일 현재

계정과목	품목명	수량	단가	금액
상품	판매용 사무책상	100개	180,000원	18,000,000원
	판매용 사무의자	150개	85,000원	12,750,000원
합계				30,750,000원

자료설명	기말에 재고자산을 실사한 내역이다.
수행과제	상품매출원가를 계산하여 결산을 완료하시오.

4. 결산자료입력에 의한 자동결산

자료설명	외상매출금에 대하여 1%의 대손충당금을 설정한다.
수행과제	대손충당금을 설정하고 결산을 완료하시오.

5. 결산자료입력에 의한 자동결산

자료설명	[고정자산등록]메뉴에 등록되어 있는 감가상각비를 계상하시오.
수행과제	자동결산메뉴를 이용하여 결산을 완료하시오.

6. 결산자료입력에 의한 자동결산

자료설명	퇴직급여충당부채 설정내역은 다음과 같다.	
	부서	당기설정액
	관리부	700,000
수행과제	결산정리분개를 입력하여 당기순이익에 반영하시오.	

✏️ **실습하기 작업순서**

① 먼저 수동결산을 일반전표입력 메뉴 12월 31일자로 입력을 한 다음 자동결산을 한다. 수동결산은 1, 2번 순서대로 입력한다.

> **1. [수동결산] 12월 31일 일반전표입력**
>
> 합계잔액시산표에서 총 납입보험료 1,200,000원이 조회된다. 여기에서 2025년으로 이연되는 보험료 미경과액(차기분)이 7개월분으로 선급비용으로 회계처리한다.
>
> (차) 133. 선급비용 700,000원 (대) 821. 보험료 700,000원
>
> | 31 | 00003 | 차변 | 133 | 선급비용 | | | | | 700,000 | |
> |---|---|---|---|---|---|---|---|---|---|---|
> | 31 | 00003 | 대변 | 821 | 보험료 | | | | | | 700,000 |

> **2. [수동결산] 12월 31일 일반전표입력**
>
> 합계잔액시산표에서 장기차입금의 금액을 확인하고, 만기가 1년 이내로 도래하였으므로 유동성장기부채계정과목으로 대체분개를 한다.
>
> (차) 293. 장기차입금 116,919,000원 (대) 264. 유동성장기부채 116,919,000원
>
> | 31 | 00004 | 차변 | 293 | 장기차입금 | | | | | 116,919,000 | |
> |---|---|---|---|---|---|---|---|---|---|---|
> | 31 | 00004 | 대변 | 264 | 유동성장기부채 | | | | | | 116,919,000 |

② 자동결산은 [결산/재무제표 Ⅰ ⇨ 결산자료입력]메뉴에서 결산 일자를 "1월부터 12월"로 입력한 후 매출원가 및 경비선택화면에서 확인을 클릭한다.

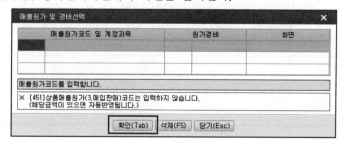

※ 자동결산은 3, 4, 5, 6번 순서대로 [결산입력사항금액]칸에 입력한다.

3. 방법 1 : [자동결산] 결산자료입력 1월~12월
   기말상품재고액 30,750,000원을 입력한다.

2. 매출원가				15,344,200
상품매출원가			15,344,200	15,344,200
(1). 기초 상품 재고액			42,594,200	
(2). 당기 상품 매입액			3,500,000	
(10).기말 상품 재고액			30,750,000	

   방법 2 : [수동결산] 일반전표입력 12월 31일
   (차) 451.상품매출원가 15,344,200원   (대) 146.상품 15,344,200원
   상품매출원가 = 기초상품재고액 + 당기상품매입액 − 기말상품재고액
   15,344,200원 = 42,594,200원 + 3,500,000원 − 30,750,000원

4. 합계잔액시산표에서 외상매출금과 대손충당금을 조회하여 다음과 같이 계산한다.
   외상매출금 : 33,436,800 × 1% − 150,000 = 184,368원

5). 대손상각			184,368	184,368
외상매출금			184,368	

   방법 1 : [자동결산] 결산자료입력 메뉴에서 외상매출금칸에 184,368원을 입력한다.
   방법 2 : [수동결산] 일반전표입력에 12월 31일자로 직접 입력한다.
   (차) 835. 대손상각비 184,368원   (대) 109. 대손충당금 184,368원

5. 방법 1 : [자동결산] 결산자료입력 메뉴에서 상단의 기능모음을 클릭한 후 [감가상각반영]
   버튼을 클릭한 후 결산반영을 클릭한다. 단, 현재 FAT 1급 시험에서는 800번대의 판매
   비와관리비만을 반영하여 결산을 하고 있음을 유의해야 한다.

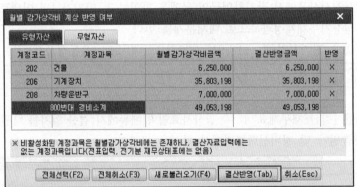

4). 감가상각비			49,053,198
건물			6,250,000
기계장치			35,803,198
차량운반구			7,000,000
비품			

방법 2 : [수동결산] 12월 31일　일반전표입력

(차) 818. 감가상각비 49,053,198원 (대) 203. 건물감가상각누계액　　6,250,000원

207. 기계감가상각누계액　35,803,198원

209. 차량운반구감가상각누계액 7,000,000원

---

6. 방법 1 : [자동결산] 결산자료입력 메뉴에서 판매비와관리비 중 2)퇴직급여(전입액) 란에 700,000원을 입력한다.

| 2). 퇴직급여(전입액) | | 700,000 |
| 3). 퇴직연금충당금전입액 | | |

방법 2 : [수동결산] 12월 31일　일반전표입력

(차) 806. 퇴직급여　　700,000원　　(대) 295. 퇴직급여충당부채 700,000원

---

③ 결산자료입력을 모두 마치면 반드시 상단에 전표추가(F3) 버튼을 클릭하여 아래와 같이 순서대로 결산분개를 일반전표에 추가한다.

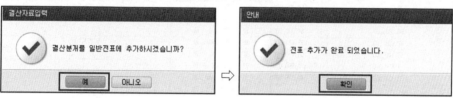

[일반전표입력 메뉴에 자동으로 반영된 결산전표 확인]

④ 전표추가 후에 12월 31일자로 일반전표를 조회하면 다음과 같다.

□	일	번호	구분	코드	계정과목	코드	거래처	적요	차변	대변
■	31	00001	차변	255	부가세예수금				2,448,800	
□	31	00001	대변	135	부가세대급금					490,000
□	31	00001	대변	261	미지급세금					1,958,800
□	31	00002	차변	261	미지급세금				1,958,800	
□	31	00002	대변	101	현금					1,958,800
□	31	00003	차변	133	선급비용				700,000	
□	31	00003	대변	821	보험료					700,000
□	31	00004	차변	293	장기차입금				116,919,000	
□	31	00004	대변	264	유동성장기부채					116,919,000
□	31	00005	결차	451	상품매출원가			01 상품매출원가 대체	15,344,200	
□	31	00005	결대	146	상품			04 상품매출원가 대체		15,344,200
□	31	00006	결차	806	퇴직급여			01 퇴직충당금 당기본전입액	700,000	
□	31	00006	결대	295	퇴직급여충당부채			04 퇴직급여부채의당기설정액		700,000
□	31	00007	결차	818	감가상각비			01 당기말 감가상각비계상	49,053,198	
□	31	00007	결대	203	감가상각누계액			04 당기감가충당금 설정		6,250,000
□	31	00007	결대	207	감가상각누계액			04 당기감가충당금 설정		35,803,198
□	31	00007	결대	209	감가상각누계액			04 당기감가충당금 설정		7,000,000
□	31	00008	결차	835	대손상각비			01 외상매출금의 대손	184,368	
□	31	00008	결대	109	대손충당금			04 대손충당금 설정		184,368
□	31									
		선택 전표 소계							2,448,800	2,448,800
		합　　계							187,308,366	187,308,366

자동결산분개

알아두기

자동결산분개 삭제 방법

일반전표입력에서 자동결산분개를 삭제하고자 하는 경우에는 Shift + F5를 누르면 삭제할 수 있다.

04 장부마감하기

1) 기말 결산 정리 후 합계잔액시산표 확인하기

합계잔액시산표							기능모음(F1)

과목별	제출용

기 간 2025 년 12 ▼ 월 31 일

차	변		계 정 과 목	대	변	
잔 액	합 계			합 계	잔	액
537,304,660	599,431,000	◀유 동 자 산▶		63,350,708		1,224,368
506,554,660	553,336,800	◁당 좌 자 산▷		48,006,508		1,224,368
247,888,960	253,300,000	현 금		5,411,040		
84,300,000	84,300,000	당 좌 예 금				
72,038,900	77,110,000	보 통 예 금		5,071,100		
60,110,000	60,110,000	정 기 예 금				
1,590,000	1,590,000	단 기 매 매 증 권				
33,436,800	40,936,800	외 상 매 출 금		7,500,000		
		대 손 충 당 금		334,368		334,368
5,000,000	33,800,000	받 을 어 음		28,800,000		
		대 손 충 당 금		890,000		890,000
1,000,000	1,000,000	미 수 금				
700,000	700,000	선 급 비 용				
490,000	490,000	부 가 세 대 급 금				
30,750,000	46,094,200	◁재 고 자 산▷		15,344,200		
30,750,000	46,094,200	상 품		15,344,200		
319,230,000	335,730,000	◀비 유 동 자 산▶		85,553,198		69,053,198
150,000,000	150,000,000	◁투 자 자 산▷				
150,000,000	150,000,000	장 기 대 여 금				
109,230,000	125,730,000	◁유 형 자 산▷		85,553,198		69,053,198
2,330,000	2,330,000	토 지				
20,000,000	20,000,000	건 물				
		감 가 상 각 누 계 액		6,250,000		6,250,000
41,500,000	41,500,000	기 계 장 치				
		감 가 상 각 누 계 액		35,803,198		35,803,198
42,000,000	42,000,000	차 량 운 반 구				
		감 가 상 각 누 계 액		27,000,000		27,000,000
3,400,000	18,400,000	비 품		15,000,000		
	1,500,000	감 가 상 각 누 계 액		1,500,000		
50,000,000	50,000,000	◁무 형 자 산▷				
50,000,000	50,000,000	특 허 권				
10,000,000	10,000,000	◁기 타 비 유 동 자 산▷				
10,000,000	10,000,000	임 차 보 증 금				

		계정과목		
	5,000,000	◀유 동 부 채▶	401,180,700	396,180,700
	4,500,000	외 상 매 입 금	67,194,200	62,694,200
		지 급 어 음	70,880,000	70,880,000
		미 지 급 금	59,920,000	59,920,000
		예 수 금	641,900	641,900
		부 가 세 예 수 금	2,448,800	2,448,800
	500,000	선 수 금	19,798,800	19,298,800
		단 기 차 입 금	61,558,000	61,558,000
		선 수 수 익	1,820,000	1,820,000
		유 동 성 장 기 부 채	116,919,000	116,919,000
	116,919,000	◀비 유 동 부 채▶	127,119,000	10,200,000
	116,919,000	장 기 차 입 금	116,919,000	
		퇴 직 급 여 충 당 부 채	10,200,000	10,200,000
		◀자 본 금▶	186,300,000	186,300,000
		자 본 금	186,300,000	186,300,000
		◀이 익 잉 여 금▶	87,721,200	87,721,200
		이 월 이 익 잉 여 금	87,721,200	87,721,200
		◀매 출▶	182,188,000	182,188,000
		상 품 매 출	182,188,000	182,188,000
15,344,200	15,344,200	◀매 출 원 가▶		
15,344,200	15,344,200	상 품 매 출 원 가		
59,498,606	60,198,606	◀판 매 관 리 비▶	700,000	
3,500,000	3,500,000	급 여		
700,000	700,000	퇴 직 급 여		
120,000	120,000	복 리 후 생 비		
1,100,000	1,100,000	업 무 추 진 비		
275,000	275,000	통 신 비		
946,040	946,040	세 금 과 공 과 금		
48,053,198	48,053,198	감 가 상 각 비		
3,600,000	3,600,000	수 선 비		
500,000	1,200,000	보 험 료	700,000	
520,000	520,000	차 량 유 지 비		
184,368	184,368	대 손 상 각 비		
		◀영 업 외 수 익▶	500,000	500,000
		유 형 자 산 처 분 이 익	500,000	500,000
1,990,000	1,990,000	◀영 업 외 비 용▶		
1,890,000	1,890,000	기 부 금		
100,000	100,000	매 출 채 권 처 분 손 실		
933,367,466	1,134,612,806	합 계	1,134,612,806	933,367,466

2) 시산표에 대차차액이 발생할 경우

[데이터관리 ⇒ 데이터체크/매입매출/자금관리자료정리] 메뉴에서 오른쪽 상단에 있는 검사시작(F3) 버튼을 활용하면 데이터의 오류사항을 알 수 있다.

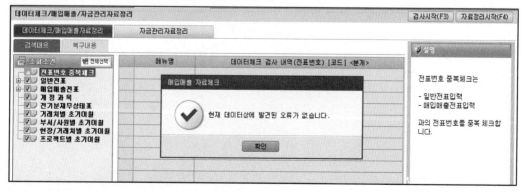

◀05 재무제표 작성하기

기업은 결산을 완료한 후 재무제표를 작성하여 회계정보이용자들에게 보고를 하여야 한다. FAT 1급은 법인기업을 중심으로 작성하며, 손익계산서를 먼저 작성하여 마감한 후 당기순손익에 대한 대체분개를 작성하여 재무상태표를 만든다.

1) 손익계산서

기업의 일정기간(1월 1일부터 12월 31일까지) 동안 발생한 수익과 비용을 활용하여 경영성과를 나타내는 동태적 보고서이다.

2) 이익잉여금처분계산서

주주총회를 열어 순이익을 처분하거나 순손실을 처리하는 명세이다.

3) 재무상태표

기업이 일정시점에 재무상태를 나타내는 정태적보고서이다.

📖 실습하기

(주)스마트문구의 결산을 마감하고 재무제표 작성을 수행하시오.

✏️ 실습하기 작업순서

① 손익계산서를 12월로 열어서 당기순이익을 확인한다.

② 당기 처분예정일에는 2026년 2월 28일을 입력하고, 전기 처분확정일에는 2025년 2월 28일을 입력한 후 오른쪽 상단에 있는 [전표추가]를 선택하여 다음 재무상태표에 반영시킨다.

③ 재무상태표를 작성한다.

06 회계정보시스템운용

◢ 01 제장부의 조회

전표를 입력하면 각종 제장부에 반영이 되며, 해당 메뉴에서 조회 가능한 내용이 무엇인지 익숙해
질 필요가 있다.

전표입력/장부
일반전표입력
매입매출전표입력
일/월계표
합계잔액시산표
적요별원장
계정별원장
거래처원장
전표출력
분개장
총계정원장
현금출납장
매입매출장
세금계산서(계산서)수수현황
차량비용현황(업무용승용차)

1) 일/월계표

일별, 월별로 거래내역의 분개사항을 계정과목별로 집계한 메뉴이다. 현금을 수반한 거래와 현
금을 수반하지 않은 거래로 나누어 각각 현금과 대체란에 반영된다.

> • **차변란의 현금** : 각 계정별로 현금이 출금된 것을 의미한다.
> • **차변란의 대체** : 각 계정별로 현금이 수반되지 않은 거래를 의미한다.
> • **대변란의 현금** : 각 계정별로 현금이 입금된 것을 의미한다.
> • **대변란의 대체** : 각 계정별로 현금이 수반되지 않은 거래를 의미한다.

① 일계표 화면보기

| 일/월계표 | | | | | | 계정과목코드보기(F3) | 기능모음(F11) ▼ |

일 계 표 | 월 계 표

조회기간 2025 년 01 월 20 일 ~ 2025 년 01 월 20 일 ?

차	변		계 정 과 목	대	변	
계	대 체	현 금		현 금	대 체	계
3,500,000	3,500,000		[유 동 자 산]			
3,500,000	3,500,000		< 당 좌 자 산 >			
3,500,000	3,500,000		보 통 예 금			
			[매 출]	900,000	3,500,000	4,400,000
			상 품 매 출	900,000	3,500,000	4,400,000
3,500,000	3,500,000		금 일 소 계	900,000	3,500,000	4,400,000
85,900,000		85,900,000	< 금일잔고 / 전일잔고 >	85,000,000		85,000,000
89,400,000	3,500,000	85,900,000	합 계	85,900,000	3,500,000	89,400,000

🐾 알아두기

일계표 해석방법

1. 1월 20일은 상품을 매출한 거래이며 총 4,400,000원의 매출액은 현금입금 900,000원, 보통예금 3,500,000원이 입금된 거래이다.
2. 현금의 〈금일잔고〉는 대변의 현금금일소계 + 대변의 전일잔고 − 차변의 현금소계로 계산한다.

② 월계표 화면보기

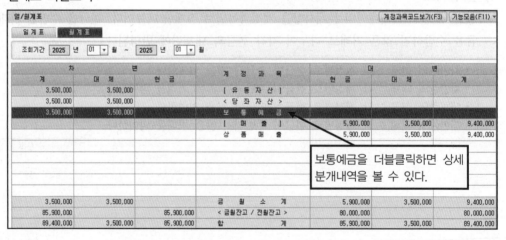

차	변		계 정 과 목	대	변	
계	대 체	현 금		현 금	대 체	계
3,500,000	3,500,000		[유 동 자 산]			
3,500,000	3,500,000		< 당 좌 자 산 >			
3,500,000	3,500,000		보 통 예 금			
			[매 출]	5,900,000	3,500,000	9,400,000
			상 품 매 출	5,900,000	3,500,000	9,400,000
3,500,000	3,500,000		금 월 소 계	5,900,000	3,500,000	9,400,000
85,900,000		85,900,000	< 금월잔고 / 전월잔고 >	80,000,000		80,000,000
89,400,000	3,500,000	85,900,000	합 계	85,900,000	3,500,000	89,400,000

보통예금을 더블클릭하면 상세 분개내역을 볼 수 있다.

2) 적요별원장

회계상 거래가 발생하여 전표를 입력할 때 해당 거래에 대한 적요를 반영하게 된다. 이에 적요별로 [잔액], [내용]탭으로 구성되어 있다. 분개유형(0. 전체, 1. 현금, 2. 대체, 3. 결산), 해당 계정과목, 적요코드를 선택하여 적요별로 조회하는 원장이며 기간별로 거래를 조회 및 출력할 수 있다. 또한 전표수정도 가능하며 계정과목 및 적요등록, 일반전표입력, 매입매출전표입력, 계정별원장, 전기분 재무제표와도 연관이 있다.

3) 계정별원장

각 계정과목별로 거래내역을 세부적으로 기록한 장부이다.

4) 거래처원장

거래처별로 계정별 잔액과 내용을 기록한 장부이다.

5) 전표출력

일반전표입력 메뉴에서 입력된 내용을 모두 출력해주는 메뉴이다.

6) 분개장

일반전표입력 메뉴에서 입력된 분개를 발생한 순서에 따라 기록하는 장부로 사용한다. 현금합산, 전표수정, 명칭변경 등이 제공되며, 일반전표입력, 매입매출전표입력과 연관된다.

7) 총계정원장

일반전표입력 메뉴에서 입력된 모든 계정과목별로 월·일별 증감변동사항 및 잔액현황이 집계되는 장부이다. 월별로 잔액을 비교할 때 많이 사용하여 주요장부로 불린다. 본 원장은 각 월별 또는 일별로 원장조회가 가능하며 일반전표입력, 매입매출전표입력, 계정별원장과 연관된다.

8) 현금출납장

일반전표입력 메뉴에서 입력된 자료 중 현금의 수입과 지출, 잔액을 상세히 기록하는 장부이다. 현금출납장도 집계옵션, 화면구성, 잔액표시방법, 전표수정을 설정할 수 있으며, 일반전표입력, 매입매출전표입력, 전기분 재무상태표와 연관된다.

02 자금정보 조회(금융/자금관리)

기업에서 자금관리는 자금의 유입과 유출의 흐름을 파악할 수 있는 것뿐만 아니라 장래의 자금계획을 수립할 수 있는 기본적인 예산관리를 위한 방법이라고 할 수 있다. 본 프로그램에서 제공하는 메뉴는 다음과 같다.

금융/자금관리

일일자금명세(경리일보)
예적금현황
받을어음현황
지급어음현황
어음집계표
통장거래정리입력
통장거래내역

1) 일일자금명세(경리일보)

기업의 경영활동 중 발생한 현금, 당좌예금, 보통예금, 현금성자산, 받을어음, 지급어음, 단기차입금, 장기차입금 등의 매일의 자금 증감내역(경리내역을 포함)을 나타내는 명세서이다.

경리일보

● 일일거래 계정 발생 금액

계정과목	구분	차변	대변	적요	거래처

● 자금항목별 잔액

	전일잔액	차변	대변	당일잔액
현금	252,498,960			252,498,960
당좌예금	84,300,000			84,300,000
보통예금	72,038,900			72,038,900
받을어음	5,000,000			5,000,000
지급어음	70,880,000			70,880,000

인쇄[F9] 닫기[ESC]

[경리일보 화면보기]

2) 예적금현황

기업이 경영활동을 하는 과정에서 발생한 예금과 적금의 현황을 나타내는 명세서이며 여기에는 각 금융기관별로 계좌번호, 예금종류, 잔액 등을 보여준다.

3) 받을어음현황

기업이 경영활동을 하는 과정에서 받을어음에 대한 증감내역을 나타내주는 명세서이며 거래처등록, 일반전표등록, 매입매출전표입력 메뉴와 연관된다.

4) 지급어음현황

기업이 경영활동을 하는 과정에서 지급어음에 대한 증감내역을 나타내주는 명세서이며 거래처등록, 일반전표등록, 매입매출전표입력, 거래처원장, 어음집계표 메뉴와 연관된다.

5) 어음집계표

지급어음수불관리, 어음수지를 나타내는 명세서이다.

03 재무비율 분석

기업이 경영활동을 통해서 얻은 재무제표를 가지고 각 항목들 사이의 비율을 산출하여 기업의 재무상태와 경영성과 등을 파악하는 기법을 말한다.

1) 분석자료에 의한 분류

① 정태비율 : 일정시점을 기준으로 한 재무자료에 기초하여 계산되는 재무비율로서 재무상태표비율이라고도 한다.

② 동태비율 : 일정기간을 기준으로 한 재무자료에 기초하여 계산되는 재무비율로서 손익계산서비율이라고도 한다.

2) 분석방법에 의한 분류

① 관계비율 : 재무제표상의 두 항목을 대응시켜 측정되는 재무비율로서 흔히 항목비율이라고도 한다.

② 구성비율 : 총자산 또는 매출액에서 각 항목이 차지하는 비중을 비율로 나타낸 재무비율로서 공통형 재무상태표와 공통형 손익계산서에서 각 항목의 구성비율을 의미한다.

3) 분석목적에 의한 분류

① 유동성비율 : 기업이 채무를 지고 있을 때 단기간에 채무를 지급할 수 있는 능력을 측정하는 비율을 말한다. 주요 유동성비율의 예를 들면 다음과 같다.

종류	비율의 계산식	종류	비율의 계산식
유동비율	$\dfrac{유동자산}{유동부채}$	당좌비율	$\dfrac{(유동자산 - 재고자산)}{유동부채}$

② 자본구조비율 : 부채의존도를 나타내는 것으로 장기채무지급능력을 측정하는 비율이다. 주요 자본구조비율은 다음과 같다.

종류	비율의 계산식	종류	비율의 계산식
부채비율	$\dfrac{총부채}{자기자본}$ 또는 $\dfrac{총부채}{총자본}$	자기자본비율	$\dfrac{자기자본}{총자본}$

③ 효율성비율 : 보유자산의 이용효율성을 측정하는 비율이다. 주요 효율성비율은 다음과 같다.

종류	비율의 계산식	비율의 내용
매출채권 회수기간	㉠ 매출채권회전율 : $$\dfrac{매출액}{(전기매출채권 + 당기매출채권) \div 2}$$ ㉡ 평균회수기간 : 365일 ÷ 매출채권회전율	매출채권의 회전 속도 측정
재고자산 회전기간	㉠ 재고자산회전율 : $$\dfrac{매출원가}{(전기재고자산 + 당기재고자산) \div 2}$$ ㉡ 평균회전기간 : 365일 ÷ 재고자산회전율	재고자산의 현금 화 속도 측정
비유동자산 회전율	$$\dfrac{매출액}{(전기비유동자산 + 당기비유동자산) \div 2}$$	고정자산의 효율 적인 이용 측정
총자산 회전율	$$\dfrac{매출액}{(전기총자산 + 당기총자산) \div 2}$$	총자산의 효율적 이용 측정

④ 수익성비율 : 매출 또는 투자에 대한 수익성을 나타내는 것으로 경영의 총괄적 효율성을 측정하는 비율을 말한다. 주요 수익성비율은 다음과 같다.

종류	비율의 계산식	종류	비율의 계산식
매출 총이익률	$$\dfrac{매출총이익}{매출액}$$	매출액 영업이익률	$$\dfrac{영업이익}{매출액}$$
매출액 순이익률	$$\dfrac{순이익}{매출액}$$	총자산 수익률	$$\dfrac{순이익}{총자산}$$

⑤ 성장성비율 : 기업의 외형 및 수익의 성장가능성을 측정하는 비율을 말한다. 주요 성장성비율은 다음과 같다.

종류	비율의 계산식	비율의 내용
총자산증가율	$$\dfrac{(기말총자산 - 기초총자산)}{기초총자산}$$	기업에 투자하여 운용된 총자산이 그 해에 얼마나 증가했나를 측정
매출액증가율	$$\dfrac{(당기매출액 - 전기매출액)}{전기매출액}$$	기업의 외형적 신장세를 나타내는 대표적인 비율
자기자본증가율	$$\dfrac{(기말자기자본 - 기초자기자본)}{전기말 \ 자기자본}$$	내부유보 또는 유상증자 등에 의한 자기자본의 증가를 측정

⑥ **생산성비율** : 생산요소의 성과를 측정하는 비율이다. 주요 생산성비율은 다음과 같다.

종류	비율의 계산식	비율의 내용
부가가치율	$\dfrac{부가가치}{매출액}$	매출액 중 생산활동에 참여한 생산요소에 귀속되는 소득의 비율을 나타냄
자본생산성	$\dfrac{부가가치}{총자본}$	생산성 측정의 대표적인 비율로, 부가가치를 나눈 것이 설비투자효율이다.
노동생산성	$\dfrac{부가가치}{종업원수}$	노동력 한 단위당 성과를 나타내는 지표로 종업원 1인당 부가가치이다.

⑦ **시장가치비율** : 주식시장에서의 평가를 측정하는 비율이다. 주요 시장가치비율은 다음과 같다.

종류	비율의 계산식	비율의 내용
주당이익 (EPS)	$\dfrac{(당기순이익 - 우선주배당금)}{평균발행주식수}$	예상주당이익과 현재의 주가는 매우 상관도가 높으므로 이의 예측이 중요하다.
주가수익비율 (PER)	$\dfrac{현재의 주가}{주당이익}$	주식가격의 고저를 판단하는 대표적인 비율로 기업의 자기자본비용 대용치로 이용된다.

자료 조회 문제풀이

[1] (주)스마트문구의 12월 한 달간의 유형자산처분이익은 얼마인가?

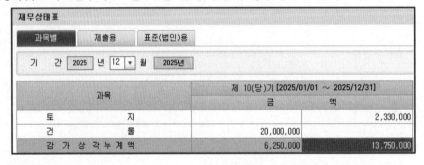

| 일/월계표 | | | | 계정과목코드보기(F3) | 기능모음(F11) |

| 일계표 | 월계표 |

조회기간 2025 년 12 월 ~ 2025 년 12 월

차		변	계 정 과 목	대		변
계	대 체	현 금		현 금	대 체	계
48,937,566	48,937,566		[판 매 관 리 비]		60,198,606	60,198,606
			급 여		3,500,000	3,500,000
700,000	700,000		퇴 직 급 여		700,000	700,000
			복 리 후 생 비		120,000	120,000
			업 무 추 진 비		1,100,000	1,100,000
			통 신 비		275,000	275,000
			세 금 과 공 과 금		946,040	946,040
48,053,198	48,053,198		감 가 상 각 비		48,053,198	48,053,198
			수 선 비		3,600,000	3,600,000
			보 험 료		1,200,000	1,200,000
			차 량 유 지 비		520,000	520,000
184,368	184,368		대 손 상 각 비		184,368	184,368
500,000	500,000		[영 업 외 수 익]		500,000	500,000
500,000	500,000		유 형 자 산 처 분 이 익		500,000	500,000
1,890,000		1,890,000	[영 업 외 비 용]		1,990,000	1,990,000
1,890,000		1,890,000	기 부 금		1,890,000	1,890,000
			매 출 채 권 처 분 손 실		100,000	100,000

[2] (주)스마트문구의 12월 31일 현재 건물의 장부가액은 얼마인가?

| 재무상태표 | | |

| 과목별 | 제출용 | 표준(법인)용 |

기 간 2025 년 12 월 2025년

과목	제 10(당)기 [2025/01/01 ~ 2025/12/31]	
	금	액
토 지		2,330,000
건 물	20,000,000	
감 가 상 각 누 계 액	6,250,000	13,750,000

[3] 10월 1일부터 10월 31일까지 외상매출금액의 잔액은 얼마인가?

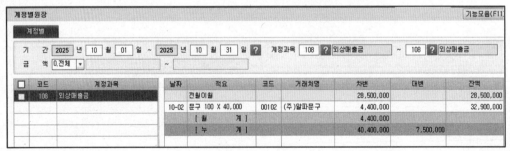

| 계정별원장 | | | | | | 기능모음(F11) |

| 계정별 |

기 간 2025 년 10 월 01 일 ~ 2025 년 10 월 31 일 ? 계정과목 108 ? 외상매출금 ~ 108 ? 외상매출금
금 액 0.전체 ▼ ~

☐	코드	계정과목	날짜	적요	코드	거래처명	차변	대변	잔액
☐	108	외상매출금		전월이월			28,500,000		28,500,000
			10-02	문구 100 X 40,000	00102	(주)알파문구	4,400,000		32,900,000
				[월 계]			4,400,000		
				[누 계]			40,400,000	7,500,000	

[4] 7월 31일 현재 외상매출금 잔액이 가장 많은 거래처와 잔액은 얼마인가?

[5] (주)스마트문구의 현금잔액의 11월 대비 12월분의 증감액은 얼마인가?

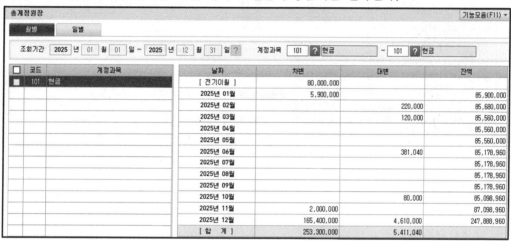

[6] (주)스마트문구의 전기유동비율과 당기유동비율의 차이는 몇 %인가? ([재무상태표] 조회)

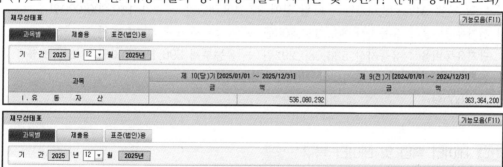

[7] (주)스마트문구의 제2기 확정 신고기간 동안 공제받지 못할 매입세액은 얼마인가?

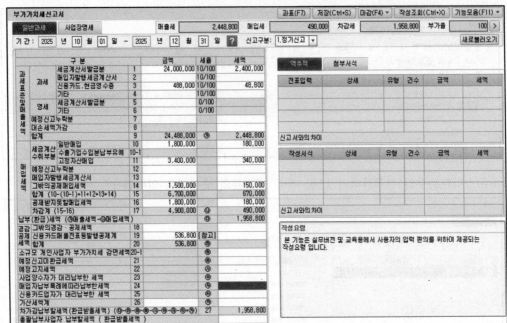

해설

[1] 500,000원

[2] 13,750,000원

[3] 32,900,000원

[4] 00102. (주)알파문구, 24,000,000원

[5] 12월 잔액 247,888,960원 - 11월 잔액 87,198,960원 = 증가 160,690,000원

[6] 전기유동비율 : 유동자산 363,364,200원 ÷ 유동부채 267,424,000원 = 135.87%

    당기유동비율 : 유동자산 536,080,292원 ÷ 유동부채 396,180,700원 = 135.31%

    전기유동비율과 당기유동비율의 차이 : 0.56%

[7] 180,000원

04 데이터 백업 및 데이터 복구

1) 데이터 백업

본 메뉴는 작업자가 작업을 진행 중이거나 완료 시점에 작업자 컴퓨터(서버)에 저장된 데이터를 다른 컴퓨터(서버)에 옮겨서 보관할 때 사용한다. 예를 들면 학교 PC에서 집 PC로 데이터를 백업시켜 옮기고자 하는 경우에 활용할 수 있다.

학습자가 손쉽게 이해하기 위해서 작업이 완료된 [2000.(주)스마트문구] 데이터를 백업시켜 보도록 하며 백업순서는 다음과 같다.

① 먼저, 작업된 모든 메뉴는 종료한다.

② 다음과 같은 백업메뉴를 선택한다.

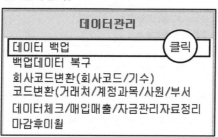

③ 백업하려고 하는 회사의 [회계, 물류, 원천, 법인개인] 칸을 선택하고 [백업하기]를 클릭한다.

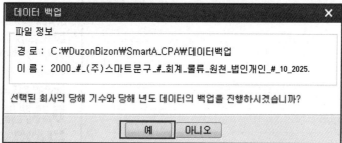

④ 백업이 성공한 후에 작업자가 원하는 위치를 경로 설정한다. USB에도 저장이 가능하다.

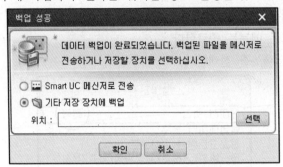

⑤ 작업결과가 "성공"인지를 확인한 후 백업받은 위치에서 백업파일을 확인할 수 있다.

2) 백업데이터 복구방법

이미 백업해 놓은 데이터를 복구하는 메뉴이다.

① 먼저, [데이터관리] ⇨ [백업데이터 복구] 메뉴를 선택한다.

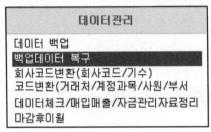

② 백업데이터 경로 선택 ⇨ 복구하기를 선택한다.

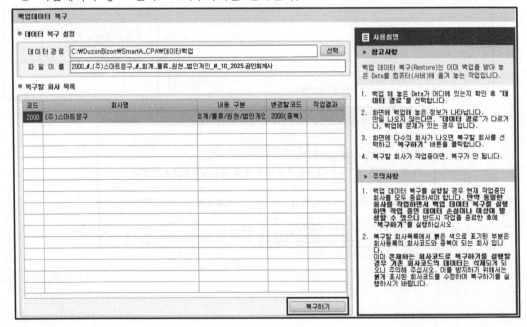

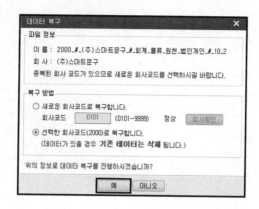

③ [데이터 복구]화면에서 새로운 회사코드로 복구할지와 기존 회사의 데이터에 새로운 데이터
   를 덮어쓸지를 선택하고 [예]를 누른다. 기존 회사의 데이터에 새로운 데이터를 덮어쓰면
   기존 데이터는 복구가 불가능하다는 것에 유의한다.

④ 백업데이터 복구가 완료되면 작업결과에 백업데이터 복구가 [성공]으로 나타난다.

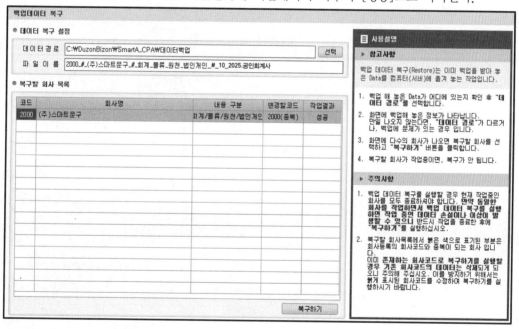

FAT(회계실무) 1급
기출문제
(이론 + 실무)

64회 FAT 1급 기출문제(이론 + 실무)

※ 아래 문제에서 특별한 언급이 없으면 기업의 보고기간(회계기간)은 매년 1월 1일부터 12월 31일 까지입니다. 또한 기업은 일반기업회계기준 및 관련 세법을 계속적으로 적용하고 있다고 가정하고 물음에 가장 합당한 답을 고르시기 바랍니다.

01 다음 중 회계추정의 변경으로 볼 수 없는 경우는?

① 재고자산의 진부화에 대한 판단의 변경
② 감가상각자산의 내용연수 변경
③ 재고자산평가방법의 변경
④ 대손추정률의 변경

02 다음 중 재무제표의 작성에 대한 설명으로 옳지 않은 것은?

① 자산과 부채는 총액으로 표시하는 것이 원칙이다.
② 자산은 유동자산과 비유동자산으로 분류한다.
③ 기타포괄손익누계액은 손익계산서 항목이다.
④ 현금흐름표는 영업활동, 투자활동 및 재무활동으로 인한 현금흐름으로 구분하여 표시한다.

03 다음 자료를 토대로 (주)한공의 2025년 12월 31일의 매출채권금액을 계산하면 얼마인가?

• 기초 매출채권	500,000원
• 2025년 중 매출채권회수액	1,100,000원
• 2025년 매출액	1,500,000원(현금매출액 300,000원)

① 300,000원   ② 400,000원
③ 500,000원   ④ 600,000원

04 다음은 유형자산에 대한 대화내용이다. 올바르게 말한 사람은?

① 영희, 지소

② 영희, 주영

③ 지소, 병국

④ 병국, 주영

05 다음 자료를 토대로 상품의 6월 매출총이익을 계산하면 얼마인가?

- 6월 매출액 : 300개 × 250원 = 75,000원
- 재고자산평가방법 : 선입선출법
- 6월 상품재고장

날짜	적요	입고			출고
		수량	단가(원)	금액(원)	수량
6/ 1	전월이월	200	150	30,000	
6/15	매입	300	200	60,000	
6/25	매출				300

① 15,000원

② 25,000원

③ 35,000원

④ 40,000원

06 다음 중 자본에 대한 설명으로 옳지 않은 것은?

① 보통주자본금은 액면금액에 발행주식수를 곱한 금액이다.

② 매도가능증권평가손익은 기타포괄손익누계액으로 표시한다.

③ 자본은 기업의 자산에서 부채를 차감한 후의 잔여지분을 나타낸다.

④ 주식을 액면금액 이상으로 발행할 경우 액면금액을 초과하는 금액은 이익잉여금으로 표시한다.

07 (주)한공의 손익계산서 일부와 관련 추가 자료이다. 다음 자료를 토대로 계산한 (가)의 금액은 얼마인가?

손익계산서

(주)한공　　　　　2025년 1월 1일부터 2025년 12월 31일까지　　　　　(단위: 원)

과목		제4(당)기
매 출 액		6,000,000
매 출 원 가		×××
기 초 상 품 재 고 액	800,000	
당 기 상 품 매 입 액	3,000,000	
기 말 상 품 재 고 액	200,000	
매 출 총 이 익		×××
판 매 비 와 관 리 비		×××
⋮	⋮	
영 업 이 익		(가)

[당기 비용의 추가 자료]

• 급여	600,000원	• 기부금	20,000원
• 접대비(기업업무추진비)	80,000원	• 세금과공과	50,000원

① 1,620,000원　　　　　　　　② 1,650,000원

③ 1,670,000원　　　　　　　　④ 1,720,000원

08 다음 중 부가가치세 신고에 관한 설명으로 옳은 것은?

① 폐업한 경우 폐업일이 속하는 달의 다음 달 말일까지 신고하여야 한다.

② 확정신고를 하는 경우 예정신고 시 신고한 과세표준도 포함하여 신고하여야 한다.

③ 신고기한까지 과세표준 및 세액을 신고하지 않는 경우 과소신고 가산세가 부과된다.

④ 주사업장 총괄납부 사업자는 납부와 환급만 주된 사업장에서 하므로 신고는 각 사업장별로 하여야 한다.

09 다음의 자료를 토대로 부가가치세 납부세액을 계산하면 얼마인가? 단, 제시된 금액에는 부가가치세가 포함되지 않았고 세금계산서를 적법하게 발급 또는 수취하였다.

| • 현금매출 | 18,000,000원 | • 외상매출 | 20,000,000원 |
| • 상품 매입액 | 12,000,000원 | • 접대비지출액 | 5,000,000원 |

① 800,000원

② 1,500,000원

③ 2,100,000원

④ 2,600,000원

10 다음 중 부가가치세의 납부세액을 계산할 때 공제받을 수 있는 매입세액은?

① 업무와 관련이 없는 지출에 대한 매입세액

② 면세사업 관련 매입세액

③ 운수업의 영업용 차량 매입세액

④ 토지의 취득 관련 매입세액

❖ 실무수행평가 ❖

※ (주)국제우산(회사코드 3164)은 우산 등을 도·소매하는 법인으로 회계기간은 제7기(2025.1.1. ~ 2025.12.31.)이다. 제시된 자료와 [자료설명]을 참고하여 [수행과제]를 완료하고 [평가문제]의 물음에 답하시오.

┌─────────〈실무수행 유의사항〉─────────┐

1. 부가가치세 관련거래는 [매입매출전표입력]메뉴에 입력하고, 부가가치세 관련 없는 거래는 [일반전표입력]메뉴에 입력한다.
2. 타계정 대체액과 관련된 적요는 반드시 코드를 입력하여야 한다.
3. 채권·채무, 예금거래 등 관리대상 거래자료에 대하여는 거래처코드를 반드시 입력한다.
4. 자금관리 등 추가 작업이 필요한 경우 문제의 요구에 따라 추가 작업하여야 한다.
5. 판매비와 관리비는 800번대 계정코드를 사용한다.
6. 등록된 계정과목 중 가장 적절한 계정과목을 선택한다.

└──────────────────────────────┘

실무수행

01 기초정보관리의 이해

회계관련 기초정보는 입력되어 있다. [자료설명]을 참고하여 [수행과제]를 수행하시오.

① 사업자등록증에 의한 회사등록 수정

자료설명	(주)국제우산의 사업장주소와 담당자메일주소가 변경되어 사업자등록증을 재교부받았다.
수행과제	사업자등록증의 변경내용을 확인하여 사업장주소와 담당자메일주소를 수정하시오.

② 거래처별초기이월 등록 및 수정

주.임.종단기채권 명세서

거래처명		적요	금액	비고
00123	정선아	자녀 학자금 대출	5,000,000원	상환일: 2026.2.25.
00234	구재은	자녀 학자금 대출	3,000,000원	상환일: 2026.4.25.
07001	백장섭	일시 사용자금 대출	4,000,000원	상환일: 2026.5.25.
합계			12,000,000원	

자료설명	회사는 직원 대출금에 대한 주.임.종단기채권을 종업원별로 관리하고 있다.
수행과제	거래처별 초기이월사항을 입력하시오.

실무수행

02 거래자료입력

실무프로세스 자료이다. [자료설명]을 참고하여 [수행과제]를 수행하시오.

① 3만원 초과 거래자료 입력

영 수 증 (공급받는자용)					
NO		(주)국제우산			귀하
공급자	사업자 등록번호	603-81-16391			
	상 호	(주)금화서비스	성명	이현진	
	사업장 소재지	서울특별시 강남구 역삼로 111			
	업 태	서비스업	종목	종합수리	
작성일자		공급대가총액		비고	
2025.3.3.		55,000			
공 급 내 역					
월/일	품명		수량	단가	금액
3/3	컴퓨터 수리				55,000
합 계		55,000			
위 금액을 (영수)청구)함					

자료 설명	사무실 컴퓨터를 수리하고 대금은 현금으로 지급하였다. 회사는 이 거래가 지출증명서류 미수취가산세 대상인지를 검토하려고 한다.
수행 과제	1. 거래자료를 입력하시오. (단, '수익적지출'로 처리할 것) 2. 영수증수취명세서 (2)와 (1) 서식을 작성하시오.

② 기타 일반거래

■ 보통예금(국민은행) 거래내역

		내용	찾으신금액	맡기신금액	잔액	거래점
번호	거래일	764502-01-047720 (주)국제우산				
1	2025-03-07	계약금	2,000,000		***	***

자료설명	(주)무지개우산에서 상품을 구입하기로 하고, 계약금 2,000,000원을 국민은행 보통예금 계좌에서 이체하여 지급하였다.
수행과제	거래자료를 입력하시오.

③ 증빙에 의한 전표입력

신 용 카 드 매 출 전 표

가 맹 점 명   서영중식 (02)345-8766
사업자번호   130-42-35528
대 표 자 명   이서영
주   소   서울특별시 서대문구 간호대로 12-6

우 리 카 드   신용승인
거 래 일 시   2025-04-10 20:08:04
카 드 번 호   8844-2211-****-49**
유 효 기 간   **/**
가맹점번호   87687393
매 입 사   신한카드(전자서명전표)

공 급 가 액   300,000원
부가가치세   30,000원
합   계   330,000원

20250410/10062411/00046160

자료설명	매출거래처 직원과 식사를 하고 대금을 결제한 후 받은 신용카드 매출전표이다.
수행과제	거래자료를 입력하시오.

4 기타 일반거래

산재보험료		2025 년 3 월	영수증(납부자용)

사 업 장 명	(주)국제우산		
사 용 자	서울특별시 서대문구 충정로7길 12 (충정로2가)		

납 부 자 번 호	5700000452	사 업 장 관 리 번 호	11087032130

납 부 할 보 험 료 (ⓐ+ⓑ+ⓒ+ⓓ+ⓔ)			270,000 원
납 부 기 한			2025.04.10. 까지

보 험 료	건 강 ⓐ	원	연 금 ⓒ	원
	장기요양 ⓑ	원	고 용 ⓓ	원
	소 계 (ⓐ+ⓑ)	원	산 재 ⓔ	270,000 원

납 기 후 금 액	270,270원	납 기 후 기 한	2025.4.30.까지

◉ 납부기한까지 납부하지 않으면 연체금이 부과됩니다.
※ 납부장소: 전 은행, 우체국, 농·수협(지역조합 포함), 새마을금고, 신협, 증권사, 산림조합중앙회, 인터넷지로(www.giro.or.kr)
※ 2D코드: GS25, 세븐일레븐, 미니스톱, 바이더웨이, 씨유에서 납부 시 이용.(우리·신한은행 현금카드만 수납가능)

2025 년 3 월 31 일

국민건강보험공단 이 사 장

수납인

자동이체 신청 납부자번호 :

자료설명	[4월 28일] 3월분 산재보험료 270,000원과 연체금 270원을 기업은행 보통예금 계좌에서 이체하여 납부하였다.
수행과제	거래자료를 입력하시오. (단, 산재보험료는 '보험료', 연체금은 '세금과공과금'으로 처리할 것)

5 약속어음의 할인

자료 1.

전 자 어 음

(주)국제우산 귀하   00420250320987654321

금 일천육백오십만원정   **16,500,000원**

위의 금액을 귀하 또는 귀하의 지시인에게 지급하겠습니다.

지급기일	2025년 6월 20일	발행일	2025년 3월 20일
지 급 지	국민은행	발행지 주 소	서울특별시 양천구 공항대로 530
지급장소	양천지점	발행인	(주)순양유통

자료 2. 당좌예금(국민은행) 거래내역

번호	거래일	내용	찾으신금액	맡기신금액	잔액	거래점
		계좌번호 112-088-123123 (주)국제우산				
1	2025-05-18	어음할인		16,335,000	***	***

자료설명	[5월 18일] (주)순양유통에서 받아 보관 중인 전자어음을 국민은행 서대문지점에서 할인받고, 할인료 165,000원을 차감한 잔액을 국민은행 당좌예금 계좌로 입금받았다.
수행과제	1. 거래자료를 입력하시오. (매각거래로 처리할 것) 2. 자금관련 정보를 입력하여 받을어음현황에 반영하시오. (할인기관은 '국민은행(당좌)'으로 할 것)

실무수행

03 부가가치세

부가가치세 신고 관련 자료이다. [자료설명]을 참고하여 [수행과제]를 수행하시오.

① 과세매출자료의 전자세금계산서 발행

전자세금계산서
(공급자 보관용)

공급자	등록번호	110-87-03213			공급받는자	등록번호	119-81-02126		
	상호	(주)국제우산	성명	이준서		상호	(주)지성마트	성명	김지성
	사업장 주소	서울특별시 서대문구 충정로7길 12 (충정로2가)				사업장 주소	서울특별시 강남구 강남대로 314 (역삼동, 서우빌딩)		
	업태	도소매업	종사업장번호			업태	도소매업	종사업장번호	
	종목	우산 외				종목	생활용품		

거래일자	미수금액	공급가액	세액	총 합계금액
2025.7.7.		5,000,000	500,000	5,500,000

NO	월	일	품목명	규격	수량	단가	공급가액	세액	합계
1	7	7	3단우산		1,000	5,000	5,000,000	500,000	5,500,000

자료설명	1. 상품을 판매하면서 발급한 거래명세서이다. 2. 계약금을 제외한 대금 잔액은 하나은행 보통예금 계좌로 입금받았다.
수행과제	1. 7월 5일 거래를 참고하여 매입매출자료를 입력하시오. 2. 전자세금계산서 발행 및 내역관리 를 통하여 발급 및 전송하시오. (전자세금계산서 발급 시 결제내역 및 전송일자는 고려하지 말 것)

② 매입거래

전자세금계산서 (공급자 보관용)										
공급자	등록번호	142-36-15766			공급받는자	등록번호	110-87-03213			
	상호	미래서점	성명 (대표자)	김주은		상호	(주)국제우산	성명 (대표자)	이준서	
	사업장 주소	서울특별시 서대문구 독립문공원길 99 (현저동)				사업장 주소	서울특별시 서대문구 충정로7길 12 (충정로2가)			
	업태	도소매업		종사업장번호		업태	도소매업		종사업장번호	
	종목	책, 잡화				종목	우산 외			
	E-Mail	jooeun@naver.com				E-Mail	korea@bill36524.com			

작성일자	2025.8.4.	공급가액	75,000	비 고	

월	일	품목명	규격	수량	단가	공급가액	비고
8	4	매출 텐션업		5	15,000	75,000	

합계금액	현금	수표	어음	외상미수금	이 금액을	○ 영수 ◉ 청구	함
75,000				75,000			

자료설명	영업부 업무관련 도서를 외상으로 구입하고 발급받은 전자계산서이다.
수행과제	매입매출자료를 입력하시오. (전자계산서 거래는 '전자입력'으로 입력할 것)

③ 매출거래

신용카드매출전표 카 드 종 류: 국민카드 회 원 번 호: 1007-0321-**11-9**0 거 래 일 시: 2025.09.12. 15:05:16 거 래 유 형: 신용승인 매　　출: 2,000,000원 부 가 세:　 200,000원 합　　계: 2,200,000원 결 제 방 법: 일시불 가맹점번호: 03211007 가맹점명: (주)국제우산 -이 하 생 략-	자료 설명	(주)지영아트에 신상품(자전거용 우산)을 판매하고 발급한 신용카드매출전표이다.
	수행 과제	매입매출자료를 입력하시오.

4 매입거래

신용카드매출전표 카드종류: 기업카드 회원번호: 5123-1**4-0211-65** 거래일시: 2025.10.02. 11:11:54 거래유형: 신용승인 매　　출: 240,000원 부 가 세: 24,000원 합　　계: 264,000원 결제방법: 일시불 승인번호: 32232154 은행확인: 기업은행 가맹점명: (주)수아기프트(220-81-12375) - 이 하 생 략 -	**자료 설명**　본사 직원에게 배부할 창립 기념일 선물(텀블러)을 구입하고 법인 신용카드로 결제하였다. **수행 과제**　매입매출자료를 입력하시오.

5 매입거래

전자세금계산서			(공급자 보관용)					**승인번호**			
공급자	등록번호	212-81-16327				공급받는자	등록번호	110-87-03213			
	상호	(주)법무법인 바른	성명 (대표자)	이나경			상호	(주)국제우산	성명 (대표자)	이준서	
	사업장 주소	서울특별시 강남구 강남대로 255 (도곡동)					사업장 주소	서울특별시 서대문구 충정로7길 12 (충정로2가)			
	업태	서비스업		종사업장번호			업태	도소매업		종사업장번호	
	종목	법률자문					종목	우산 외			
	E-Mail	nakyung@bill36524.com					E-Mail	korea@bill36524.com			
작성일자	2025.11.7.		공급가액	900,000			세액	90,000			
비고											

월	일	품목명	규격	수량	단가	공급가액	세액
11	7	등기대행 수수료				900,000	90,000

합계금액	현금	수표	어음	외상미수금	이 금액을	◉ 영수 ○ 청구	함
990,000	990,000						

자료설명	상품 보관창고를 건설하기 위해 취득한 토지의 등기대행 수수료에 대한 전자세금계산서를 수취하고 대금은 현금으로 지급하였다.
수행과제	매입매출자료를 입력하시오. ('자본적지출'로 처리하고, 전자세금계산서 거래는 '전자입력'으로 입력할 것)

⑥ 부가가치세신고서에 의한 회계처리

자료설명	제1기 예정 부가가치세 과세기간의 부가가치세 관련 거래자료는 입력되어 있다.
수행과제	제1기 예정 부가가치세신고서를 참고하여 3월 31일 부가가치세 납부세액(환급세액)에 대한 회계처리를 하시오. (단, 납부할 세액은 '미지급세금', 환급받을 세액은 '미수금'으로 회계처리하고, 거래처코드를 입력할 것.)

실무수행

04 결산

[결산자료]를 참고하여 결산을 수행하시오. (단, 제시된 자료 이외의 자료는 없다고 가정함)

① 수동결산 및 자동결산

자료설명	1. 장기차입금에 대한 기간경과분 이자 250,000원을 계상하였다. 2. 기말 상품재고액은 35,000,000원이다. 3. 이익잉여금처분계산서 처분 확정(예정)일 – 당기분: 2026년 2월 27일 – 전기분: 2025년 2월 27일
수행과제	1. 수동결산 또는 자동결산 메뉴를 이용하여 결산을 완료하시오. 2. 12월 31일을 기준으로 '손익계산서 → 이익잉여금처분계산서 → 재무상태표'를 순서대로 조회 작성하시오. (단, 이익잉여금처분계산서 조회 작성 시 '저장된 데이터 불러오기' → '아니오' 선택 → '전표추가'를 이용하여 '손익대체분개'를 수행할 것.)

평가문제

05 실무수행평가 62점

입력자료 및 회계정보를 조회하여 [평가문제]의 답안을 입력하시오.

─〈 평가문제 답안입력 유의사항 〉─

❶ 답안은 지정된 단위의 숫자로만 입력해 주십시오.
 * 한글 등 문자 금지

	정답	오답(예)
(1) 금액은 원 단위로 숫자를 입력하되, 천 단위 콤마(,)는 생략 가능합니다.	1,245,000 1245000	1.245.000 1,245,000원 1,245,0000 12,45,000 1,245천원

(1-1) 답이 0원인 경우 반드시 "0" 입력			
(1-2) 답이 음수(-)인 경우 숫자 앞에 " – " 입력			
(1-3) 답이 소수인 경우 반드시 " . " 입력			
(2) 질문에 대한 답안은 숫자로만 입력하세요.	4	04 4건, 4매, 4명 04건, 04매, 04명	
(3) 거래처 코드번호는 5자리 숫자로 입력하세요.	00101	101 00101번	

❷ 더존 프로그램에서 조회되는 자료를 복사하여 붙여넣기가 가능합니다.
❸ 수행과제를 올바르게 입력하지 않고 작성한 답과 모범답안이 다른 경우 오답처리됩니다.

번호	평가문제	배점
11	**평가문제 [회사등록 조회]** [회사등록] 관련 내용으로 옳지 않은 것은? ① 사업장 세무서는 '서대문'이다. ② 대표자명은 '이준서'이다. ③ 국세환급금이 입금되는 계좌는 '국민은행 서대문지점'이다. ④ 담당자메일주소는 'korea@hanmail.net'이다.	4
12	**평가문제 [거래처원장 조회]** 1월 말 '137.주.임.종단기채권' 계정의 거래처별 잔액이 옳지 않은 것은? ① 00123.정선아 5,000,000원 ② 00234.구재은 3,000,000원 ③ 00775.이재원 2,000,000원 ④ 07001.백장섭 6,000,000원	4
13	**평가문제 [거래처원장 조회]** 12월 말 '253.미지급금' 계정의 거래처별 잔액이 옳은 것은? ① 04008.하늘유통 110,220원 ② 04010.미래서점 175,000원 ③ 99602.기업카드 2,237,180원 ④ 99610.신한카드 290,000원	4
14	**평가문제 [거래처원장 조회]** 9월 말 국민카드(코드: 99601)의 '108.외상매출금' 잔액은 얼마인가?	3
15	**평가문제 [총계정원장 조회]** 3/4분기(7월~9월) 중 '401.상품매출'이 가장 많이 발생한 달은 몇 월인가?	3
16	**평가문제 [재무상태표 조회]** 12월 말 '현금' 잔액은 얼마인가?	3
17	**평가문제 [재무상태표 조회]** 12월 말 '선급금' 잔액은 얼마인가?	3
18	**평가문제 [재무상태표 조회]** 12월 말 '유형자산'의 잔액은 얼마인가?	3

19	**평가문제 [재무상태표 조회]** 12월 말 '선수금' 잔액은 얼마인가?	2
20	**평가문제 [재무상태표 조회]** 12월 말 '이월이익잉여금(미처분이익잉여금)' 잔액은 얼마인가? ① 350,899,370원 ② 411,283,600원 ③ 491,616,070원 ④ 548,925,600원	2
21	**평가문제 [손익계산서 조회]** 당기에 발생한 '판매비와관리비'의 계정별 금액이 옳지 않은 것은? ① 복리후생비 15,526,400원 ② 접대비(기업업무추진비) 7,680,500원 ③ 보험료 7,761,000원 ④ 도서인쇄비 508,000원	4
22	**평가문제 [손익계산서 조회]** 당기에 발생한 '영업외비용'의 계정별 금액이 가장 많은 계정과목의 코드번호를 기입하시오.	2
23	**평가문제 [영수증수취명세서 조회]** '영수증수취명세서(2)'의 3만원 초과 거래내역 중 거래금액이 가장 적은 계정과목의 코드번호를 기입하시오.	3
24	**평가문제 [부가가치세신고서 조회]** 제2기 예정신고기간 부가가치세신고서의 '과세_신용카드.현금영수증(3란)'의 금액은 얼마인가?	3
25	**평가문제 [부가가치세신고서 조회]** 제2기 확정신고기간 부가가치세신고서의 '그밖의공제매입세액(14란)_신용카드매출전표수취/일반(41란)' 금액은 얼마인가?	4
26	**평가문제 [부가가치세신고서 조회]** 제2기 확정신고기간 부가가치세신고서의 '공제받지못할매입세액(16란)'의 세액은 얼마인가?	3
27	**평가문제 [세금계산서합계표 조회]** 제2기 예정신고기간의 전자 매출세금계산서의 매수는 몇 매인가?	2
28	**평가문제 [계산서합계표 조회]** 제2기 예정신고기간의 전자 매입계산서의 공급가액은 얼마인가?	4
29	**평가문제 [예적금현황 조회]** 12월 말 은행별(계좌명) 예금 잔액으로 옳은 것은? ① 국민은행(당좌) 40,600,000원 ② 국민은행(보통) 225,156,400원 ③ 기업은행(보통) 31,585,970원 ④ 하나은행(보통) 27,000,000원	4
30	**평가문제 [받을어음현황 조회]** 만기일이 2025년에 도래하는 '받을어음' 보유금액은 얼마인가?	2
총점		**62**

평가문제

06 회계정보분석 8점

회계정보를 조회하여 [회계정보분석] 답안을 입력하시오.

31 재무상태표 조회 4점

유동비율이란 기업의 단기 지급능력을 평가하는 지표이다. 전기 유동비율은 얼마인가?
(단, 소숫점 이하는 버림할 것.)

$$
유동비율(\%) = \frac{유동자산}{유동부채} \times 100
$$

① 13%   ② 15%

③ 613%   ④ 659%

32 손익계산서 조회 4점

이자보상비율은 기업의 채무상환능력을 나타내는 지표이다. 전기분 이자보상비율은 얼마인가?

$$
이자보상비율(\%) = \frac{영업이익}{이자비용} \times 100
$$

① 1,007%   ② 1,584%

③ 2,210%   ④ 3,110%

65회 FAT 1급 기출문제(이론 + 실무)

※ 아래 문제에서 특별한 언급이 없으면 기업의 보고기간(회계기간)은 매년 1월 1일부터 12월 31일까지입니다. 또한 기업은 일반기업회계기준 및 관련 세법을 계속적으로 적용하고 있다고 가정하고 물음에 가장 합당한 답을 고르시기 바랍니다.

01 다음 중 재무제표의 표시에 대한 내용을 잘못 설명하고 있는 사람은?

재무제표에는 기업명, 보고기간종료일 또는 회계기간, 보고통화 및 금액단위를 기재해야 합니다. 희영

자산과 부채는 원칙적으로 상계하여 표시해야 하고 예외적으로 상계하지 않을 수 있습니다. 상철

재무제표 이용자에게 오해를 줄 염려가 없는 경우에는 금액을 천원이나 백만원 단위 등으로 표시할 수 있습니다. 동연

재무제표의 기간별 비교가능성을 높이기 위하여 전기 재무제표의 정보를 당기와 비교하는 형식으로 표시해야 합니다. 윤우

① 희영   ② 상철
③ 동연   ④ 윤우

02 다음 중 매도가능증권에 대한 평가이익이 재무제표에 미치는 영향으로 옳은 것은?

가. 자본의 증가	나. 영업이익의 증가
다. 영업외수익의 증가	라. 기타포괄손익누계액의 증가

① 가, 다   ② 나, 다
③ 가, 라   ④ 다, 라

03 (주)한공은 연령분석법을 적용하여 매출채권에 대한 대손예상액을 산출하고 있다. 매출채권 연령별 금액이 다음과 같을 때, 결산 후 재무상태표에 표시될 대손충당금은 얼마인가? (결산 전 대손충당금 잔액은 120,000원이다.)

매출채권 연령	금액	추정대손율
3개월 이내	600,000원	5%
3개월~6개월	300,000원	10%
6개월 초과	200,000원	40%
계	1,100,000원	–

① 20,000원
② 100,000원
③ 120,000원
④ 140,000원

04 다음은 직원이 제출한 출장완료 보고서의 일부이다. 해당 보고서상 사용내역을 회계처리할 때 나타나는 계정과목이 아닌 것은?

출장완료 보고서

1. 출장목적 : 대구지사와 매출거래처 방문
2. 출장기간 : 2025년 7월 6일부터 2025년 7월 8일까지
3. 사용내역 (단위 : 원)

구분	운임	숙박비	직원 회식대	매출거래처 선물대	계
금액	100,000	150,000	300,000	50,000	600,000

① 여비교통비
② 기부금
③ 복리후생비
④ 접대비(기업업무추진비)

05 다음 자료를 토대로 기말상품재고액을 계산하면 얼마인가?

• 순매출액	5,000,000원	• 기초상품재고액	500,000원
• 순매입액	4,000,000원	• 매출총이익	800,000원

① 200,000원
② 300,000원
③ 500,000원
④ 700,000원

06 다음은 (주)한공의 기계장치 관련 자료이다. 2024년과 2025년의 감가상각비는 얼마인가?

- 2024년 1월 1일 기계장치를 10,000,000원에 취득하였다.
- 내용연수는 5년이고, 감가상각은 정률법(상각률 45%)을 적용한다.

	2024년	2025년
①	2,000,000원	2,000,000원
②	3,000,000원	3,500,000원
③	4,500,000원	4,500,000원
④	4,500,000원	2,475,000원

07 다음 중 당기순이익을 증가시키는 결산정리사항이 아닌 것은?

① 전액 비용으로 처리한 보험료 중 선급분 계상
② 전액 수익으로 인식한 이자수익 중 선수분 계상
③ 기간 경과한 임대료 미수분 계상
④ 전액 비용으로 처리한 소모품비 중 소모품미사용액 계상

08 다음 중 부가가치세법상 사업자등록에 대한 설명으로 옳지 않은 것은?

① 사업자는 사업장마다 사업개시일부터 20일 이내에 사업자등록을 신청하는 것이 원칙이다.
② 신규로 사업을 시작하는 경우 사업개시일 이전에는 사업자등록을 신청할 수 없다.
③ 사업자등록은 전국 모든 세무서에서 신청 가능하다.
④ 상호를 변경하는 경우 사업자는 변경사항을 적은 사업자등록 정정신고서를 세무서장에게 제출하여야 한다.

09 다음 중 부가가치세법상 재화의 공급에 대하여 바르게 설명하고 있는 사람은?

① 영환
② 정민
③ 규헌
④ 정원

10 다음은 제조업을 영위하는 일반과세자 (주)한공의 2025년 제2기 예정신고기간의 매입세액 내역이다. 공제 가능한 매입세액은 얼마인가? 단, 세금계산서는 적법하게 수취하였고, 매입세액을 공제받기 위한 절차를 모두 이행하였다.

가. 원재료 구입 관련 매입세액	5,000,000원
나. 공장부지 조성을 위한 지출 관련 매입세액	500,000원
다. 거래처 접대용품 구입 관련 매입세액	300,000원
라. 종업원 명절선물(과세재화) 구입 관련 매입세액	200,000원

① 5,200,000원
② 5,300,000원
③ 5,500,000원
④ 6,000,000원

┼ 실무수행평가 ┼

※ (주)샤방가방(회사코드 3165)은 가방 등을 도·소매하는 법인으로 회계기간은 제6기(2025.1. 1. ~ 2025.12.31.)이다. 제시된 자료와 [자료설명]을 참고하여 [수행과제]를 완료하고 [평가문제]의 물음에 답하시오.

──────〈실무수행 유의사항〉──────

1. 부가가치세 관련거래는 [매입매출전표입력]메뉴에 입력하고, 부가가치세 관련 없는 거래는 [일반전표입력]메뉴에 입력한다.
2. 타계정 대체액과 관련된 적요는 반드시 코드를 입력하여야 한다.
3. 채권·채무, 예금거래 등 관리대상 거래자료에 대하여는 거래처코드를 반드시 입력한다.
4. 자금관리 등 추가 작업이 필요한 경우 문제의 요구에 따라 추가 작업하여야 한다.
5. 판매비와 관리비는 800번대 계정코드를 사용한다.
6. 등록된 계정과목 중 가장 적절한 계정과목을 선택한다.

실무수행

01 기초정보관리의 이해

회계관련 기초정보는 입력되어 있다. [자료설명]을 참고하여 [수행과제]를 수행하시오.

1 사업자등록증에 의한 거래처등록 수정

자료 설명	매출거래처 (주)하늘가방 (코드번호: 01007)의 담당자메일주소가 변경되어 사업자등록증을 영업사원으로부터 전달 받았다.
수행 과제	사업자등록증을 참고하여 변경사항을 수정하시오.

사 업 자 등 록 증
(법인사업자)
등록번호: 113-86-35018

상 호: (주)하늘가방
대 표 자 명: 이승현
개 업 년 월 일: 2010년 5월 3일
법 인 등 록 번호: 110111-0717839
사업장 소재지: 서울특별시 서대문구 충정로7길12
(충정로2가)

사 업 의 종 류: 업태 도소매업 종목 가방

교 부 사 유: 정정교부

사업자단위과세 적용사업자여부: 여( ) 부(✓)
전자세금계산서 전용 메일주소: sky@bill36524.com

2025년 2월 3일

서대문 세무서장

② 계정과목추가 및 적요등록 수정

자료설명	회사는 '294.임대보증금' 계정과목을 '294.장기임대보증금'으로 사용하고자 한다.
수행과제	계정과목을 수정하고, 표준재무제표항목의 표준코드를 등록하시오. (표준코드: 326.장기임대보증금)

실무수행

02 거래자료입력

실무프로세스 자료이다. [자료설명]을 참고하여 [수행과제]를 수행하시오.

① 3만원 초과 거래자료 입력

<table><tr><td>

영 수 증

2025/01/09

스마트광고　　　Tel. (02)222-6110
서울특별시 구로구 디지털로 217 (구로동)
214-12-45123　　성명: 심기재

품목	수량	단가	금액
마우스패드	100	800	80,000

합계 : 80,000원
감사합니다.

</td><td>

자료 설명	홍보목적으로 불특정 다수에게 나누어 줄 마우스패드를 구입하고, 대금은 현금으로 지급하였다. 회사는 이 거래가 지출증명서류미수취가산세 대상인지를 검토하려고 한다.
수행 과제	1. 거래자료를 입력하시오. 2. 영수증수취명세서(2)와 (1)서식을 작성하시오.

</td></tr></table>

② 증빙에 의한 전표입력

<table><tr><td>

신 용 카 드 매 출 전 표

가 맹 점 명　(주)도자기천국
　　　　　　(02)512-4451
사 업 자 번 호　118-81-12975
대 표 자 명　박 새 벽
주　　　　소　서울특별시 서대문구
　　　　　　간호대로 12-6

삼 성 카 드　　　　　　신용승인
거 래 일 시　2025-02-01　19:08:04
카 드 번 호　8449-2210-****-32**
가 맹 점 번 호　　　　　45451124
매 입 사　삼성카드(전자서명전표)
품　　　명　머그잔 세트(4P)

공 급 가 액　　　　　40,000원
부 가 가 치 세　　　　4,000원
합　　　계　　　　　44,000원

</td><td>

자료 설명	매출거래처에 선물할 머그잔 세트를 구입하고 받은 신용카드 매출전표이다.
수행 과제	거래자료를 입력하시오.

</td></tr></table>

③ 기타 일반거래

자료 1.

고용보험료	2025 년 2 월	영수증(납부자용)

사 업 장 명	(주)샤방가방		
사 용 자	서울특별시 강남구 강남대로 252 (도곡동)		
납 부 자 번 호	5700000123	사 업 장 관 리 번 호	22081032170
납 부 할 보 험 료 (ⓐ+ⓑ+ⓒ+ⓓ+ⓔ)			270,000 원
납 부 기 한			2025.03.10. 까지

보험료	건 강 ⓐ	원	연금 ⓒ	원
	장 기 요 양 ⓑ	원	고용 ⓓ	270,000 원
	소계 (ⓐ+ⓑ)	270,000 원	산재 ⓔ	원

납 기 후 금 액	273,500원	납 기 후 기 한	2025.3.31.까지

◉ 납부기한까지 납부하지 않으면 연체금이 부과됩니다.

※ 납부장소: 전 은행, 우체국, 농·수협(지역조합 포함), 새마을금고, 신협, 증권사, 산림조합중앙회, 인터넷지로(www.giro.or.kr)
※ 2D코드: GS25, 세븐일레븐, 미니스톱, 바이더웨이, 씨유에서 납부 시 이용.(우리·신한은행 현금카드만 수납가능)

2025 년 2 월 20 일

자료 2. 보통예금(신한은행) 거래내역

번호	거래일	내용	찾으신금액	맡기신금액	잔액	거래점
		계좌번호 112-088-654321 (주)샤방가방				
1	2025-03-10	고용보험료	270,000		***	***

자료설명	[3월 10일] 1. 2월 급여 지급분에 대한 고용보험료를 납부기한일에 신한은행 보통예금 계좌에서 이체하여 납부하였다. 2. 고용보험료 중 135,000원은 급여 지급 시 원천징수한 금액이며, 135,000원은 회사 부담분이다. 3. 당사는 회사부담분을 '복리후생비'로 처리하고 있다.
수행과제	거래자료를 입력하시오.

4 약속어음의 수취거래

자료 1.

전 자 어 음	
(주)샤방가방 귀하	00420250410123456789

금 삼천만원정 **30,000,000원**

위의 금액을 귀하 또는 귀하의 지시인에게 지급하겠습니다.

지급기일	2025년 7월 10일	발행일	2025년 4월 10일
지 급 지	국민은행	발행지	서울특별시 강남구 강남대로 552
지급장소	강남지점	주 소	
		발행인	(주)제일가방

자료 2. 보통예금(국민은행) 거래내역

		내용	찾으신금액	맡기신금액	잔액	거래점
번호	거래일	계좌번호 096-25-0096-751 (주)샤방가방				
1	2025-04-10	외상대금		3,000,000	***	***

자료설명	[4월 10일] (주)제일가방의 외상매출대금 중 3,000,000원은 국민은행 보통예금 통장으로 입금받고, 나머지 금액은 어음으로 수취하였다.
수행과제	1. 거래자료를 입력하시오. 2. 자금관련정보를 입력하여 받을어음현황에 반영하시오.

5 약속어음의 만기결제

자료 1.

전 자 어 음	
(주)수연유통 귀하	00420250315123456789

금 일천삼백이십만원정 **13,200,000원**

위의 금액을 귀하 또는 귀하의 지시인에게 지급하겠습니다.

지급기일	2025년 5월 15일	발행일	2025년 3월 15일
지 급 지	국민은행	발행지	서울특별시 강남구 강남대로
지급장소	강남지점	주 소	252 (도곡동)
		발행인	(주)샤방가방

자료 2. 당좌예금(국민은행) 거래내역

번호	거래일	내용	찾으신금액	맡기신금액	잔액	거래점
		계좌번호 096-24-0094-789 (주)샤방가방				
1	2025-05-15	어음만기	13,200,000		***	***

자료설명	상품 구입대금으로 발행한 어음의 만기일이 도래하여 국민은행 당좌예금 계좌에서 출금되었다.
수행과제	1. 거래자료를 입력하시오. 2. 자금관련정보를 입력하여 지급어음현황에 반영하시오.

실무수행

03 부가가치세

부가가치세 신고 관련 자료이다. [자료설명]을 참고하여 [수행과제]를 수행하시오.

1 과세매출자료의 전자세금계산서 발행

거래명세서 (공급자 보관용)

공급자	등록번호	220-81-03217			공급받는자	등록번호	130-81-17456		
	상호	(주)샤방가방	성명	이한진		상호	(주)소라유통	성명	이용빈
	사업장주소	서울특별시 강남구 강남대로 252 (도곡동)				사업장주소	서울특별시 영등포구 63로 36-2		
	업태	도소매업	종사업장번호			업태	도소매업	종사업장번호	
	종목	가방외				종목	잡화		

거래일자	미수금액	공급가액	세액	총 합계금액
2025.4.7.		1,296,000	129,600	1,425,600

NO	월	일	품목명	규격	수량	단가	공급가액	세액	합계
1	4	7	남성 백팩		20	64,800	1,296,000	129,600	1,425,600

자료설명	(주)소라유통에 상품을 외상으로 공급하고 발급한 거래명세서이다.
수행과제	1. 매입매출자료를 입력하시오. 2. 전자세금계산서 발행 및 내역관리 를 통하여 발급 및 전송하시오. (전자세금계산서 발급시 결제내역 및 전송일자는 고려하지 말 것.)

② 매출거래

전자계산서 (공급자 보관용)					승인번호			

공급자	등록번호	220-81-03217			공급받는자	등록번호	214-81-09142		
	상호	(주)샤방가방	성명 (대표자)	이한진		상호	(주)슬금비서적	성명 (대표자)	박민규
	사업장 주소	서울특별시 강남구 강남대로 252 (도곡동)				사업장 주소	서울특별시 서초구 효령로12길 5		
	업태	도소매업	종사업장번호			업태	도소매업	종사업장번호	
	종목	가방외				종목	책		
	E-Mail	gabang@hanmail.net				E-Mail	soorin@naver.com		

작성일자	2025.5.12.	공급가액	1,200,000	비 고	

월	일	품목명	규격	수량	단가	공급가액	비고
5	12	월간 패션		100	12,000	1,200,000	

합계금액	현금	수표	어음	외상미수금	이 금액을	◉ 영수 ○ 청구	함
1,200,000		1,200,000					

자료설명	면세상품(잡지)을 판매하고 발급한 전자계산서이며, 대금은 전액 자기앞수표로 받았다. (본 문제에 한하여 과세사업과 면세사업을 겸영한다고 가정할 것.)
수행과제	매입매출자료를 입력하시오. (전자계산서 거래는 '전자입력'으로 입력할 것.)

③ 매출거래

신용카드매출전표

카드종류: 기업카드
회원번호: 5585-3737-****-5**2
거래일시: 2025.05.31. 14:05:16
거래유형: 신용승인
과세금액: 320,000원
부가세 : 32,000원
합 계: 352,000원
결제방법: 일시불
승인번호: 26765397
은행확인: 기업은행

가맹점명: (주)샤방가방
가맹점번호: 55721112

- 이 하 생 략 -

자료 설명	개인소비자(신지희)에게 상품 (핸드백)을 판매하고 발급한 신 용카드 매출전표이다.
수행 과제	매입매출자료를 입력하시오.

4 매입거래

전자세금계산서			(공급받는자 보관용)				승인번호		
공급자	등록번호	602-86-00004				공급받는자	등록번호	220-81-03217	
	상호	형제스포츠(주)	성명 (대표자)	박진형			상호	(주)샤방가방	성명 (대표자)	이한진
	사업장 주소	부산광역시 연제구 중앙대로 1028 (연산동)					사업장 주소	서울특별시 강남구 강남대로 252 (도곡동)	
	업태	도소매업		종사업장번호			업태	도소매업		종사업장번호
	종목	스포츠용품					종목	가방외	
	E-Mail	park@naver.com					E-Mail	gabang@hanmail.net	
작성일자		2025.6.8.		공급가액		2,500,000		세액	250,000
비고									

월	일	품목명	규격	수량	단가	공급가액	세액	비고
6	8	산악자전거		1	2,500,000	2,500,000	250,000	

합계금액	현금	수표	어음	외상미수금	이 금액을	○ 영수 ● 청구	함
2,750,000				2,750,000			

자료설명	대표이사(이한진)가 개인 레저용으로 사용할 산악자전거를 외상으로 구입하고 받은 세금계산서이다. (단, '가지급금'으로 처리할 것.)
수행과제	매입매출자료를 입력하시오. (전자세금계산서 거래는 '전자입력'으로 입력할 것.)

5 매출거래

전자세금계산서			(공급자 보관용)				승인번호		
공급자	등록번호	220-81-03217				공급받는자	등록번호	211-81-75191	
	상호	(주)샤방가방	성명	이한진			상호	(주)남도자동차	성명 (대표자)	양승일
	사업장 주소	서울특별시 강남구 강남대로 252 (도곡동)					사업장 주소	서울특별시 강남구 강남대로 246 (도곡동, 다림빌딩)	
	업태	도소매업		종사업장번호			업태	도소매업		종사업장번호
	종목	가방외					종목	중고차매매	
	E-Mail	gabang@hanmail.net					E-Mail	namdo@bill36524.com	
작성일자		2025.6.23.		공급가액		15,000,000		세액	1,500,000
비고									

월	일	품목명	규격	수량	단가	공급가액	세액	비고
6	23	승용차				15,000,000	1,500,000	

합계금액	현금	수표	어음	외상미수금	이 금액을	○ 영수 ● 청구	함
16,500,000				16,500,000			

자료설명	1. 업무에 사용하는 승용차를 매각하고 발급한 전자세금계산서이다. 2. 매각전의 자산내역 | 계정과목	자산명	기초가액	감가상각누계액
차량운반구	승용차	20,000,000원	5,000,000원 | 3. 매각대금은 말일에 받기로 하였다. (단, 주어진 자료를 이용하고, 매각일까지의 감가상각비는 고려하지 말 것.)
---	---
수행과제	매입매출자료를 입력하시오. (전자세금계산서 거래는 '전자입력'으로 입력할 것.)

6 부가가치세신고서에 의한 회계처리

■ 보통예금(신한은행) 거래내역

번호	거래일	내용	찾으신금액	맡기신금액	잔액	거래점
		계좌번호 112-088-654321 (주)샤방가방				
1	2025-04-25	역삼세무서	4,918,000		***	***

자료설명	제1기 예정 부가가치세를 신한은행 보통예금 계좌에서 이체하여 납부하였다.
수행과제	3월 31일에 입력된 일반전표를 참고하여 납부세액에 대한 회계처리를 하시오. (단, 거래처 코드를 입력할 것.)

실무수행

04 결산

[결산자료]를 참고하여 결산을 수행하시오. (단, 제시된 자료 이외의 자료는 없다고 가정함)

1 수동결산 및 자동결산

자료설명	1. 기말 현재 장기차입금의 유동성대체를 위한 내역은 다음과 같다. | 항목	금액	발생일	만기일	비고

장기차입금(국민은행(차입금))	50,000,000원	2024.09.01.	2026.08.31.	만기 일시상환 |
				
				2. 기말 상품재고액은 45,000,000원이다.
				3. 이익잉여금처분계산서 처분 확정(예정)일
				  - 당기분: 2026년 2월 27일
				  - 전기분: 2025년 2월 27일

---	---
수행과제	1. 수동결산 또는 자동결산 메뉴를 이용하여 결산을 완료하시오. 2. 12월 31일을 기준으로 '손익계산서 → 이익잉여금처분계산서 → 재무상태표'를 순서대로 조회 작성하시오. (단, 이익잉여금처분계산서 조회 작성 시 '저장된 데이터 불러오기' → '아니오' 선택 → '전표추가'를 이용하여 '손익대체분개'를 수행할 것.)

평가문제

05 실무수행평가 62점

입력자료 및 회계정보를 조회하여 [평가문제]의 답안을 입력하시오.

─── 〈 평가문제 답안입력 유의사항 〉───

❶ 답안은 지정된 단위의 숫자로만 입력해 주십시오.
　*한글 등 문자 금지

	정답	오답(예)
(1) 금액은 원 단위로 숫자를 입력하되, 천 단위 콤마(,)는 생략 가능합니다.	1,245,000 1245000	1.245.000 1,245,000원 1,245,0000 12,45,000 1,245천원
(1-1) 답이 0원인 경우 반드시 "0" 입력 (1-2) 답이 음수(-)인 경우 숫자 앞에 "-" 입력 (1-3) 답이 소수인 경우 반드시 " . " 입력		
(2) 질문에 대한 답안은 숫자로만 입력하세요.	4	04 4건, 4매, 4명 04건, 04매, 04명
(3) 거래처 코드번호는 5자리 숫자로 입력하세요.	00101	101 00101번

❷ 더존 프로그램에서 조회되는 자료를 복사하여 붙여넣기가 가능합니다.
❸ 수행과제를 올바르게 입력하지 않고 작성한 답과 모범답안이 다른 경우 오답처리됩니다.

번호	평가문제	배점
11	평가문제 [거래처등록 조회] [거래처등록] 관련 내용으로 옳지 않은 것은? ① (주)하늘가방(코드: 01007)의 대표자명은 '이승현'이다. ② '카드거래처'는 모두 6곳이다. ③ 금융거래처 중 '차입금'과 관련된 거래처는 1곳이다. ④ (주)하늘가방(코드: 01007)의 담당자메일주소는 'star@bill36524.com'이다.	4
12	평가문제 [계정과목및적요등록 조회] '294.장기임대보증금'의 표준코드 번호를 기입하시오.	4
13	평가문제 [일/월계표 조회] 2/4분기(4월~6월) '외상매출금' 증가액(차변 합계)은 얼마인가?	2
14	평가문제 [합계잔액시산표 조회] 6월 말 '미수금' 잔액은 얼마인가?	3

15	평가문제 [합계잔액시산표 조회] 12월 말 '가지급금' 잔액은 얼마인가?	3
16	평가문제 [합계잔액시산표 조회] 12월 말 '유동성장기부채' 잔액은 얼마인가?	3
17	평가문제 [지급어음현황 조회] 만기일이 2025년에 도래하는 '지급어음'의 미결제 금액은 얼마인가?	3
18	평가문제 [받을어음현황 조회] 만기일이 2025년에 도래하는 '받을어음'의 보유 금액은 얼마인가?	3
19	평가문제 [재무상태표 조회] 12월 말 '차량운반구'의 장부금액(취득원가-감가상각누계액)은 얼마인가?	3
20	평가문제 [재무상태표 조회] 12월 말 '부채'에 속하는 계정별 잔액으로 옳은 것은? ① 미지급금 154,753,140원 ② 예수금 1,379,130원 ③ 미지급세금 4,918,000원 ④ 장기차입금 50,000,000원	4
21	평가문제 [재무상태표 조회] 12월 말 '이월이익잉여금(미처분이익잉여금)' 잔액은 얼마인가? ① 550,127,500원 ② 553,127,249원 ③ 611,616,070원 ④ 719,011,029원	2
22	평가문제 [손익계산서 조회] 당기에 발생한 '상품매출원가' 금액은 얼마인가?	3
23	평가문제 [손익계산서 조회] 당기에 발생한 '판매비와관리비' 중 계정별 금액이 옳지 않은 것은? ① 급여 137,433,000원 ② 복리후생비 17,547,200원 ③ 접대비(기업업무추진비) 26,207,900원 ④ 광고선전비 18,156,200원	4
24	평가문제 [영수증수취명세서 조회] '영수증수취명세서(2)'의 3만원 초과 거래 중 금액이 가장 적은 계정과목의 계정코드를 기입하시오.	3
25	평가문제 [부가가치세신고서 조회] 제1기 확정신고기간 부가가치세신고서의 '과세_신용카드.현금영수증(3란)'의 금액은 얼마인가?	3
26	평가문제 [부가가치세신고서 조회] 제1기 확정신고기간 부가가치세신고서의 '공제받지못할매입세액(16란)'의 세액은 얼 마인가?	2
27	평가문제 [부가가치세신고서 조회] 제1기 확정신고기간 부가가치세신고서의 '그밖의공제매입세액(14란)_신용매출전표 수취/일반(41란)'의 금액은 얼마인가?	3

28	**평가문제 [세금계산서합계표 조회]** 제1기 확정신고기간의 전자매출세금계산서 부가세(세액)는 얼마인가?	3
29	**평가문제 [계산서합계표 조회]** 제1기 확정신고기간 전자매출계산서 중 사업자에게 발급한 매수는 몇 매인가?	3
30	**평가문제 [예적금현황 조회]** 12월 말 은행별(계좌명) 예금 잔액으로 옳은 것은? ① 국민은행(당좌) 42,250,000원 ② 신한은행(보통) 480,076,560원 ③ 하나은행(보통) 20,000,000원 ④ 국민은행(보통) 44,905,000원	4
	총점	62

PART 03

평가문제

06 회계정보분석 8점

회계정보를 조회하여 [회계정보분석] 답안을 입력하시오.

31 재무상태표 조회 4점

부채비율이란 기업의 부채와 자본 간의 관계를 나타내는 대표적인 안정성 지표이다. 전기 부채비율을 계산하면 얼마인가? (단, 소숫점 이하는 버림할 것.)

$$부채비율(\%) = \frac{부채총계}{자본총계} \times 100$$

① 38%　　　　　　　② 48%
③ 62%　　　　　　　④ 159%

32 손익계산서 조회 4점

영업이익률은 기업경영활동 성과를 총괄적으로 보여주는 대표적인 지표이다. 전기 영업이익률을 계산하면 얼마인가? (단, 소숫점 이하는 버림할 것.)

$$영업이익률(\%) = \frac{영업이익}{매출액} \times 100$$

① 17%　　　　　　　② 20%
③ 27%　　　　　　　④ 29%

66회 FAT 1급 기출문제(이론 + 실무)

※ 아래 문제에서 특별한 언급이 없으면 기업의 보고기간(회계기간)은 매년 1월 1일부터 12월 31일까지입니다. 또한 기업은 일반기업회계기준 및 관련 세법을 계속적으로 적용하고 있다고 가정하고 물음에 가장 합당한 답을 고르시기 바랍니다.

01 다음 중 이 과장의 답변에서 알 수 있는 거래 분석으로 옳은 것은?

김 부장: (주)한공에 대한 외상매입금을 언제 지급했습니까?

이 과장: 방금 전 보통예금계좌에서 이체했습니다.

① (차) 부채의 감소 (대) 자산의 증가
② (차) 부채의 감소 (대) 자산의 감소
③ (차) 자산의 감소 (대) 부채의 증가
④ (차) 자산의 감소 (대) 부채의 감소

02 다음 중 재무상태표 구성항목에 대한 설명으로 옳지 않은 것은?

① 자산과 부채는 총액으로 표시하는 것이 원칙이다.
② 자산과 부채는 유동성이 큰 항목부터 배열한다.
③ 자산은 유동자산과 비유동자산으로 구분한다.
④ 잉여금은 주주와의 거래에서 발생한 이익잉여금과 영업활동에서 발생한 자본잉여금으로 구분 한다

03 다음 자료를 토대로 (주)한공의 2025년 12월 31일 매출채권 금액을 계산하면 얼마인가?

• 기초 매출채권	600,000원
• 2025년도 매출액	1,400,000원
• 2025년 중 현금매출액	300,000원
• 2025년 중 매출채권회수액	1,300,000원

① 300,000원   ② 400,000원

③ 500,000원   ④ 600,000원

04 다음 중 유동자산으로 분류할 수 없는 것은?

① 선급비용   ② 매출채권

③ 상품   ④ 장기대여금

05 다음 자료를 토대로 도소매업을 영위하는 (주)한공의 판매비와관리비를 계산하면 얼마인가?

급여	2,000,000원	퇴직급여	500,000원
복리후생비	600,000원	대손상각비	300,000원
임차료	100,000원	이자비용	250,000원
기부금	200,000원	접대비(기업업무추진비)	270,000원

① 3,770,000원   ② 3,970,000원   ③ 4,020,000원   ④ 4,220,000원

06 다음 중 손익계산서의 당기손익으로 보고되지 않는 것은?

① 단기매매증권평가손익   ② 단기매매증권처분손익

③ 매도가능증권평가손익   ④ 매도가능증권처분손익

07 (주)한공의 2025년 결산 정리사항 반영 전 당기순이익은 200,000원이다. 다음 결산정리사항을 반영한 후 당기순이익은 얼마인가?

• 당기발생분 이자수익 20,000원에 대한 미수수익을 인식하지 아니함
• 12월 급여 미지급분 30,000원을 인식하지 아니함

① 170,000원   ② 180,000원

③ 190,000원   ④ 210,000원

08 다음 중 세금계산서를 발급할 수 있는 경우는?

① 컴퓨터 제조업자가 컴퓨터를 공급하는 경우
② 미용업자가 미용용역을 공급하는 경우
③ 택시운송사업자가 택시운송용역을 공급하는 경우
④ 목욕탕을 운영하는 사업자가 목욕용역을 공급하는 경우

09 다음 중 부가가치세 과세거래에 해당하는 것을 모두 고르면?

> 가. 세금을 사업용 자산으로 물납하는 경우
> 나. 업무용 소형승용차를 중고차 매매상에게 유상으로 처분하는 경우
> 다. 양도담보의 목적으로 부동산을 제공하는 경우
> 라. 상표권을 유상으로 양도하는 경우

① 가, 다   ② 나, 다
③ 나, 라   ④ 가, 라

10 다음은 (주)한공의 2025년 제2기 부가가치세 확정신고기간의 자료이다. 이를 토대로 부가가치세 과세표준을 계산하면 얼마인가? 단, 주어진 자료의 금액은 부가가치세가 포함되어 있지 않은 금액이며, 세금계산서 등 필요한 증빙서류는 적법하게 발급하였다.

가. 외상판매액(수출액 2,000,000원 포함)	12,000,000원
나. 할부판매액	5,200,000원
다. 토지매각액	10,500,000원
라. 담보제공액	6,000,000원

① 15,200,000원   ② 17,200,000원
③ 27,700,000원   ④ 33,700,000원

✦ 실무수행평가 ✦

※ (주)케이푸드(회사코드 3166)는 전통식품을 도·소매하는 법인으로 회계기간은 제5기(2025.1. 1. ～ 2025.12.31.)이다. 제시된 자료와 [자료설명]을 참고하여 [수행과제]를 완료하고 [평가문제]의 물음에 답하시오.

─────〈실무수행 유의사항〉─────

1. 부가가치세 관련거래는 [매입매출전표입력]메뉴에 입력하고, 부가가치세 관련 없는 거래는 [일반전표입력]메뉴에 입력한다.
2. 타계정 대체액과 관련된 적요는 반드시 코드를 입력하여야 한다.
3. 채권·채무, 예금거래 등 관리대상 거래자료에 대하여는 거래처코드를 반드시 입력한다.
4. 자금관리 등 추가 작업이 필요한 경우 문제의 요구에 따라 추가 작업하여야 한다.
5. 판매비와 관리비는 800번대 계정코드를 사용한다.
6. 등록된 계정과목 중 가장 적절한 계정과목을 선택한다.

실무수행

01 기초정보관리의 이해

회계관련 기초정보는 입력되어 있다. [자료설명]을 참고하여 [수행과제]를 수행하시오.

1 사업자등록증에 의한 거래처등록 수정

사 업 자 등 록 증 (법인사업자) 등록번호: 127-81-15151 상　　　　호: (주)해피식품 대 표 자 명: 홍수빈 개 업 년 월 일: 2014년 1월 2일 법 인 등 록 번 호: 110111-0634752 사업장 소재지: 경기도 의정부시 녹양로 87 사 업 의 종 류: 업태 도소매업 　종목 건강식품 교 부 사 유: 정정 사업자단위과세 적용사업자여부: 여(　) 부(✓) 전자세금계산서 전용 메일주소: happy@naver.com 2025년 1월 5일 의정부 세무서장 (인) 국세청	**자료 설명** (주)해피식품의 변경된 사업자등록증 사본을 받았다.
	수행 과제 사업자등록증의 변경내용을 확인하여 대표자명과 담당자 메일주소를 수정하시오.

② 전기분 손익계산서의 입력수정

손익계산서

제4(당)기 2024년 1월 1일부터 2024년 12월 31일까지
(주)케이푸드　　　제3(전)기 2023년 1월 1일부터 2023년 12월 31일까지　　　　　(단위: 원)

과목	제4(당)기		제3(전)기	
	금액		금액	
Ⅰ. 매　출　액		600,000,000		280,000,000
상 품 매 출	600,000,000		280,000,000	
Ⅱ. 매　출　원　가		320,000,000		165,000,000
상 품 매 출 원 가		320,000,000		165,000,000
기 초 상 품 재 고 액	25,000,000		5,000,000	
당 기 상 품 매 입 액	385,000,000		185,000,000	
기 말 상 품 재 고 액	90,000,000		25,000,000	
Ⅲ. 매　출　총　이　익		280,000,000		115,000,000
Ⅳ. 판 매 비 와 관 리 비		132,980,000		58,230,000
급　　　　　여	82,300,000		30,800,000	
복 리 후 생 비	10,100,000		2,100,000	
여 비 교 통 비	3,500,000		1,500,000	
접대비(기업업무추진비)	5,200,000		2,400,000	
통　신　비	2,800,000		3,200,000	
세 금 과 공 과 금	2,300,000		2,800,000	
감 가 상 각 비	5,900,000		4,000,000	
보　험　료	1,840,000		700,000	
차 량 유 지 비	8,540,000		2,530,000	
교 육 훈 련 비	4,900,000		5,400,000	
광 고 선 전 비	800,000		2,300,000	
건 물 관 리 비	4,800,000		500,000	
Ⅴ. 영　업　이　익		147,020,000		56,770,000
Ⅵ. 영 업 외 수 익		3,200,000		2,100,000
이 자 수 익	3,200,000		2,100,000	
Ⅶ. 영 업 외 비 용		4,800,000		2,400,000
이 자 비 용	4,800,000		2,400,000	
Ⅷ. 법인세차감전순이익		145,420,000		56,470,000
Ⅸ. 법　인　세　등		5,000,000		2,000,000
법 인 세 등	5,000,000		2,000,000	
Ⅹ. 당 기 순 이 익		140,420,000		54,470,000

자료설명	(주)케이푸드의 전기(제4기)분 재무제표는 입력되어 있다.
수행과제	1. [전기분 손익계산서]의 입력이 누락되었거나 잘못된 부분을 찾아 수정하시오. 2. [전기분 이익잉여금처분계산서]의 처분 확정일(2025년 2월 23일)을 수정하시오.

실무수행

02 거래자료입력

실무프로세스 자료이다. [자료설명]을 참고하여 [수행과제]를 수행하시오.

1 기타 일반거래

2025년 1월분 급여 대장

㈜케이푸드 영업부　　　　　　[귀속: 2025년 1월]　　　[지급일 : 2025년 1월 25일]

기본급 및 제수당			공제 및 차인지급액			
기본급	직책수당	지급합계	소득세	지방소득세	국민연금	건강보험
			105,540원	10,550원	153,000원	120,530원
			고용보험	장기요양 보험	공제합계	차인 지급액
3,000,000원	200,000원	3,200,000원	28,800원	14,780원	433,200원	2,766,800원

자료설명	[1월 25일] 영업부의 1월분 급여를 신한은행 보통예금 계좌에서 이체하여 지급하였다.
수행과제	거래자료를 입력하시오.

2 약속어음 수취거래

전 자 어 음

(주)케이푸드 귀하　　　　　　　　　　　　00420250213123456789

금　　일천일백만원정　　　　　　　　　　　　**11,000,000원**

위의 금액을 귀하 또는 귀하의 지시인에게 지급하겠습니다.

지급기일 2025년 5월 13일	발행일 2025년 2월 13일
지 급 지 국민은행	발행지 서울특별시 구로구 구로동로 24
지급장소 강남지점	주 소 (가리봉동)
	발행인 ㈜지우식품

자료설명	[2월 13일] ㈜지우식품에 대한 상품 외상대금 중 일부를 전자어음으로 수취하였다.
수행과제	1. 거래자료를 입력하시오. 2. 자금관련정보를 입력하여 받을어음현황에 반영하시오.

③ 단기매매증권 구입 및 매각

자료 1. 주식매매 내역서

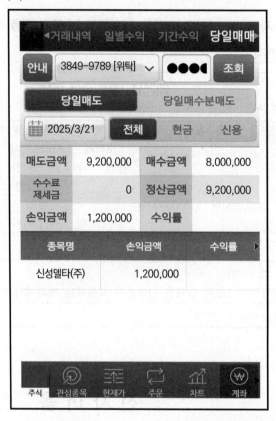

자료 2. 보통예금(수협은행) 거래내역

번호	거래일	내용	찾으신금액	맡기신금액	잔액	거래점
		계좌번호 524-55-215457 (주)케이푸드				
1	2025-03-21	주식매각대금 입금		9,200,000	***	***

자료설명	[3월 21일] 단기매매목적으로 보유하고 있는 신성델타(주) 주식(장부금액 : 8,000,000원)을 9,200,000원에 매각하고 매각대금이 수협은행 보통예금 계좌에 입금된 거래내역이다.
수행과제	주식 매각과 관련된 거래자료를 입력 하시오.

4 통장사본에 의한 거래입력

자료 1. 카드 이용대금 명세서(카드번호: 7447-1221-8448-2514)

3월 이용대금 명세서	작성기준일: 2025.3.28. 결제일: 2025.4.10. / 실제출금일: 2025.4.10. 결제계좌: 기업은행	
입금하실 금액	이달의 할인혜택	포인트 및 마일리지
1,650,000원	0 원	포인트리 16,500원
	할인 서비스 0 원 무이자 혜택금액 0 원	
		모두카드

자료 2. 보통예금(기업은행) 거래내역

		내용	찾으신금액	맡기신금액	잔액	거래점
번호	거래일	계좌번호 204-24-0648-1007 (주)케이푸드				
1	2025-4-10	모두카드	1,650,000		***	***

자료설명	모두카드의 3월분 이용대금을 기업은행 보통예금 계좌에서 이체하여 지급하였다.
수행과제	거래자료를 입력하시오.

5 증빙에 의한 전표입력

현금영수증 (지출증빙용) 사업자등록번호 : 120-34-11112 김민희 사업자명 : 홍보세상 단말기ID : 73453259(tel:02-345-4546) 가맹점주소 : 서울특별시 구로구 디지털로 217 (구로동) 현금영수증 회원번호 **110-87-01194 (주)케이푸드** 승인번호 : 83746302 (PK) 거래일시 : **2025년 4월 24일** 공급금액 240,000원 부가세금액 24,000원 총합계 264,000원 휴대전화, 카드번호 등록 http://현금영수증.kr 국세청문의(126) 38036925-GCA10106-3870-U490 <<<<<<이용해 주셔서 감사합니다.>>>>>>	자료 설명	매출거래처에 제공할 기념품을 현금으로 구입하고 수취한 현금영수증이다.
	수행 과제	거래자료를 입력하시오.

실무수행

03 부가가치세

부가가치세 신고 관련 자료이다. [자료설명]을 참고하여 [수행과제]를 수행하시오.

① 과세매출자료의 전자세금계산서 발행

거래명세서 (공급자 보관용)

공급자	등록번호	110-87-01194			공급받는자	등록번호	215-81-24753		
	상호	(주)케이푸드	성명	김주은		상호	(주)청정식품	성명	고예원
	사업장주소	서울특별시 서대문구 충정로7길 12 (충정로2가)				사업장주소	서울특별시 강남구 강남대로 556 (논현동, 논현빌딩)		
	업태	도소매업	종사업장번호			업태	도소매업	종사업장번호	
	종목	전통식품				종목	건강식품		

거래일자	미수금액	공급가액	세액	총 합계금액
2025.7.10.		5,500,000	550,000	6,050,000

NO	월	일	품목명	규격	수량	단가	공급가액	세액	합계
1	7	10	한과세트		100	55,000	5,500,000	550,000	6,050,000

자료설명	1. 상품을 판매하면서 발급한 거래명세서이다. 2. 7월 5일에 계약금(공급대가의 10%)을 받았으며, 계약금을 제외한 잔액은 농협은행 보통예금 계좌로 입금받았다.
수행과제	1. 7월 5일 거래를 참고하여 매입매출자료를 입력하시오. 2. 전자세금계산서 발행 및 내역관리 를 통하여 발급 및 전송하시오. (전자세금계산서 발급시 결제내역 및 전송일자는 고려하지 말 것.)

② 매출거래

수정전자세금계산서 (공급자 보관용) 승인번호

공급자	등록번호	110-87-01194			공급받는자	등록번호	121-81-36236		
	상호	(주)케이푸드	성명	김주은		상호	(주)예림유통	성명 (대표자)	최예림
	사업장주소	서울특별시 서대문구 충정로7길 12 (충정로2가)				사업장주소	서울특별시 서대문구 가좌로 19		
	업태	도소매업	종사업장번호			업태	도소매업	종사업장번호	
	종목	전통식품				종목	전통과자		
	E-Mail	kfood@bill36524.com				E-Mail	yerim@bill36524.com		

작성일자	2025.7.17.	공급가액	-350,000	세 액	-35,000
비고					

월	일	품목명	규격	수량	단가	공급가액	세액	비고
7	17	다과세트		-7	50,000	-350,000	-35,000	

합계금액	현금	수표	어음	외상미수금	이 금액을	○ 영수	함
-385,000				-385,000		◉ 청구	

자료설명	[7월 17일] 1. 7월 13일에 판매한 상품 중 일부가 불량으로 반품되어 수정전자세금계산서를 발급하였다. 2. 거래대금은 전액 외상매출금과 상계처리하기로 하였다.
수행과제	매입매출자료를 입력하시오. (전자세금계산서의 발급 및 전송업무는 생략하고 '전자입력'으로 입력할 것.)

③ 매입거래

카드매출전표
카드종류: 삼성카드
회원번호: 2112-3535-****-67*7
거래일시: 2025.8.8. 19:42:36
거래유형: 신용승인
과세금액: 90,000원
부 가 세: 9,000원
합   계: 99,000원
결제방법: 일시불
승인번호: 4522555
가맹점명: ㈜다도해호텔(310-81-12004)
- 이 하 생 략 -

자료 설명	영업부 과장이 신상품 홍보를 위해 출장지에서 숙박비를 결제하고 받은 신용카드매출전표이다.
수행 과제	매입매출자료를 입력하시오.

④ 매출거래

전자계산서 (공급자 보관용) 승인번호

공급자	등록번호	110-87-01194			공급받는자	등록번호	211-86-08979		
	상호	(주)케이푸드	성명	김주은		상호	(주)독도식품	성명 (대표자)	김채원
	사업장 주소	서울특별시 서대문구 충정로7길 12 (충정로2가)				사업장 주소	서울특별시 강남구 강남대로 262		
	업태	도소매업	종사업장번호			업태	도소매업	종사업장번호	
	종목	전통식품				종목	건강식품 외		
	E-Mail	kfood@bill36524.com				E-Mail	korea@bill36524.com		

작성일자	2025.8.15.	공급가액		1,000,000		비 고	

월	일	품목명	규격	수량	단가	공급가액	비고
8	15	된장		200	5,000	1,000,000	

합계금액	현금	수표	어음	외상미수금	이 금액을	● 영수 ○ 청구	함
1,000,000							

자료설명	면세상품을 판매하면서 전자계산서를 발급하고, 대금은 기업은행 보통예금 계좌로 입금받았다. (단, 본 거래에 한하여 과세사업과 면세사업을 겸영한다고 가정할 것.)
수행과제	매입매출자료를 입력하시오. (전자세금계산서 거래는 '전자입력'으로 입력할 것.)

⑤ 매입거래

전자세금계산서				(공급받는자 보관용)			승인번호			

공급자	등록번호	110-85-13250			공급받는자	등록번호	110-87-01194		
	상호	국제클린(주)	성명(대표자)	최희량		상호	(주)케이푸드	성명	김주은
	사업장주소	서울특별시 서대문구 독립문로8길 120				사업장주소	서울특별시 서대문구 충정로7길 12 (충정로2가)		
	업태	서비스업	종사업장번호			업태	도소매업	종사업장번호	
	종목	건물청소				종목	전통식품		
	E-Mail	choi@bill36524.com				E-Mail	kfood@bill36524.com		

작성일자	2025.9.1.	공급가액	600,000	세 액	60,000

비고							

월	일	품목명	규격	수량	단가	공급가액	세액	비고
9	1	건물청소비				600,000	60,000	

합계금액	현금	수표	어음	외상미수금	이 금액을	○ 영수 함
660,000				660,000		◉ 청구

자료설명	국제클린(주)에 본사건물 청소를 의뢰하여 실시하고 전자세금계산서를 수취하였으며, 대금은 전액 9월 말까지 지급하기로 하였다.
수행과제	매입매출자료를 입력하시오. (단, 전자세금계산서 거래는 '전자입력'으로 입력하고, '건물관리비'로 처리할 것.)

⑥ 부가가치세신고서에 의한 회계처리

■ 보통예금(수협은행) 거래내역

번호	거래일	내용	찾으신금액	맡기신금액	잔액	거래점
		계좌번호 524-55-215457 (주)케이푸드				
1	2025-8-11	서대문세무서		539,000	***	***

자료설명	제1기 부가가치세 확정신고 환급세액이 수협은행 보통예금 계좌에 입금되었다.
수행과제	6월 30일에 입력된 일반전표를 참고하여 환급세액에 대한 회계처리를 하시오.

실무수행

04 결산

[결산자료]를 참고하여 결산을 수행하시오. (단, 제시된 자료 이외의 자료는 없다고 가정함)

① 수동결산 및 자동결산

PART 03

자료설명	1. 구입 시 자산으로 처리한 소모품의 기말 현재 미사용 내역은 다음과 같다. | 품목명	단위	수량	단가	총액
---	---	---	---	---
용지	Box	10	12,000원	120,000원
문구류	Set	30	15,000원	450,000원
계				570,000원	 2. 기말 상품재고액은 26,000,000원이다. 3. 이익잉여금처분계산서 처분 확정(예정)일 - 당기분: 2026년 2월 23일 - 전기분: 2025년 2월 23일
수행과제	1. 수동결산 또는 자동결산 메뉴를 이용하여 결산을 완료하시오. 2. 12월 31일을 기준으로 '손익계산서 → 이익잉여금처분계산서 → 재무상태표'를 순서대로 조회 작성하시오. (단, 이익잉여금처분계산서 조회 작성 시 '저장된 데이터 불러오기' → '아니오' 선택 → '전표추가'를 이용하여 '손익대체분개'를 수행할 것.)

평가문제

05 실무수행평가 62점

입력자료 및 회계정보를 조회하여 [평가문제]의 답안을 입력하시오.

─── 〈 평가문제 답안입력 유의사항 〉 ───

❶ 답안은 지정된 단위의 숫자로만 입력해 주십시오.
 * 한글 등 문자 금지

	정답	오답(예)
(1) 금액은 원 단위로 숫자를 입력하되, 천 단위 콤마(,)는 생략 가능합니다.	1,245,000 1245000	1.245.000 1,245,000원 1,245,0000 12,45,000 1,245천원
(1-1) 답이 0원인 경우 반드시 "0" 입력 (1-2) 답이 음수(-)인 경우 숫자 앞에 " - " 입력 (1-3) 답이 소수인 경우 반드시 " . " 입력		

		04
(2) 질문에 대한 답안은 숫자로만 입력하세요.	4	4건, 4매, 4명 04건, 04매, 04명
(3) 거래처 코드번호는 5자리 숫자로 입력하세요.	00101	101 00101번

❷ 더존 프로그램에서 조회되는 자료를 복사하여 붙여넣기가 가능합니다.
❸ 수행과제를 올바르게 입력하지 않고 작성한 답과 모범답안이 다른 경우 오답처리됩니다.

번호	평가문제	배점
11	**평가문제 [거래처등록 조회]** (주)케이푸드의 [거래처등록] 관련 내용으로 옳지 않은 것은? ① 카드거래처의 매출 관련 거래처는 1개이다. ② 금융거래처 중 '3.예금종류'가 '차입금'인 거래처는 2개이다. ③ 일반거래처 '(주)해피식품'의 대표자명은 이영채이다. ④ 일반거래처 '(주)해피식품'의 담당자메일주소는 happy@naver.com이다.	4
12	**평가문제 [일/월계표 조회]** 8월 한 달 동안 발생한 '상품매출' 금액은 얼마인가?	3
13	**평가문제 [일/월계표 조회]** 상반기(1월~6월)에 발생한 '접대비(기업업무추진비)' 금액은 얼마인가?	3
14	**평가문제 [일/월계표 조회]** 하반기(7월~12월)에 발생한 '판매관리비' 중 계정별 금액이 옳지 않은 것은? ① 급여　　　　　　60,349,000원　② 여비교통비　349,500원 ③ 접대비(기업업무추진비) 4,535,000원　④ 소모품비　1,430,000원	3
15	**평가문제 [합계잔액시산표 조회]** 2월 말 '외상매출금'의 차변 잔액은 얼마인가?	4
16	**평가문제 [합계잔액시산표 조회]** 4월 말 '미지급금' 잔액은 얼마인가?	3
17	**평가문제 [거래처원장 조회]** 9월 말 '120.미수금' 잔액이 있는 거래처코드를 입력하시오.	4
18	**평가문제 [현금출납장 조회]** 4월 말 '현금' 잔액은 얼마인가? ① 48,290,740원　　　　　　② 48,554,740원 ③ 77,117,260원　　　　　　④ 125,408,000원	3
19	**평가문제 [매입매출장 조회]** 제2기 예정 신고기간 '매입' 유형 '카드과세(57.카과)' 공급가액의 합계금액은 얼마인가?	2

20	**평가문제 [재무상태표 조회]** 12월 말 계정과목별 금액으로 옳지 않은 것은? ① 미수금　　27,940,000원　　② 선급금　　　200,000원 ③ 예수금　　4,255,130원　　④ 선수금　　6,565,000원	4
21	**평가문제 [재무상태표 조회]** 12월 말 '단기매매증권' 잔액은 얼마인가?	3
22	**평가문제 [재무상태표 조회]** 12월 말 '이월이익잉여금(미처분이익잉여금)' 잔액은 얼마인가? ① 294,593,756원　　② 314,593,756원 ③ 319,841,756원　　④ 334,765,756원	2
23	**평가문제 [손익계산서 조회]** 당기에 발생한 '상품매출원가' 금액은 얼마인가?	2
24	**평가문제 [손익계산서 조회]** 전기 대비 '비용'의 증가 또는 감소 내용이 옳지 않은 것은? ① 여비교통비 2,081,400원 감소　　② 광고선전비 7,255,560원 증가 ③ 건물관리비 4,200,000원 감소　　④ 이자비용 6,461,000원 증가	4
25	**평가문제 [손익계산서 조회]** 당기에 발생한 '영업외수익' 중 금액이 가장 큰 계정과목의 코드번호를 입력하시오.	2
26	**평가문제 [부가가치세신고서 조회]** 제2기 예정 신고기간 부가가치세신고서의 '세금계산서수취부분_일반매입(10번란)'의 세액은 얼마인가?	4
27	**평가문제 [세금계산서합계표 조회]** 제2기 예정 신고기간 전자매출세금계산서의 매수는 몇 매인가?	3
28	**평가문제 [계산서합계표 조회]** 제2기 예정 신고기간의 전자매출계산서의 공급가액은 얼마인가?	3
29	**평가문제 [예적금현황 조회]** 6월 말 은행별 보통예금 잔액으로 옳지 않은 것은? ① 농협은행(보통)　46,274,000원　　② 신한은행(보통)　156,767,200원 ③ 수협은행(보통)　140,996,800원　　④ 기업은행(보통)　50,405,000원	3
30	**평가문제 [받을어음현황 조회]** '받을어음(조회구분 : 1.일별, 1.만기일 2025.1.1.~2025.12.31.)'의 보유금액 합계는 얼마인가?	3
총점		62

평가문제

06 회계정보분석 8점

회계정보를 조회하여 [회계정보분석] 답안을 입력하시오.

31 재무상태표 조회 4점

자기자본비율이란 자산 중에서 자본이 차지하는 비중을 나타내는 대표적인 자본구조 분석 지표이다. 전기 자기자본비율을 계산하면 얼마인가? (단, 소숫점 이하는 버림할 것.)

$$자기자본비율(\%) = \frac{자기자본(자본)총계}{자산총계} \times 100$$

① 69%　　　　　　　　　　　② 78%
③ 114%　　　　　　　　　　　④ 128%

32 재무상태표 조회 4점

당좌비율이란 유동부채에 대한 당좌자산의 비율로 재고자산을 제외시킴으로써 단기채무에 대한 기업의 지급능력을 파악하는 데 유동비율보다 더욱 정확한 지표로 사용되고 있다. 전기 당좌비율을 계산하면 얼마인가? (단, 소숫점 이하는 버림할 것.)

$$당좌비율(\%) = \frac{당좌자산}{유동부채} \times 100$$

① 13%　　　　　　　　　　　② 63%
③ 768%　　　　　　　　　　　④ 868%

67회 FAT 1급 기출문제(이론 + 실무)

※ 아래 문제에서 특별한 언급이 없으면 기업의 보고기간(회계기간)은 매년 1월 1일부터 12월 31일까지입니다. 또한 기업은 일반기업회계기준 및 관련 세법을 계속적으로 적용하고 있다고 가정하고 물음에 가장 합당한 답을 고르시기 바랍니다.

01 다음에서 설명하는 재무제표의 기본가정은 무엇인가?

> 기업을 소유주와 독립적으로 존재하는 회계단위로 간주하고, 이 단위의 관점에서 그 경제활동에 대한 재무정보를 측정, 보고한다고 가정한다.

① 기간별 보고의 가정　　　　　　② 발생주의의 가정
③ 기업실체의 가정　　　　　　　④ 계속기업의 가정

02 다음 중 선생님의 질문에 옳지 않은 답변을 한 사람은 누구인가?

① 희연　　　　　　　　　② 민혁
③ 은수　　　　　　　　　④ 우진

03 다음은 정수기제조판매업을 영위하고 있는 (주)한공의 2025년 자료이다. 2025년말 재무상태표상 미수금 금액은 얼마인가? (단, 기중 외상판매대금의 회수는 없는 것으로 가정한다.)

> • 2025.1.1. 기초미수금 100,000원
> • 2025.3.1. 정수기 외상판매액 500,000원
> • 2025.5.10. 사무실중고비품 외상판매액 300,000원

① 300,000원 ② 400,000원 ③ 800,000원 ④ 900,000원

04 다음은 (주)한공의 2025년 11월 상품수불부이다. 재고자산을 선입선출법으로 평가할 경우 11월말 재고자산은 얼마인가?

일자	구분	수량	단위당 원가
11월 1일	월초재고	200개	1,000원
11월 10일	매입	300개	1,200원
11월 20일	매출	400개	

① 100,000원 ② 120,000원 ③ 150,000원 ④ 160,000원

05 다음 중 손익계산서에 나타나지 않는 계정과목은?

① 상품매출원가
② 단기매매증권평가이익
③ 매도가능증권처분이익
④ 자기주식처분이익

06 다음 자료를 토대로 (주)한공의 판매비와관리비를 계산하면 얼마인가?

> • 급여 600,000원 • 수도광열비 50,000원
> • 이자비용 30,000원 • 접대비(기업업무추진비) 300,000원
> • 세금과공과 80,000원 • 잡손실 20,000원

① 1,020,000원 ② 1,030,000원 ③ 1,060,000원 ④ 1,080,000원

07 다음 결산정리사항 중 수익의 이연에 해당하는 거래는?

① 보험료 선급분을 계상하다.
② 임대료수익 미수분을 계상하다.
③ 이자수익 선수분을 계상하다.
④ 이자비용 미지급분을 계상하다.

08 다음 중 사업자등록에 대하여 잘못 설명하고 있는 사람은 누구인가?

① 동준 　　　　 ② 규헌 　　　　 ③ 정민 　　　　 ④ 정원

09 다음 중 부가가치세법상 과세표준에 포함되지 않는 것은?

① 반환조건부 용기 포장비용 　　　　 ② 할부매출액의 이자상당액
③ 화물용 트럭의 매각대금 　　　　 ④ 대가의 일부로 받는 포장비

10 다음은 일반과세자인 (주)한공의 2025년 2기 확정신고기간의 매입세액 내역이다. 공제 가능한 매입세액은 얼마인가? 단, 세금계산서는 적법하게 수취하였으며, 매입세액을 공제받기 위한 절차를 모두 이행하였다고 가정한다.

• 사무실 비품 관련 매입세액	1,500,000원
• 거래처 명절 선물용 선물세트 구입 관련 매입세액	3,000,000원
• 제품 운반용 트럭 구입 관련 매입세액	5,000,000원
• 원재료 매입 관련 매입세액(세금계산서상 공급하는 자의 주소 누락)	10,000,000원

① 1,500,000원 　　　　 ② 6,500,000원
③ 16,500,000원 　　　　 ④ 19,500,000원

⊹ 실무수행평가 ⊹

※ (주)슬림하자(회사코드 3167)는 운동용품 등을 도·소매하는 법인으로 회계기간은 제6기(2025. 1.1. ~ 2025.12.31.)이다. 제시된 자료와 [자료설명]을 참고하여 [평가문제]의 물음에 답하시오.

⟨실무수행 유의사항⟩

1. 부가가치세 관련거래는 [매입매출전표입력]메뉴에 입력하고, 부가가치세 관련 없는 거래는 [일반전표입력]메뉴에 입력한다.
2. 타계정 대체액과 관련된 적요는 반드시 코드를 입력하여야 한다.
3. 채권·채무, 예금거래 등 관리대상 거래자료에 대하여는 거래처코드를 반드시 입력한다.
4. 자금관리 등 추가 작업이 필요한 경우 문제의 요구에 따라 추가 작업하여야 한다.
5. 판매비와 관리비는 800번대 계정코드를 사용한다.
6. 등록된 계정과목 중 가장 적절한 계정과목을 선택한다.

실무수행

01 기초정보관리의 이해

회계관련 기초정보는 입력되어 있다. [자료설명]을 참고하여 [수행과제]를 수행하시오.

① 사업자등록증에 의한 회사등록 수정

사 업 자 등 록 증 (법인사업자) 등록번호: 220-81-03217 상 호: ㈜슬림하자 대 표 자 명: 박현웅 개 업 년 월 일: 2020년 11월 17일 법 인 등 록 번 호: 110111-1020314 사 업 장 소 재 지: 서울특별시 강남구 강남대로 254 (도곡동, 용문빌딩) 사 업 의 종 류: 업태 도매 및 소매업 종목 운동 및 경기용품 소매업 교 부 사 유: 정정 사업자단위과세 적용사업자여부: 여( ) 부(✓) 전자세금계산서 전용 메일주소: slim@naver.com 2025년 1월 17일 역삼 세무서장 (인) 국세청	**자료 설명** (주)슬림하자는 대표자변경으로 역삼 세무서로부터 사업자 등록증을 정정하여 발급받았다. **수행 과제** 사업자등록증을 참고하여 대표자명과 주민등록번호(731001-1734911)를 변경하고 업종코드(523931)도 등록하시오.

② 거래처별초기이월 등록 및 수정

미지급금 명세서

거래처명	적요	금액
(주)스마트광고	신제품 광고	2,800,000원
회계법인 최고	회계세무 자문	3,000,000원
우리카드	카드이용대금	6,200,000원
합계		12,000,000원

자료설명	(주)슬림하자의 전기분 재무제표는 이월받아 등록되어 있다.
수행과제	거래처별 초기이월사항을 입력하시오.

실무수행

02 거래자료입력

실무프로세스 자료이다. [자료설명]을 참고하여 [수행과제]를 수행하시오.

① 증빙에 의한 거래자료 입력

영 수 증 (공급받는자용)				자료 설명	사무실 에어컨을 수리하고 대금은 현금으로 지급하였다.
NO	(주)슬림하자 귀하				
공급자	사업자 등록번호	113-81-54719			
	상 호	(주)만능서비스	성명 이최강		
	사업장 소재지	서울특별시 구로구 구로동로 22			
	업 태	서비스업	종목 종합수리		
작성일자	공급대가총액	비고		수행 과제	거래자료를 입력하시오. (단, '수익적지출'로 처리할 것.)
2025.10.7.	25,000				
공 급 내 역					
월/일	품명	수량 단가	금액		
10/7	에어컨 수리		25,000		
합 계	₩25,000				
위 금액을 (영수)(청구)함					

② 약속어음 발행거래

전 자 어 음

(주)바디케어 귀하   00320251017123456789

금 오백칠십만원정   <u>**5,700,000원**</u>

위의 금액을 귀하 또는 귀하의 지시인에게 지급하겠습니다.

지급기일 2025년 12월 17일   발행일 2025년 10월 17일
지 급 지 기업은행   발행지 서울특별시 강남구 강남대로
지급장소 강남지점   주 소 254(도곡동, 용문빌딩)
                                      발행인 (주)슬림하자

자료설명	[10월 17일] (주)바디케어의 외상대금 17,700,000원 중 일부는 전자어음으로 발행하여 지급하고, 나머지는 자기앞수표로 지급하였다.
수행과제	1. 거래자료를 입력하시오. 2. 자금관련 정보를 입력하여 지급어음현황에 반영하시오. 　(단, 등록된 어음을 사용할 것.)

③ 계약금 지급

■ 보통예금(국민은행) 거래내역

번호	거래일	내용	찾으신금액	맡기신금액	잔액	거래점
		계좌번호 096-25-0096-751 (주)슬림하자				
1	2025-10-21	계약금	1,500,000		***	***

자료설명	(주)대한무역에서 상품 5,000,000원을 구입하기로 하고, 계약금을 국민은행 보통예금 계좌에서 이체하여 지급하였다.
수행과제	거래자료를 입력하시오.

④ 기타 일반거래

여비 정산서

소속	영업부	직위	사원	성명	박용찬
출장내역	일 시	2025년 10월 24일 ~ 2025년 10월 26일			
	출 장 지	세종			
	출장목적	신규 거래처 상담			
출장비	지급받은 금액	500,000원	실제지출액	550,000원	출장비차액	50,000원
지출내역	숙박비	270,000원	식 비	150,000원	교 통 비	130,000원

2025년 10월 28일
신청인   성명   박 용 찬

자료설명	[10월 28일] 출장을 마친 영업부 직원의 여비를 정산하고 차액은 현금으로 지급하였다.
수행과제	10월 24일의 거래를 참고하여 거래자료를 입력하시오.

⑤ 증빙에 의한 전표입력

신용카드매출전표

가 맹 점 명   한국자동차 (02)345-8766
사업자번호   110-37-12342
대 표 자 명   나한국
주   소   서울특별시 서대문구 통일로 131
            (충정로2가, 공화당빌딩)

우 리 카 드   신용승인
거 래 일 시   2025-10-31 오후 08:08:04
카 드 번 호   1234-4567-****-35**
유 효 기 간   **/**
가 맹 점 번 호   87687393
매 입 사   우리카드(전자서명전표)

공 급 가 액   90,000원
부 가 가 치 세   9,000원
합   계   90,000원

20251031/10062411/00046160

자료 설명	영업부 업무용 승용차의 엔진오일을 교체하고 대금을 카드로 결제한 후 받은 신용카드매출전표이다.
수행 과제	거래자료를 입력하시오. (단, '수익적지출'로 처리할 것.)

실무수행

03 부가가치세

부가가치세 신고 관련 자료이다. [자료설명]을 참고하여 [수행과제]를 수행하시오.

① 과세매출자료의 전자세금계산서 발행

거래명세서 (공급자 보관용)

공급자	등록번호	220-81-03217			공급받는자	등록번호	211-81-44121		
	상호	(주)슬림하자	성명	박현웅		상호	(주)운동사랑	성명	이사랑
	사업장주소	서울특별시 강남구 강남대로 254 (도곡동, 용문빌딩)				사업장주소	서울특별시 강남구 논현로145길 18 (논현동)		
	업태	도소매업	종사업장번호			업태	도소매업	종사업장번호	
	종목	운동 및 경기용품				종목	스포츠용품		

거래일자	미수금액	공급가액	세액	총 합계금액
2025.7.12.		5,000,000	500,000	5,500,000

NO	월	일	품목명	규격	수량	단가	공급가액	세액	합계
1	7	12	스피닝바이크		2	1,500,000	3,000,000	300,000	3,300,000
2	7	12	고무덤벨세트		2	1,000,000	2,000,000	200,000	2,200,000

자료설명	1. 상품을 판매하고 발급한 거래명세서이다. 2. 미리 받은 계약금(선수금) 300,000원을 제외한 잔액은 이번 달 말일에 받기로 하였다.
수행과제	1. 거래명세서에 의해 매입매출자료를 입력하시오. (복수거래 키를 이용하여 입력할 것.) 2. 전자세금계산서 발행 및 내역관리 를 통하여 발급 및 전송하시오. (전자세금계산서 발급 시 결제내역 및 전송일자는 고려하지 말 것.)

② 매입거래

전자세금계산서 (공급받는자 보관용)

						승인번호	2025010320

공급자	등록번호	119-81-02126			공급받는자	등록번호	220-81-03217		
	상호	(주)폼생폼	성명(대표자)	나한수		상호	(주)슬림하자	성명(대표자)	박현웅
	사업장주소	서울특별시 금천구 가산로 153				사업장주소	서울특별시 강남구 강남대로 254 (도곡동, 용문빌딩)		
	업태	도소매업	종사업장번호			업태	도소매업	종사업장번호	
	종목	스포츠용품				종목	운동 및 경기용품		
	E-Mail	market@naver.com				E-Mail	slim@naver.com		

작성일자	2025.7.20.	공급가액	6,000,000	세 액	600,000
비고					

월	일	품목명	규격	수량	단가	공급가액	세액	비고
7	20	천국의 계단		10	600,000	6,000,000	600,000	

합계금액	현금	수표	어음	외상미수금	이 금액을	○ 영수	함
6,600,000				6,600,000		● 청구	

자료설명	판매용 상품을 외상으로 구입하고 받은 전자세금계산서이다.
수행과제	매입매출자료를 입력하시오. (전자세금계산서 거래는 '전자입력'으로 입력할 것.)

③ 매출거래

카드매출전표

카 드 종 류 : 삼성카드
회 원 번 호 : 8449-2210-**10-3**6
거 래 일 시 : 2025.08.13. 15:05:16
거 래 유 형 : 신용승인
매   출 : 700,000원
부 가 세 :   7,000원
합   계 : 770,000원
결 제 방 법 : 일시불
승 인 번 호 : 55721112

가 맹 점 명 : (주)슬림하자

- 이 하 생 략 -

자료설명	(주)요가야에 요가매트를 판매하고 발급한 신용카드매출전표이다.
수행과제	매입매출자료를 입력하시오.

④ 매입거래

전자계산서 (공급자 보관용)   승인번호

공급자	등록번호	214-81-09142			공급받는자	등록번호	220-81-03217		
	상호	(주)에이티	성명(대표자)	김아이		상호	(주)슬림하자	성명(대표자)	박현웅
	사업장주소	서울특별시 서초구 효령로12길 5				사업장주소	서울특별시 강남구 강남대로 254 (도곡동, 용문빌딩)		
	업태	제조 및 도소매업	종사업장번호			업태	도매 및 소매업	종사업장번호	
	종목	출판				종목	운동 및 경기용품		
	E-Mail	at@bill36524.com				E-Mail	slim@naver.com		

| 작성일자 | 2025.8.30. | 공급가액 | 230,000 | 비 고 | |

월	일	품목명	규격	수량	단가	공급가액	비고
8	30	비대면 세무실무		10	23,000	230,000	

합계금액	현금	수표	어음	외상미수금	이 금액을	○ 영수 함
230,000				230,000		● 청구

자료설명	재경팀 업무용 참고도서를 외상으로 구입하고 발급받은 전자계산서이다.
수행과제	매입매출자료를 입력하시오. (전자계산서 거래는 '전자입력'으로 입력할 것.)

⑤ 매입거래

전자세금계산서					(공급받는자 보관용)		승인번호		

	등록번호	314-81-11803				등록번호	220-81-03217		
공급자	상호	(주)미래전자	성명 (대표자)	이미래	공급받는자	상호	(주)슬림하자	성명 (대표자)	박현웅
	사업장 주소	서울특별시 서대문구 경기대로 62				사업장 주소	서울특별시 강남구 강남대로 254 (도곡동, 용문빌딩)		
	업태	도소매업	종사업장번호			업태	도매 및 소매업	종사업장번호	
	종목	전자제품				종목	운동 및 경기용품		
	E-Mail	dream@hanmail.net				E-Mail	slim@naver.com		

작성일자	2025.9.21.	공급가액	3,000,000	세 액	300,000
비고					

월	일	품목명	규격	수량	단가	공급가액	세액	비고
9	21	스마트 냉장고		1	3,000,000	3,000,000	300,000	

합계금액	현금	수표	어음	외상미수금	이 금액을	○ 영수	함
3,300,000				3,300,000		◉ 청구	

자료설명	면세사업에 사용할 스마트 냉장고를 구입하고 대금은 다음달 말일에 지급하기로 하였다. (단, 본거래에 한하여 과세사업과 면세사업을 겸영한다고 가정할 것.)
수행과제	1. 매입매출자료를 입력하시오. (전자세금계산서 거래는 '전자입력'으로 입력할 것.) 2. [고정자산등록]에 고정자산을 등록(코드: 1001, 방법: 정액법, 내용연수 5년, 경비구분: 800번대)하시오.

⑥ 부가가치세신고서에 의한 회계처리

■ 보통예금(신한은행) 거래내역

		내용	찾으신금액	맡기신금액	잔액	거래점
번호	거래일	계좌번호 112-088-654321 (주)슬림하자				
1	2025-7-25	역삼세무서	2,026,050		***	***

자료설명	제1기 부가가치세 확정신고 납부세액을 신한은행 보통예금 계좌에서 이체하였다.
수행과제	6월 30일에 입력된 일반전표를 참고하여 납부세액에 대한 회계처리를 하시오. (거래처코드를 입력할 것.)

실무수행

04 결산

[결산자료]를 참고하여 결산을 수행하시오. (단, 제시된 자료 이외의 자료는 없다고 가정함)

① 수동결산 및 자동결산

자료설명	1. 장기차입금에 대한 기간경과분 이자 1,320,000원을 계상하다.
	2. [고정자산등록]에 등록된 비품의 감가상각비를 계상하다.
	3. 기말 상품재고액은 54,000,000원이다.
	4. 이익잉여금처분계산서 처분 예정(확정)일
	   – 당기분: 2026년 2월 26일
	   – 전기분: 2025년 2월 26일

수행과제	1. 수동결산 또는 자동결산 메뉴를 이용하여 결산을 완료하시오. 2. 12월 31일을 기준으로 '손익계산서 → 이익잉여금처분계산서 → 재무상태표'를 순서대로 조회 작성하시오. (단, 이익잉여금처분계산서 조회 작성 시 '저장된 데이터 불러오기' → '아니오' 선택 → '전표추가'를 이용하여 '손익대체분개'를 수행할 것.)

평가문제

05 실무수행평가 62점

입력자료 및 회계정보를 조회하여 [평가문제]의 답안을 입력하시오.

─────────〈 평가문제 답안입력 유의사항 〉─────────

❶ 답안은 지정된 단위의 숫자로만 입력해 주십시오.
   * 한글 등 문자 금지

	정답	오답(예)
(1) 금액은 원 단위로 숫자를 입력하되, 천 단위 콤마(,)는 생략 가능합니다.	1,245,000 1245000	1.245.000 1,245,000원 1,245,0000 12,45,000 1,245천원
(1-1) 답이 0원인 경우 반드시 "0" 입력 (1-2) 답이 음수(–)인 경우 숫자 앞에 "–" 입력 (1-3) 답이 소수인 경우 반드시 " . " 입력		
(2) 질문에 대한 답안은 숫자로만 입력하세요.	4	04 4건, 4매, 4명 04건, 04매, 04명
(3) 거래처 코드번호는 5자리 숫자로 입력하세요.	00101	101 00101번

❷ 더존 프로그램에서 조회되는 자료를 복사하여 붙여넣기가 가능합니다.
❸ 수행과제를 올바르게 입력하지 않고 작성한 답과 모범답안이 다른 경우 오답처리됩니다.

번호	평가문제	배점
11	**평가문제 [회사등록 조회]** [회사등록] 관련 내용으로 옳지 않은 것은? ① 대표자명은 '박현웅'이다. ② 사업장 세무서는 '역삼'이다. ③ 표준산업코드는 'G40'이다. ④ 국세환급금계좌 은행은 '기업은행'이다.	4
12	**평가문제 [거래처원장 조회]** 6월 말 '253.미지급금' 계정의 거래처별 잔액으로 옳지 않은 것은? ① 00109.(주)스마트광고 15,120,640원 ② 00131.(주)월드건강 17,600,000원 ③ 33000.회계법인 최고 3,000,000원 ④ 99602.우리카드 2,800,000원	4
13	**평가문제 [거래처원장 조회]** 12월 말 '251.외상매입금' 계정의 거래처별 잔액이 옳은 것은? ① 02180.(주)폼생폼 12,100,000원　② 04007.(주)필라테스 3,000,000원 ③ 07002.(주)바디케어 17,700,000원　④ 30011.(주)행복건강 5,000,000원	4
14	**평가문제 [거래처원장 조회]** 12월 말 '108.외상매출금' 잔액이 있는 거래처 중 금액이 가장 적은 거래처코드를 입력하시오.	3
15	**평가문제 [총계정원장 조회]** '253.미지급금'의 월별 증가 금액(대변)으로 옳은 것은? ① 8월 12,870,000원　　　　② 9월 3,300,000원 ③ 10월 7,099,000원　　　　④ 11월 4,000,000원	3
16	**평가문제 [총계정원장 조회]** 7월에 발생한 '401.상품매출' 금액은 얼마인가?	3
17	**평가문제 [현금출납장 조회]** 10월 중 '현금' 출금 금액이 가장 큰 전표일자는 몇 일인가?	3
18	**평가문제 [고정자산관리대장 조회]** 당기말상각누계액은 얼마인가?	2
19	**평가문제 [재무상태표 조회]** 12월 말 '당좌자산'계정 중 잔액이 가장 적은 계정과목 코드번호를 입력하시오.	3
20	**평가문제 [재무상태표 조회]** 12월 말 '선수금' 잔액은 얼마인가?	2

21	**평가문제 [재무상태표 조회]** 12월 말 '미지급비용' 잔액은 얼마인가?	3
22	**평가문제 [재무상태표 조회]** 12월 말 '이월이익잉여금(미처분이익잉여금)' 잔액은 얼마인가? ① 810,948,259원 ② 811,748,259원 ③ 812,248,259원 ④ 813,748,259원	1
23	**평가문제 [손익계산서 조회]** 당기에 발생한 '판매비와관리비'의 계정별 금액으로 옳지 않은 것은? ① 여비교통비 1,884,600원 ② 수선비 7,391,000원 ③ 차량유지비 6,350,100원 ④ 도서인쇄비 340,000원	4
24	**평가문제 [부가가치세신고서 조회]** 제2기 예정 신고기간 부가가치세신고서의 '과세_신용카드.현금영수증(3란)'의 금액은 얼마인가?	3
25	**평가문제 [부가가치세신고서 조회]** 제2기 예정 신고기간 부가가치세신고서의 '세금계산서수취부분_일반매입(10란)'의 금액은 얼마인가?	3
26	**평가문제 [부가가치세신고서 조회]** 제2기 예정 신고기간 부가가치세신고서의 '공제받지못할매입세액(16란)'의 세액은 얼마인가?	3
27	**평가문제 [세금계산서합계표 조회]** 제2기 예정 신고기간의 전자매출세금계산서의 매수는 몇 매인가?	3
28	**평가문제 [계산서합계표 조회]** 제2기 예정 신고기간의 전자매입계산서의 공급가액은 얼마인가?	4
29	**평가문제 [예적금현황 조회]** 12월 말 은행별(계좌명) 예금 잔액으로 옳지 않은 것은? ① 기업은행(당좌) 30,980,000원 ② 신한은행(보통) 527,053,000원 ③ 우리은행(보통) 20,000,000원 ④ 국민은행(보통) 40,405,000원	4
30	**평가문제 [지급어음현황 조회]** 만기일이 2025년에 도래하는 '지급어음' 금액이 가장 큰 거래처 코드번호를 입력하시오.	3
총점		62

PART **03**

평가문제

06 회계정보분석 8점

회계정보를 조회하여 [회계정보분석] 답안을 입력하시오.

31 재무상태표 조회 4점

부채비율은 타인자본의 의존도를 표시하며, 기업의 건전성 정도를 나타내는 지표이다.
전기분 부채비율은 얼마인가? (단, 소숫점 이하는 버림할 것.)

$$\text{부채비율(\%)} = \frac{\text{부채총계}}{\text{자본총계}} \times 100$$

① 21%   ② 43%

③ 57%   ④ 66%

32 손익계산서 조회 4점

영업이익률은 기업의 주된 영업활동에 의한 성과를 판단하는 비율이다. 전기분 영업이
익률을 계산하면 얼마인가? (단, 소숫점 이하는 버림할 것.)

$$\text{영업이익률(\%)} = \frac{\text{영업이익}}{\text{매출액}} \times 100$$

① 12%   ② 17%

③ 20%   ④ 33%

68회 FAT 1급 기출문제(이론 + 실무)

※ 아래 문제에서 특별한 언급이 없으면 기업의 보고기간(회계기간)은 매년 1월 1일부터 12월 31
일까지입니다. 또한 기업은 일반기업회계기준 및 관련 세법을 계속적으로 적용하고 있다고 가
정하고 물음에 가장 합당한 답을 고르시기 바랍니다.

01 다음은 도매업을 영위하는 (주)한공의 손익 분석에 대한 대화장면이다. (가)에 들어갈 수
있는 계정과목은?

① 매출원가   ② 임차료
③ 이자수익   ④ 유형자산처분손실

02 다음 중 비유동부채에 해당되는 것을 모두 고른 것은?

가. 유동성장기부채	나. 부가세예수금
다. 퇴직급여충당부채	라. 사채

① 가, 나   ② 나, 다
③ 다, 라   ④ 가, 라

03 다음 자료를 토대로 (주)한공의 12월말 상품재고액을 계산하면 얼마인가? (총평균법 적용)

상품재고장

(단위: 개, 원)

날짜	적요	입고			인도		
		수량	단가	금액	수량	단가	금액
12/ 1	전월이월	300	100	30,000			
12/10	매입	500	200	100,000			
12/12	매출				200	×××	×××
12/20	매입	200	400	80,000			
12/25	매출				200	×××	×××

① 50,000원 ② 84,000원
③ 126,000원 ④ 160,000원

04 다음은 도매업을 영위하고 있는 (주)한공의 대손 관련 자료이다. 손익계산서에 계상해야 하는 계정과목과 그 금액은 얼마인가?

- 2025년 12월 10일 (주)서울의 파산으로 단기대여금 2,000,000원의 회수가 불가능하게 되었다.
- 12월 10일 이전에 설정된 단기대여금에 대한 대손충당금 잔액은 800,000원이다.

① 대손상각비 1,200,000원 ② 기타의대손상각비 1,200,000원
③ 대손상각비 2,000,000원 ④ 기타의대손상각비 2,000,000원

05 다음 중 무형자산에 관한 설명으로 옳지 않은 것은?

① 무형자산으로 인식되기 위해서는 식별가능성, 자원에 대한 통제, 미래 경제적효익의 존재라는 조건을 모두 충족해야 한다.
② 신제품을 개발하기 위한 프로젝트의 연구단계에서 발생한 지출은 발생한 기간의 비용으로 처리한다.
③ 무형자산의 상각방법은 정액법만 인정된다.
④ 무형자산의 잔존가치는 없는 것을 원칙으로 한다.

06 다음은 (주)한공의 단기매매증권(A주식) 관련 자료이다. 이에 대한 설명으로 옳은 것은?

> • 2024년 11월 22일 A주식 100주를 1주당 3,000원에 취득하고 취득수수료 2,000원을 지출하였다.
> • 2024년 12월 31일 A주식의 시가는 1주당 3,500원이다.
> • 2025년 12월 7일 A주식 전부를 1주당 3,700원에 처분하였다.

① 2024년 11월 22일 A주식의 취득원가는 302,000원이다.
② 2024년 12월 31일 재무상태표에 기록될 단기매매증권은 370,000원이다.
③ 2024년 12월 31일 손익계산서에 기록될 단기매매증권평가이익은 30,000원이다.
④ 2025년 12월 7일 A주식 처분으로 인식할 단기매매증권처분이익은 20,000원이다.

07 다음 회계처리에 대한 설명 중 옳지 않은 것은?

① 직원의 가족동반 야유회비는 복리후생비로 회계처리한다.
② 직원 업무역량 강화를 위한 영어학원 지원비는 교육훈련비로 회계처리한다.
③ 거래처 직원의 결혼축의금은 접대비로 회계처리한다.
④ 회사부담분 건강보험료는 예수금으로 회계처리한다.

08 다음 중 부가가치세법상 신고·납부에 대한 설명으로 옳은 것은?

① 폐업의 경우 폐업일부터 25일 이내에 신고·납부하여야 한다.
② 법인사업자 확정신고의 경우 예정신고 시 이미 신고한 내용을 포함한다.
③ 간이과세자는 해당 과세기간의 공급대가의 합계액이 5,000만원 미만인 경우 납부의무가 면제된다.
④ 개인사업자의 경우 예정 신고기간마다 사업장 관할세무서장이 예정고지세액을 결정하는 것이 원칙이다.

09 다음 중 부가가치세법상 재화의 공급시기로 옳지 않은 것은?

① 반환조건부 판매 : 조건이 성취되거나 기한이 지나 판매가 확정되는 때
② 재화의 공급으로 보는 가공의 경우 : 가공을 완성하는 때
③ 장기할부판매 : 대가의 각 부분을 받기로 한 때
④ 외상판매의 경우 : 재화가 인도되거나 이용가능하게 되는 때

10 다음은 제조업을 영위하는 일반과세자 (주)한공의 2025년 제2기 부가가치세 확정신고 자료이다. 확정신고 시 납부할 세액을 계산하면 얼마인가?

> 가. 국내매출액(공급가액) : 100,000,000원
> 나. 하치장 반출액 : 10,000,000원
> 다. 매입세액 : 7,000,000원(접대비 관련 매입세액 2,000,000원 포함)

① 3,000,000원   ② 4,000,000원

③ 5,000,000원   ④ 6,000,000원

❖ 실무수행평가 ❖

※ (주)강우문구(회사코드 3168)는 문구용품 등을 도·소매하는 법인으로 회계기간은 제6기(2025. 1.1. ~ 2025.12.31.)이다. 제시된 자료와 [자료설명]을 참고하여 [수행과제]를 완료하고 [평가문제]의 물음에 답하시오.

〈실무수행 유의사항〉

1. 부가가치세 관련거래는 [매입매출전표입력]메뉴에 입력하고, 부가가치세 관련 없는 거래는 [일반전표입력]메뉴에 입력한다.
2. 타계정 대체액과 관련된 적요는 반드시 코드를 입력하여야 한다.
3. 채권·채무, 예금거래 등 관리대상 거래자료에 대하여는 거래처코드를 반드시 입력한다.
4. 자금관리 등 추가 작업이 필요한 경우 문제의 요구에 따라 추가 작업하여야 한다.
5. 판매비와 관리비는 800번대 계정코드를 사용한다.
6. 등록된 계정과목 중 가장 적절한 계정과목을 선택한다.

실무수행

01 기초정보관리의 이해

회계관련 기초정보는 입력되어 있다. [자료설명]을 참고하여 [수행과제]를 수행하시오.

1 사업자등록증에 의한 거래처등록 수정

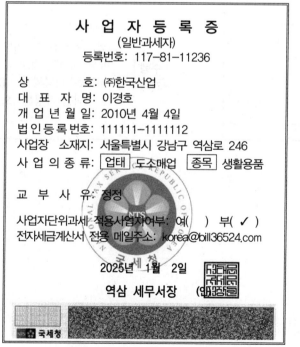

자료설명	(주)한국산업의 변경된 사업자등록증 사본을 받았다.
수행과제	사업자등록증의 변경내용을 확인하여 대표자명과 담당자 메일주소를 수정하시오.

사 업 자 등 록 증
(일반과세자)
등록번호: 117-81-11236

상 호: ㈜한국산업
대 표 자 명: 이경호
개 업 년 월 일: 2010년 4월 4일
법 인 등 록 번 호: 111111-1111112
사업장 소재지: 서울특별시 강남구 역삼로 246
사 업 의 종 류: 업태 도소매업 종목 생활용품

교 부 사 유: 정정

사업자단위과세 적용사업자여부: 여( ) 부(✓)
전자세금계산서 전용 메일주소: korea@bill36524.com

2025년 1월 2일

역삼 세무서장 (인)

국세청

② 계정과목 및 적요등록 수정

자료설명	(주)강우문구는 판매촉진목적 지출의 '판매촉진비'를 별도로 구분하여 관리하려고 한다.
수행과제	'850.회사설정계정과목'을 '판매촉진비'로 등록하고, 구분과 표준코드를 입력하시오. – 구분 : 4.경비 – 표준코드 : 091.광고선전비(판매촉진비 포함)

실무수행

02 거래자료입력

실무프로세스 자료이다. [자료설명]을 참고하여 [수행과제]를 수행하시오.

① 증빙에 의한 전표입력

<table>
<tr><td colspan="2">

영 수 증 (공급받는자용)

NO   **(주)강우문구** 귀하

공급자	사업자 등록번호	133-01-42888		
	상 호	나리한정식	성명	정득남
	사업장 소재지	광주광역시 동구 필문대로 104 (계림동)		
	업 태	음식업	종목	한식

작성일자	공급대가총액	비고
2025.1.9.	₩ 220,000	

공 급 내 역

월/일	품명	수량	단가	금액
1/9	한정식세트			220,000
합 계		₩220,000		

위 금액을 영수(청구)함

</td>
<td>자료
설명</td>
<td>지방 출장중인 회사 영업팀 직원의 식사대금을 현금으로 지급하고 받은 영수증이다. 회사는 이 거래가 지출증명서류미수취가산세 대상인지를 검토하려고 한다.</td>
</tr>
<tr>
<td colspan="2"></td>
<td>수행
과제</td>
<td>1. 거래자료를 입력하시오.
   (단, 출장경비는 '여비교통비'로 처리할 것.)
2. 영수증수취명세서   (2)와 (1)서식을 작성하시오.</td>
</tr>
</table>

② 증빙에 의한 전표입력

현금영수증 (지출증빙용) 사업자등록번호 : 117-18-12323 사업자명 : 강남주차장 단말기ID : 12123232(tel:02-313-0009) 가맹점주소 : 서울특별시 강남구 강남대로 250 (도곡동, 심현빌딩) 현금영수증 회원번호 220-81-03217 (주)강우문구 승인번호 : 92380001 (PK) 거래일시 : 2025년 2월 13일 16시28분21초 공급금액 360,000원 부가세금액 36,000원 총합계 396,000원 휴대전화, 카드번호 등록 http://현금영수증.kr 국세청문의(126) 38036925-GCA10106-3870-U490 <<<<<<이용해 주셔서 감사합니다.>>>>>>	**자료설명**: 영업부 업무용 승용차(1,998cc)의 주차를 위하여 강남주차장에 당월분 주차비를 현금으로 지급하고 수취한 현금영수증이다. **수행과제**: 거래자료를 입력하시오. (단, '차량유지비'로 처리할 것)

③ 기타 일반거래

■ 보통예금(국민은행) 거래내역

번호	거래일	내용	찾으신금액	맡기신금액	잔액	거래점
		계좌번호 096-25-0096-751 (주)강우문구				
1	2025-3-25	보증금		30,000,000	***	***

자료설명	물품 보관장소로 사용 중인 (주)금비빌딩 창고의 계약기간이 만료되어 보증금 30,000,000원을 국민은행 보통예금 통장으로 입금받았다.
수행과제	거래자료를 입력하시오. (단, 거래처코드 입력할 것.)

④ 약속어음의 배서양도

전 자 어 음	
(주)강우문구 귀하	00420250206123456789
금 일천일백만원정	**11,000,000원**
위의 금액을 귀하 또는 귀하의 지시인에게 지급하겠습니다.	

지급기일	2025년 5월 10일	발행일	2025년 2월 6일
지 급 지	국민은행	발행지	서울특별시 구로구 구로동로 30
지급장소	구로지점	주 소	(가리봉동)
		발행인	㈜초록마트

자료설명	[4월 7일] (주)미소용품의 외상매입금 일부를 결제하기 위해 (주)초록마트에 상품을 매출하고 받은 전자어음을 배서양도하였다.
수행과제	1. 거래자료를 입력하시오. 2. 자금관련정보를 입력하여 받을어음현황에 반영하시오.

⑤ 기타 일반거래

자료 1. 건강보험료 영수증

건강 보험료		**2025 년 4 월**	**영수증(납부자용)**
사 업 장 명	(주)강우문구		
사 용 자	서울특별시 강남구 강남대로 252 (도곡동)		
납 부 자 번 호	5700000123	사 업 장 관 리 번 호	22081032170
납 부 할 보 험 료 (ⓐ+ⓑ+ⓒ+ⓓ+ⓔ)			225,620 원
납 부 기 한			2025.5.10. 까지
보 험 료	건 강 ⓐ 200,000 원 장 기 요 양 ⓑ 25,620 원 소 계 (ⓐ + ⓑ) 225,620 원	연 금 ⓒ 원 고 용 ⓓ 원 산 재 ⓔ 원	
납 기 후 금 액	230,130원	납 기 후 기 한	2025.5.31.까지

ⓔ 납부기한까지 납부하지 않으면 연체금이 부과됩니다.
※ 납부장소 : 전 은행, 우체국, 농·수협(지역조합 포함), 새마을금고, 신협, 증권사, 산림조합중앙회, 인터넷지로(www.giro.or.kr)
※ 2D코드 : GS25, 세븐일레븐, 미니스톱, 바이더웨이, 씨유에서 납부 시 이용. (우리·신한은행 현금카드만 수납가능)

2025 년 4 월 20 일

자료 2. 보통예금(신한은행) 거래내역

번호	거래일	내용	찾으신금액	맡기신금액	잔액	거래점
		계좌번호 112-088-654321 (주)강우문구				
1	2025-05-10	건강보험료	225,620		***	***

자료설명	4월 급여 지급분에 대한 건강보험료(장기요양보험료 포함)를 납부기한일에 신한은행 보통예금 계좌에서 이체하여 납부하였다. 보험료의 50%는 급여 지급 시 원천징수한 금액이며, 나머지 50%는 회사부담분이다. 당사는 회사부담분을 '복리후생비'로 처리하고 있다.
수행과제	거래자료를 입력하시오.

실무수행

03 부가가치세

부가가치세 신고 관련 자료이다. [자료설명]을 참고하여 [수행과제]를 수행하시오.

1 과세매출자료의 전자세금계산서 발행

거래명세서 (공급자 보관용)

공급자	등록번호	220-81-03217			공급받는자	등록번호	106-86-08702		
	상호	(주)강우문구	성명	김강우		상호	(주)제일유통	성명	장인수
	사업장주소	서울특별시 강남구 강남대로 252 (도곡동)				사업장주소	서울특별시 서대문구 충정로 30		
	업태	도소매업		종사업장번호		업태	도소매업		종사업장번호
	종목	문구용품 외				종목	문구, 잡화		

거래일자	미수금액	공급가액	세액	총 합계금액
2025.7.12.		12,500,000	1,250,000	13,750,000

NO	월	일	품목명	규격	수량	단가	공급가액	세액	합계
1	7	12	다목적 문구함		500	25,000	12,500,000	1,250,000	13,750,000

자료설명	1. 상품을 판매하면서 발급한 거래명세서이며, 판매대금은 7월 말까지 받기로 하였다.
수행과제	1. 거래명세서에 의해 매입매출자료를 입력하시오. 2. 전자세금계산서 발행 및 내역관리 를 통하여 발급 및 전송하시오. (전자세금계산서 발급시 결제내역 및 전송일자는 고려하지 말 것.)

② 매출거래

카드매출전표 카드종류: 삼성카드 회원번호: 5083-2117-****-8**8 거래일시: 2025.7.20. 10:25:26 거래유형: 신용승인 과세금액: 170,000원 부가세 : 17,000원 합　계: 187,000원 결제방법: 일시불 승인번호: 2837379 가맹점명: ㈜강우문구 가맹점번호 : 55721112 - 이 하 생 략 -	**자료 설명**: 상품(멀티펜)을 비사업자인 신지희에게 판매하고 발행한 신용카드매출전표이다. **수행 과제**: 매입매출자료를 입력하시오. (매출채권에 대하여 '외상매출금' 계정으로 처리할 것)

③ 매입거래

2025년 8월 청구서

작성일자: 2025.09.03.
납부기한: 2025.09.15.

금 액	308,000원
고객명	(주)강우문구
이용번호	02-355-1919
명세서번호	25328
이용기간	8월1일 ~ 8월31일
10월 이용요금	308,000원
공급자등록번호	135-81-92483
공급받는자 등록번호	220-81-03217
공급가액	280,000원
부가가치세(VAT)	28,000원
10원미만 할인요금	0원
입금전용계좌	기업은행

이 청구서는 부가가치세법 시행령 53조 제4항에 따라 발행하는 <u>전자세금계산서</u>입니다.

㈜미래통신

**자료
설명**: 영업부의 8월분 전화요금청구서이다. 회사는 작성일자로 미지급금을 계상하고, 납부기한일에 자동이체하여 지급 처리하고 있다.

**수행
과제**: 작성일자 기준으로 매입매출자료를 입력하시오. ('51.과세매입'으로 처리하고, '전자입력'으로 입력할 것.)

④ 매입거래

전자계산서				(공급받는자 보관용)		승인번호	

<table>
<tr><td rowspan="7">공급자</td><td>등록번호</td><td colspan="3">211-75-24158</td><td rowspan="7">공급받는자</td><td>등록번호</td><td colspan="3">220-81-03217</td></tr>
<tr><td>상호</td><td>시대교육</td><td>성명
(대표자)</td><td>이수빈</td><td>상호</td><td>(주)강우문구</td><td>성명
(대표자)</td><td>김강우</td></tr>
<tr><td>사업장
주소</td><td colspan="3">서울특별시 강남구 역삼로 541</td><td>사업장
주소</td><td colspan="3">서울특별시 강남구 강남대로 252
(도곡동)</td></tr>
<tr><td>업태</td><td>서비스업</td><td colspan="2">종사업장번호</td><td>업태</td><td>도소매업</td><td colspan="2">종사업장번호</td></tr>
<tr><td>종목</td><td>교육</td><td colspan="2"></td><td>종목</td><td>문구용품 외</td><td colspan="2"></td></tr>
<tr><td>E-Mail</td><td colspan="3">soo@hanmail.net</td><td>E-Mail</td><td colspan="3">gangwoo@bill36524.com</td></tr>
</table>

작성일자	2025.11.1.	공급가액	600,000	비 고	

월	일	품목명	규격	수량	단가	공급가액	비고
11	1	B2B 마케팅				600,000	

합계금액	현금	수표	어음	외상미수금	이 금액을	○ 영수 ◉ 청구	함
600,000				600,000			

자료설명	당사 영업팀의 B2B 마케팅 교육을 실시하고 전자계산서를 발급받았다.
수행과제	매입매출자료를 입력하시오. (전자세금계산서 거래는 '전자입력'으로 입력할 것.)

⑤ 매출거래

전자세금계산서				(공급자 보관용)		승인번호	

<table>
<tr><td rowspan="7">공급자</td><td>등록번호</td><td colspan="3">220-81-03217</td><td rowspan="7">공급받는자</td><td>등록번호</td><td colspan="3">120-86-50832</td></tr>
<tr><td>상호</td><td>(주)강우문구</td><td>성명</td><td>김강우</td><td>상호</td><td>(주)중고나라</td><td>성명
(대표자)</td><td>김유민</td></tr>
<tr><td>사업장
주소</td><td colspan="3">서울특별시 강남구 강남대로 252
(도곡동)</td><td>사업장
주소</td><td colspan="3">서울특별시 강남구 봉은사로 409
(삼성동)</td></tr>
<tr><td>업태</td><td>도소매업</td><td colspan="2">종사업장번호</td><td>업태</td><td>도소매업</td><td colspan="2">종사업장번호</td></tr>
<tr><td>종목</td><td>문구용품 외</td><td colspan="2"></td><td>종목</td><td>가전제품</td><td colspan="2"></td></tr>
<tr><td>E-Mail</td><td colspan="3">gangwoo@bill36524.com</td><td>E-Mail</td><td colspan="3">yumin@naver.com</td></tr>
</table>

작성일자	2025.12.1.	공급가액	1,600,000	세 액	160,000
비고					

월	일	품목명	규격	수량	단가	공급가액	세액	비고
12	1	제습기				1,600,000	160,000	

합계금액	현금	수표	어음	외상미수금	이 금액을	◉ 영수 ○ 청구	함
1,760,000							

자료설명	1. 사무실에서 사용하던 비품(제습기)을 (주)중고나라에 매각하고 발급한 전자세금계산서이며 대금은 전액 하나은행 보통예금 계좌로 입금받았다. 2. 매각 직전 제습기의 장부금액은 1,500,000원(취득금액 2,000,000원, 감가상각누계액 500,000원)이다.
수행과제	매입매출자료를 입력하시오. (단, 전자세금계산서의 발급 및 전송업무는 생략하고 '전자입력'으로 입력할 것.)

⑥ 부가가치세신고서에 의한 회계처리

수행과제	제1기 확정 신고기간의 부가가치세신고서를 조회하여, 6월 30일 부가가치세 납부세액 또는 환급세액에 대한 회계처리를 하시오. (단, 납부할 세액은 '미지급세금', 환급받을 세액은 '미수금'으로 회계처리하고, 거래처코드 입력할 것.)

실무수행

04 결산

[결산자료]를 참고하여 결산을 수행하시오. (단, 제시된 자료 이외의 자료는 없다고 가정함)

① 수동결산 및 자동결산

자료설명	1. 단기매매증권의 기말 내역은 다음과 같다. 표 아래 참조 2. 기말 상품재고액은 31,000,000원이다. 3. 이익잉여금처분계산서 처분 확정(예정)일 – 당기분: 2026년 2월 23일 – 전기분: 2025년 2월 23일
수행과제	1. 수동결산 또는 자동결산 메뉴를 이용하여 결산을 완료하시오. 2. 12월 31일을 기준으로 '손익계산서 → 이익잉여금처분계산서 → 재무상태표'를 순서대로 조회 작성하시오. (단, 이익잉여금처분계산서 조회 작성 시 '저장된 데이터 불러오기' → '아니오' 선택 → '전표추가'를 이용하여 '손익대체분개'를 수행할 것.)

회사명	주식수	단위당 장부금액	단위당 평가금액
㈜더존비즈온	300주	@55,000원	@70,000원

평가문제

05 실무수행평가 62점

입력자료 및 회계정보를 조회하여 [평가문제]의 답안을 입력하시오.

― 〈 평가문제 답안입력 유의사항 〉―

❶ 답안은 지정된 단위의 숫자로만 입력해 주십시오.
 * 한글 등 문자 금지

	정답	오답(예)
(1) 금액은 원 단위로 숫자를 입력하되, 천 단위 콤마(,)는 생략 가능합니다.	1,245,000 1245000	1.245.000 1,245,000원 1,245,0000 12,45,000 1,245천원
(1-1) 답이 0원인 경우 반드시 "0" 입력 (1-2) 답이 음수(-)인 경우 숫자 앞에 " - " 입력 (1-3) 답이 소수인 경우 반드시 " . " 입력		
(2) 질문에 대한 답안은 숫자로만 입력하세요.	4	04 4건, 4매, 4명 04건, 04매, 04명
(3) 거래처 코드번호는 5자리 숫자로 입력하세요.	00101	101 00101번

❷ 더존 프로그램에서 조회되는 자료를 복사하여 붙여넣기가 가능합니다.
❸ 수행과제를 올바르게 입력하지 않고 작성한 답과 모범답안이 다른 경우 오답처리됩니다.

번호	평가문제	배점
11	평가문제 [거래처등록 조회] 다음 중 [거래처등록] 관련 내용으로 옳은 것은? ① 카드거래처의 매입 관련 거래처는 1곳이다. ② 금융거래처 중 '3.예금종류'가 '당좌예금'인 거래처는 5곳이다. ③ 일반거래처 '00189.(주)한국산업'의 대표자명은 최윤나이다. ④ 일반거래처 '00189.(주)한국산업'의 담당자메일주소는 'korea@bill36524.com' 이다.	4
12	평가문제 [계정과목및적요등록 조회] '850.판매촉진비'의 표준코드 3자리를 입력하시오.	4
13	평가문제 [거래처원장 조회] 7월(7/1~7/31) 한 달 동안 '108.외상매출금'이 가장 많이 증가한 거래처코드를 입력 하시오.	4

14	**평가문제 [거래처원장 조회]** 12월 말 현재 각 계정과목의 거래처별 잔액이 옳지 않은 것은? ① 251.외상매입금 (00105.(주)미소용품) 21,800,000원 ② 253.미지급금 (00130.시대교육) 600,000원 ③ 261.미지급세금 (05900.역삼세무서) 9,301,000원 ④ 962.임차보증금 (00107.(주)금비빌딩) 35,000,000원	3
15	**평가문제 [합계잔액시산표 조회]** 5월 말 '예수금' 잔액은 얼마인가?	3
16	**평가문제 [합계잔액시산표 조회]** 9월 말 '미지급금' 잔액은 얼마인가?	3
17	**평가문제 [현금출납장 조회]** 12월 말 '현금' 잔액은 얼마인가?	3
18	**평가문제 [재무상태표 조회]** 12월 말 '단기매매증권' 잔액은 얼마인가?	3
19	**평가문제 [재무상태표 조회]** 12월 말 '비품'의 장부금액(취득원가−감가상각누계액)은 얼마인가?	2
20	**평가문제 [재무상태표 조회]** 12월 말 '이월이익잉여금(미처분이익잉여금)' 잔액은 얼마인가? ① 241,481,433원 ② 258,481,433원 ③ 271,481,433원 ④ 276,541,433원	2
21	**평가문제 [일/월계표 조회]** 9월에 발생한 '판매관리비' 중 금액이 옳지 않은 것은? ① 복리후생비 618,000원 ② 여비교통비 88,000원 ③ 통신비 58,020원 ④ 차량유지비 830,800원	3
22	**평가문제 [손익계산서 조회]** 당기에 발생한 '교육훈련비' 금액은 얼마인가?	4
23	**평가문제 [손익계산서 조회]** 당기에 발생한 '영업외수익' 중 전년대비 거래금액이 가장 많이 증가한 계정과목의 코드번호를 입력하시오.	3
24	**평가문제 [영수증수취명세서 조회]** '영수증수취명세서(1),(2)'의 명세서제출 대상 거래 중 금액이 가장 큰 계정과목의 코드번호를 입력하시오.	2
25	**평가문제 [부가가치세신고서 조회]** 제2기 예정 신고기간 부가가치세신고서의 '과세_신용카드.현금영수증(3란)'의 금액은 얼마인가?	4

26	**평가문제 [부가가치세신고서 조회]** 제2기 예정 신고기간 부가가치세신고서의 '세금계산서수취부분_일반매입(10번란)'의 세액은 얼마인가?	2
27	**평가문제 [세금계산서합계표 조회]** 제2기 확정 신고기간의 전자매출세금계산서의 매수는?	3
28	**평가문제 [계산서합계표 조회]** 제2기 확정 신고기간의 전자매입계산서의 공급가액 합계액은 얼마인가?	4
29	**평가문제 [예적금현황 조회]** 12월 말 은행별(계좌명) 예금 잔액으로 옳지 않은 것은? ① 신한은행(보통) 86,277,380원 ② 국민은행(보통) 53,137,000원 ③ 농협은행(보통) 49,500,000원 ④ 하나은행(보통) 28,515,000원	3
30	**평가문제 [받을어음현황 조회]** 만기일이 2025년에 도래하는 받을어음 중 '구분: 보관'에 해당하는 금액은 얼마인가?	3
총점		62

평가문제

06 회계정보분석 8점

회계정보를 조회하여 [회계정보분석] 답안을 입력하시오.

31 재무상태표 조회 4점

유동비율이란 기업이 단기채무를 충당할 수 있는 유동자산이 얼마나 되는가를 평가하여 기업의 단기지급능력을 판단하는 지표이다. 전기 유동비율을 계산하면 얼마인가? (단, 소숫점 이하는 버림할 것)

$$유동비율(\%) = \frac{유동자산}{유동부채} \times 100$$

① 24% ② 124%

③ 354% ④ 411%

32 손익계산서 조회 4점

매출액순이익률이란 매출액에 대한 당기순이익의 비율을 보여주는 지표이다. 전기 매출액순이익률을 계산하면 얼마인가? (단, 소숫점 이하는 버림할 것)

$$매출액순이익률(\%) = \frac{당기순이익}{매출액} \times 100$$

① 20% ② 27%

③ 34% ④ 48%

69회 FAT 1급 기출문제(이론 + 실무)

※ 아래 문제에서 특별한 언급이 없으면 기업의 보고기간(회계기간)은 매년 1월 1일부터 12월 31일까지입니다. 또한 기업은 일반기업회계기준 및 관련 세법을 계속적으로 적용하고 있다고 가정하고 물음에 가장 합당한 답을 고르시기 바랍니다.

01 다음 중 재무제표의 작성과 표시에 대한 설명으로 옳지 않은 것은?

① 경영진은 재무제표를 작성할 때 계속기업으로서의 존속가능성을 평가해야 한다.
② 재무제표의 작성과 표시에 대한 책임은 외부감사인에게 있다.
③ 재무제표는 경제적 사실과 거래의 실질을 반영하여 공정하게 표시하여야 한다.
④ 일반기업회계기준에 따라 적정하게 작성된 재무제표는 공정하게 표시된 재무제표로 본다.

02 다음 거래에서 매출채권으로 계상되는 금액은 얼마인가?

> (주)한공은 상품 1,000개를 개당 6,000원에 판매하였다. 판매대금으로 현금 500,000원과 전자어음 3,000,000원을 수령하고 나머지 잔액은 2개월 후에 받기로 하였다.

① 3,000,000원   ② 3,500,000원
③ 4,500,000원   ④ 5,500,000원

03 다음 자료를 토대로 당기순이익을 계산하면 얼마인가?

> • 기초자산 6,000,000원   • 기초부채 3,000,000원
> • 기말자산 10,000,000원   • 기말부채 4,000,000원
> • 당기 추가출자금액 2,000,000원

① 1,000,000원   ② 1,500,000원
③ 2,000,000원   ④ 3,000,000원

04 다음 설명의 (가), (나)의 내용으로 옳은 것은?

> 건물을 정상적인 영업과정에서 판매할 목적으로 취득하면 (가)으로, 장기간 사용할 목적으로 취득하면 (나)으로 처리한다.

	(가)	(나)		(가)	(나)
①	유형자산	투자자산	②	재고자산	투자자산
③	투자자산	재고자산	④	재고자산	유형자산

05 다음 자료를 토대로 2월 말 매출총이익을 계산하면 얼마인가?

> • 2월의 매출액: 300개 × 300원 = 90,000원
> • 재고자산평가방법: 선입선출법
> • 2월의 상품재고장

날짜	적요	입고			출고
		수량(개)	단가(원)	금액(원)	수량(개)
2/ 1	전월이월	200	100	20,000	
2/15	매입	300	200	60,000	
2/26	매출				300

① 15,000원 ② 35,000원
③ 40,000원 ④ 50,000원

06 다음 중 손익계산서상의 영업이익에 영향을 미치는 계정과목으로 옳지 않은 것은?

① 복리후생비 ② 잡손실
③ 임차료 ④ 접대비

07 다음과 같은 회계처리 누락이 2025년도 손익계산서에 미치는 영향으로 옳은 것은?

> • (주)한공은 2025년 11월 1일에 가입한 1년 만기 정기예금 10,000,000원(연이율 3%, 월할계산)에 대한 이자 경과분(미수분)을 계상하지 않았다.

① 당기순이익 50,000원 과소계상 ② 당기순이익 50,000원 과대계상
③ 당기순이익 250,000원 과소계상 ④ 당기순이익 250,000원 과대계상

08 다음 중 부가가치세 납세의무에 대해 바르게 설명하고 있는 사람은?

① 진수 ② 수현 ③ 민혁 ④ 세진

09 다음 중 부가가치세법상 영세율 적용대상에 해당하는 것은 모두 몇 개인가?

> 가. 선박 또는 항공기의 외국항행 용역
> 나. 수출하는 재화
> 다. 국외에서 제공하는 용역
> 라. 국가 또는 지방자치단체에 무상으로 공급하는 재화 및 용역

① 1개 ② 2개 ③ 3개 ④ 4개

10 다음 자료를 토대로 도매업을 영위하는 (주)한공이 공제받을 수 있는 매입세액을 계산하면 얼마인가? (단, 세금계산서는 적법하게 수령하였다.)

• 상품 운반용 트럭 구입 관련 매입세액:	6,000,000원
• 본사 건물의 자본적 지출과 관련된 매입세액:	10,000,000원
• 거래처 접대와 관련된 매입세액:	3,000,000원

① 6,000,000원 ② 9,000,000원 ③ 13,000,000원 ④ 16,000,000원

❖ 실무수행평가 ❖

※ (주)제로음료(회사코드 3169)는 음료와 주스 등을 도·소매하는 법인으로 회계기간은 제8기 (2025.1.1. ~ 2025.12.31.)이다. 제시된 자료와 [자료설명]을 참고하여 [수행과제]를 완료하고 [평가문제]의 물음에 답하시오.

┌─────────────〈실무수행 유의사항〉─────────────┐
1. 부가가치세 관련거래는 [매입매출전표입력]메뉴에 입력하고, 부가가치세 관련 없는 거래는 [일반전표입력]메 뉴에 입력한다.
2. 타계정 대체액과 관련된 적요는 반드시 코드를 입력하여야 한다.
3. 채권·채무, 예금거래 등 관리대상 거래자료에 대하여는 거래처코드를 반드시 입력한다.
4. 자금관리 등 추가 작업이 필요한 경우 문제의 요구에 따라 추가 작업하여야 한다.
5. 판매비와 관리비는 800번대 계정코드를 사용한다.
6. 등록된 계정과목 중 가장 적절한 계정과목을 선택한다.
└───┘

실무수행

01 기초정보관리의 이해

회계관련 기초정보는 입력되어 있다. [자료설명]을 참고하여 [수행과제]를 수행하시오.

① 거래처등록

자료 설명	직원 휴계실에서 사용할 안마의 자의 렌탈계약을 체결하고, 고객 제휴 할인카드를 발급받았다.
수행 과제	거래처등록을 하시오. ('코드: 99710, 카드명: 우리카드, 구분: 매입, 카드 결제일: 24일'로 할 것.)

② 전기분 재무상태표의 입력수정

재무상태표

제7기 2024년 12월 31일 현재
제6기 2023년 12월 31일 현재

(주)제로음료 (단위: 원)

과목	제7기		제6기	
자 산				
Ⅰ. 유 동 자 산		475,730,000		451,842,000
당 좌 자 산		405,730,000		378,142,000
현 금		95,200,000		87,000,000
당 좌 예 금		26,200,000		10,000,000
보 통 예 금		143,000,000		112,700,000
정 기 예 금		12,000,000		0
단 기 매 매 증 권		12,430,000		12,000,000
외 상 매 출 금	50,000,000		110,800,000	
대 손 충 당 금	500,000	49,500,000	1,108,000	109,692,000
받 을 어 음	60,000,000		25,000,000	
대 손 충 당 금	600,000	59,400,000	250,000	24,750,000
단 기 대 여 금		5,000,000		22,000,000
미 수 금		3,000,000		0
재 고 자 산		70,000,000		73,700,000
상 품		70,000,000		73,700,000
Ⅱ. 비 유 동 자 산		66,800,000		79,950,000
투 자 자 산		12,000,000		0
장 기 대 여 금		12,000,000		0
유 형 자 산		19,800,000		44,950,000
차 량 운 반 구	28,000,000		50,000,000	
감 가 상 각 누 계 액	12,600,000	15,400,000	10,000,000	40,000,000
비 품	11,000,000		9,000,000	
감 가 상 각 누 계 액	6,600,000	4,400,000	4,050,000	4,950,000
무 형 자 산		15,000,000		15,000,000
소 프 트 웨 어		15,000,000		15,000,000
기 타 비 유 동 자 산		20,000,000		20,000,000
임 차 보 증 금		20,000,000		20,000,000
자 산 총 계		542,530,000		531,792,000
부 채				
Ⅰ. 유 동 부 채		126,130,000		143,312,000
외 상 매 입 금		34,000,000		29,042,000
미 지 급 금		35,500,000		44,050,000
예 수 금		6,630,000		20,700,000
단 기 차 입 금		50,000,000		49,520,000
Ⅱ. 비 유 동 부 채		0		0
부 채 총 계		126,130,000		143,312,000
자 본				
Ⅰ. 자 본 금		350,000,000		350,000,000
자 본 금		350,000,000		350,000,000
Ⅱ. 자 본 잉 여 금				
Ⅲ. 자 본 조 정				
Ⅳ. 기타포괄손익누계액				
Ⅴ. 이 익 잉 여 금		66,400,000		38,480,000
미 처 분 이 익 잉 여 금 (당기순이익 27,920,000)		66,400,000		38,480,000
자 본 총 계		416,400,000		388,480,000
부 채 와 자 본 총 계		542,530,000		531,792,000

자료설명	1. (주)제로음료의 전기(제7기)분 재무제표는 입력되어 있다. 2. 전기(제7기)분 재무제표 검토결과 입력오류를 발견하였다.
수행과제	입력이 누락되었거나 오류부분을 찾아 수정입력하시오.

실무수행

02 거래자료입력

실무프로세스 자료이다. [자료설명]을 참고하여 [수행과제]를 수행하시오.

① 3만원 초과 거래자료에 대한 영수증수취명세서 작성

주차 영수증
2025/03/29
상　호: 공항주차장　　　(T.02-667-8795)
성　명: 김원배
사업장: 서울특별시 강서구 공항대로 227
사업자등록번호: 128-14-83868

차량번호	시간	단가	금 액
25오 7466	11	3,000	33,000
		합계:	33,000원

감사합니다.

자료 설명	관리부 업무용 차량의 주차비를 현금으로 지급하고 받은 영수증이다. 회사는 이 거래가 지출증명서류미수취가산세대상인지를 검토하려고 한다.
수행 과제	1. 거래자료를 입력하시오. 　('차량유지비'계정으로 회계처리할 것.) 2. 영수증수취명세서 (1)과 (2) 서식을 작성하시오.

② 통장사본에 의한 거래입력

자료 1. 대출금(이자)계산서

대출금(이자)계산서
2025년 4월 30일

IBK기업은행

(주)제로음료 귀하
(고객님 팩스 NO: 02-2643-1235)
대출과목: IBK기업은행 중소기업자금대출
계좌번호: 110-531133-64-6666
대 출 일: 2024-10-01
만 기 일: 2025-04-30

일자	적요	금액	이자계산기간
2025.4.30.	원금상환	20,000,000원	
2025.4.30.	약정이자	177,600원	2025.4.1.~2025.4.30.
합계		20,177,600원	

자료 2. 보통예금(하나은행) 거래내역

번호	거래일	내용	찾으신금액	맡기신금액	잔액	거래점
		계좌번호 851-11-073757 (주)제로음료				
1	2025-4-30	IBK기업은행	20,177,600		***	***

자료설명	IBK기업은행의 중소기업자금대출 원금과 이자를 하나은행 보통예금 계좌에서 이체하여 상환하였다.
수행과제	거래자료를 입력하시오.

③ 대손의 발생과 설정

■ 보통예금(하나은행) 거래내역

번호	거래일	내용	찾으신금액	맡기신금액	잔액	거래점
		계좌번호 851-11-073757 (주)제로음료				
1	2025-5-9	자몽자몽(주)		3,000,000	***	***

자료설명	자몽자몽(주)의 파산으로 전기에 대손처리하였던 받을어음 금액 중 일부가 회수되어 하나은행 보통예금계좌에 입금되었다.
수행과제	거래자료를 입력하시오.

④ 증빙에 의한 전표입력

산출내역

납기내	55,000 원
주 민 세	50,000 원
지방교육세	5,000 원
납기후	56,650 원
주 민 세	51,500 원
지방교육세	5,150 원

전용계좌로도 편리하게 납부

은행	
은행	
은행	

*세금 미납시에는 재산압류 등 체납처분을 받게 됩니다.

서울특별시 2025년 08월 **주민세(사업소분)** 납세자 보관용 영수증

납 세 자	(주)제로음료
주 소	서울특별시 강남구 강남대로 238 (도곡동, 스카이쏠라빌딩)
납세번호	

주민세	50,000원	납기내	55,000 원
지방교육세	5,000원	2025.08.31. 까지	
과세대상			
체납세액	체납표기 제외대상입니다.	납기후	56,650 원
		2025.09.20. 까지	

위의 금액을 납부하시기 바랍니다. 위의 금액을 영수합니다.

서울특별시 **강남구청장**

자료설명	[8월 31일] 법인 사업소분 주민세를 신한은행 보통예금 계좌에서 이체하여 납부하였다.
수행과제	거래자료를 입력하시오.

⑤ 통장사본에 의한 거래입력

자료 1. 체크카드 영수증

케이에스넷

가맹점명, 주소가 실제와 다른 경우 신고안내
여신금융협회 TEL) 02-2011-0777
위장 가맹점 확장 시 포상금 10만원 지급

IC신용승인
상호: 생각상자서적
대표: 이마음(112-02-34108)
서울특별시 서대문구 충정로7길 28

- -

금 액	**70,000원**
합 계	**70,000원**

NH농협비씨체크   [일시불]
카드번호: 8844-22**-****-****(C)
거래일시: 2025/09/28 13:46:44

승인번호: **514000**   가맹: 741593501
매입: 비씨카드사   알림: EDC매출표
문의: TEL) 1544-4700   VER: 표준 2.07a

자료 2. 보통예금(농협은행) 거래내역

		내용	찾으신금액	맡기신금액	잔액	거래점
번호	거래일	계좌번호 351-06-909476 (주)제로음료				
1	2025-9-28	생각상자서적	70,000		***	***

자료설명	1. 고객 대기실에 비치할 도서를 구입하고 받은 체크카드 영수증이다. 2. 체크카드사용에 대한 농협은행 거래내역이다.
수행과제	거래자료를 입력하시오.

실무수행

03 부가가치세

부가가치세 신고 관련 자료이다. [자료설명]을 참고하여 [수행과제]를 수행하시오.

① 과세매출자료의 전자세금계산서 발행

거래명세서 (공급자 보관용)

공급자	등록번호	220-81-03217			공급받는자	등록번호	211-81-44121		
	상호	(주)제로음료	성명	김응준		상호	(주)탄산나라	성명	박나라
	사업장 주소	서울특별시 강남구 강남대로 238 (도곡동, 스카이쏠라빌딩)				사업장 주소	서울특별시 강남구 논현로145길 18 (논현동)		
	업태	도소매업	종사업장번호			업태	도소매업	종사업장번호	
	종목	음료, 주스 외				종목	음료 외		

거래일자	미수금액	공급가액	세액	총 합계금액
2025.10.6.		10,000,000	1,000,000	11,000,000

NO	월	일	품목명	규격	수량	단가	공급가액	세액	합계
1	10	6	제로 스파클링		5,000	2,000	10,000,000	1,000,000	11,000,000

자료설명	1. 상품을 판매하고 발급한 거래명세서이다. 2. 10월 1일에 받은 계약금을 제외한 잔액은 이번 달 말일에 받기로 하였다.
수행과제	1. 거래명세서에 의해 매입매출자료를 입력하시오. 2. 전자세금계산서 발행 및 내역관리 를 통하여 발급 및 전송하시오. (전자세금계산서 발급 시 결제내역 및 전송일자는 고려하지 말 것.)

② 매입거래

카드매출전표

카드종류: 삼성카드
회원번호: 8888-5432-**88-7**2
거래일시: 2025.10.18. 14:05:16
거래유형: 신용승인
매   출: 300,000원
부 가 세: 30,000원
합   계: 330,000원
결제방법: 일시불
승인번호: 16482395

가맹점명: ㈜상큼해 (206-81-17938)
- 이 하 생 략 -

자료 설명	(주)상큼해에서 상품(제로하이쿨)을 구입하고 발급받은 신용카드매출전표이다.
수행 과제	매입매출자료를 입력하시오.

③ 매입거래

| 🌐 **2025년 10월 청구분** | **도시가스요금** 지로영수증(고객용) |

고객번호	3154892							납부마감일	2025.11.30.
지로번호	1	3	4	0	5	2	8	미납	0 원
고지금액	279,950 원							금액	0 원

주소/성명	서울특별시 강남구 강남대로 238 (도곡동, 스카이쏠라빌딩) / (주)제로음료		
사용기간		2025.10.1.~2025.10.31.	기 본 요 금	25,000 원
당월 사용량	금월지침	8,416 m³	사 용 요 금	229,500 원
	전월지침	6,104 m³	계 량 기 교 체 비 용	원
	사용량	2,312 m³	**공 급 가 액**	**254,500 원**
사용량 비교	전월	1,535 m³	**부 가 세**	**25,450 원**
	전년동월	2,931 m³	가 산 금	원
계량기번호		CD011	정 산 금 액	원
검 침 원 명			고 지 금 액	279,950 원
			공급받는자 등록번호	220-81-03217
			공급자 등록번호	122-81-17950

작성일자   **2025년 11월 15일**
입금전용계좌

※ 본 영수증은 부가가치세법 시행령 53조 3항에 따라 발행하는 전자세금계산서입니다.   **한국도시가스(주)**

자료설명	1. 회사의 10월분 도시가스 요금명세서이다. 2. 작성일자를 기준으로 입력하고 납부마감일에 보통예금통장에서 자동이체 되는 거래의 입력은 생략한다
수행과제	매입매출자료를 입력하시오. (전자세금계산서의 발급 및 전송업무는 생략하고 '전자입력'으로 입력할 것.)

④ 매출거래

전자계산서			(공급자 보관용)		승인번호	
공급자	등록번호	220-81-03217		공급받는자	등록번호	138-81-15466
	상호	(주)제로음료	성명(대표자) 김응준		상호	(주)주스러브	성명(대표자) 강주희
	사업장주소	서울특별시 강남구 강남대로 238 (도곡동, 스카이쏠라빌딩)			사업장주소	서울특별시 구로구 구로동로 30
	업태	도소매업	종사업장번호		업태	도소매업	종사업장번호
	종목	음료, 주스 외			종목	과일류
	E-Mail	zero@bill36524.com			E-Mail	kang@naver.com

작성일자	2025.11.22.	공급가액	900,000	비 고	
월	일	품목명	규격	수량	단가	공급가액	비고
11	22	라임	kg	30	30,000	900,000	

합계금액	현금	수표	어음	외상미수금	이 금액을	◉ 영수 함
900,000		900,000				○ 청구

자료설명	면세상품(라임)을 판매하고 대금은 자기앞수표로 받았다. (단, 본 문제에 한하여 과세사업과 면세사업을 겸영한다고 가정할 것.)
수행과제	매입매출자료를 입력하시오. (전자계산서 거래는 '전자입력'으로 입력할 것.)

⑤ 매입거래

전자세금계산서					(공급자 보관용)		승인번호		

공급자	등록번호	211-81-10539			공급받는자	등록번호	220-81-03217		
	상호	(주)법무법인 한라	성명	최한나		상호	(주)제로음료	성명 (대표자)	김응준
	사업장 주소	서울특별시 서대문구 독립문로8길 120				사업장 주소	서울특별시 강남구 강남대로 238 (도곡동, 스카이쏠라빌딩)		
	업태	서비스업	종사업장번호			업태	도소매업	종사업장번호	
	종목	법률자문				종목	음료, 주스 외		
	E-Mail	ok@bill36524.com				E-Mail	zero@bill36524.com		

작성일자	2025.12.17.	공급가액	1,300,000	세 액	130,000
비고					

월	일	품목명	규격	수량	단가	공급가액	세액	비고
12	17	등기 대행수수료				1,300,000	130,000	

합계금액	현금	수표	어음	외상미수금	이 금액을	● 영수 ○ 청구	함
1,430,000	1,430,000						

자료설명	상품 보관창고를 건설하기 위해 취득한 토지의 등기대행 수수료에 대한 전자세금계산서를 수취하고 대금은 현금으로 지급하였다.
수행과제	매입매출자료를 입력하시오. (자본적지출로 처리하고, 전자세금계산서 거래는 '전자입력'으로 입력할 것.)

⑥ 부가가치세신고서에 의한 회계처리

■ 보통예금(국민은행) 거래내역

		내용	찾으신금액	맡기신금액	잔액	거래점
번호	거래일	계좌번호 096-24-0094-123 (주)제로음료				
1	2025-8-22	역삼세무서		1,398,000	***	***

자료설명	제1기 부가가치세 확정신고와 관련된 부가가치세 환급세액이 국민은행 보통예금 계좌로 입금되었다.
수행과제	6월 30일에 입력된 일반전표를 참고하여 환급세액에 대한 회계처리를 하시오. (단, 거래처코드를 입력할 것.)

실무수행

04 결산

[결산자료]를 참고하여 결산을 수행하시오. (단, 제시된 자료 이외의 자료는 없다고 가정함)

1 수동결산 및 자동결산

자료설명	1. 장기대여금에 대한 미수이자 600,000원을 계상하다. 2. 기말 상품재고액은 39,000,000원이다. 3. 이익잉여금처분계산서 처분 확정(예정)일 　－ 당기분: 2026년 2월 27일 　－ 전기분: 2025년 2월 27일
수행과제	1. 수동결산 또는 자동결산 메뉴를 이용하여 결산을 완료하시오. 2. 12월 31일을 기준으로 '손익계산서 → 이익잉여금처분계산서 → 재무상태표'를 순서대로 조회 작성하시오. 　(단, 이익잉여금처분계산서 조회 작성 시 '저장된 데이터 불러오기' → '아니오' 선택 → '전표추가'를 이용하여 '손익대체분개'를 수행할 것.)

평가문제

05 실무수행평가 62점

입력자료 및 회계정보를 조회하여 [평가문제]의 답안을 입력하시오.

〈 평가문제 답안입력 유의사항 〉

❶ 답안은 지정된 단위의 숫자로만 입력해 주십시오.
　＊한글 등 문자 금지

	정답	오답(예)
(1) 금액은 원 단위로 숫자를 입력하되, 천 단위 콤마(,)는 생략 가능합니다.	1,245,000 1245000	1.245.000 1,245,000원 1,245,0000 12,45,000 1,245천원
(1-1) 답이 0원인 경우 반드시 "0" 입력 　(1-2) 답이 음수(-)인 경우 숫자 앞에 "-" 입력 　(1-3) 답이 소수인 경우 반드시 " . " 입력		
(2) 질문에 대한 답안은 숫자로만 입력하세요.	4	04 4건, 4매, 4명 04건, 04매, 04명
(3) 거래처 코드번호는 5자리 숫자로 입력하세요.	00101	101 00101번

❷ 더존 프로그램에서 조회되는 자료를 복사하여 붙여넣기가 가능합니다.
❸ 수행과제를 올바르게 입력하지 않고 작성한 답과 모범답안이 다른 경우 오답처리됩니다.

번호	평가문제	배점
11	**평가문제 [거래처등록 조회]** [거래처등록] 관련 내용으로 옳지 않은 것은? ① 비씨카드사는 매출카드이다. ② 매출카드는 1개이고 매입카드는 5개이다. ③ 우리카드의 결제일은 24일이다. ④ 신한체크카드의 결제계좌는 신한은행(보통)이다.	4
12	**평가문제 [현금출납장 조회]** 3월 한 달 동안 '현금'의 출금 금액은 얼마인가?	4
13	**평가문제 [일/월계표 조회]** 9월 한 달 동안 발생한 '도서인쇄비' 금액은 얼마인가?	3
14	**평가문제 [일/월계표 조회]** 11월 한 달 동안 발생한 '상품매출' 금액은 얼마인가?	3
15	**평가문제 [거래처원장 조회]** 10월 말 (주)탄산나라(코드: 01121)의 '108.외상매출금' 잔액은 얼마인가?	3
16	**평가문제 [거래처원장 조회]** 10월 말 '251.외상매입금'의 거래처별 잔액으로 옳지 않은 것은? ① 00566.헬스음료(주) 30,800,000원 ② 02005.(주)정연식품 6,600,000원 ③ 02600.자몽자몽(주) 1,100,000원 ④ 99600.삼성카드 2,200,000원	3
17	**평가문제 [재무상태표 조회]** 12월 말 '받을어음'의 장부금액(받을어음 − 대손충당금)은 얼마인가?	3
18	**평가문제 [재무상태표 조회]** 12월 말 '자산'의 계정별 잔액으로 옳지 않은 것은? ① 미수수익 600,000원 ② 미수금 3,000,000원 ③ 장기대여금 12,000,000원 ④ 토지 20,000,000원	3
19	**평가문제 [재무상태표 조회]** 12월 말 '기타비유동자산'의 잔액은 얼마인가?	3
20	**평가문제 [재무상태표 조회]** 12월 말 '유동부채'의 계정별 잔액으로 옳은 것은? ① 미지급금 108,208,180원 ② 예수금 6,767,130원 ③ 선수금 6,610,000원 ④ 단기차입금 30,000,000원	3

21	**평가문제 [재무상태표 조회]** 12월 말 '이월이익잉여금(미처분이익잉여금)' 잔액은 얼마인가? ① 119,246,370원 ② 120,446,370원 ③ 121,946,370원 ④ 122,846,370원	1
22	**평가문제 [손익계산서 조회]** 당기에 발생한 '상품매출원가' 금액은 얼마인가?	3
23	**평가문제 [손익계산서 조회]** 당기에 발생한 비용의 계정별 금액으로 옳지 않는 것은? ① 복리후생비 15,219,200원 ② 수도광열비 5,884,520원 ③ 세금과공과금 960,000원 ④ 이자비용 10,371,400원	3
24	**평가문제 [손익계산서 조회]** 당기에 발생한 '영업외수익' 금액은 얼마인가?	4
25	**평가문제 [영수증수취명세서 조회]** [영수증수취명세서(1)]에 작성된 '12.명세서제출 대상' 금액은 얼마인가?	3
26	**평가문제 [예적금현황 조회]** 12월 말 은행별 예금 잔액으로 옳은 것은? ① 국민은행(보통) 21,995,000원 ② 농협은행(보통) 10,130,000원 ③ 신한은행(보통) 53,600,000원 ④ 하나은행(보통) 24,060,000원	3
27	**평가문제 [부가가치세신고서 조회]** 제2기 확정 신고기간 부가가치세신고서의 '그밖의공제매입세액(14란)_신용매출전표수취/일반(41란)'의 세액은 얼마인가?	4
28	**평가문제 [부가가치세신고서 조회]** 제2기 확정 신고기간 부가가치세신고서의 '매입세액_공제받지못할매입세액(16란)의 세액은 얼마인가?	3
29	**평가문제 [세금계산서합계표 조회]** 제2기 확정 신고기간의 매출 전자세금계산서의 부가세는 얼마인가?	3
30	**평가문제 [계산서합계표 조회]** 제2기 확정 신고기간의 매출 전자계산서 공급가액 합계는 얼마인가?	3
총점		62

평가문제

06 회계정보분석 8점

회계정보를 조회하여 [회계정보분석] 답안을 입력하시오.

31 재무상태표 조회 4점

당좌비율이란 유동부채에 대한 당좌자산의 비율로 재고자산을 제외시킴으로써 단기채무에 대한 기업의 지급능력을 파악하는 데 유동비율보다 더욱 정확한 지표로 사용되고 있다. 전기분 당좌비율을 계산하면 얼마인가? (단, 소숫점 이하는 버림할 것.)

$$당좌비율(\%) = \frac{당좌자산}{유동부채} \times 100$$

① 229% ② 312% ③ 321% ④ 336%

32 손익계산서 조회 4점

매출총이익률은 매출로부터 얼마의 이익을 얻느냐를 나타내는 비율로 높을수록 판매, 매입활동이 양호한 편이다. 전기분 매출총이익률은 얼마인가? (단, 소수점 이하는 버림할 것.)

$$매출총이익률(\%) = \frac{매출총이익}{매출액} \times 100$$

① 34% ② 37%
③ 41% ④ 45%

70회 FAT 1급 기출문제(이론 + 실무)

※ 아래 문제에서 특별한 언급이 없으면 기업의 보고기간(회계기간)은 매년 1월 1일부터 12월 31일까지입니다. 또한 기업은 일반기업회계기준 및 관련 세법을 계속적으로 적용하고 있다고 가정하고 물음에 가장 합당한 답을 고르시기 바랍니다.

01 다음 중 손익계산서에 대한 설명으로 옳지 않은 것은?

① 손익계산서는 경영성과에 대한 유용한 정보를 제공한다.

② 매출액은 총매출액에서 매출할인, 매출환입, 매출에누리를 차감한 금액으로 한다.

③ 매출원가는 매출액에 대응하는 원가로서, 매출원가의 산출과정을 재무상태표 본문에 표시하거나 주석으로 기재한다.

④ 포괄손익은 일정 기간 주주와의 자본거래를 제외한 모든 거래나 사건에서 인식한 자본의 변동을 말한다.

02 다음 중 재무제표의 표시에 대한 내용을 잘못 설명하고 있는 사람은?

① 영미　　　　② 철수　　　　③ 지호　　　　④ 윤서

03 다음은 (주)한공의 손익계산서 일부와 추가자료이다. 이를 토대로 계산한 (가)의 금액으로 옳은 것은 ?

자료 1.

손익계산서

(주)한공   2025년 1월 1일부터 2025년 12월 31일까지   (단위: 원)

과목		제5기
매 출 액		7,000,000
매 출 원 가		5,000,000
기 초 상 품 재 고 액	1,000,000	
당 기 상 품 매 입 액	6,000,000	
기 말 상 품 재 고 액	2,000,000	
매 출 총 이 익		×××
판 매 비 와 관 리 비		×××
⋮		
영 업 이 익		(가)

자료 2. 추가자료

• 급여	500,000원	• 복리후생비	50,000원	• 광고선전비	40,000원
• 접대비	10,000원	• 수도광열비	15,000원	• 기부금	5,000원

① 1,360,000원   ② 1,385,000원   ③ 1,410,000원   ④ 1,500,000원

04 다음 중 매출원가가 가장 작게 나오는 재고자산 평가방법으로 옳은 것은? (단, 물가가 계속 상승하고 재고자산의 수량이 일정하게 유지된다고 가정한다.)

① 선입선출법   ② 이동평균법   ③ 총평균법   ④ 후입선출법

05 다음은 (주)한공의 연구개발 관련 자료이다. 비용으로 처리할 금액은 얼마인가?

• 연구단계에서 지출한 금액은 500,000원이다.
• 제품 개발단계에서 지출한 금액은 300,000원이다. 이 중 100,000원은 자산인식요건을 충족시키지 못하였다.

① 100,000원   ② 200,000원   ③ 600,000원   ④ 800,000원

06 다음 설명에 대한 회계처리 시 차변 계정과목으로 옳은 것은?

> • 업무용 건물에 엘리베이터를 설치하여 내용연수가 5년 연장되었다.

① 건물   ② 수선비   ③ 투자부동산   ④ 선급금

07 다음은 (주)한공의 2025년 소모품 관련 자료이다. 결산 시 회계처리로 옳은 것은?

> • 2025년 4월 1일 소모품 1,000,000원을 구입하고 대금은 현금으로 지급하였으며, 구입한 소모품은 전액 비용처리하였다.
> • 2025년 12월 31일 소모품 미사용액은 200,000원이다.

① (차) 소모품   200,000원   (대) 소모품비   200,000원
② (차) 소모품   800,000원   (대) 소모품비   800,000원
③ (차) 소모품비   200,000원   (대) 소모품   200,000원
④ (차) 소모품비   800,000원   (대) 소모품   800,000원

08 다음 중 부가가치세법상 과세기간에 대한 설명으로 옳지 않은 것은?

① 법인사업자인 일반과세자의 제1기 예정 신고기간은 1월 1일부터 3월 31일까지이다.
② 신규사업자의 과세기간은 사업 개시일부터 그 날이 속하는 과세기간 종료일까지이다.
③ 폐업자의 과세기간은 해당 과세기간 개시일부터 폐업일까지이다.
④ 간이과세자는 1월 1일부터 6월 30일까지를 과세기간으로 한다.

09 다음 중 부가가치세법상 재화 또는 용역의 공급시기로 옳은 것은?

① 현금판매: 대금이 지급된 때
② 재화의 공급으로 보는 가공: 재화의 가공이 완료된 때
③ 장기할부조건부 용역의 공급: 대가의 각 부분을 받기로 한 때
④ 공급단위를 구획할 수 없는 용역의 계속적 공급: 용역의 공급을 완료한 때

10 다음은 과세 사업자인 (주)한공의 2025년 제1기 과세자료이다. 이를 토대로 부가가치세 과세표준을 계산하면 얼마인가? 단, 주어진 자료의 금액은 부가가치세가 포함되어 있지 않은 금액이며, 세금계산서 등 필요한 증빙서류는 적법하게 발급하였거나 수령하였다.

• 대가의 일부로 받는 운송보험료 · 산재보험료	5,000,000원
• 장기할부판매 또는 할부판매 경우의 이자상당액	2,600,000원
• 대가의 일부로 받는 운송비 · 포장비 · 하역비	4,500,000원
• 재화의 공급과 직접 관련되지 아니하는 국고보조금 수령액	7,000,000원

① 9,500,000원

② 11,500,000원

③ 12,100,000원

④ 14,100,000원

⊹ 실무수행평가 ⊹

※ (주)독도우산(회사코드 3170)는 우산 등을 도·소매하는 법인으로 회계기간은 제7기(2025.1.1. ~ 2025.12.31.)이다. 제시된 자료와 [자료설명]을 참고하여 [수행과제]를 완료하고 [평가문제]의 물음에 답하시오.

┌─────────⟨실무수행 유의사항⟩─────────┐

1. 부가가치세 관련거래는 [매입매출전표입력]메뉴에 입력하고, 부가가치세 관련 없는 거래는 [일반전표입력]메뉴에 입력한다.
2. 타계정 대체액과 관련된 적요는 반드시 코드를 입력하여야 한다.
3. 채권·채무, 예금거래 등 관리대상 거래자료에 대하여는 거래처코드를 반드시 입력한다.
4. 자금관리 등 추가 작업이 필요한 경우 문제의 요구에 따라 추가 작업하여야 한다.
5. 판매비와 관리비는 800번대 계정코드를 사용한다.
6. 등록된 계정과목 중 가장 적절한 계정과목을 선택한다.

└──────────────────────────────┘

실무수행

01 기초정보관리의 이해

회계관련 기초정보는 입력되어 있다. [자료설명]을 참고하여 [수행과제]를 수행하시오.

① 사업자등록증에 의한 회사등록 수정

사 업 자 등 록 증 (법인사업자) 등록번호: 110-87-03213 상 호: (주)독도우산 대 표 자 명: 차기분 개 업 년 월 일: 2019년 10월 2일 법 인 등 록 번 호: 110111-0634752 사업장 소재지: 서울특별시 서대문구 충정로7길 12 (충정로 2가) 사 업 의 종 류: 업태 도소매업 종목 우산 외 교 부 사 유: 정정 사업자단위과세 적용사업자여부: 여( ) 부(✓) 전자세금계산서 전용 메일주소: korea@bill36524.com 2025년 1월 5일 서대문 세무서장 (인) 국세청	**자료** **설명**: 사업장을 이전하여 서대문 세무서로부터 사업자등록증을 재교부받았다. **수행** **과제**: 사업자등록증의 변경내용을 확인하여 사업장주소와 담당자 메일주소를 수정하시오.

② 거래처별초기이월 등록 및 수정

주·임·종단기채권 명세서

거래처명		적요	금액
00123	김완선	자녀 학자금 대출	7,000,000원
00234	이효리	자녀 학자금 대출	3,000,000원
07001	엄정화	일시 사용자금 대출	2,000,000원
합계			12,000,000원

자료설명	회사는 직원 대출금에 대한 주.임.종단기채권을 종업원별로 관리하고 있다.
수행과제	거래처별 초기이월사항을 입력하시오.

실무수행

02 거래자료입력

실무프로세스 자료이다. [자료설명]을 참고하여 [수행과제]를 수행하시오.

① 3만원 초과 거래자료 입력

<table>
<tr><td colspan="6">

영 수 증 (공급받는자용)

NO   **(주)독도우산** 귀하

</td></tr>
<tr><td rowspan="4">공급자</td><td>사업자
등록번호</td><td colspan="3">603-81-16391</td></tr>
<tr><td>상 호</td><td colspan="2">(주)금화서비스</td><td>성명</td><td>이현진</td></tr>
</table>

공급자	사업자 등록번호	603-81-16391		
	상 호	(주)금화서비스	성명	이현진
	사업장 소재지	서울특별시 강남구 역삼로 111		
	업 태	서비스업	종목	종합수리
작성일자	공급대가총액		비고	
2025.3.3.	80,000			
공 급 내 역				
월/일	품명	수량	단가	금액
3/3	컴퓨터 수리			80,000
합 계	₩80,000			
위 금액을 (영수)(청구)함				

자료 설명	사무실 컴퓨터를 수리하고 대금은 현금으로 지급하였다. 회사는 이 거래가 지출증명서류미수취가산세 대상인지를 검토하려고 한다.
수행 과제	1. 거래자료를 입력하시오. (단, '수익적지출'로 처리할 것.) 2. 영수증수취명세서(2)와 (1)서식을 작성하시오.

② 기타 일반거래

■ 보통예금(국민은행) 거래내역

번호	거래일	내용	찾으신금액	맡기신금액	잔액	거래점
			764502-01-047720　(주)독도우산			
1	2025-3-7	계약금	3,000,000		***	***

자료설명	(주)무지개우산에서 상품을 구입하기로 하고, 계약금 3,000,000원을 국민은행 보통예금 계좌에서 이체하여 지급하였다.
수행과제	거래자료를 입력하시오.

③ 유·무형자산의 구입

자료 1. 취득세 납부서 겸 영수증

취득세 납부서 겸 영수증 (납세자 보관용)

납세 번호	과세기관	검	회계	과목	세목	년도	월	기분	과세번호	검
	750	2	10	101	001	2025	04	02	000005	1

{등기후 납부시 가산세 부과}

납 세 자　(주)독도우산
주　　　소　서울특별시 서대문구 충정로7길 12 (충정로2가)

과 세 원 인　유상취득
과 세 대 상　토지 - 서울특별시 서대문구 충정로7길 31(충정로2가)

세 (과) 목	납 부 세 액
취 득 세 액	3,600,000원
농 어 촌 특 별 세	180,000원
지 방 교 육 세	360,000원
합 계 세 액	4,140,000원

과 세 표 준 액
90,000,000원
전 자 납 부 번 호

위의 금액을 영수합니다.　(수납인)
2025년 4월 10일

자료 2. 보통예금(기업은행) 거래내역

번호	거래일	내용	찾으신금액	맡기신금액	잔액	거래점
			계좌번호 096-24-0094-123　(주)독도우산			
1	2025-4-10	취득세 등	4,140,000		***	***

자료설명	본사 신규 창고 건설을 위해 구입한 토지의 취득세 등을 기업은행 보통예금 계좌에서 이체하여 납부하였다.
수행과제	거래자료를 입력하시오.

4 증빙에 의한 전표입력

자료 1.

자동차보험증권

증 권 번 호	3355897		계 약 일	2025년 4월 28일
보 험 기 간	2025 년 4 월 28 일 00:00부터		2026 년 4 월 28 일 24:00까지	
보 험 계 약 자	(주)독도우산	주민(사업자)번호	110-87-03213	
피 보 험 자	(주)독도우산	주민(사업자)번호	110-87-03213	

보험료 납입사항

총보험료	90 만원	납입보험료	90 만원	미납입 보험료	0 원

자료 2. 보통예금(기업은행) 거래내역

		내용	찾으신금액	맡기신금액	잔액	거래점
번호	거래일	계좌번호 096-24-0094-123 (주)독도우산				
1	2025-4-28	보험료	900,000		***	***

자료설명	영업부 업무용 승용차의 보험료를 기업은행 보통예금 계좌에서 이체하여 납부하였다.
수행과제	거래자료를 입력하시오. (단, '자산'으로 처리할 것.)

5 약속어음의 할인

자료 1.

전 자 어 음

(주)독도우산 귀하 00420250320987654321

금 일천육백오십만원정 16,500,000원

위의 금액을 귀하 또는 귀하의 지시인에게 지급하겠습니다.

지급기일	2025년 6월 20일	발행일	2025년 3월 20일
지 급 지	국민은행	발행지	서울특별시 양천구 공항대로 530
지급장소	양천지점	주 소	
		발행인	(주)순양유통

자료 2. 당좌예금(국민은행) 거래내역

번호	거래일	내용	찾으신금액	맡기신금액	잔액	거래점
		계좌번호 112-088-123123 (주)국제우산				
1	2025-5-18	어음할인		16,250,000	***	***

자료설명	[5월 18일] (주)순양유통에서 받아 보관중인 전자어음을 국민은행 서대문지점에서 할인받고, 할인료 250,000원을 차감한 잔액을 국민은행 당좌예금 계좌로 입금받았다.
수행과제	1. 거래자료를 입력하시오. (매각거래로 처리할 것.) 2. 자금관련 정보를 입력하여 받을어음현황에 반영하시오. 　(할인기관은 '국민은행(당좌)'으로 할 것.)

실무수행

03 부가가치세

부가가치세 신고 관련 자료이다. [자료설명]을 참고하여 [수행과제]를 수행하시오.

① 과세매출자료의 전자세금계산서 발행

거래명세서 (공급자 보관용)

공급자	등록번호	110-87-03213			공급받는자	등록번호	119-81-02126		
	상호	(주)독도우산	성명	차기분		상호	(주)지성마트	성명	김지성
	사업장주소	서울특별시 서대문구 충정로7길 12 (충정로2가)				사업장주소	서울특별시 강남구 강남대로 314 (역삼동, 서우빌딩)		
	업태	도소매업	종사업장번호			업태	도소매업	종사업장번호	
	종목	우산 외				종목	생활용품		

거래일자	미수금액	공급가액	세액	총 합계금액
2025.7.7.		7,000,000	700,000	7,700,000

NO	월	일	품목명	규격	수량	단가	공급가액	세액	합계
1	7	7	골프우산		1,000	7,000	7,000,000	700,000	7,700,000

자료설명	1. 상품을 판매하면서 발급한 거래명세서이다. 2. 계약금을 제외한 대금 전액은 하나은행 보통예금 계좌로 입금받았다.
수행과제	1. 7월 5일 일반전표를 참고하여 매입매출자료를 입력하시오. 2. 전자세금계산서 발행 및 내역관리 를 통하여 발급 및 전송하시오. 　(전자세금계산서 발급 시 결제내역 및 전송일자는 고려하지 말 것.)

2 매출거래

전자세금계산서					(공급자 보관용)		승인번호			

공급자	등록번호	110-87-03213				공급받는자	등록번호	142-36-15766		
	상호	(주)독도우산	성명	차기분			상호	미래서점	성명(대표자)	김주은
	사업장 주소	서울특별시 서대문구 충정로7길 12 (충정로2가)					사업장 주소	서울특별시 서대문구 독립문공원길 99 (현저동)		
	업태	도소매업		종사업장번호			업태	도소매업		종사업장번호
	종목	우산외					종목	책, 잡화		
	E-Mail	korea@bill36524.com					E-Mail	jooeun@naver.com		

작성일자	2025.8.4.	공급가액	2,000,000	세 액	200,000

비고								

월	일	품목명	규격	수량	단가	공급가액	세액	비고
8	4	8월 임대료				2,000,000	200,000	

합계금액	현금	수표	어음	외상미수금	이 금액을	○ 영수 ● 청구	함
2,200,000				2,200,000			

자료설명	당사의 사무실 일부를 일시적으로 임대하고 발급한 전자세금계산서이며, 당월 임대료(영업외수익)는 다음달 10일에 받기로 하였다.
수행과제	매입매출자료를 입력하시오. (전자세금계산서의 발급 및 전송업무는 생략하고 '전자입력'으로 입력할 것.)

3 매입거래

전자세금계산서					(공급자 보관용)		승인번호			

공급자	등록번호	211-81-10539				공급받는자	등록번호	110-87-03213		
	상호	(주)죽동소프트	성명	이인식			상호	(주)독도우산	성명	차기분
	사업장 주소	서울특별시 서대문구 독립문로8길 120					사업장 주소	서울특별시 서대문구 충정로7길 12 (충정로2가)		
	업태	서비스업		종사업장번호			업태	도소매업		종사업장번호
	종목	소프트웨어					종목	우산외		
	E-Mail	insik@bill36524.com					E-Mail	korea@bill36524.com		

작성일자	2025.9.12.	공급가액	1,500,000	세 액	150,000

비고								

월	일	품목명	규격	수량	단가	공급가액	세액	비고
9	12	소프트웨어				1,500,000	150,000	

합계금액	현금	수표	어음	외상미수금	이 금액을	○ 영수 ● 청구	함
1,650,000				1,650,000			

자료설명	업무와 관련된 '소프트웨어'를 구입하고 전자세금계산서를 수취하였으며, 대금은 전액 9월 말일에 지급하기로 하였다.
수행과제	매입매출자료를 입력하시오. (단, '고정자산등록'은 생략하고, 전자세금계산서 거래는 '전자입력'으로 입력할 것.)

④ 매입거래

```
          신용카드매출전표
- - - - - - - - - - - - - - - - - - - - - - - -
 카드종류: 기업카드
 회원번호: 5123-1**4-0211-65**
 거래일시: 2025.10.02. 11:11:54
 거래유형: 신용승인
 매   출 : 500,000원
 부 가 세 :  50,000원
 합   계 : 550,000원
 결제방법: 일시불
 승인번호: 32232154
 은행확인: 기업은행
- - - - - - - - - - - - - - - - - - - - - - - -
 가맹점명: ㈜수아기프트 (220-81-12375)
          - 이 하 생 략 -
```

자료 설명	본사 직원에게 복리후생목적으로 배부할 창립기념일 선물(텀블러)을 구입하고 법인 신용카드로 결제하였다.
수행 과제	매입매출자료를 입력하시오.

⑤ 매입거래

전자세금계산서

(공급자 보관용)　　승인번호

공급자	등록번호	211-81-75191			공급받는자	등록번호	110-87-03213		
	상호	(주)명성자동차	성명	이성림		상호	(주)독도우산	성명	차기분
	사업장 주소	서울특별시 강남구 강남대로 227				사업장 주소	서울특별시 서대문구 충정로7길 12 (충정로2가)		
	업태	도소매업	종사업장번호			업태	도소매업	종사업장번호	
	종목	중고차매매				종목	우산외		
	E-Mail	famouscar@bill36524.com				E-Mail	korea@bill36524.com		

작성일자	2025.11.7.	공급가액	30,000,000	세액	3,000,000
비고					

월	일	품목명	규격	수량	단가	공급가액	세액	비고
11	7	제네시스				30,000,000	3,000,000	

합계금액	현금	수표	어음	외상미수금	이 금액을	● 영수 ○ 청구	함
33,000,000	33,000,000						

자료설명	(주)명성자동차에서 업무용승용차(3,000cc,개별소비세 과세대상)를 구입하고 대금은 현금으로 지급하였다.
수행과제	매입매출자료를 입력하시오. (단, 고정자산등록은 생략하고, 전자세금계산서 거래는 '전자입력'으로 입력할 것.)

PART 03

6 부가가치세신고서에 의한 회계처리

자료설명	제1기 예정 부가가치세 과세기간의 부가가치세 관련 거래자료는 입력되어 있다.
수행과제	제1기 예정 부가가치세신고서를 참고하여 3월 31일 부가가치세 납부세액(환급세액)에 대한 회계처리를 하시오. (단, 납부할 세액은 '미지급세금', 환급받을 세액은 '미수금'으로 회계처리하고, 거래처코드를 입력할 것.)

실무수행
04 결산

[결산자료]를 참고하여 결산을 수행하시오. (단, 제시된 자료 이외의 자료는 없다고 가정함)

1 수동결산 및 자동결산

자료설명	1. 장기차입금에 대한 기간경과분 이자 300,000원을 계상하다. 2. 기말 상품재고액은 20,000,000원이다. 3. 이익잉여금처분계산서 처분 확정(예정)일 - 당기분: 2026년 2월 28일 - 전기분: 2025년 2월 28일
수행과제	1. 수동결산 또는 자동결산 메뉴를 이용하여 결산을 완료하시오. 2. 12월 31일을 기준으로 '손익계산서 → 이익잉여금처분계산서 → 재무상태표'를 순서대로 조회 작성하시오. (단, 이익잉여금처분계산서 조회 작성 시 '저장된 데이터 불러오기' → '아니오' 선택 → '전표추가'를 이용하여 '손익대체분개'를 수행할 것.)

평가문제

05 실무수행평가 62점

입력자료 및 회계정보를 조회하여 [평가문제]의 답안을 입력하시오.

─────────〈 평가문제 답안입력 유의사항 〉─────────

❶ 답안은 지정된 단위의 숫자로만 입력해 주십시오.
 * 한글 등 문자 금지

	정답	오답(예)
(1) 금액은 원 단위로 숫자를 입력하되, 천 단위 콤마(,)는 생략 가능합니다.	1,245,000 1245000	1.245.000 1,245,000원 1,245,0000 12,45,000 1,245천원
(1-1) 답이 0원인 경우 반드시 "0" 입력 (1-2) 답이 음수(-)인 경우 숫자 앞에 "-" 입력 (1-3) 답이 소수인 경우 반드시 " . " 입력		
(2) 질문에 대한 답안은 숫자로만 입력하세요.	4	04 4건, 4매, 4명 04건, 04매, 04명
(3) 거래처 코드번호는 5자리 숫자로 입력하세요.	00101	101 00101번

❷ 더존 프로그램에서 조회되는 자료를 복사하여 붙여넣기가 가능합니다.
❸ 수행과제를 올바르게 입력하지 않고 작성한 답과 모범답안이 다른 경우 오답처리됩니다.

번호	평가문제	배점
11	**평가문제 [회사등록 조회]** [회사등록] 관련 내용으로 옳지 않은 것은? ① 사업장 세무서는 '서대문'이다. ② 대표자명은 '차기분'이다. ③ 국세환급금 계좌는 '국민은행 서대문지점'이다. ④ 담당자메일주소는 'korea@hanmail.net'이다.	4
12	**평가문제 [거래처원장 조회]** 1월 말 '137.주.임.종단기채권' 계정의 거래처별 잔액이 옳지 않은 것은? ① 00123.김완선 7,000,000원　② 00234.이효리 3,000,000원 ③ 00775.이재원 2,000,000원　④ 07001.엄정화 4,000,000원	4
13	**평가문제 [거래처원장 조회]** 12월 말 '253.미지급금' 계정의 거래처별 잔액이 옳은 것은? ① 04008.하늘유통　　110,220원　② 07117.(주)만세유통 10,000,000원 ③ 99602.기업카드 2,523,180원　④ 99605.농협카드　　290,000원	3

14	**평가문제 [일/월계표 조회]** 8월(8/1~8/31) 동안 발생한 영업외수익 중 '임대료' 금액은 얼마인가?	4
15	**평가문제 [재무상태표 조회]** 12월 말 '현금' 잔액은 얼마인가?	3
16	**평가문제 [재무상태표 조회]** 12월 말 '선급금' 잔액은 얼마인가?	3
17	**평가문제 [재무상태표 조회]** 12월 말 '선급비용' 잔액은 얼마인가?	3
18	**평가문제 [재무상태표 조회]** 12월 말 '비유동자산'계정의 금액으로 옳지 않은 것은? ① 토지 90,000,000원 ② 건물 310,000,000원 ③ 영업권 10,000,000원 ④ 소프트웨어 3,000,000원	3
19	**평가문제 [재무상태표 조회]** 12월 말 '선수금' 잔액은 얼마인가?	2
20	**평가문제 [재무상태표 조회]** 12월 말 '이월이익잉여금(미처분이익잉여금)' 잔액은 얼마인가? ① 402,246,150원 ② 408,538,870원 ③ 409,212,420원 ④ 410,837,320원	1
21	**평가문제 [손익계산서 조회]** 당기에 발생한 '상품매출원가' 금액은 얼마인가?	3
22	**평가문제 [손익계산서 조회]** 당기에 발생한 '판매비와관리비'의 계정별 금액이 옳지 않은 것은? ① 복리후생비 15,786,400원 ② 접대비 7,350,500원 ③ 수선비 7,311,000원 ④ 보험료 7,491,000원	4
23	**평가문제 [손익계산서 조회]** 당기에 발생한 '영업외비용' 금액은 얼마인가?	3
24	**평가문제 [영수증수취명세서 조회]** [영수증수취명세서(1)]에 작성된 3만원 초과 거래분 중 '12.명세서제출 대상' 금액은 얼마인가?	3
25	**평가문제 [부가가치세신고서 조회]** 제2기 확정 신고기간 부가가치세신고서의 '그밖의공제매입세액(14란)_신용카드매출전표수취/일반(41란)' 금액은 얼마인가?	3
26	**평가문제 [부가가치세신고서 조회]** 제2기 확정 신고기간 부가가치세신고서의 '공제받지못할매입세액(16란)'의 세액은 얼마인가?	3
27	**평가문제 [전자세금계산서발행 및 내역관리 조회]** 제2기 예정 신고기간의 국세청 '전송성공' 건수는 몇 건인가?	4
28	**평가문제 [세금계산서합계표 조회]** 제2기 확정 신고기간의 전자매입세금계산서의 매입처 수는 몇 개인가?	3

29	**평가문제 [예적금현황 조회]** 12월 말 은행별(계좌명) 예금 잔액으로 옳은 것은? ① 국민은행(당좌) 40,600,000원　　② 국민은행(보통) 224,156,400원 ③ 기업은행(보통) 31,440,700원　　④ 하나은행(보통) 27,000,000원	4
30	**평가문제 [받을어음현황 조회]** 만기일이 2025년에 도래하는 '받을어음' 미보유금액은 얼마인가?	2
	총점	62

평가문제

06 회계정보분석 8점

회계정보를 조회하여 [회계정보분석] 답안을 입력하시오.

31 재무상태표 조회 4점

유동비율이란 기업의 단기 지급능력을 평가하는 지표이다. 전기 유동비율은 얼마인가? (단, 소숫점 이하는 버림할 것.)

$$유동비율(\%) = \frac{유동자산}{유동부채} \times 100$$

① 13%　　　　② 15%　　　　③ 612%　　　　④ 659%

32 손익계산서 조회 4점

이자보상비율은 기업의 채무상환능력을 나타내는 지표이다. 전기분 이자보상비율은 얼마인가? (단, 소숫점 이하는 버림할 것.)

$$이자보상비율(\%) = \frac{영업이익}{이자비용} \times 100$$

① 1,007%　　　② 1,584%　　　③ 2,210%　　　④ 3,110%

71회 FAT 1급 기출문제(이론 + 실무)

※ 아래 문제에서 특별한 언급이 없으면 기업의 보고기간(회계기간)은 매년 1월 1일부터 12월 31일까지입니다. 또한 기업은 일반기업회계기준 및 관련 세법을 계속적으로 적용하고 있다고 가정하고 물음에 가장 합당한 답을 고르시기 바랍니다.

01 회계정보가 갖추어야 할 주요 질적특성은 목적적합성과 신뢰성이다. 다음 중 목적적합성의 하위 질적특성으로 옳은 것은?

① 표현의 충실성
② 예측가치
③ 이해가능성
④ 검증가능성

02 다음은 도소매업을 영위하는 (주)한공의 손익계산서의 계산구조이다. (다)에 적합한 것은?

매출액	
−	(가)
=	(나)
−	판매비와관리비
=	(다)
+	영업외수익
−	영업외비용
=	(라)
−	법인세비용
=	당기순이익

① 영업이익
② 매출총이익
③ 매출원가
④ 법인세비용차감전순이익

03 다음 중 재무상태표에 관한 설명으로 옳지 않은 것은?

① 유동자산 중 당좌자산에는 보통예금, 선급금, 미수금 등이 있다.
② 임대보증금은 비유동자산으로 구분한다.
③ 유형자산에는 토지, 건물, 건설중인자산 등이 있다.
④ 자본은 자본금, 자본잉여금, 자본조정, 기타포괄손익누계액 및 이익잉여금(또는 결손금)으로 구분한다.

04 다음 자료를 토대로 도소매업을 영위하는 (주)한공의 판매비와관리비를 계산하면 얼마인가?

여비교통비	4,000,000원	복리후생비	500,000원
개발비	3,000,000원	단기매매증권평가손실	400,000원
감가상각비	550,000원	접대비(기업업무추진비)	1,100,000원
기부금	1,000,000원	이자비용	1,500,000원

① 4,500,000원   ② 5,050,000원
③ 6,150,000원   ④ 7,150,000원

05 다음 자료를 토대로 회계처리 시 차변 계정과목과 금액으로 옳은 것은?

(주)한공은 유가증권시장에 상장되어 있는 (주)국제의 주식 2,000주를 1주당 7,000원(1주당 액면금액 5,000원)에 취득하고, 거래수수료 270,000원을 지급하였다. (회사는 주식을 단기 보유할 목적이며, 주식은 시장성을 가지고 있음.)

	계정과목	금액
①	단기매매증권	14,000,000원
②	매도가능증권	14,000,000원
③	단기매매증권	14,270,000원
④	매도가능증권	14,270,000원

06 다음은 (주)한공이 취득한 기계장치에 대한 자료이다. 기계장치의 취득원가는 얼마인가?

- 기계장치 구입대금   10,000,000원   • 기계장치 설치비   450,000원
- 기계장치 운송비용   300,000원   • 기계장치 시운전비   110,000원
- 기계장치 설치 후 수선비   70,000원

① 10,000,000원   ② 10,450,000원
③ 10,750,000원   ④ 10,860,000원

07 다음 대화내용에 따른 거래를 회계처리할 경우 차변 계정과목으로 옳은 것은?

① 가지급금   ② 가수금
③ 미지급금   ④ 미수금

08 일반과세자 김한공 씨는 2025년 2월 10일에 부동산임대업을 폐업하였다. 2025년 1월 1일부터 2025년 2월 10일까지 거래에 대한 김한공 씨의 부가가치세 확정신고기한으로 옳은 것은?

① 2025년 2월 25일
② 2025년 3월 25일
③ 2025년 4월 25일
④ 2025년 7월 25일

09 다음 중 부가가치세 영세율에 대하여 잘못 설명하고 있는 사람은?

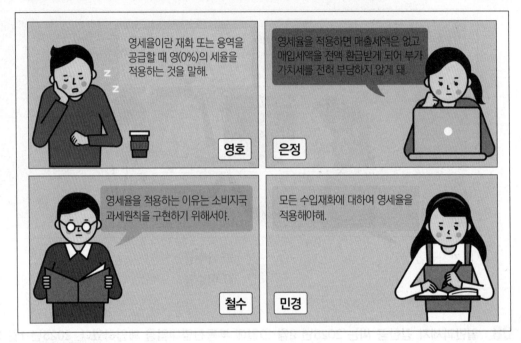

① 영호   ② 은정
③ 철수   ④ 민경

10 다음 자료를 토대로 제조업을 영위하는 일반과세자 (주)한공의 2025년 제1기 부가가치세 예정신고 시 부가가치세 납부세액을 계산하면 얼마인가? (단, 세금계산서는 적법하게 수수하였고 주어진 자료 외에는 고려하지 않는다.)

> 가. 제품 매출액(공급대가): 11,000,000원
> 나. 제품 관련 매입세액: 500,000원
> 다. 중고승용차 매입세액: 200,000원
>   (영업부서에서 사용할 2,000cc 중고승용차에 대한 매입세액임.)

① 300,000원   ② 400,000원
③ 500,000원   ④ 600,000원

✦ 실무수행평가 ✦

※ (주)대전장식(회사코드 3171)은 인테리어소품을 도·소매하는 법인으로 회계기간은 제6기(2025. 1.1. ~ 2025.12.31.)이다. 제시된 자료와 [자료설명]을 참고하여 [수행과제]를 완료하고 [평가문제]의 물음에 답하시오.

──────〈실무수행 유의사항〉──────

1. 부가가치세 관련거래는 [매입매출전표입력]메뉴에 입력하고, 부가가치세 관련 없는 거래는 [일반전표입력]메뉴에 입력한다.
2. 타계정 대체액과 관련된 적요는 반드시 코드를 입력하여야 한다.
3. 채권·채무, 예금거래 등 관리대상 거래자료에 대하여는 거래처코드를 반드시 입력한다.
4. 자금관리 등 추가 작업이 필요한 경우 문제의 요구에 따라 추가 작업하여야 한다.
5. 판매비와 관리비는 800번대 계정코드를 사용한다.
6. 등록된 계정과목 중 가장 적절한 계정과목을 선택한다.

실무수행
01 기초정보관리의 이해

회계관련 기초정보는 입력되어 있다. [자료설명]을 참고하여 [수행과제]를 수행하시오.

① 사업자등록증에 의한 거래처등록 수정

사 업 자 등 록 증 (일반과세자) 등록번호: 119-81-24756 상 호: (주)명품인테리어 대 표 자 명: 신정일 개 업 년 월 일: 2010년 4월 4일 법인등록번호: 111111-1111112 사업장 소재지: 서울특별시 서대문구 통일로 103 (미근동) 사 업 의 종 류: 업태 도소매업 종목 생활용품, 시계 교 부 사 유: 정정 사업자단위과세 적용사업자여부: 여( ) 부(✓) 전자세금계산서 전용 메일주소: shin@bill36524.com **2025년 10월 2일** **서대문 세무서장** (인)	**자료 설명** 거래처 (주)명품인테리어 (00108)의 대표자와 담당자 메일주소가 변경되어 변경된 사업자등록증 사본을 받았다.
	수행 과제 대표자명과 전자세금계산서 전용 메일주소를 수정하시오.

2 전기분 손익계산서의 입력수정

손익계산서

제5(당)기 2024년 1월 1일부터 2024년 12월 31일까지
(주)대전장식   제4(전)기 2023년 1월 1일부터 2023년 12월 31일까지   (단위: 원)

과목	제5(당)기		제4(전)기	
		금액		금액
I.매 출 액		560,000,000		280,000,000
상 품 매 출	560,000,000		280,000,000	
II.매 출 원 가		320,000,000		160,000,000
상 품 매 출 원 가		320,000,000		160,000,000
기 초 상 품 재 고 액	30,000,000		5,000,000	
당 기 상 품 매 입 액	380,000,000		185,000,000	
기 말 상 품 재 고 액	90,000,000		30,000,000	
III.매 출 총 이 익		240,000,000		120,000,000
IV.판 매 비 와 관 리 비		132,980,000		58,230,000
급 여	82,300,000		30,800,000	
복 리 후 생 비	10,100,000		2,100,000	
여 비 교 통 비	3,500,000		1,500,000	
접대비(기업업무추진비)	5,200,000		2,400,000	
통 신 비	2,800,000		3,200,000	
세 금 과 공 과 금	2,300,000		2,800,000	
감 가 상 각 비	5,900,000		4,000,000	
보 험 료	1,840,000		700,000	
차 량 유 지 비	8,540,000		2,530,000	
경 상 연 구 개 발 비	4,900,000		5,400,000	
포 장 비	800,000		2,300,000	
건 물 관 리 비	4,800,000		500,000	
V.영 업 이 익		107,020,000		61,770,000
VI.영 업 외 수 익		3,200,000		2,100,000
이 자 수 익	3,200,000		2,100,000	
VII.영 업 외 비 용		4,800,000		2,400,000
이 자 비 용	4,800,000		2,400,000	
VIII.법인세차감전순이익		105,420,000		61,470,000
IX.법 인 세 등		5,000,000		2,000,000
법 인 세 등	5,000,000		2,000,000	
X.당 기 순 이 익		100,420,000		59,470,000

자료설명	(주)대전장식의 전기(제5기)분 재무제표는 입력되어 있다.
수행과제	1. [전기분 손익계산서]의 입력이 누락되었거나 잘못된 부분을 찾아 수정하시오. 2. [전기분 이익잉여금처분계산서]의 처분 확정일(2025년 2월 27일)을 입력하시오.

PART
03

실무수행

02 거래자료입력

실무프로세스 자료이다. [자료설명]을 참고하여 [수행과제]를 수행하시오.

① 3만원 초과 거래자료에 대한 영수증수취명세서 작성

주차 영수증	
	2025/01/19
상 호: 하늘주차장	(T.02-667-8795)
성 명: 이하늘	
사업장: 서울특별시 강남구 강남대로 276 (도곡동)	
사업자등록번호: 128-14-83868	

차량번호	시간	단가	금 액
25오 7466	11	3,000	33,000
		합계:	33,000원
			감사합니다.

자료설명	관리부 업무용 차량의 주차비를 현금으로 지급하고 받은 영수증이다. 회사는 이 거래가 지출증명서류미수취가산세대상인지를 검토하려고 한다.
수행과제	1. 거래자료를 입력하시오. ('차량유지비'계정으로 회계처리할 것.) 2. 영수증수취명세서 (1)과 (2) 서식을 작성하시오.

② 기타 일반거래

NH Nonghyup **지역개발채권 매입확인증**

채권매입금액 :	사십오만 원정 (₩ 450,000)		

성명 / 법인명	(주)대전장식	주민등록번호 (사업자등록번호)	220-81-03217
주 소	서울특별시 강남구 강남대로 252 (도곡동)		
대 리 인	–	주민등록번호	–

청 구 기 관	서울특별시	전 화 번 호	–

용   도 : 자동차 신규등록   증서번호 : 2025-2-00097369
실 명 번 호 : 220-81-03217   매출일자 : 2025-02-15
성명(법인명) : (주)대전장식   15:15:22
주   소 : 서울특별시 강남구 강남대로 252 (도곡동)   매출점 : 서울시청
금   액 : 450,000원

총 수납금액 : 450,000원	취급자명 : 이가을

자료설명	[2월 15일] 1. 본사 업무용으로 사용하기 위하여 구입한 차량을 등록하면서 법령에 의거한 공채를 액면금액으로 매입하고 대금은 현금으로 지급하였다. 2. 회사는 공채를 매입하는 경우 매입 당시의 공정가치는 '단기매매증권'으로 처리하고, 액면금액과 공정가치의 차이는 해당자산의 취득원가에 가산하는 방식으로 회계처리 하고 있다. 3. 공채의 매입당시 공정가치는 400,000원이다.
수행과제	거래자료를 입력하시오.

③ 증빙에 의한 전표입력

NO.	**영 수 증** (공급받는자용)			
	(주)대전장식 귀하			
공급자	사업자 등록번호	105-91-21517		
	상 호	만능수리	성명	이애라
	사업장 소재지	서울특별시 서대문구 간호대로 12-6		
	업 태	서비스업	종목	가전수리
작성일자	공급대가총액		비고	
2025.3.20.	28,000			
공 급 내 역				
월/일	품명	수량	단가	금액
3/20	컴퓨터 수리			28,000
합 계	₩ 28,000			
위 금액을 ⊙영수 (청구)함				

자료설명	업무용 컴퓨터를 수리하고 대금은 현금으로 지급하였다.
수행과제	거래자료를 입력하시오. (단, 수익적지출로 처리할 것.)

④ 증빙에 의한 전표입력

현금영수증 (지출증빙용)	
사업자등록번호 : 133-01-42888 강명진	
사업자명 : 나리한정식	
단말기ID : 73453259(tel:02-349-5545)	
가맹점주소 : 서울특별시 영등포구 여의도동 731-12	
현금영수증 회원번호	
220-81-03217 (주)대전장식	
승인번호 : 83746302 (PK)	
거래일시 : **2025년 7월 1일**	
공급금액 300,000원	
부가세금액 30,000원	
총합계 330,000원	
휴대전화, 카드번호 등록 http://현금영수증.kr 국세청문의(126) 38036925-GCA10106-3870-U490 <<<<<이용해 주셔서 감사합니다.>>>>>	

자료설명	매출거래처 체육대회에 제공할 도시락을 구입하고 대금은 현금으로 지급하였다.
수행과제	거래자료를 입력하시오.

⑤ 통장사본에 의한 거래입력

자료 1.

대출금(이자)계산서

2025년 7월 11일

국민은행

(주)대전장식 귀하
(고객님 팩스 NO: 02-3660-7212)
대출과목: 국민은행 중소기업자금단기대출
계좌번호: 777-088-123123
대 출 일: 2025-01-30

일자	적요	금액	이자계산기간
2025. 7. 11.	원금상환	5,000,000원	
2025. 7. 11.	약정이자	500,000원	2025.1.30.~2025.7.11.
합계		5,500,000원	

자료 2. 보통예금(하나은행) 거래내역

		내용	찾으신금액	맡기신금액	잔액	거래점
번호	거래일	계좌번호 751-41-073757 (주)대전장식				
1	2025-7-11	원금과이자	5,500,000		***	***

자료설명	국민은행의 중소기업자금단기대출 원금과 당기 귀속분 이자를 하나은행 보통예금 계좌에서 이체하여 상환하였다.
수행과제	거래자료를 입력하시오.

실무수행

03 부가가치세

부가가치세 신고 관련 자료이다. [자료설명]을 참고하여 [수행과제]를 수행하시오.

① 과세매출자료의 전자세금계산서 발행

거래명세서
(공급자 보관용)

공급자	등록번호	220-81-03217			공급받는자	등록번호	120-86-50832		
	상호	(주)대전장식	성명	박시유		상호	(주)유민가구	성명	김유민
	사업장 주소	서울특별시 강남구 강남대로 252 (도곡동)				사업장 주소	서울특별시 강남구 봉은사로 409 (삼성동)		
	업태	도소매업	종사업장번호			업태	도소매업	종사업장번호	
	종목	인테리어소품				종목	가구		

거래일자	미수금액	공급가액	세액	총 합계금액
2025.8.7.		4,500,000	450,000	4,950,000

NO	월	일	품목명	규격	수량	단가	공급가액	세액	합계
1	8	7	테이블		5	500,000	2,500,000	250,000	2,750,000
2	8	7	의자		10	200,000	2,000,000	200,000	2,200,000

비고	전미수액	당일거래총액	입금액	미수액	인수자
		4,950,000	450,000	4,500,000	

자료설명	1. 상품을 공급하고 전자세금계산서를 발급 및 전송하였다. 2. 대금 중 450,000원은 자기앞수표로 받고, 잔액은 다음달 말일에 받기로 하였다.
수행과제	1. 거래명세서에 의해 매입매출자료를 입력하시오. (복수거래 키를 이용하여 입력하시오.) 2. 전자세금계산서 발행 및 내역관리 를 통하여 발급 및 전송하시오. (전자세금계산서 발급 시 결제내역 및 전송일자는 고려하지 말 것.)

② 매입거래

<table>
<tr><td colspan="7" align="center">전자계산서 (공급받는자 보관용)</td><td>승인번호</td><td></td></tr>
<tr><td rowspan="7">공급자</td><td>등록번호</td><td colspan="3">211-75-24158</td><td rowspan="7">공급받는자</td><td>등록번호</td><td colspan="3">220-81-03217</td></tr>
<tr><td>상호</td><td>강남학원</td><td>성명
(대표자)</td><td>김강남</td><td>상호</td><td>(주)대전장식</td><td>성명
(대표자)</td><td>박시유</td></tr>
<tr><td>사업장
주소</td><td colspan="3">서울특별시 강남구 역삼로 541</td><td>사업장
주소</td><td colspan="3">서울특별시 강남구 강남대로 252
(도곡동)</td></tr>
<tr><td>업태</td><td>서비스업</td><td colspan="2">종사업장번호</td><td>업태</td><td>도소매업</td><td colspan="2">종사업장번호</td></tr>
<tr><td>종목</td><td>교육</td><td colspan="2"></td><td>종목</td><td>인테리어소품</td><td colspan="2"></td></tr>
<tr><td>E-Mail</td><td colspan="3">korea@hanmail.net</td><td>E-Mail</td><td colspan="3">sunwoo@bill36524.com</td></tr>
</table>

| 작성일자 | 2025.8.17. | 공급가액 | | 1,000,000 | 비 고 | |

월	일	품목명	규격	수량	단가	공급가액	비고
8	17	소득세실무 교육		2	500,000	1,000,000	

합계금액	현금	수표	어음	외상미수금	이 금액을	○ 영수 ◉ 청구	함
1,000,000				1,000,000			

자료설명	회계팀 사원들의 소득세실무 교육을 실시하고 전자계산서를 발급받았다.
수행과제	매입매출자료를 입력하시오. (전자계산서 거래는 '전자입력'으로 입력할 것.)

③ 매출거래

<table>
<tr><td colspan="7" align="center">전자세금계산서 (공급자 보관용)</td><td>승인번호</td><td></td></tr>
<tr><td rowspan="7">공급자</td><td>등록번호</td><td colspan="3">220-81-03217</td><td rowspan="7">공급받는자</td><td>등록번호</td><td colspan="3">310-81-12004</td></tr>
<tr><td>상호</td><td>(주)대전장식</td><td>성명</td><td>박시유</td><td>상호</td><td>(주)천사유통</td><td>성명
(대표자)</td><td>정하늘</td></tr>
<tr><td>사업장
주소</td><td colspan="3">서울특별시 강남구 강남대로 252
(도곡동)</td><td>사업장
주소</td><td colspan="3">서울특별시 마포구 마포대로 108
(공덕동)</td></tr>
<tr><td>업태</td><td>도소매업</td><td colspan="2">종사업장번호</td><td>업태</td><td>도소매업</td><td colspan="2">종사업장번호</td></tr>
<tr><td>종목</td><td>인테리어소품</td><td colspan="2"></td><td>종목</td><td>생활용품</td><td colspan="2"></td></tr>
<tr><td>E-Mail</td><td colspan="3">sunwoo@bill36524.com</td><td>E-Mail</td><td colspan="3">sky@naver.com</td></tr>
</table>

| 작성일자 | 2025.9.10. | 공급가액 | | 1,400,000 | 세액 | | 140,000 |
| 비고 | | | | | | | |

월	일	품목명	규격	수량	단가	공급가액	세액	비고
9	10	냉난방기				1,400,000	140,000	

합계금액	현금	수표	어음	외상미수금	이 금액을	◉ 영수 ○ 청구	함
1,540,000							

자료설명	1. 매장에서 사용 중인 냉난방기를 매각하고 발급한 전자세금계산서이며, 매각대금은 전액 우리은행 보통예금 계좌로 입금받았다. 2. 매각 직전의 장부내역은 다음과 같다. (당기분 감가상각비는 없는 것으로 가정할 것.)

계정과목	자산명	취득원가	감가상각누계액
비품	냉난방기	2,000,000원	800,000원

수행과제	매입매출자료를 입력하시오. (전자세금계산서 거래는 '전자입력'으로 입력할 것.)

4 매입거래

전자세금계산서 (공급받는자 보관용)   승인번호

공급자	등록번호	104-81-08128			공급받는자	등록번호	220-81-03217		
	상호	(주)디딤건설	성명 (대표자)	김원배		상호	(주)대전장식	성명 (대표자)	박시유
	사업장 주소	서울특별시 강남구 강남대로 272				사업장 주소	서울특별시 강남구 강남대로 252 (도곡동)		
	업태	건설업	종사업장번호			업태	도소매업	종사업장번호	
	종목	전문건설하도급				종목	인테리어소품		
	E-Mail	didim@naver.com				E-Mail	sunwoo@bill36524.com		

작성일자	2025.9.14.	공급가액	20,000,000	세 액	2,000,000
비고					

월	일	품목명	규격	수량	단가	공급가액	세액	비고
9	14	토지 평탄화 작업				20,000,000	2,000,000	

합계금액	현금	수표	어음	외상미수금	이 금액을	● 영수 ○ 청구	함
22,000,000							

자료설명	신규 매장 건설을 위한 토지 평탄화 작업을 의뢰하고 대금은 국민은행 보통예금 계좌에서 이체하여 지급하였다. (자본적 지출로 처리할 것.)
수행과제	매입매출자료를 입력하시오. (전자세금계산서 거래는 '전자입력'으로 입력할 것.)

⑤ 매출거래

카드매출전표
카드종류: 삼성카드사
회원번호: 0928-1117-****-3**4
거래일시: 2025.9.20. 14:05:16
거래유형: 신용승인
과세금액: 1,200,000원
부 가 세: 120,000원
합   계: 1,320,000원
결제방법: 일시불
승인번호: 12985996
은행확인: 우리은행
가맹점명: ㈜대전장식
- 이 하 생 략 -

자료설명	벽시계(상품)를 개인(최혜진)에게 판매하고 발급한 신용카드 매출전표이다.
수행과제	매입매출자료를 입력하시오. (단, '외상매출금' 계정으로 처리할 것.)

⑥ 부가가치세신고서에 의한 회계처리

■ 보통예금(신한은행) 거래내역

번호	거래일	내용	찾으신금액	맡기신금액	잔액	거래점
		계좌번호 112-088-654321 (주)대전장식				
1	2025-7-25	역삼세무서	3,291,000		***	***

자료설명	제1기 부가가치세 확정신고 납부세액을 신한은행 보통예금 계좌에서 이체하였다.
수행과제	6월 30일에 입력된 일반전표를 참고하여 납부세액에 대한 회계처리를 하시오.

04 결산

[결산자료]를 참고하여 결산을 수행하시오. (단, 제시된 자료 이외의 자료는 없다고 가정함)

① 수동결산 및 자동결산

자료설명	1. 결산일 현재 정기예금에 대한 기간경과분 미수이자 500,000원을 계상하다. 2. 기말상품재고액은 40,000,000원이다. 3. 이익잉여금처분계산서 처분 예정(확정)일 　－ 당기분: 2026년 2월 27일 　－ 전기분: 2025년 2월 27일
수행과제	1. 수동결산 또는 자동결산 메뉴를 이용하여 결산을 완료하시오. 2. 12월 31일을 기준으로 '손익계산서 → 이익잉여금처분계산서 → 재무상태표'를 순서대로 조회 작성하시오. 　(단, 이익잉여금처분계산서 조회 작성 시 '저장된 데이터 불러오기' → '아니오' 　선택 → '전표추가'를 이용하여 '손익대체분개'를 수행할 것.)

05 실무수행평가 62점

입력자료 및 회계정보를 조회하여 [평가문제]의 답안을 입력하시오.

─── 〈 평가문제 답안입력 유의사항 〉 ───

❶ 답안은 지정된 단위의 숫자로만 입력해 주십시오.
　*한글 등 문자 금지

	정답	오답(예)
(1) 금액은 원 단위로 숫자를 입력하되, 천 단위 콤마(,)는 생략 가능합니다. 　(1-1) 답이 0원인 경우 반드시 "0" 입력 　(1-2) 답이 음수(-)인 경우 숫자 앞에 " - " 입력 　(1-3) 답이 소수인 경우 반드시 " . " 입력	1,245,000 1245000	1,245,000 1,245,000원 1,245,0000 12,45,000 1,245천원
(2) 질문에 대한 답안은 숫자로만 입력하세요.	4	04 4건, 4매, 4명 04건, 04매, 04명
(3) 거래처 코드번호는 5자리 숫자로 입력하세요.	00101	101 00101번

PART

03

❷ 더존 프로그램에서 조회되는 자료를 복사하여 붙여넣기가 가능합니다.
❸ 수행과제를 올바르게 입력하지 않고 작성한 답과 모범답안이 다른 경우 오답처리됩니다.

번호	평가문제	배점
11	**평가문제 [거래처등록 조회]** (주)대전장식의 [거래처등록] 관련 내용으로 옳지 않은 것은? ① 일반거래처 '(주)명품인테리어(코드: 00108)'의 대표자는 신정일이다. ② 일반거래처 '(주)명품인테리어(코드: 00108)'의 담당자메일주소는 　shin@bill36524.com이다. ③ 금융거래처 중 '3.예금종류'가 차입금인 거래처는 2곳이다. ④ 카드거래처의 매입 관련 거래처는 1곳이다.	4
12	**평가문제 [총계정원장 조회]** 다음 중 '101.현금'의 월별 출금된 대변 금액으로 옳지 않은 것은? ① 1월 47,737,860원　　　　② 2월 27,399,000원 ③ 3월 24,711,340원　　　　④ 8월 20,394,000원	4
13	**평가문제 [합계잔액시산표 조회]** 7월 말 '단기차입금' 잔액은 얼마인가?	3
14	**평가문제 [합계잔액시산표 조회]** 8월 말 '미지급금' 잔액은 얼마인가?	4
15	**평가문제 [계정별원장 조회]** 9월 말 '108.외상매출금' 잔액은 얼마인가?	3
16	**평가문제 [재무상태표 조회]** 12월 말 '미수수익' 잔액은 얼마인가?	3
17	**평가문제 [재무상태표 조회]** 12월 말 '단기매매증권' 잔액은 얼마인가?	2
18	**평가문제 [재무상태표 조회]** 12월 말 '비품'의 장부금액(취득원가 − 감가상각누계액)은 얼마인가?	3
19	**평가문제 [재무상태표 조회]** 12월 말 '이월이익잉여금(미처분이익잉여금)' 잔액은 얼마인가? ① 600,127,500원　　　　② 610,127,506원 ③ 612,947,756원　　　　④ 665,721,156원	2
20	**평가문제 [손익계산서 조회]** 당기에 발생한 '상품매출원가'는 얼마인가?	3

21	**평가문제 [손익계산서 조회]** 당기의 '판매비와관리비'의 계정별 금액이 옳지 않은 것은? ① 접대비(기업업무추진비) 26,537,900원　② 차량유지비　　　 9,988,100원 ③ 교육훈련비　　　　　　 1,500,000원　④ 수선비　　　　　 7,394,000원	3
22	**평가문제 [손익계산서 조회]** 당기에 발생한 '영업외수익' 중 금액이 가장 큰 계정과목의 코드번호 세 자리를 기입하시오.	4
23	**평가문제 [손익계산서 조회]** 당기에 발생한 '유형자산처분이익'은 얼마인가?	2
24	**평가문제 [부가가치세신고서 조회]** 제2기 예정 신고기간 부가가치세신고서 '과세표준및매출세액_합계(9란)'의 과세표준 금액은 얼마인가?	4
25	**평가문제 [부가가치세신고서 조회]** 제2기 예정 신고기간 부가가치세신고서 '과세_신용카드.현금영수증(3란)'의 세액은 얼마인가?	2
26	**평가문제 [부가가치세신고서 조회]** 제2기 예정 신고기간 부가가치세신고서의 '공제받지못할매입세액(16란)'의 세액은 얼마인가?	3
27	**평가문제 [세금계산서합계표 조회]** 제2기 예정 신고기간의 전자매출세금계산서의 부가세 합계금액은 얼마인가?	4
28	**평가문제 [계산서합계표 조회]** 제2기 예정 신고기간의 전자매입계산서의 공급가액은 얼마인가?	2
29	**평가문제 [예적금현황 조회]** 12월 말 은행별(계좌명) 보통예금 잔액으로 옳은 것은? ① 신한은행(보통) 433,612,000원　　② 우리은행(보통) 14,500,000원 ③ 국민은행(보통) 31,905,000원　　④ 하나은행(보통) 4,315,000원	4
30	**평가문제 [영수증수취명세서 조회]** [영수증수취명세서(1)]에 작성된 '12.명세서제출 대상' 금액은 얼마인가?	3
총점		62

평가문제

06 회계정보분석 8점

회계정보를 조회하여 [회계정보분석] 답안을 입력하시오.

31 재무상태표 조회 4점

부채비율은 기업의 지급능력을 측정하는 비율로 높을수록 채권자에 대한 위험이 증가한다. 전기 부채비율은 얼마인가? (단, 소숫점 이하는 버림할 것.)

$$부채비율(\%) = \frac{부채총계}{자기자본(자본총계)} \times 100$$

① 52%　　　② 56%　　　③ 190%　　　④ 198%

32 손익계산서 조회 4점

매출액순이익률이란 매출액에 대한 당기순이익의 비율을 보여주는 지표이다. (주)대전장식의 전기 매출액순이익률을 계산하면 얼마인가? (단, 소숫점 이하는 버림할 것.)

$$매출액순이익률(\%) = \frac{당기순이익}{매출액} \times 100$$

① 15%　　　② 17%　　　③ 25%　　　④ 36%

72회 FAT 1급 기출문제(이론 + 실무)

※ 아래 문제에서 특별한 언급이 없으면 기업의 보고기간(회계기간)은 매년 1월 1일부터 12월 31일까지입니다. 또한 기업은 일반기업회계기준 및 관련 세법을 계속적으로 적용하고 있다고 가정하고 물음에 가장 합당한 답을 고르시기 바랍니다.

01 다음 중 차 대리의 답변에서 알 수 있는 거래 분석으로 옳은 것은?

① (차) 부채의 감소   (대) 자산의 감소
② (차) 자산의 증가   (대) 수익의 발생
③ (차) 자산의 증가   (대) 자산의 감소
④ (차) 부채의 감소   (대) 부채의 증가

02 다음 중 손익계산서에 대한 설명으로 옳지 않은 것은?

① 손익계산서는 재무상태를 나타낼 뿐 아니라 기업의 미래현금흐름과 수익창출능력 등의 예측에 유용한 정보를 제공한다.
② 수익과 비용은 그것이 발생한 기간에 정당하게 배분하도록 처리한다.
③ 손익계산서 등식은 '수익 - 비용 = 이익'이다.
④ 수익과 비용은 각각 총액으로 보고하는 것을 원칙으로 한다.

03 다음 거래에서 매출채권으로 계상되는 금액은 얼마인가?

> (주)한공은 상품 3,000개를 개당 1,000원에 판매하였다. 판매대금 중 1,000,000원은 외상
> 으로 하고 1,400,000원은 자기앞수표로 받았으며, 나머지는 전자어음으로 수령하였다.

① 1,000,000원　　② 1,600,000원　　③ 2,400,000원　　④ 3,000,000원

04 다음 중 도매업을 영위하는 (주)한공의 (가)와 (나)에 해당하는 계정과목으로 옳은 것은?

> (가) 영업사원의 명함제작비용
> (나) 거래처 (주)공인의 창사기념일 축하 선물비

	(가)	(나)
①	통신비	복리후생비
②	도서인쇄비	접대비(기업업무추진비)
③	여비교통비	수수료비용
④	도서인쇄비	기부금

05 다음 자료를 토대로 (주)한공이 보유하고 있는 매도가능증권의 취득원가를 계산하면 얼마
인가?

> 가. 상장되어 있는 (주)공인의 주식 700주를 주당 8,000원(액면 5,000원)에 취득하였다.
> 나. 취득수수료는 560,000원이다.

① 3,500,000원　　② 4,060,000원　　③ 5,600,000원　　④ 6,160,000원

06 다음은 (주)한공의 기계장치 관련 자료이다. 2025년 6월 30일에 기록될 유형자산처분손익
은 얼마인가?

> • 2023년 1월 1일: 취득원가 5,000,000원
> • 2024년 12월 31일: 감가상각누계액은 2,000,000원이다.
> • 2025년 6월 30일: 2,700,000원에 현금으로 처분하였음
> • 정액법 상각 (내용연수 5년, 잔존가치 없음, 월할상각)

① 유형자산처분손실 200,000원　　　② 유형자산처분손실 300,000원
③ 유형자산처분이익 200,000원　　　④ 유형자산처분이익 300,000원

07 다음 비유동자산 중 감가상각대상이 아닌 것으로 짝지어진 것은?

> 가. 토지　　　　　　　　　　　나. 건물
> 다. 구축물　　　　　　　　　　라. 건설중인자산
> 마. 기계장치

① 가, 라　　　　② 나, 다　　　　③ 다, 마　　　　④ 라, 마

08 다음 중 부가가치세법상 사업자등록에 대하여 잘못 설명한 사람은?

① 해원　　　　　② 지수　　　　　③ 주현　　　　　④ 민정

09 다음 중 부가가치세법상 재화 또는 용역의 공급시기로 옳은 것은?

① 현금판매 : 대금이 지급된 때
② 재화의 공급으로 보는 가공 : 재화의 가공이 완료된 때
③ 장기할부조건부 용역의 공급 : 대가의 각 부분을 받기로 한 때
④ 공급단위를 구획할 수 없는 용역의 계속적 공급 : 용역의 공급을 완료한 때

10 다음은 도매업을 영위하는 (주)한공의 2025년 제1기 확정신고기간(2025.4.1.~2025.6.30.) 자료이다. 이를 토대로 부가가치세 과세표준을 계산하면 얼마인가? (단, 주어진 자료의 금액은 부가가치세가 포함되어 있지 않은 금액이며, 세금계산서 등 필요한 증빙서류는 적법하게 발급하였다.)

가. 외상판매액	15,000,000원
나. 10개월 할부판매(할부이자상당액 300,000원 포함)	5,300,000원
다. 견본품 제공액	2,000,000원
라. 토지매각액	10,000,000원

① 20,000,000원

② 20,300,000원

③ 27,000,000원

④ 30,300,000원

÷ 실무수행평가 ÷

※ (주)스마토리(회사코드 3172)는 휴대폰 액세사리를 도·소매하는 법인으로 회계기간은 제5기
  (2025.1.1. ~ 2025.12.31.)이다. 제시된 자료와 [자료설명]을 참고하여 [수행과제]를 완료하
  고 [평가문제]의 물음에 답하시오.

┌─────────〈실무수행 유의사항〉─────────
1. 부가가치세 관련거래는 [매입매출전표입력]메뉴에 입력하고, 부가가치세 관련 없는 거래는 [일반전표입력]메
   뉴에 입력한다.
2. 타계정 대체액과 관련된 적요는 반드시 코드를 입력하여야 한다.
3. 채권·채무, 예금거래 등 관리대상 거래자료에 대하여는 거래처코드를 반드시 입력한다.
4. 자금관리 등 추가 작업이 필요한 경우 문제의 요구에 따라 추가 작업하여야 한다.
5. 판매비와 관리비는 800번대 계정코드를 사용한다.
6. 등록된 계정과목 중 가장 적절한 계정과목을 선택한다.

실무수행

01 기초정보관리의 이해

회계관련 기초정보는 입력되어 있다. [자료설명]을 참고하여 [수행과제]를 수행하시오.

① 거래처별 초기이월

지급어음 명세서

거래처명	적요	금액	비고
㈜세교상사	상품대금 어음지급	5,000,000원	어음 수령일: 2024.11.30. 어 음 종 류: 전자어음 만　기　일: 2025.5.31. 발 행 일 자: 2024.11.30. 어 음 번 호: 00420241130123456789 금 융 기 관: 국민은행(당좌)

자료설명	㈜스마토리의 전기분 재무제표는 이월받아 등록되어 있다.
수행과제	지급어음에 대한 거래처별 초기이월사항을 입력하시오. (단, 등록된 어음을 사용할 것.)

② 전기분 손익계산서의 입력수정

손익계산서

제4(당)기 2024년 1월 1일부터 2024년 12월 31일까지

(주)스마토리　　　제3(전)기 2023년 1월 1일부터 2023년 12월 31일까지　　　(단위: 원)

과목	제4(당)기		제3(전)기	
	금액		금액	
Ⅰ. 매 출 액		300,000,000		177,000,000
상 품 매 출	300,000,000		177,000,000	
Ⅱ. 매 출 원 가		160,000,000		107,740,000
상 품 매 출 원 가		160,000,000		107,740,000
기 초 상 품 재 고 액	10,000,000		19,920,000	
당 기 상 품 매 입 액	175,000,000		97,820,000	
기 말 상 품 재 고 액	25,000,000		10,000,000	
Ⅲ. 매 출 총 이 익		140,000,000		69,260,000
Ⅳ. 판 매 비 와 관 리 비		43,310,000		21,745,000
급 여	16,000,000		12,000,000	
복 리 후 생 비	2,100,000		950,000	
여 비 교 통 비	1,500,000		650,000	
접대비(기업업무추진비)	1,000,000		700,000	
통 신 비	3,600,000		450,000	
수 도 광 열 비	2,300,000		375,000	
세 금 과 공 과 금	4,100,000		120,000	
감 가 상 각 비	3,240,000		700,000	
보 험 료	1,000,000		1,200,000	
차 량 유 지 비	4,970,000		3,600,000	
운 반 비	1,300,000		500,000	
소 모 품 비	2,200,000		500,000	
Ⅴ. 영 업 이 익		96,690,000		47,515,000
Ⅵ. 영 업 외 수 익		4,100,000		2,100,000
이 자 수 익	4,100,000		2,100,000	
Ⅶ. 영 업 외 비 용		5,400,000		800,000
이 자 비 용	5,400,000		800,000	
Ⅷ. 법인세차감전순이익		95,390,000		48,815,000
Ⅸ. 법 인 세 등		2,800,000		750,000
법 인 세 등	2,800,000		750,000	
Ⅹ. 당 기 순 이 익		92,590,000		48,065,000

자료설명	(주)스마토리의 전기(제4기)분 재무제표는 입력되어 있다.
수행과제	1. [전기분 손익계산서]의 입력이 누락되었거나 잘못된 부분을 찾아 수정하시오. 2. [전기분 이익잉여금처분계산서]의 처분 확정일(2025년 2월 28일)을 입력하시오.

PART
03

실무수행

02 거래자료입력

실무프로세스 자료이다. [자료설명]을 참고하여 [수행과제]를 수행하시오.

1 기타 일반거래

전자수입인지 판매 영수증		
손해배상 등의 청구 시 영수증이 필요합니다. 문자메세지 및 상담문의 전화 : 1588-1300 판 매 일 자 : **2025-01-10** 13:15 판 매 자 : 창구 101 김민중 고유식별번호 : 180830145402877 구 매 자 : ㈜스마토리 -------------------------------- 고유식별번호 -------------------------------- 판 매 금 액 : 　　　　　　　10,000원 -------------------------------- 위의 금액을 정히 영수합니다. 　　　　　2025-01-10 12:44 　　　　　서대문 우체국	**자료 설명**	법원에 법인 등기변경관련 서류 접수를 위한 전자수입인지를 구입하고 대금은 현금으로 지급하였다.
	수행 과제	거래자료를 입력하시오. (단, '세금과공과금'으로 처리할 것)

2 3만원 초과 거래에 대한 영수증수취명세서 작성

NO. 영 수 증 (공급받는자용)						**자료 설명**	상품 판매시 퀵배달 요금을 현금으로 지급하였다. 회사는 이 거래가 지출증명서류 미수취가산세 대상인지를 검토하려고 한다.
(주) 스마토리 　　　　　　　귀하							
공 급 자	사업자 등록번호	120-34-11112					
	상 호	24퀵서비스	성명	최재수			
	사업장 소재지	서울특별시 은평구 서오릉로 29, 2층					
	업 태	서비스	종목	광고출판물			
작성일자		공급대가총액		비고		**수행 과제**	1. 거래자료를 입력하시오. 2. 영수증수취명세서 (2)와 (1)서식을 작성하시오.
2025.2.20.		40,000					
공 급 내 역							
월/일	품명		수량	단가	금액		
2/20	퀵요금		1	40,000	40,000		
합 계		₩ 40,000					
위 금액을 영수(청구)함							

③ 증빙에 의한 전표입력

자료 1.

자동차보험증권

증 권 번 호	2557466		계 약 일	2025년 3월 15일
보 험 기 간	2025년 3월 15일 00:00부터			2026년 3월 15일 24:00까지
보 험 계 약 자	(주)스마토리		주민(사업자)번호	113-81-21111
피 보 험 자	(주)스마토리		주민(사업자)번호	113-81-21111

보험료 납입사항

총보험료	580,000원	납입보험료	580,000원	미납입 보험료

자료 2. 보통예금(우리은행) 거래내역

번호	거래일	내용	찾으신금액	맡기신금액	잔액	거래점
		계좌번호 542314-11-00027 (주)스마토리				
1	2025-3-15	자동차보험	580,000		***	***

자료설명	1. 자료 1은 영업부 업무용 승용차의 자동차보험증권이다. 2. 자료 2는 보험료를 우리은행 보통예금 계좌에서 이체하여 지급한 내역이다.
수행과제	거래자료를 입력하시오. (단, '자산'으로 회계처리할 것.)

④ 약속어음 배서양도

전 자 어 음

(주)스마토리 귀하   00420250120123456789

금 육백만원정   **6,000,000원**

위의 금액을 귀하 또는 귀하의 지시인에게 지급하겠습니다.

지급기일 2025년 3월 20일   발행일 2025년 1월 20일
지 급 지 국민은행   발행지 서울특별시 서대문구
지급장소 서대문지점   주 소 충정로7길 31
                              발행인 ㈜아이폰마켓

자료설명	[3월 18일] (주)대한상사의 외상매입금 일부를 결제하기 위해 (주)아이폰마켓에 상품을 매출하고 받은 전자어음을 배서양도 하였다.
수행과제	1. 거래자료를 입력하시오. 2. 자금관련정보를 입력하여 받을어음 현황에 반영하시오.

5 통장사본에 의한 거래입력

자료 1. 견적서

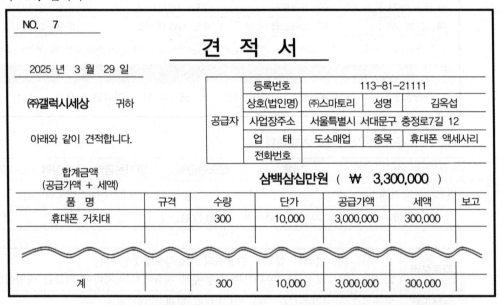

NO. 7							
2025 년 3 월 29 일				등록번호		113-81-21111	
				상호(법인명)	㈜스마토리	성명	김옥섭
㈜갤럭시세상　귀하			공급자	사업장주소	서울특별시 서대문구 충정로7길 12		
아래와 같이 견적합니다.				업　태	도소매업	종목	휴대폰 액세사리
				전화번호			

합계금액
(공급가액 + 세액)　　　　삼백삼십만원　(₩　3,300,000　)

품　명	규격	수량	단가	공급가액	세액	보고
휴대폰 거치대		300	10,000	3,000,000	300,000	
계		300	10,000	3,000,000	300,000	

자료 2. 보통예금(기업은행) 거래내역

		내용	찾으신금액	맡기신금액	잔액	거래점
번호	거래일	계좌번호 096-24-0094-123　(주)스마토리				
1	2025-3-29	(주)갤럭시세상		330,000	***	***

자료설명	1. 자료 1은 ㈜갤럭시세상에 상품을 판매하기 위해 발급한 견적서이다. 2. 자료 2는 공급대가의 10%(계약금)를 기업은행 보통예금 계좌로 입금받은 내역이다.
수행과제	거래자료를 입력하시오.

실무수행

03 부가가치세

부가가치세 신고 관련 자료이다. [자료설명]을 참고하여 [수행과제]를 수행하시오.

① 과세매출자료의 전자세금계산서 발행

거래명세서 (공급자 보관용)

공급자	등록번호	113-81-21111			공급받는자	등록번호	314-81-17506		
	상호	(주)스마토리	성명	김옥섭		상호	(주)앤텔레콤	성명	이재용
	사업장주소	서울특별시 서대문구 충정로7길 12 (충정로2가)				사업장주소	경기도 수원시 팔달구 매산로 10 (매산로1가)		
	업태	도소매업	종사업장번호			업태	도소매업	종사업장번호	
	종목	휴대폰 액세사리				종목	휴대폰 액세사리		

거래일자	미수금액	공급가액	세액	총 합계금액
2025.7.5.		6,000,000	600,000	6,600,000

NO	월	일	품목명	규격	수량	단가	공급가액	세액	합계
1	7	5	휴대폰 필름		2,000	3,000	6,000,000	600,000	6,600,000

비고	전미수액	당일거래총액	입금액	미수액	인수자
		6,600,000	1,000,000	5,600,000	

자료설명	1. 상품을 판매하고 발급한 거래명세서이다. 2. 대금 중 1,000,000원은 6월 20일 계약금으로 받았으며, 잔액은 외상으로 하였다.
수행과제	1. 거래명세서에 의해 매입매출자료를 입력하시오. 2. 전자세금계산서 발행 및 내역관리 를 통하여 발급 및 전송하시오. (전자세금계산서 발급 시 결제내역 및 전송일자는 고려하지 말 것.)

② 매입거래

전자세금계산서 (공급받는자 보관용) 승인번호

공급자	등록번호	825-86-00742			공급받는자	등록번호	113-81-21111		
	상호	미래회계법인	성명(대표자)	백경호		상호	(주)스마토리	성명(대표자)	김옥섭
	사업장주소	서울특별시 남부순환로 2606, 8층				사업장주소	서울특별시 서대문구 충정로7길 12 (충정로2가)		
	업태	서비스업	종사업장번호			업태	도소매업	종사업장번호	
	종목	공인회계사				종목	휴대폰 액세사리		
	E-Mail	mirae@naver.com				E-Mail	smartory@bill36524.com		

작성일자	2025.7.20.	공급가액	1,500,000	세 액	150,000
비고					

월	일	품목명	규격	수량	단가	공급가액	세액	비고
7	20	컨설팅 수수료				1,500,000	150,000	

합계금액	현금	수표	어음	외상미수금	이 금액을	● 영수 ○ 청구	함
1,650,000							

자료설명	1. 내부회계관리제도 컨설팅 자문 수수료를 지급하고 발급받은 전자세금계산서이다. 2. 자문 수수료는 우리은행 보통예금 계좌에서 이체하여 지급하였다.
수행과제	매입매출자료를 입력하시오. (전자세금계산서 거래는 '전자입력'으로 입력할 것.)

③ 매출거래

신용카드매출전표 -------------------------------------- 카드종류: 우리카드 회원번호: 1561-2415-****-3**2 거래일시: 2025.7.30. 10:15:22 거래유형: 신용승인 매　　출: 100,000원 부 가 세:　 10,000원 합　　계: 110,000원 결제방법: 일시불 승인번호: 414095907 -------------------------------------- 가맹점명: (주)스마토리 - 이 하 생 략 -	**자료설명** 상품(휴대폰 가죽지갑)을 개인 (이민우)에게 판매하고 발급한 신용카드 매출전표이다. **수행과제** 매입매출자료를 입력하시오. (단, '외상매출금' 계정으로 처리할 것.)

④ 매입거래

전자세금계산서　　　　(공급받는자 보관용)　　　　　승인번호

공급자	등록번호	268-88-00787			공급받는자	등록번호	113-81-21111		
	상호	(주)에스스킨	성명 (대표자)	이정건		상호	(주)스마토리	성명 (대표자)	김옥섭
	사업장 주소	경기도 용인시 기흥구 관곡로 92-1, 6층				사업장 주소	서울특별시 서대문구 충정로7길 12 (충정로2가)		
	업태	제조		종사업장번호		업태	도소매업		종사업장번호
	종목	기능성화장품				종목	휴대폰 액세사리		
	E-Mail	sskin@naver.com				E-Mail	smartory@bill36524.com		

작성일자	2025.8.10.	공급가액	2,000,000	세 액	200,000
비고					

월	일	품목명	규격	수량	단가	공급가액	세액	비고
8	10	화장품세트		40	50,000	2,000,000	200,000	

합계금액	현금	수표	어음	외상미수금	이 금액을	● 영수 ○ 청구	함
2,200,000							

자료설명	매출거래처에 선물할 화장품세트를 구입하고, 대금은 전액 우리은행 보통예금 계좌에서 이체지급하였다.
수행과제	매입매출자료를 입력하시오. (전자세금계산서 거래는 '전자입력'으로 입력할 것.)

⑤ 매입거래

<table>
<tr><td colspan="2"><h3>신용카드매출전표</h3></td></tr>
<tr><td>가 맹 점 명</td><td>쿠팡(주)</td></tr>
<tr><td>사 업 자 번 호</td><td>120-88-00767</td></tr>
<tr><td>대 표 자 명</td><td>강한승</td></tr>
<tr><td>주   소</td><td>서울특별시 송파구 송파대로 570</td></tr>
<tr><td>농 협 카 드</td><td>신용승인</td></tr>
<tr><td>거 래 일 시</td><td>2025-09-08 오전 09:40:12</td></tr>
<tr><td>카 드 번 호</td><td>8844-2211-****-49**</td></tr>
<tr><td>유 효 기 간</td><td>**/**</td></tr>
<tr><td>가 맹 점 번 호</td><td>186687393</td></tr>
<tr><td>매 입 사</td><td>농협카드(전자서명전표)</td></tr>
<tr><td>공 급 가 액</td><td>1,200,000원</td></tr>
<tr><td>부 가 가 치 세</td><td>120,000원</td></tr>
<tr><td>합   계</td><td>1,320,000원</td></tr>
<tr><td colspan="2">20250908/10062411/00046160</td></tr>
</table>

자료설명	사무실 냉난방기를 구입하고 받은 신용카드매출전표이다.
수행과제	1. 매입매출자료를 입력하시오. 　(단, 자산으로 처리할 것.) 2. [고정자산등록]에 고정자산을 등록(코드: 1001, 자산명: 냉난방기, 상각방법: 정률법, 내용연수 5년, 경비구분: 800번대)하시오.

⑥ 부가가치세신고서에 의한 회계처리

■ 보통예금(우리은행) 거래내역

번호	거래일	내용	찾으신금액	맡기신금액	잔액	거래점
		계좌번호 542314-11-00027 (주)스마토리				
.1	2025-8-5	서대문세무서		302,000	***	***

자료설명	제1기 부가가치세 확정신고와 관련된 부가가치세 조기환급세액이 우리은행 보통예금 계좌에 입금되었음을 확인하였다.
수행과제	6월 30일에 입력된 일반전표를 참고하여 환급세액에 대한 회계처리를 하시오. (단, 저장된 부가가치세신고서를 이용하고 거래처 코드를 입력할 것.)

실무수행

04 결산

[결산자료]를 참고하여 결산을 수행하시오. (단, 제시된 자료 이외의 자료는 없다고 가정함)

① 수동결산 및 자동결산

자료설명	1. 기말 현재 장기차입금의 내역은 다음과 같다.				
	항목	금액	발생일	만기일	비고
	신한은행(차입금)	50,000,000원	2023.09.01	2026.09.01.	만기 일시상환
	카카오뱅크(차입금)	40,000,000원	2023.06.30	2027.06.30.	만기 일시상환
	계	90,000,000원			
	2. 기말상품재고액은 28,000,000원이다. 3. 이익잉여금처분계산서 처분 예정(확정)일 　- 당기분: 2026년 2월 28일 　- 전기분: 2025년 2월 28일				
수행과제	1. 수동결산 또는 자동결산 메뉴를 이용하여 결산을 완료하시오. 2. 12월 31일을 기준으로 '손익계산서 → 이익잉여금처분계산서 → 재무상태표'를 순서대로 조회 작성하시오. 　(단, 이익잉여금처분계산서 조회 작성 시 '저장된 데이터 불러오기' → '아니오' 선택 → '전표추가'를 이용하여 '손익대체분개'를 수행할 것.)				

평가문제

05 실무수행평가 62점

입력자료 및 회계정보를 조회하여 [평가문제]의 답안을 입력하시오.

─────────── 〈 평가문제 답안입력 유의사항 〉 ───────────

❶ 답안은 지정된 단위의 숫자로만 입력해 주십시오.
　＊한글 등 문자 금지

	정답	오답(예)
(1) 금액은 원 단위로 숫자를 입력하되, 천 단위 콤마(,)는 생략 가능합니다.	1,245,000 1245000	1.245.000 1,245,000원 1,245,0000 12,45,000 1,245천원
(1-1) 답이 0원인 경우 반드시 "0" 입력 (1-2) 답이 음수(-)인 경우 숫자 앞에 " - " 입력 (1-3) 답이 소수인 경우 반드시 " . " 입력		

			04
(2) 질문에 대한 답안은 숫자로만 입력하세요.	4		4건, 4매, 4명
			04건, 04매, 04명
(3) 거래처 코드번호는 5자리 숫자로 입력하세요.	00101		101
			00101번

❷ 더존 프로그램에서 조회되는 자료를 복사하여 붙여넣기가 가능합니다.
❸ 수행과제를 올바르게 입력하지 않고 작성한 답과 모범답안이 다른 경우 오답처리됩니다.

번호	평가문제	배점
11	**평가문제 [일/월계표 조회]** 1/4분기(1월~3월) 발생한 '판매관리비' 금액은 얼마인가?	4
12	**평가문제 [일/월계표 조회]** 7월(7/1~7/31) 한 달 동안 '외상매출금' 증가액은 얼마인가?	3
13	**평가문제 [일/월계표 조회]** 다음 판매관리비 계정 중 3/4분기(7월~9월) 발생액이 가장 큰 계정과목은? ① 여비교통비　　　　　　　　　② 접대비(기업업무추진비) ③ 세금과공과금　　　　　　　　④ 보험료	3
14	**평가문제 [거래처원장 조회]** 12월 말 현재 각 계정과목의 거래처별 잔액이 옳지 않은 것은? ① 108.외상매출금 (99700.우리카드)　　　　　110,000원 ② 251.외상매입금 (00104.(주)대한상사)　　15,300,000원 ③ 253.미지급금 (99605.농협카드)　　　　　5,610,000원 ④ 261.미지급세금 (03100.서대문세무서)　　2,283,000원	3
15	**평가문제 [현금출납장 조회]** 2월 말 현재 현금 잔액은 얼마인가?	3
16	**평가문제 [합계잔액시산표 조회]** 3월 말 현재 '외상매입금' 잔액은 얼마인가?	3
17	**평가문제 [합계잔액시산표 조회]** 7월 말 현재 '선수금' 잔액은 얼마인가?	3
18	**평가문제 [손익계산서 조회]** 1월~9월 발생한 '판매비와관리비'의 전기(4기) 대비 증감내역이 옳지 않은 것은? ① 보험료　　1,340,000원 증가　② 운반비　　　　300,000원 감소 ③ 도서인쇄비　110,000원 증가　④ 수수료비용　1,600,000원 증가	3
19	**평가문제 [손익계산서 조회]** 당기에 발생한 '상품매출원가' 금액은 얼마인가?	3

20	**평가문제 [재무상태표 조회]** 12월 말 현재 '미수금' 잔액은 얼마인가?	3
21	**평가문제 [재무상태표 조회]** 12월 말 현재 '선급비용' 잔액은 얼마인가?	3
22	**평가문제 [재무상태표 조회]** 12월 말 현재 '비유동부채' 금액은 얼마인가?	3
23	**평가문제 [재무상태표 조회]** 12월 말 '이월이익잉여금(미처분이익잉여금)' 잔액은 얼마인가? ① 454,388,690원 ② 455,168,690원 ③ 457,520,300원 ④ 458,600,000원	2
24	**평가문제 [영수증수취명세서 조회]** [영수증수취명세서(1)]에 작성된 3만원 초과 거래분 중 '12.명세서제출 대상' 금액은 얼마인가?	4
25	**평가문제 [부가가치세신고서 조회]** 제2기 예정(7월 1일~9월 30일) 신고기간 부가가치세신고서의 '그밖의공제매입세액명세(14번란)_신용카드매출전표수취/고정(42번란)' 금액(공급가액)은 얼마인가?	4
26	**평가문제 [세금계산서합계표 조회]** 제2기 예정 신고기간의 매출 전자세금계산서의 공급가액은 얼마인가?	4
27	**평가문제 [고정자산관리대장 조회]** 비품의 당기말상각누계액은 얼마인가?	2
28	**평가문제 [예적금현황 조회]** 3월 말 현재 은행별 보통예금 잔액으로 옳은 것은? ① 국민은행(당좌) 55,000,000원 ② 국민은행(보통) 249,600,000원 ③ 기업은행(보통) 45,230,000원 ④ 우리은행(보통) 52,600,000원	3
29	**평가문제 [받을어음현황 조회]** 만기일이 2025년 1월 1일~2025년 3월 31일에 해당하는 '받을어음'의 미보유 합계금액은 총 얼마인가?	3
30	**평가문제 [지급어음현황 조회]** 2025년 5월에 만기일이 도래하는 '지급어음'의 거래처 코드 5자리를 입력하시오.	3
총점		62

평가문제

06 회계정보분석 8점

회계정보를 조회하여 [회계정보분석] 답안을 입력하시오.

31 손익계산서 조회 4점

매출액순이익률이란 매출액에 대한 당기순이익의 비율을 보여주는 지표이다. (주)스마 토리의 전기 매출액순이익률을 계산하면 얼마인가? (단, 소숫점 이하는 버림할 것)

$$매출액순이익률(\%) = \frac{당기순이익}{매출액} \times 100$$

① 30%   ② 35%   ③ 38%   ④ 42%

32 재무상태표 조회 4점

유동비율이란 기업의 단기 지급능력을 평가하는 지표이다. (주)스마토리의 전기 유동비 율은 얼마인가? (단, 소숫점 이하는 버림할 것)

$$유동비율(\%) = \frac{유동자산}{유동부채} \times 100$$

① 470%   ② 492%   ③ 514%   ④ 529%

PART
03

73회 FAT 1급 기출문제(이론 + 실무)

※ 아래 문제에서 특별한 언급이 없으면 기업의 보고기간(회계기간)은 매년 1월 1일부터 12월 31일까지입니다. 또한 기업은 일반기업회계기준 및 관련 세법을 계속적으로 적용하고 있다고 가정하고 물음에 가장 합당한 답을 고르시기 바랍니다.

01 다음 중 재무제표의 작성과 표시에 대한 설명으로 옳지 않은 것은?

① 자산은 원칙적으로 1년을 기준으로 유동자산과 비유동자산으로 분류한다.
② 재무제표는 재무상태표, 손익계산서, 현금흐름표, 자본변동표로 구성되며 주석을 포함한다.
③ 손익계산서는 일정 시점의 재무상태에 대한 정보를 제공하는 재무보고서이다.
④ 일반적으로 인정되는 회계원칙에 따라 재무제표를 작성하면 회계정보의 기간별·기업간 비교가능성이 높아진다.

02 다음은 (주)한공의 기계장치 대장의 일부이다. 이를 토대로 2025년도 감가상각비를 계산하면 얼마인가?

기계장치 대장			
관리번호	A-01	관리책임	생산부장
취득일	2024년 1월 1일	처분금액	미처분
취득금액	15,000,000원	잔존가치	0원
내용연수	10년	상각방법	정률법(상각률 25%)가정

① 1,500,000원
② 1,875,000원
③ 2,812,500원
④ 3,750,000원

03 다음은 (주)한공의 재고자산 매입과 관련된 김과장과 강대리의 대화내용이다. (가), (나)에 해당하는 계정과목으로 알맞은 것은?

	(가)	(나)
①	매입에누리	매입할인
②	매입환출	매입에누리
③	매입할인	매입환출
④	매입에누리	매입환출

04 업무용 건물에 중앙집중식 냉난방기를 설치하여 건물의 가치가 증대되고 내용연수가 2년 연장되었다. 이에 대한 회계처리 시 차변 계정과목으로 옳은 것은?

① 수선비   ② 선급금
③ 투자부동산   ④ 건물

05 다음은 (주)한공의 수정 전 잔액시산표와 결산조정사항을 반영한 재무상태표의 일부이다. (가), (나)의 금액으로 옳은 것은?

수정 전 잔액시산표

(주)한공   2025년 12월 31일   (단위: 원)

차변	계정과목	대변
1,000,000	외상매출금	
	대손충당금	15,000
2,000,000	받을어음	
	대손충당금	30,000
⋮	⋮	⋮

• 매출채권 잔액에 대하여 2%의 대손충당금을 설정하다.

재무상태표

(주)한공   2025년 12월 31일   (단위: 원)

과목	제4(당)기	
⋮	⋮	⋮
매출채권	(가)	
(-)대손충당금	((나))	×××
⋮	⋮	⋮

	(가)	(나)
①	3,000,000원	15,000원
②	3,000,000원	45,000원
③	3,000,000원	60,000원
④	3,000,000원	75,000원

06 다음은 (주)한공의 직원이 출장 후 정산한 지출 내역서이다. 이 지출내역서에 대한 회계처리로 옳은 것은?

출장비 지출 내역서

일자	출발지	도착지	KTX	숙박비	식대	계
2025.3.11.	부산	서울	70,000원	70,000원	20,000원	160,000원
2025.3.12.	서울	부산	70,000원	–	20,000원	90,000원
합계			140,000원	70,000원	40,000원	250,000원
가지급금						300,000원
반납액(현금)						50,000원

가. (차) 여비교통비	250,000원	(대) 가지급금	250,000원			
나. (차) 여비교통비	250,000원	(대) 가지급금	300,000원			
현금	50,000원					
다. (차) 여비교통비	300,000원	(대) 가지급금	300,000원			
라. (차) 여비교통비	300,000원	(대) 가지급금	250,000원			
		현금	50,000원			

① 가　　　　　　② 나　　　　　　③ 다　　　　　　④ 라

07 다음 중 손익계산서에 반영되어야 할 내용으로 옳은 것은?

① 재고자산을 매입하면서 발생하는 부대비용
② 특허권을 취득하기 위해 지급한 금액
③ 유형자산에 대한 감가상각비
④ 매도가능증권의 평가손익

08 다음 중 부가가치세법상 전자세금계산서에 대해 잘못 설명하고 있는 사람은?

① 희진   ② 혜민   ③ 현준   ④ 명기

09 다음 중 부가가치세법상 재화의 공급에 해당하는 것은?

① 저작권을 양도하는 경우
② 사업을 위하여 대가를 받지 아니하고 다른 사업자에게 견본품을 인도하는 경우
③ 양도담보의 목적으로 부동산을 제공하는 경우
④ 상품권을 양도하는 경우

10 다음은 의류제조업을 영위하는 (주)한공의 매입내역이다. 이를 토대로 부가가치세법상 공제가능한 매입세액을 계산하면 얼마인가?(단, 모든 거래는 사업과 관련하여 세금계산서를 적법하게 수취하였다고 가정할 것.)

가. 원재료 매입세액	20,000,000원
나. 토지의 자본적 지출에 해당하는 매입세액	6,000,000원
다. 업무용 9인승 승합차(3,000cc)의 차량유지비에 해당하는 매입세액	3,000,000원
라. 접대비 관련 매입세액	5,000,000원

① 20,000,000원   ② 23,000,000원   ③ 26,000,000원   ④ 28,000,000원

✦ 실무수행평가 ✦

※ (주)닥터스킨(회사코드 3173)은 기능성 화장품을 도·소매하는 법인으로 회계기간은 제9기 (2025.1.1. ~ 2025.12.31.)이다. 제시된 자료와 [자료설명]을 참고하여 [수행과제]를 완료하고 [평가문제]의 물음에 답하시오.

┌─────────────────〈실무수행 유의사항〉─────────────────┐
1. 부가가치세 관련거래는 [매입매출전표입력]메뉴에 입력하고, 부가가치세 관련 없는 거래는 [일반전표입력]메뉴에 입력한다.
2. 타계정 대체액과 관련된 적요는 반드시 코드를 입력하여야 한다.
3. 채권·채무, 예금거래 등 관리대상 거래자료에 대하여는 거래처코드를 반드시 입력한다.
4. 자금관리 등 추가 작업이 필요한 경우 문제의 요구에 따라 추가 작업하여야 한다.
5. 판매비와 관리비는 800번대 계정코드를 사용한다.
6. 등록된 계정과목 중 가장 적절한 계정과목을 선택한다.
└──┘

실무수행

01 기초정보관리의 이해

회계관련 기초정보는 입력되어 있다. [자료설명]을 참고하여 [수행과제]를 수행하시오.

1 사업자등록증에 의한 거래처등록 수정

자료설명	거래처 (주)수려한(코드 45678)의 대표자와 메일주소가 변경되어 변경된 사업자등록증 사본을 카톡으로 받았다.
수행과제	대표자명과 전자세금계산서 전용메일주소를 수정하시오.

② 계정과목및적요등록 수정

자료설명	회사는 급증하는 '온라인 쇼핑몰 상품'을 일반상품과 구분하여 관리하기 위해 재고자산 코드 범위에 계정과목과 적요를 등록하려고 한다.
수행과제	1. '173.회사설정계정과목'을 '173.온라인몰상품' 계정으로 수정하시오. 2. '구분: 1.일반재고', '표준코드: 045.상품'으로 수정하시오.

실무수행

02 거래자료입력

실무프로세스 자료이다. [자료설명]을 참고하여 [수행과제]를 수행하시오.

① 3만원 초과 거래에 대한 영수증수취명세서 작성

<table>
<tr><td colspan="6">

영 수 증 (공급받는자용)

</td></tr>
<tr><td colspan="6">NO **(주)닥터스킨** 귀하</td></tr>
<tr><td rowspan="5">공급자</td><td>사업자
등록번호</td><td colspan="4">114-51-25414</td></tr>
<tr><td>상 호</td><td colspan="2">비둘기마트</td><td>성명</td><td>이종수</td></tr>
<tr><td>사업장
소재지</td><td colspan="4">서울특별시 강남구 봉은사로 106</td></tr>
<tr><td>업 태</td><td colspan="2">도소매</td><td>종목</td><td>잡화 외</td></tr>
<tr><td colspan="5"></td></tr>
<tr><td colspan="2">작성일자</td><td colspan="2">공급대가총액</td><td colspan="2">비고</td></tr>
<tr><td colspan="2">2025.4.10.</td><td colspan="2">₩ 92,000</td><td colspan="2"></td></tr>
<tr><td colspan="6">공 급 내 역</td></tr>
<tr><td>월/일</td><td>품명</td><td colspan="2">수량</td><td>단가</td><td>금액</td></tr>
<tr><td>4/10</td><td>음료외</td><td colspan="2"></td><td></td><td>92,000</td></tr>
<tr><td colspan="6"></td></tr>
<tr><td colspan="3">합 계</td><td colspan="3">₩92,000</td></tr>
<tr><td colspan="6">위 금액을 영수(청구)함</td></tr>
</table>

자료설명	영업부 회의에 필요한 간식을 구입하고 현금으로 지급하였다. 회사는 이 거래가 지출증명서류미수취가산세 대상인지를 검토하려고 한다.
수행과제	1. 거래자료를 입력하시오. (단, '회의비'로 처리할 것.) 2. 영수증수취명세서 (2)와 (1) 서식을 작성하시오.

② 기타 일반거래

자료 1. 급여대장

2025년 4월분 급여 대장

㈜닥터스킨 관리부   [귀속: 2025년 4월]   [지급일 : 2025년 4월 20일]

구분	급여합계	공제 및 차인지급액			
		소득세	지방소득세	국민연금	건강보험 (장기요양포함)
		195,960원	19,590원	180,000원	160,160원
관리부 (김지선)	4,000,000원	**고용보험**	**가불금**	**공제합계**	**차인 지급액**
		36,000원	1,000,000원	1,591,710원	2,408,290원

자료 2. 보통예금(신한은행) 거래내역

번호	거래일	내용	찾으신금액	맡기신금액	잔액	거래점
		계계좌번호 764502-01-047720 (주)닥터스킨				
1	2025-4-20	급여지급	2,408,290원		***	***

자료설명	[4월 20일] 관리부 직원 김지선의 4월분 급여를 신한은행 보통예금 계좌에서 이체하여 지급하였다. (가불금은 주.임.종단기채권 계정에 계상되어 있으며, 그 외 공제내역은 통합하여 예수금으로 처리한다.)
수행과제	거래자료를 입력하시오.

③ 기타 일반거래

출장비 정산서

소속	영업부	직위	과장	성명	이승수
출장내역	일 시	2025년 4월 25일 ~ 2025년 4월 30일			
	출 장 지	대구광역시			
	출장목적	거래처 관리			
지출내역	숙 박 비	360,000원	교 통 비	100,000원	

2025년 4월 30일
신청인   성명   이 승 수

자료설명	[4월 30일] 출장을 마친 직원의 출장비 정산서를 받고 차액 40,000원은 현금으로 회수하였다.
수행과제	4월 25일 거래를 확인한 후 거래자료를 입력하시오.

④ 기타 일반거래

산재보험료		2025 년 5 월	영수증(납부자용)
사 업 장 명	(주)닥터스킨		
사 용 자	서울특별시 서대문구 충정로7길 29-8 (충정로3가)		
납 부 자 번 호	5700000452	사 업 장 관 리 번 호	11086100180
납 부 할 보 험 료 (ⓐ+ⓑ+ⓒ+ⓓ+ⓔ)			138,000 원
납 부 기 한			2025.06.10. 까지

보 험 료	건 강 ⓐ	원	연금 ⓒ	원
	장 기 요 양 ⓑ	원	고용 ⓓ	원
	소 계 (ⓐ+ⓑ)	원	산재 ⓔ	138,000 원

납 기 후 금 액	139,250 원	납 기 후 기 한	2025.06.30.까지

◉ 납부기한까지 납부하지 않으면 연체금이 부과됩니다.
※ 납부장소: 전 은행, 우체국, 농·수협(지역조합 포함), 새마을금고, 신협, 증권사, 산림조합중앙회, 인터넷지로(www.giro.or.kr)
※ 2D코드: GS25, 세븐일레븐, 미니스톱, 바이더웨이, 씨유에서 납부 시 이용.(우리·신한은행 현금카드만 수납가능)

2025 년 5 월 31 일

국민건강보험공단 이 사 장   (수납인)

자동이체 신청 납부자번호 :

자료설명	[6월 9일] 관리부 사원에 대한 5월분 산재보험료를 기업은행 보통예금 계좌에서 이체하여 납부하였다.
수행과제	거래자료를 입력하시오. (단, '보험료'로 처리할 것.)

⑤ 약속어음의 만기결제

자료 1.

전 자 어 음

(주)설화수 귀하   00420250515123456789

금 일천일백만원정   __11,000,000원__

위의 금액을 귀하 또는 귀하의 지시인에게 지급하겠습니다.

지급기일 2025년 7월 15일   발행일 2025년 5월 15일
지 급 지 국민은행   발행지 서울특별시 서대문구 충정로7길
지급장소 서대문지점   주 소 29-8 (충정로3가)

                          발행인 ㈜닥터스킨

자료 2. 당좌예금(국민은행) 거래내역

번호	거래일	내용	찾으신금액	맡기신금액	잔액	거래점
		계좌번호 011202-04-012368 (주)닥터스킨				
1	2025-7-15	어음만기	11,000,000		***	***

자료설명	[7월 15일] 상품 구매대금으로 발행한 어음의 만기일이 도래하여 국민은행 당좌예금 계좌에서 인출되었다.
수행과제	1. 거래자료를 입력하시오. 2. 자금관련정보를 입력하여 지급어음현황에 반영하시오.

실무수행

03 부가가치세

부가가치세 신고 관련 자료이다. [자료설명]을 참고하여 [수행과제]를 수행하시오.

① 과세매출자료의 전자세금계산서 발행

거래명세서 (공급자 보관용)

공급자	등록번호	110-86-10018			공급받는자	등록번호	115-81-12317		
	상호	(주)닥터스킨	성명	이정건		상호	(주)황금화장품	성명	김희선
	사업장주소	서울특별시 서대문구 충정로7길 29-8 (충정로3가)				사업장주소	서울특별시 서대문구 충정로 30		
	업태	도소매업	종사업장번호			업태	도소매업	종사업장번호	
	종목	화장품외				종목	화장품		

거래일자	미수금액	공급가액	세액	총 합계금액
2025.7.20.		15,000,000	1,500,000	16,500,000

NO	월	일	품목명	규격	수량	단가	공급가액	세액	합계
1	7	20	화장품 에센스		300	50,000	15,000,000	1,500,000	16,500,000

자료설명	1. 상품을 공급하고 발급한 거래명세서이다. 2. 대금 중 3,000,000원은 기업은행 보통예금계좌로 입금받고, 잔액은 다음달 10일에 받기로 하였다.
수행과제	1. 거래명세서에 의해 매입매출자료를 입력하시오. 2. 전자세금계산서 발행 및 내역관리 를 통하여 발급 및 전송하시오. (전자세금계산서 발급 시 결제내역 및 전송일자는 고려하지 말 것.)

2 매출거래

전자계산서				(공급자 보관용)			승인번호			
공급자	등록번호	110-86-10018			공급받는자	등록번호	314-81-11803			
	상호	(주)닥터스킨	성명(대표자)	이정건		상호	(주)참존화장품	성명(대표자)	박주미	
	사업장주소	서울특별시 서대문구 충정로7길 29-8 (충정로3가)				사업장주소	대전광역시 서구 둔산대로 100			
	업태	도소매업		종사업장번호		업태	도소매업		종사업장번호	
	종목	화장품외				종목	화장품			
	E-Mail	Dr.skin@bill36524.com				E-Mail	chamzone@naver.com			
작성일자		2025.7.31.	공급가액		3,600,000		비 고			

월	일	품목명	규격	수량	단가	공급가액	비고
7	31	도서		400	9,000	3,600,000	

합계금액	현금	수표	어음	외상미수금	이 금액을	○ 영수 / ◉ 청구 함
3,600,000				3,600,000		

자료설명	1. 면세 상품인 도서(도서명: 아이러브 K-뷰티)를 공급하고 발급한 전자계산서이다. (단, 본 문제에 한하여 과세사업과 면세사업을 겸영하는 것으로 함.) 2. 대금은 전액 외상으로 하였다.
수행과제	매입매출자료를 입력하시오. (전자계산서 거래는 '전자입력'으로 입력할 것.)

3 매입거래

전자세금계산서				(공급받는자 보관용)			승인번호			
공급자	등록번호	211-81-10539			공급받는자	등록번호	110-86-10018			
	상호	(주)알소프트	성명(대표자)	이승재		상호	(주)닥터스킨	성명(대표자)	이정건	
	사업장주소	서울특별시 금천구 디지털로 178				사업장주소	서울특별시 서대문구 충정로7길 29-8 (충정로3가)			
	업태	서비스업		종사업장번호		업태	도소매업		종사업장번호	
	종목	소프트웨어				종목	화장품외			
	E-Mail	alsoft@bill36524.com				E-Mail	Dr.skin@bill36524.com			
작성일자		2025.8.15.	공급가액		2,000,000		세 액		200,000	
비고										

월	일	품목명	규격	수량	단가	공급가액	세액	비고
8	15	오피스365				2,000,000	200,000	

합계금액	현금	수표	어음	외상미수금	이 금액을	○ 영수 / ◉ 청구 함
2,200,000				2,200,000		

자료설명	업무와 관련된 '소프트웨어'를 구입하고 전자세금계산서를 수취하였으며, 대금은 전액 다음달 10일에 지급하기로 하였다.
수행과제	1. 매입매출자료를 입력하시오. (전자세금계산서 거래는 '전자입력'으로 입력할 것.) 2. [고정자산등록]에 고정자산을 등록(고정자산계정과목: 240.소프트웨어, 코드: 1001, 자산명: 오피스365, 상각방법: 정액법, 내용연수 5년, 경비구분: 800번대) 하시오.

④ 매입거래

전자계산서			(공급받는자 보관용)		승인번호			

공급자	등록번호	211-96-78907			공급받는자	등록번호	110-86-10018		
	상호	더존평생교육원	성명(대표자)	한호성		상호	(주)닥터스킨	성명(대표자)	이정건
	사업장주소	서울특별시 강남구 강남대로 78길 8, 9층				사업장주소	서울특별시 서대문구 충정로7길 29-8 (충정로3가)		
	업태	서비스업	종사업장번호			업태	도소매업	종사업장번호	
	종목	학원				종목	화장품외		
	E-Mail	duzone@bill36524.com				E-Mail	Dr.skin@bill36524.com		

작성일자	2025.8.22.	공급가액	280,000	비 고	

월	일	품목명	규격	수량	단가	공급가액	비고
8	22	위하고 교육				280,000	

합계금액	현금	수표	어음	외상미수금	이 금액을	◉ 영수 ○ 청구	함
280,000	280,000						

자료설명	당사 회계팀의 더존 위하고(WEHAGO) 교육을 위탁하고 전자계산서를 발급받았다.
수행과제	매입매출자료를 입력하시오. (전자계산서 거래는 '전자입력'으로 입력할 것.)

⑤ 매입거래

2025년 8월 청구서		자료설명	영업부의 8월분 전화요금청구서이다. 회사는 작성일자로 미지급금을 계상하고, 납부기한일에 자동이체하여 지급처리하고 있다.
작성일자: 2025.09.10. 납부기한: 2025.09.15.			
금 액	126,720원		
고객명	(주)닥터스킨		
이용번호	02-3419-0391		
명세서번호	**25328**		
이용기간	8월 1일 ~ 8월31일		
10월 이용요금	126,720원		
공급자등록번호	135-81-92483	수행과제	작성일자 기준으로 매입매출자료를 입력하시오. ('51.과세매입'으로 처리하고, '전자입력'으로 입력할 것.)
공급받는자 등록번호	110-86-10018		
공급가액	115,200원		
부가가치세(VAT)	11,520원		
10원미만 할인요금	0원		
입금전용계좌	국민은행		
	100-211-101155		
이 청구서는 부가가치세법 시행령 53조 제4항에 따라 발행하는 <u>전자세금계산서</u>입니다.			
(주)케이티서대문			

⑥ 부가가치세신고서에 의한 회계처리

■ 보통예금(국민은행) 거래내역

번호	거래일	내용	찾으신금액	맡기신금액	잔액	거래점
		계좌번호 781006-01-774301 (주)닥터스킨				
1	2025-7-25	부가세납부	2,929,050		***	***

자료설명	제1기 부가가치세 확정신고에 대한 납부세액을 국민은행 보통예금에서 이체하여 납부하였다.
수행과제	6월 30일 일반전표를 참고하여 납부세액에 대한 회계처리를 하시오. (단, 저장된 부가가치세신고서를 이용하고 거래처코드를 입력할 것.)

실무수행

04 결산

[결산자료]를 참고하여 결산을 수행하시오. (단, 제시된 자료 이외의 자료는 없다고 가정함)

1 수동결산 및 자동결산

자료설명	1. 결산일 현재 장기차입금에 대한 기간경과분 미지급이자 620,000원을 계상하다.
	2. 기말상품재고액은 32,000,000원이다.
	3. 이익잉여금처분계산서 처분 예정(확정)일
	  − 당기분: 2026년 2월 28일
	  − 전기분: 2025년 2월 28일

수행과제	1. 수동결산 또는 자동결산 메뉴를 이용하여 결산을 완료하시오. 2. 12월 31일을 기준으로 '손익계산서 → 이익잉여금처분계산서 → 재무상태표'를 순서대로 조회 작성하시오. (단, 이익잉여금처분계산서 조회 작성 시 '저장된 데이터 불러오기' → '아니오' 선택 → '전표추가'를 이용하여 '손익대체분개'를 수행할 것.)

평가문제

05 실무수행평가 62점

입력자료 및 회계정보를 조회하여 [평가문제]의 답안을 입력하시오.

───────〈 평가문제 답안입력 유의사항 〉───────

❶ 답안은 지정된 단위의 숫자로만 입력해 주십시오.
 * 한글 등 문자 금지

	정답	오답(예)
(1) 금액은 원 단위로 숫자를 입력하되, 천 단위 콤마(,)는 생략 가능합니다.	1,245,000 1245000	1,245,000 1,245,000원 1,245,0000 12,45,000 1,245천원
(1-1) 답이 0원인 경우 반드시 "0" 입력 (1-2) 답이 음수(-)인 경우 숫자 앞에 "−" 입력 (1-3) 답이 소수인 경우 반드시 " . " 입력		
(2) 질문에 대한 답안은 숫자로만 입력하세요.	4	04 4건, 4매, 4명 04건, 04매, 04명
(3) 거래처 코드번호는 5자리 숫자로 입력하세요.	00101	101 00101번

❷ 더존 프로그램에서 조회되는 자료를 복사하여 붙여넣기가 가능합니다.
❸ 수행과제를 올바르게 입력하지 않고 작성한 답과 모범답안이 다른 경우 오답처리됩니다.

번호	평가문제	배점
11	**평가문제 [거래처등록 조회]** (주)닥터스킨의 [거래처등록] 관련 내용으로 옳지 않은 것은? ① 카드거래처의 [구분:매출] 관련 거래처는 1개이다. ② 일반거래처 '(주)수려한'의 대표자는 김희애이다. ③ 일반거래처 '(주)수려한'의 담당자메일주소는 han24@bill36524.com이다. ④ 금융거래처 중 [3.예금종류]가 '차입금'인 거래처는 3개이다.	4
12	**평가문제 [계정과목및적요등록 조회]** '173.온라인몰상품' 계정과 관련된 내용으로 옳지 않은 것은? ① '온라인몰상품'의 구분은 '일반재고'이다. ② 표준코드는 '045.상품'이다. ③ '온라인몰상품'의 현금적요는 사용하지 않고 있다. ④ '온라인몰상품'의 대체적요는 2개를 사용하고 있다.	4
13	**평가문제 [일/월계표 조회]** 4월에 발생한 '판매비와관리비' 중 지출금액이 올바르게 연결된 것은? ① 급여　　　　　30,000,000원　② 복리후생비　　　　1,374,500원 ③ 여비교통비　　　　201,000원　④ 접대비(기업업무추진비) 105,200원	3
14	**평가문제 [일/월계표 조회]** 6월에 발생한 '보험료' 금액은 얼마인가?	2
15	**평가문제 [일/월계표 조회]** 7월(7/1~7/31) 한 달 동안 '외상매출금' 증가액은 얼마인가?	3
16	**평가문제 [일/월계표 조회]** 7월~9월에 현금으로 지출한 '판매관리비'는 얼마인가?	3
17	**평가문제 [합계잔액시산표 조회]** 9월 말 '가지급금'의 잔액은 얼마인가?	3
18	**평가문제 [합계잔액시산표 조회]** 9월 말 '미지급세금' 잔액으로 옳은 것은? ① 0원　　　　　　　　　② 2,273,000원 ③ 2,929,050원　　　　　④ 5,202,050원	3

19	**평가문제 [거래처원장 조회]** 9월 말 미지급금 잔액으로 옳지 않은 것은? ① 01500.(주)케이티서대문　　　　　126,720원 ② 04008.한진화장품　　　　　　15,500,000원 ③ 05030.(주)대림화장품　　　　26,000,000원 ④ 31113.(주)알소프트　　　　　2,200,000원	3
20	**평가문제 [재무상태표 조회]** 12월 말 '당좌예금' 잔액은 얼마인가?	3
21	**평가문제 [재무상태표 조회]** 12월 말 유동부채 계정별 잔액으로 옳지 않은 것은? ① 지급어음　　　　11,100,000원　② 미지급금　　　417,289,900원 ③ 예수금　　　　　　747,130원　④ 선수금　　　　　4,450,000원	4
22	**평가문제 [재무상태표 조회]** 12월 말 '이월이익잉여금(미처분이익잉여금)' 잔액은 얼마인가? ① 455,093,690원　　　　　　② 459,214,020원 ③ 462,158,910원　　　　　　④ 582,444,210원	2
23	**평가문제 [손익계산서 조회]** 당기에 발생한 '영업외비용' 금액은 얼마인가?	3
24	**평가문제 [영수증수취명세서 조회]** [영수증수취명세서(2)]에 명세서제출 대상 개별 거래 중 금액이 가장 큰 계정과목의 코드번호 3자리를 입력하시오.	3
25	**평가문제 [예적금현황 조회]** 6월 말 은행별 예금 잔액으로 옳지 않은 것은? ① 국민은행(당좌)　53,800,000원　② 국민은행(보통)　　408,362,600원 ③ 기업은행(보통)　32,589,000원　④ 신한은행(보통)　　97,591,710원	3
26	**평가문제 [지급어음현황 조회]** 2025년에 만기가 도래하는 '지급어음'의 미결제액은 얼마인가?	3
27	**평가문제 [부가가치세신고서 조회]** 제2기 예정 신고기간 부가가치세신고서의 '세금계산서수취분-고정자산매입(11란)'의 금액은 얼마인가?	3
28	**평가문제 [세금계산서합계표 조회]** 제2기 예정 신고기간의 매출 전자세금계산서 공급가액은 얼마인가?	4
29	**평가문제 [계산서합계표 조회]** 제2기 예정 신고기간의 매입계산서 공급가액 합계는 얼마인가?	4
30	**평가문제 [고정자산등록 조회]** [계정과목:240.소프트웨어-자산명: 오피스365]의 [19.당기상각범위액]은 얼마인가?	2
총점		**62**

평가문제

06 회계정보분석 8점

회계정보를 조회하여 [회계정보분석] 답안을 입력하시오.

31 재무상태표 조회 4점

유동비율이란 기업의 단기 지급능력을 평가하는 지표이다. (주)닥터스킨의 전기 유동비율을 계산하면? (단, 소숫점 이하는 버림할 것.)

$$
유동비율(\%) = \frac{유동자산}{유동부채} \times 100
$$

① 529%　　　② 584%　　　③ 634%　　　④ 683%

32 손익계산서 조회 4점

영업이익률은 기업경영활동 성과를 총괄적으로 보여주는 대표적인 지표이다. (주)닥터스킨의 전기 영업이익률을 계산하면 얼마인가? (단, 소숫점 이하는 버림할 것.)

$$
영업이익률(\%) = \frac{영업이익}{매출액} \times 100
$$

① 15%　　　② 17%　　　③ 19%　　　④ 21%

74회 FAT 1급 기출문제(이론 + 실무)

※ 아래 문제에서 특별한 언급이 없으면 기업의 보고기간(회계기간)은 매년 1월 1일부터 12월 31일까지입니다. 또한 기업은 일반기업회계기준 및 관련 세법을 계속적으로 적용하고 있다고 가정하고 물음에 가장 합당한 답을 고르시기 바랍니다.

01 다음 중 도매업을 영위하는 (주)한공의 손익계산서와 관련된 설명으로 옳지 않은 것은?

① 영업외수익은 배당금수익, 임대료, 접대비 등을 포함한다.
② 판매비와관리비는 상품 등의 판매활동과 기업의 관리활동에서 발생하는 비용으로서 복리후생비, 급여, 통신비 등을 포함한다.
③ 매출액은 총매출액에서 매출할인, 매출환입, 매출에누리를 차감한 금액으로 한다.
④ 상품매출원가는 '기초상품재고액+당기상품매입액−기말상품재고액'이다.

02 다음 중 손익계산서상 영업이익에 영향을 미치지 않는 계정과목은?

① 본사 건물의 감가상각비
② 영업팀에서 사용하는 업무용 핸드폰에 대한 통신비
③ 단기대여금의 기타의대손상각비
④ 본사 직원의 복리후생비

03 다음은 (주)한공의 특허권 취득 관련 자료이다. 이를 토대로 2025년도 무형자산상각비를 계산하면 얼마인가?

- 특허권 취득일: 2025. 1. 1.
- 특허권 등록비: 2,000,000원
- 상각방법: 정액법(내용연수: 5년)
- 특허권 취득부대비용: 100,000원

① 200,000원
② 220,000원
③ 400,000원
④ 420,000원

04 다음과 같은 결산 회계처리 누락이 2025년도 손익계산서에 미치는 영향으로 옳은 것은?

> (주)한공은 2025년 11월 1일에 가입한 1년 만기 정기예금 15,000,000원(연이율 3%, 월할계산)에 대한 이자 경과분(미수분)을 계산하지 않았다.

① 당기순이익 75,000원 과대계상 ② 당기순이익 75,000원 과소계상
③ 당기순이익 450,000원 과대계상 ④ 당기순이익 450,000원 과소계상

05 다음 자료를 토대로 (주)한공의 2025년 12월 31일 결산 시 회계 처리로 옳은 것은?

> • 2025년 5월 1일 소모품 2,000,000원을 구입하고 대금은 현금으로 지급하였으며, 구입한 소모품은 전액 자산처리하였다.
> • 2025년 12월 31일 소모품 미사용액은 450,000원이다.

① (차) 소모품   450,000원   (대) 소모품비   450,000원
② (차) 소모품   1,550,000원   (대) 소모품비   1,550,000원
③ (차) 소모품비   450,000원   (대) 소모품   450,000원
④ (차) 소모품비   1,550,000원   (대) 소모품   1,550,000원

06 다음 결산정리사항 중 비용의 이연에 해당하는 거래는?

① 임대료수익 미수분을 계상하다.
② 보험료 선급분을 계상하다.
③ 이자수익 선수분을 계상하다.
④ 이자비용 미지급분을 계상하다.

07 도매업을 영위하고 있는 (주)한공은 2025년 3월 10일 (주)서울의 파산으로 단기대여금 3,000,000원의 회수가 불가능하게 되었다. 이 거래로 인하여 (주)한공이 손익계산서에 계상해야 하는 계정과목과 그 금액은 얼마인가? (단, 3월 10일 이전에 설정된 단기대여금에 대한 대손충당금 잔액은 1,100,000원이다.)

① 대손상각비   1,100,000원
② 대손상각비   1,900,000원
③ 기타의대손상각비 1,100,000원
④ 기타의대손상각비 1,900,000원

08 다음 중 우리나라 부가가치세의 특징에 대해 잘못 설명하는 사람은?

① 승현 　　② 주희 　　③ 희수 　　④ 성한

09 다음 중 부가가치세 과세거래에 해당하는 것을 모두 고르면?

> 가. 소형승용차를 중고차 매매상에게 유상으로 처분하는 경우
> 나. 세금을 사업용 자산으로 물납하는 경우
> 다. 상표권을 유상으로 양도하는 경우
> 라. 양도담보의 목적으로 부동산을 제공하는 경우

① 가, 다 　　② 가, 라 　　③ 나, 다 　　④ 나, 라

10 컴퓨터 부품을 제조하는 (주)한공의 다음 자료를 토대로 2025년 제2기 예정신고기간(2025. 7.1.~2025.9.30.)의 부가가치세 납부세액을 계산하면 얼마인가? 단, 세금계산서는 적법하게 수수하였고 주어진 자료 외에는 고려하지 않는다.

> • 세금계산서 발급분: 공급가액 6,000,000원(과세매출)
> • 세금계산서 수취분: 공급가액 1,200,000원(과세매입)
> • 세금계산서 수취분: 공급가액 1,000,000원[대표이사 업무용 승용차(2,000cc) 수리비]

① 380,000원 　　② 480,000원 　　③ 500,000원 　　④ 600,000원

÷ 실무수행평가 ÷

※ (주)대우전재(회사코드 3174)은 전자제품을 도·소매하는 법인으로 회계기간은 제8기(2025.1.1. ~ 2025.12.31.)이다. 제시된 자료와 [자료설명]을 참고하여 [수행과제]를 완료하고 [평가문제]의 물음에 답하시오.

<실무수행 유의사항>

1. 부가가치세 관련거래는 [매입매출전표입력]메뉴에 입력하고, 부가가치세 관련 없는 거래는 [일반전표입력]메뉴에 입력한다.
2. 타계정 대체액과 관련된 적요는 반드시 코드를 입력하여야 한다.
3. 채권·채무, 예금거래 등 관리대상 거래자료에 대하여는 거래처코드를 반드시 입력한다.
4. 자금관리 등 추가 작업이 필요한 경우 문제의 요구에 따라 추가 작업하여야 한다.
5. 판매비와 관리비는 800번대 계정코드를 사용한다.
6. 등록된 계정과목 중 가장 적절한 계정과목을 선택한다.

실무수행

01 기초정보관리의 이해

회계관련 기초정보는 입력되어 있다. [자료설명]을 참고하여 [수행과제]를 수행하시오.

① 계정과목 및 적요등록 수정

자료설명	디자인권의 취득과 매각 거래가 자주 발생하여 무형자산 계정과목으로 등록하여 사용하려고 한다.
수행과제	'235.의장권'을 '235.디자인권'으로 정정등록하고, 현금적요와 대체적요를 등록하시오. − 현금적요: 1.디자인권 취득대금 현금지급 − 대체적요: 1.디자인권 상각액

② 전기분재무제표의 입력수정

재무상태표

제7(당)기 2024. 12. 31. 현재
제6(전)기 2023. 12. 31. 현재

(주)대우전자 (단위: 원)

과목	제7기 (2024.12.31.)		제6기 (2023.12.31.)	
자　　　　　산				
Ⅰ.유 동 자 산		257,458,000		116,640,000
(1) 당 좌 자 산		197,458,000		91,640,000
현　　　　　금		46,894,000		22,800,000
당 좌 예 금		41,000,000		20,850,000
보 통 예 금		67,034,000		34,496,000
단 기 매 매 증 권		10,500,000		3,000,000
외 상 매 출 금	27,000,000		8,200,000	
대 손 충 당 금	270,000	26,730,000	82,000	8,118,000
받 을 어 음		5,300,000		2,376,000
(2) 재 고 자 산		60,000,000		25,000,000
상　　　　　품		60,000,000		25,000,000
Ⅱ.비 유 동 자 산		121,165,000		50,000,000
(1) 투 자 자 산		18,000,000		0
장 기 대 여 금		18,000,000		0
(2) 유 형 자 산		93,165,000		7,300,000
토　　　　　지		30,000,000		0
건　　　　　물		40,000,000		
차 량 운 반 구	35,330,000		16,500,000	
감 가 상 각 누 계 액	15,000,000	20,330,000	12,300,000	4,200,000
비　　　　　품	6,000,000		9,400,000	
감 가 상 각 누 계 액	3,165,000	2,835,000	6,300,000	3,100,000
(3) 무 형 자 산		0		0
(4) 기 타 비 유 동 자 산		10,000,000		42,700,000
임 차 보 증 금		10,000,000		42,700,000
자 산 총 계		378,623,000		166,640,000
부　　　　　채				
Ⅰ.유 동 부 채		81,844,000		93,640,000
외 상 매 입 금		48,609,000		43,640,000
지 급 어 음		7,800,000		
미 지 급 금		22,500,000		50,000,000
예 수 금		2,935,000		0
Ⅱ.비 유 동 부 채		20,000,000		0
장 기 차 입 금		20,000,000		0
부 채 총 계		101,844,000		93,640,000
자　　　　　본				
Ⅰ.자 본 금		157,259,000		50,000,000
자 본 금		157,259,000		50,000,000
Ⅱ.자 본 잉 여 금		0		0
Ⅲ.자 본 조 정		0		0
Ⅳ.기 타 포 괄 손 익 누 계 액		0		0
Ⅴ.이 익 잉 여 금		119,520,000		23,000,000
미 처 분 이 익 잉 여 금		119,520,000		23,000,000
(당기순이익 96,520,000)				
자 본 총 계		276,779,000		73,000,000
부 채 와 자 본 총 계		378,623,000		166,640,000

자료설명	(주)대우전자의 전기(제7기)분 재무제표는 입력되어 있다.
수행과제	입력이 누락되었거나 잘못된 부분을 찾아 수정하시오.

실무수행

02 거래자료입력

실무프로세스 자료이다. [자료설명]을 참고하여 [수행과제]를 수행하시오.

① 계약금 지급

■ 보통예금(우리은행) 거래내역

번호	거래일	내용	찾으신금액	맡기신금액	잔액	거래점
		계좌번호 501-111923-02-123 (주)대우전자				
1	2025-8-18	(주)수정전자	300,000		***	***

자료설명	(주)수정전자에서 상품을 매입하기로 하고, 계약금을 우리은행 보통예금 계좌에서 이체하여 지급하였다.
수행과제	거래자료를 입력하시오.

② 증빙에 의한 전표입력

서울특별시	**차량 취득세 (전액)**		납부(납입)서		**납세자보관용 영수증**

납 세 자	(주)대우전자
주 소	서울특별시 강남구 강남대로 254 (도곡동,용문빌딩)
납 세 번 호	기관번호 1100910 제목 10101502 납세년월기 20250828 과세번호 0002090

과세내역	차 번	26사5104		년식	2025	과 세 표 준 액
	목 적	신규등록(일반등록)	특례	세율특례 없음		50,000,000
	차 명	제네시스				
	차 종	승용자동차		세율	70/1000	

세 목	**납 부 세 액**	**납부할 세액 합계**
취 득 세	3,500,000	
가 산 세	0	3,500,000 원
지방교육세	0	
농어촌특별세	0	신고납부기한
합 계 세 액	3,500,000	**2025.8.28.까지**

지방세법 제6조~22조, 제30조의 규정에 의하여 위와 같이 신고하고 납부합니다.

전용계좌로도 편리하게 납부!!

우리은행 620-441829-64-125
신한은행 563-04433-245814
하나은행 117-865254-74125
국민은행 4205-84-28179245
기업은행 528-774145-58-247

■ 전용계좌 납부안내 (뒷면참조)

담당자

위의 금액을 영수합니다.

김민수 **납부장소** : 전국은행(한국은행제외) 우체국 농협

수납일 2025.08.28. 농협은행

2025 년 8 월 28 일

자료설명	[8월 28일] 영업부에서 사용할 목적으로 구입한 승용차와 관련된 취득세를 신고납부기한일에 현금으로 납부하였다.
수행과제	거래자료를 입력하시오.

③ 대손의 발생과 설정

자료설명	[8월 30일] (주)정진상사의 파산으로 단기대여금 20,000,000원의 회수가 불가능하게 되어 대손처리하기로 하였다.
수행과제	대손처리시점의 거래자료를 입력하시오. (단, '단기대여금'에 대한 대손충당금 잔액은 없다.)

④ 증빙에 의한 전표입력

자료 1. 우체국택배 송장

자료 2. 신용카드매출전표

```
            신 용 카 드 매 출 전 표

  가 맹 점 명      우체국 1588-1300
  사 업 자 번 호     214-81-22354
  대 표 자 명      이 상 훈
  주       소      서울 강남구 강남대로 272

  농 협 카 드                        신용승인
  거 래 일 시      2025-09-05 오전 10:05:36
  카 드 번 호          8844-2211-****-49**
  가 맹 점 번 호                     15888585
  매 입 사          농협카드(전자서명전표)
  품       명                         택배

  판 매 금 액                      20,000원
  합       계                      20,000원
```

자료설명	자료 1. 판매상품을 발송하고 발급받은 우체국택배 송장이다. 자료 2. 택배비를 결제한 신용카드 매출전표이다.
수행과제	거래자료를 입력하시오.

⑤ 기타일반거래

자료 1. 건강보험료 영수증

자료 2. 보통예금(국민은행) 거래내역

번호	거래일	내용	찾으신금액	맡기신금액	잔액	거래점
		계좌번호 096-24-0094-123 (주)대우전자				
1	2025-09-10	건강보험료	178,440		***	***

자료설명	8월 급여지급분에 대한 건강보험료(장기요양보험료 포함)를 납부기한일에 국민은행 보통예금 계좌에서 이체하여 납부하였다. 보험료의 50%는 급여 지급 시 원천징수한 금액이며, 나머지 50%는 회사부담분이다.
수행과제	거래자료를 입력하시오. (회사부담분 건강보험료는 '복리후생비'로 처리할 것.)

실무수행

03 부가가치세

부가가치세 신고 관련 자료이다. [자료설명]을 참고하여 [수행과제]를 수행하시오.

1 과세매출자료의 전자세금계산서 발행

거래명세서 (공급자 보관용)

공급자	등록번호	106-86-09792			공급받는자	등록번호	106-81-44120		
	상호	(주)대우전자	성명	김대우		상호	(주)세운유통	성명	위대한
	사업장 주소	서울특별시 강남구 강남대로 254 (도곡동, 용문빌딩)				사업장 주소	서울 구로구 구로동로 22		
	업태	도소매업	종사업장번호			업태	도소매업	종사업장번호	
	종목	전자제품외				종목	전자제품		

거래일자	미수금액	공급가액	세액	총 합계금액
2025.10.02.		10,000,000	1,000,000	11,000,000

NO	월	일	품목명	규격	수량	단가	공급가액	세액	합계
1	10	2	세탁건조기		5	2,000,000	10,000,000	1,000,000	11,000,000

자료설명	1. 상품을 공급하고 발급한 거래명세서이다. 2. 대금 중 3,000,000원은 우리은행 보통예금계좌로 입금받고, 잔액은 다음달 10일에 받기로 하였다.
수행과제	1. 거래명세서에 의해 매입매출자료를 입력하시오. 2. 전자세금계산서 발행 및 내역관리 를 통하여 발급 및 전송하시오. (전자세금계산서 발급 시 결제내역 및 전송일자는 고려하지 말 것.)

2 매출거래

전자계산서 (공급자 보관용)　　　승인번호

공급자	등록번호	106-86-09792			공급받는자	등록번호	113-81-13872		
	상호	(주)대우전자	성명	김대우		상호	(주)한라전자	성명 (대표자)	김우정
	사업장 주소	서울특별시 강남구 강남대로 254 (도곡동, 용문빌딩)				사업장 주소	서울특별시 서대문구 통일로 131 (충정로2가, 공화당빌딩)		
	업태	도소매업	종사업장번호			업태	도소매업	종사업장번호	
	종목	전자제품외				종목	가전제품외		
	E-Mail	meta@bill36524.com				E-Mail	engel@bill36524.com		

작성일자	2025.10.07.	공급가액	10,000,000	비고	

월	일	품목명	규격	수량	단가	공급가액	비고
10	7	토지				10,000,000	

합계금액	현금	수표	어음	외상미수금	이 금액을	● 영수 ○ 청구	함
10,000,000							

자료설명	토지(장부금액 10,000,000원)를 매각하고 대금은 기업은행 보통예금 계좌로 입금 받았다. (단, 본 거래에 한하여 과세사업과 면세사업을 겸영한다고 가정할 것.)
수행과제	매입매출자료를 입력하시오. (전자계산서 거래는 '전자입력'으로 입력할 것.)

③ 매입거래

🌐 **2025년 10월 청구분**　　**도시가스요금** 지로영수증(고객용)

고객번호				3154892				납 부 마 감 일	2025.11.30.

고객번호	3154892	납 부 마 감 일	2025.11.30.
지로번호	1 3 4 0 5 2 8	미납	0 원
고지금액	275,000 원	금액	0 원

주소/성명		서울특별시 강남구 강남대로 254 (도곡동,용문빌딩) / (주)대우전자		
사용기간		2025.10.1.~2025.10.31.	기 본 요 금	25,000 원
당 월 사용량	금월지침	8,416 m³	사 용 요 금	250,000 원
	전월지침	6,104 m³	계 량 기 교 체 비 용	원
	사용량	2,312 m³	공 급 가 액	250,000 원
사용량 비 교	전월	1,535 m³	부 가 세	25,000 원
	전년동월	2,931 m³	가 산 금	원
계량기번호		CD011	정 산 금 액	원
검 침 원 명			고 지 금 액	275,000 원
			공급받는자 등록번호	106-86-09792
			공 급 자 등 록 번 호	101-81-25259

작성일자　　　　　2025년 11월 7일
입금전용계좌

※ 본 영수증은 부가가치세법 시행령 제53조 제3항에 따라 발행하는 <u>전자세금계산서</u>
입니다.　　　　　　　　　　　　　　　　　　　　**한국도시가스(주)**

자료설명	1. 회사의 10월분 도시가스요금명세서이다. 2. 작성일자를 기준으로 입력하고 납부마감일에 보통예금계좌에서 자동이체되는 거래 　의 입력은 생략한다.
수행과제	매입매출자료를 입력하시오. (전자세금계산서의 발급 및 전송업무는 생략하고 '전자입력'으로 입력할 것.)

④ 매입거래

신용카드매출전표

가 맹 점 명	일품한식당 (02)3412-4451
사 업 자 번 호	316-01-17397
대 표 자 명	이 일 품
주 소	서울특별시 광진구 중곡동 211

농 협 카 드	신용승인
거 래 일 시	2025-11-13 20:08:04
카 드 번 호	8844-2211-****-49**
가맹점번호	45451124
매 입 사	농협카드(전자서명전표)
품 명	한정식 5인

공 급 가 액	150,000원
부가가치세	15,000원
합 계	165,000원

자료설명	영업부 직원의 회식 후 법인카드로 결제하고 수령한 신용카드 매출전표이다. (일품한식당은 일반과세사업자이다.)
수행과제	매입매출자료를 입력하시오.

⑤ 매입거래

전자세금계산서
(공급받자 보관용) 승인번호

공급자	등록번호	127-05-17529			공급받는자	등록번호	106-86-09792		
	상호	우정골프	성명 (대표자)	조우정		상호	(주)대우전자	성명 (대표자)	김대우
	사업장 주소	서울특별시 서대문구 충정로7길 12 (충정로2가)				사업장 주소	서울특별시 강남구 강남대로 254 (도곡동, 용문빌딩)		
	업태	도소매업	종사업장번호			업태	도소매업	종사업장번호	
	종목	골프용품외				종목	전자제품외		
	E-Mail	golf@nate.com				E-Mail	meta@bill36524.com		

작성일자	2025.11.15.	공급가액	3,000,000	세 액	300,000
비고					

월	일	품목명	규격	수량	단가	공급가액	세액	비고
11	15	골프용품				3,000,000	300,000	

합계금액	현금	수표	어음	외상미수금	이 금액을	◉ 영수 ○ 청구	함
3,300,000	3,300,000						

자료설명	대표이사(김대우) 개인 취미생활을 위하여 골프용품을 구입하고, 발급받은 전자세금계산서이다.
수행과제	매입매출자료를 입력하시오.

⑥ 부가가치세신고서에 의한 회계처리

수행과제	1. 제1기 부가가치세 확정과세기간의 부가가치세신고서를 조회하시오. 2. 전자신고세액공제 10,000원을 반영하여 6월 30일 부가가치세 납부세액(환급세액)에 대한 회계처리를 하시오. (단, 저장된 자료를 이용하여 납부세액은 '미지급세금', 환급세액은 '미수금', 전자신고세액공제는 '잡이익'으로 회계처리하고 거래처코드도 입력할 것.)

실무수행

04 결산

[결산자료]를 참고하여 결산을 수행하시오. (단, 제시된 자료 이외의 자료는 없다고 가정함)

① 수동결산 및 자동결산

자료설명	1. 단기매매증권의 기말 내역은 다음과 같다.(하나의 전표로 처리할 것.) <table><tr><th>회사명</th><th>주식수</th><th>주당 장부금액</th><th>주당 기말평가금액</th></tr><tr><td>(주)명품</td><td>100주</td><td>25,000원</td><td>26,000원</td></tr><tr><td>(주)삼현</td><td>200주</td><td>40,000원</td><td>42,000원</td></tr><tr><td>합계</td><td>300주</td><td></td><td></td></tr></table>2. 기말상품재고액은 30,000,000원이다. 3. 이익잉여금처분계산서 처분 예정(확정)일 - 당기분: 2026년 2월 23일 - 전기분: 2025년 2월 23일
수행과제	1. 수동결산 또는 자동결산 메뉴를 이용하여 결산을 완료하시오. 2. 12월 31일을 기준으로 '손익계산서 → 이익잉여금처분계산서 → 재무상태표'를 순서대로 조회 작성하시오. (단, 이익잉여금처분계산서 조회 작성 시 '저장된 데이터 불러오기' → '아니오' 선택 → '전표추가'를 이용하여 '손익대체분개'를 수행할 것.)

평가문제

05 실무수행평가 62점

입력자료 및 회계정보를 조회하여 [평가문제]의 답안을 입력하시오.

〈 평가문제 답안입력 유의사항 〉

❶ 답안은 지정된 단위의 숫자로만 입력해 주십시오.
　* 한글 등 문자 금지

	정답	오답(예)
(1) 금액은 원 단위로 숫자를 입력하되, 천 단위 콤마(,)는 생략 가능합니다.	1,245,000 1245000	1.245.000 1,245,000원 1,245,0000 12,45,000 1,245천원
(1-1) 답이 0원인 경우 반드시 "0" 입력 (1-2) 답이 음수(-)인 경우 숫자 앞에 "-" 입력 (1-3) 답이 소수인 경우 반드시 " . " 입력		
(2) 질문에 대한 답안은 숫자로만 입력하세요.	4	04 4건, 4매, 4명 04건, 04매, 04명
(3) 거래처 코드번호는 5자리 숫자로 입력하세요.	00101	101 00101번

❷ 더존 프로그램에서 조회되는 자료를 복사하여 붙여넣기가 가능합니다.
❸ 수행과제를 올바르게 입력하지 않고 작성한 답과 모범답안이 다른 경우 오답처리됩니다.

번호	평가문제	배점
11	평가문제 [계정과목및적요등록 조회] '235.디자인권' 계정과 관련된 내용으로 옳지 않은 것은? ① '비유동자산 중 무형자산'에 해당하는 계정이다. ② 표준재무제표항목은 '175.의장권'이다. ③ '디자인권'의 현금적요는 '디자인권 취득대금 현금지급'을 사용하고 있다. ④ '디자인권'의 대체적요는 사용하지 않고 있다.	4
12	평가문제 [거래처원장 조회] 10월 말 '01025.(주)세운유통'의 '108.외상매출금' 잔액은 얼마인가?	3
13	평가문제 [거래처원장조회] 11월 말 '134.가지급금' 잔액이 가장 많은 거래처의 코드 5자리를 입력하시오.	3
14	평가문제 [거래처원장 조회] 12월 말 '253.미지급금' 거래처 중 잔액이 옳지 않은 것은? ① 07117.(주)엔소프트 15,000,000원　② 06005.한국도시가스(주)　440,000원 ③ 99605.농협카드　4,365,000원　④ 99800.하나카드　1,320,000원	2

15	**평가문제 [합계잔액시산표 조회]** 6월 말 '미지급세금' 잔액은 얼마인가?	3
16	**평가문제 [합계잔액시산표 조회]** 12월 말 '당좌자산'의 계정별 잔액으로 옳지 않은 것은? ① 단기대여금　　30,000,000원　　② 받을어음　2,000,000원 ③ 선급비용　　　　300,000원　　④ 선납세금　1,200,000원	3
17	**평가문제 [재무상태표 조회]** 12월 말 '단기매매증권' 잔액은 얼마인가?	3
18	**평가문제 [재무상태표 조회]** 12월 말 '선급금' 잔액은 얼마인가?	3
19	**평가문제 [재무상태표 조회]** 12월 말 '유형자산'의 장부금액(취득원가−감가상각누계액)으로 옳지 않은 것은? ① 토지　　　　20,000,000원　　② 건물　50,000,000원 ③ 차량운반구　47,930,000원　　④ 비품　33,285,000원	3
20	**평가문제 [재무상태표 조회]** 12월 말 '이월이익잉여금(미처분이익잉여금)' 잔액은 얼마인가? ① 267,508,870원　　　　　　② 273,550,050원 ③ 279,550,050원　　　　　　④ 297,508,870원	3
21	**평가문제 [손익계산서 조회]** 당기에 발생한 '상품매출원가'는 얼마인가?	4
22	**평가문제 [손익계산서 조회]** 당기에 발생한 '판매비와관리비' 계정별 금액으로 옳지 않은 것은? ① 복리후생비 12,401,420원　　② 수도광열비　6,284,520원 ③ 운반비　　　　639,000원　　④ 도서인쇄비　　340,000원	2
23	**평가문제 [손익계산서 조회]** 당기에 발생한 '영업외수익' 금액은 얼마인가?	3
24	**평가문제 [손익계산서 조회]** 당기에 발생한 '영업외비용' 금액은 얼마인가?	3
25	**평가문제 [부가가치세신고서 조회]** 제2기 확정 신고기간 부가가치세신고서 '과세_세금계산서발급분(1란)'의 세액은 얼마인가?	4
26	**평가문제 [부가가치세신고서 조회]** 제2기 확정 신고기간의 부가가치세신고서 '매입세액_그밖의공제매입세액(14란)'의 세 액은 얼마인가?	4
27	**평가문제 [부가가치세신고서 조회]** 제2기 확정 신고기간의 부가가치세신고서 '매입세액_공제받지못할매입세액(16란)'의 세액은 얼마인가?	3
28	**평가문제 [세금계산서합계표 조회]** 제2기 확정 신고기간의 전자매입세금계산서 공급가액 합계는 얼마인가?	3

29	평가문제 [계산서합계표 조회] 제2기 확정 신고기간의 전자매출계산서의 공급가액은 얼마인가?	3
30	평가문제 [예적금현황 조회] 12월 말 은행별(계좌명) 보통예금 잔액으로 옳은 것은? ① 국민은행(당좌) 38,800,000원 ② 국민은행(보통) 231,740,000원 ③ 신한은행(보통) 8,282,000원 ④ 우리은행(보통) 6,834,000원	3
	총점	62

PART 03

평가문제

06 회계정보분석 8점

회계정보를 조회하여 [회계정보분석] 답안을 입력하시오.

31 손익계산서 조회 4점

주당순이익은 1주당 이익을 얼마나 창출하느냐를 나타내는 지표이다. 전기 주당순이익을 계산하면 얼마인가?

$$주당순이익 = \frac{당기순이익}{주식수}$$

※ 발행주식수 10,000주

① 9,000원   ② 9,252원   ③ 9,400원   ④ 9,652원

32 재무상태표 조회 4점

당좌비율이란 유동부채에 대한 당좌자산의 비율로 재고자산을 제외시킴으로써 단기채무에 대한 기업의 지급능력을 파악하는 데 유동비율보다 더욱 정확한 지표로 사용되고 있다. 전기 당좌비율을 계산하면 얼마인가? (단, 소숫점 이하는 버림할 것.)

$$당좌비율(\%) = \frac{당좌자산}{유동부채} \times 100$$

① 41%   ② 83%   ③ 241%   ④ 462%

75회 FAT 1급 기출문제(이론 + 실무)

※ 아래 문제에서 특별한 언급이 없으면 기업의 보고기간(회계기간)은 매년 1월 1일부터 12월 31일까지입니다. 또한 기업은 일반기업회계기준 및 관련 세법을 계속적으로 적용하고 있다고 가정하고 물음에 가장 합당한 답을 고르시기 바랍니다.

01 다음 중 재고자산에 관한 설명으로 옳지 않은 것은?

① 선적지인도조건 상품 판매시 선적이 완료된 재고는 판매자의 재고자산에 포함한다.
② 차입금 담보로 제공된 재고자산의 경우 기말 재고자산에 포함한다.
③ 시송품은 매입자가 매입의사표시를 하기 전까지는 판매자의 재고자산에 포함한다.
④ 적송품은 수탁자가 제3자에게 판매하기 전까지 위탁자의 재고자산에 포함한다.

02 다음 (가)에 대한 설명으로 적합한 것은?

> (가)는 기업을 소유주와 독립적으로 존재하는 회계단위로 간주하고, 이 단위의 관점에서 그 경제활동에 대한 재무정보를 측정, 보고한다고 가정한다.

① 기간별 보고의 가정
② 발생주의 가정
③ 기업실체의 가정
④ 계속기업의 가정

03 다음은 도매업을 영위하는 (주)한공의 손익 분석에 대한 대화이다. (가)에 들어갈 수 있는 계정과목은?

① 대손상각비   ② 기타의대손상각비   ③ 기부금   ④ 이자비용

04 (주)한공의 2025년 결산정리사항 반영 전 당기순이익은 300,000원이다. 다음 결산정리사항을 반영한 후 당기순이익은 얼마인가?

> • 12월 급여 미지급분 40,000원을 인식하지 아니함
> • 당기 발생분 임대료 15,000원에 대한 미수수익을 인식하지 아니함

① 240,000원　　　② 260,000원　　　③ 275,000원　　　④ 285,000원

05 (주)한공은 2024년 12월 1일에 2,000,000원에 매입한 단기매매증권을 2025년 8월 31일 1,700,000원에 처분하였다. 이 경우 단기매매증권처분손익은 얼마인가? (단, 2024년 12월 31일 공정가치는 1,900,000원이다.)

① 단기매매증권처분손실 100,000원　　　② 단기매매증권처분이익 100,000원
③ 단기매매증권처분손실 200,000원　　　④ 단기매매증권처분이익 200,000원

06 (주)한공은 2025년 1월 1일 기계장치를 5,000,000원에 현금으로 구입하여 즉시 사용하였다. 2025년 12월 31일 결산 시 감가상각비는 얼마인가? (단, 내용연수 5년, 잔존가액 500,000원, 정액법 적용)

① 500,000원　　　② 600,000원　　　③ 900,000원　　　④ 1,000,000원

07 (주)한공은 이사회의 결의로 발행주식수 600주, 액면금액 @10,000원, 발행금액 @16,000원에 신주를 발행하고 주식발행 대금을 전액 당좌예금계좌로 납입받았다. 이에 대한 분개로 옳은 것은? (신주 발행전 주식발행차금이 없다고 가정한다.)

(가) (차) 당좌예금	5,000,000원	(대) 자본금	5,000,000원
(나) (차) 당좌예금	9,600,000원	(대) 자본금	6,000,000원
		주식발행초과금	3,600,000원
(다) (차) 당좌예금	9,600,000원	(대) 자본금	9,600,000원
(라) (차) 당좌예금	9,600,000원	(대) 자본금	6,000,000원
		주식할인발행차금	3,600,000원

① (가)　　　② (나)　　　③ (다)　　　④ (라)

08 다음 중 부가가치세법상 세금계산서에 대하여 바르게 설명하고 있는 사람은 누구인가?

① 다솜   ② 성진   ③ 미현   ④ 정욱

09 다음 중 부가가치세법상 재화의 공급시기로 옳은 것은?

① 기한부 판매 : 기한이 지나 판매가 확정되는 때
② 재화의 공급으로 보는 가공의 경우 : 재화의 가공이 완료된 때
③ 장기할부판매 : 최종 할부금 지급기일
④ 외상판매의 경우 : 대가를 받을 때

10 다음 자료를 토대로 (주)한공(제조업)의 2025년 제2기 예정신고기간 부가가치세 납부세액을 계산하면 얼마인가? 단, 세금계산서는 적법하게 수수하였고 주어진 자료 외에는 고려하지 않는다.

> 가. 국내매출액(공급가액): 110,000,000원
> 나. 수출액(공급가액): 30,000,000원
> 다. 원재료 매입세액: 4,000,000원
> 라. 5인승 승용차(2,000cc) 구입 관련 매입세액: 2,000,000원

① 5,000,000원   ② 6,000,000원
③ 7,000,000원   ④ 10,000,000원

✦ 실무수행평가 ✦

※ (주)이루테크(회사코드 3175)은 냉난방기를 도·소매하는 법인으로 회계기간은 제6기(2025.1. 1. ~ 2025.12.31.)이다. 제시된 자료와 [자료설명]을 참고하여 [수행과제]를 완료하고 [평가문제]의 물음에 답하시오.

┌─────────〈실무수행 유의사항〉─────────┐

1. 부가가치세 관련거래는 [매입매출전표입력]메뉴에 입력하고, 부가가치세 관련 없는 거래는 [일반전표입력]메뉴에 입력한다.
2. 타계정 대체액과 관련된 적요는 반드시 코드를 입력하여야 한다.
3. 채권·채무, 예금거래 등 관리대상 거래자료에 대하여는 거래처코드를 반드시 입력한다.
4. 자금관리 등 추가 작업이 필요한 경우 문제의 요구에 따라 추가 작업하여야 한다.
5. 판매비와 관리비는 800번대 계정코드를 사용한다.
6. 등록된 계정과목 중 가장 적절한 계정과목을 선택한다.

└──────────────────────────────┘

실무수행

01 기초정보관리의 이해

회계관련 기초정보는 입력되어 있다. [자료설명]을 참고하여 [수행과제]를 수행하시오.

① 사업자등록증에 의한 거래처등록 수정

<table>
<tr>
<td rowspan="2">

사 업 자 등 록 증
(법인사업자)
등록번호: 127-81-15151

상   호: (주)만도전자
대 표 자 명: 백수인
개 업 년 월 일: 2020년 6월 26일
법 인 등 록 번 호: 110111-0634752
사업장 소재지: 경기도 의정부시 녹양로 87
사 업 의 종 류: 업태 제조업 종목 전자제품
교 부 사 유: 정정

사업자단위과세 적용사업자여부: 여( ) 부(✓)
전자세금계산서 전용 메일주소: mando@naver.com

2025년 1월 5일

의정부 세무서장 (인)

국세청

</td>
<td>**자료
설명**</td>
<td>(주)만도전자(00185)의 '대표자'와 '업태'가 변경된 사업자등록증 사본을 받았다.</td>
</tr>
<tr>
<td>**수행
과제**</td>
<td>사업자등록증의 변경내용을 확인하여 수정하시오.</td>
</tr>
</table>

② 전기분 손익계산서의 입력수정

손익계산서

제5(당)기 2024년 1월 1일부터 2024년 12월 31일까지
제4(전)기 2023년 1월 1일부터 2023년 12월 31일까지

(주)이루테크 (단위: 원)

과목	제5(당)기 금액		제4(전)기 금액	
Ⅰ.매 출 액		600,000,000		280,000,000
상 품 매 출	600,000,000		280,000,000	
Ⅱ.매 출 원 가		320,000,000		165,000,000
상 품 매 출 원 가		320,000,000		165,000,000
기 초 상 품 재 고 액	25,000,000		5,000,000	
당 기 상 품 매 입 액	385,000,000		185,000,000	
기 말 상 품 재 고 액	90,000,000		25,000,000	
Ⅲ.매 출 총 이 익		280,000,000		115,000,000
Ⅳ.판 매 비 와 관 리 비		128,180,000		57,730,000
급 여	82,300,000		30,800,000	
복 리 후 생 비	10,100,000		2,100,000	
여 비 교 통 비	3,500,000		1,500,000	
접대비(기업업무추진비)	5,200,000		2,400,000	
통 신 비	2,300,000		3,200,000	
세 금 과 공 과 금	2,300,000		2,800,000	
감 가 상 각 비	5,900,000		4,000,000	
보 험 료	1,840,000		700,000	
차 량 유 지 비	8,540,000		2,530,000	
교 육 훈 련 비	4,900,000		5,400,000	
소 모 품 비	500,000			
광 고 선 전 비	800,000		2,300,000	
Ⅴ.영 업 이 익		151,820,000		57,270,000
Ⅵ.영 업 외 수 익		3,200,000		2,100,000
이 자 수 익	3,200,000		2,100,000	
Ⅶ.영 업 외 비 용		4,800,000		2,400,000
이 자 비 용	800,000		400,000	
기 부 금	4,000,000		2,000,000	
Ⅷ.법인세차감전순이익		150,220,000		56,970,000
Ⅸ.법 인 세 등		5,000,000		2,000,000
법 인 세 등	5,000,000		2,000,000	
Ⅹ.당 기 순 이 익		145,220,000		54,970,000

자료설명	(주)이루테크의 전기(제5기)분 재무제표는 입력되어 있다.
수행과제	1. [전기분 손익계산서]의 입력이 누락되었거나 잘못된 부분을 찾아 수정하시오. 2. [전기분 이익잉여금처분계산서]의 처분 확정일(2025년 2월 27일)을 수정하시오.

PART
03

실무수행

02 거래자료입력

실무프로세스 자료이다. [자료설명]을 참고하여 [수행과제]를 수행하시오.

① 기타 일반거래

자료 1. 주식발행 사항

이사회 의사록

회사의 유상증자와 관련하여 다음과 같이 주식발행을 결정함.

– 다 음 –

1. 주식의 종류와 수
   – 보통주식 10,000주(액면금액 주당 5,000원)
2. 주식의 발행금액
   – 1주의 금액 10,000원

자료 2. 보통예금(신한은행) 거래내역

번호	거래일	내용	찾으신금액	맡기신금액	잔액	거래점
		계좌번호 096-25-0096-751 (주)이루테크				
1	2025-1-25	주식납입금		100,000,000	***	***

자료설명	당사는 운전자금 조달을 위해 이사회에서 유상증자를 결의하였으며, 신주발행 대금은 신한은행 보통예금 계좌에 입금되었다.
수행과제	거래자료를 입력하시오.

② 약속어음 수취거래

전 자 어 음

(주)이루테크 귀하   00420250213123456789

금 일천팔백만원정   **18,000,000원**

위의 금액을 귀하 또는 귀하의 지시인에게 지급하겠습니다.

지급기일	2025년 5월 13일	발행일	2025년 2월 13일
지 급 지	국민은행	발행지	서울특별시 구로구 구로동로
지급장소	강남지점	주 소	24(가리봉동)
		발행인	(주)동화인쇄

자료설명	[2월 13일] (주)동화인쇄에 대한 상품 외상대금 중 일부를 전자어음으로 수취하였다.
수행과제	1. 거래자료를 입력하시오. 2. 자금관련정보를 입력하여 받을어음현황에 반영하시오.

③ 기타일반거래

자료 1.

연금보험료		2025 년 2 월		영수증(납부자용)
사 업 장 명	(주)이루테크			
사 용 자	서울특별시 서대문구 충정로7길 12 (충정로2가)			
납 부 자 번 호	5700000123	사 업 장 관 리 번 호	11087011940	
납 부 할 보 험 료 (ⓐ+ⓑ+ⓒ+ⓓ+ⓔ)			1,257,000 원	
납 부 기 한			2025.3.10. 까지	
보 험 료	건 강 ⓐ	원	연금 ⓒ	1,257,000 원
	장 기 요 양 ⓑ	원	고 용 ⓓ	원
	소 계 (ⓐ + ⓑ)	원	산 재 ⓔ	원
납 기 후 금 액	1,274,590 원	납 기 후 기 한	2025.3.31. 까지	

ⓔ 납부기한까지 납부하지 않으면 연체금이 부과됩니다.
※ 납부장소: 전 은행, 우체국, 농·수협(지역조합 포함), 새마을금고, 신협, 증권사, 산림조합중앙회, 인터넷지로(www.giro.or.kr)
※ 2D코드: GS25, 세븐일레븐, 미니스톱, 바이더웨이, 씨유에서 납부 시 이용.(우리·신한은행 현금카드만 수납가능)

2025 년 2 월 20 일

자료 2. 보통예금(신한은행) 거래내역

번호	거래일	내용	찾으신금액	맡기신금액	잔액	거래점
		계좌번호 096-25-0096-751 (주)이루테크				
1	2025-3-10	연금보험료	1,257,000		***	***

자료설명	[3월 10일] 1. 2월 급여 지급분에 대한 연금보험료가 납부기한일에 신한은행 보통예금 계좌에서 출금되었다. 2. 납부액 중 628,500원은 급여 지급 시 원천징수한 금액이며, 628,500원은 회사부담분이다. 3. 당사는 회사부담분을 '세금과공과금'으로 처리하고 있다.
수행과제	거래자료를 입력하시오.

④ 통장사본에 의한 거래입력

자료 1. 카드 이용대금 명세서

3월 이용대금 명세서	작성기준일 : 2025.3.31. 결 제 일 : 2025.4.15. 실제출금일 : 2025.4.15. 결제계좌 : 기업은행

입금하실 금액	이달의 사용금액	포인트 및 마일리지
1,800,000 원	0 원	포인트리 8,400
	할인 서비스 0 원 무이자 혜택금액 0 원	우리카드

자료 2. 보통예금(기업은행) 거래내역

번호	거래일	내용	찾으신금액	맡기신금액	잔액	거래점
		계좌번호 204-24-0648-1007 (주)이루테크					
1	2025-4-15	우리카드	1,800,000		***	***

자료설명	우리카드의 3월분 이용대금을 기업은행 보통예금 계좌에서 이체하여 지급하였다.
수행과제	거래자료를 입력하시오.

⑤ 증빙에 의한 전표입력

현금영수증 (지출증빙용)	
사업자등록번호 : 119-81-02126 장유림 사업자명 : 유림광고(주) 단말기ID : 73453259(tel:02-345-4546) 가맹점주소 : 서울특별시 금천구 가산로 153 현금영수증 회원번호 **110-87-01194** (주)이루테크 승인번호 : 83746302 (PK) 거래일시 : 2025년 4월 24일	

공급금액	540,000원
부가세금액	54,000원
총합계	594,000원

휴대전화, 카드번호 등록
http://현금영수증.kr
국세청문의(126)
38036925-GCA10106-3870-U490
<<<<<<이용해 주셔서 감사합니다.>>>>>>

자료설명	영업팀에서 우수 매출 거래처 방문 시 제공할 시상품을 현금으로 구입하고 수취한 현금영수증이다.
수행과제	거래자료를 입력하시오.

실무수행

03 부가가치세

부가가치세 신고 관련 자료이다. [자료설명]을 참고하여 [수행과제]를 수행하시오.

① 과세매출자료의 전자세금계산서 발행

거래명세서 (공급자 보관용)

공급자	등록번호	110-87-01194			공급받는자	등록번호	113-86-35018		
	상호	(주)이루테크	성명	배장석		상호	(주)제이산업	성명	우정아
	사업장주소	서울특별시 서대문구 충정로7길 12 (충정로2가)				사업장주소	서울특별시 서대문구 경기대로 62		
	업태	도소매업	종사업장번호			업태	도소매업	종사업장번호	
	종목	전자제품외				종목	전자부품		

거래일자	미수금액	공급가액	세액	총 합계금액
2025.7.10.		6,000,000	600,000	6,600,000

NO	월	일	품목명	규격	수량	단가	공급가액	세액	합계
1	7	10	냉난방기		5	1,200,000	6,000,000	600,000	6,600,000

자료설명	1. 상품을 판매하면서 발급한 거래명세서이다. 2. 7월 5일에 계약금(660,000원)을 받았으며, 계약금을 제외한 잔액은 농협은행 보통예금 계좌로 입금받았다.
수행과제	1. 7월 5일 거래를 참고하여 매입매출자료를 입력하시오. 2. 전자세금계산서 발행 및 내역관리 를 통하여 발급 및 전송하시오. (전자세금계산서 발급 시 결제내역 및 전송일자는 고려하지 말 것.)

② 매출거래

수정전자세금계산서 (공급자 보관용) 승인번호

공급자	등록번호	110-87-01194			공급받는자	등록번호	121-81-36236		
	상호	(주)이루테크	성명	배장석		상호	(주)영인유통	성명 (대표자)	임영인
	사업장주소	서울특별시 서대문구 충정로7길 12 (충정로2가)				사업장주소	서울특별시 서대문구 가좌로 19		
	업태	도소매업	종사업장번호			업태	도소매업	종사업장번호	
	종목	전자제품외				종목	전자제품외		
	E-Mail	sucess@bill36524.com				E-Mail	yeongin@naver.com		

작성일자	2025.8.3.	공급가액	-750,000	세 액	-75,000
비고					

월	일	품목명	규격	수량	단가	공급가액	세액	비고
8	3	선풍기		-15	50,000	-750,000	-75,000	

합계금액	현금	수표	어음	외상미수금	이 금액을	영수 청구	함
-825,000				-825,000		○ 영수 ⦿ 청구	

자료설명	[8월 3일] 1. 7월 13일에 판매한 상품 중 일부가 불량으로 반품되어 전자세금계산서를 발급하였다. 2. 거래대금은 전액 외상매출금과 상계처리하기로 하였다.
수행과제	매입매출자료를 입력하시오. (전자세금계산서의 발급 및 전송업무는 생략하고 '전자입력'으로 입력할 것.)

③ 매입거래

카드매출전표

- -
카드종류: 삼성카드
회원번호: 2112-3535-****-67*7
거래일시: 2025.9.7. 13:22:05
거래유형: 신용승인
매   출: 12,000원
부 가 세: 1,200원
합   계: 13,200원
결제방법: 일시불
승인번호: 25135582
- -
- -
가맹점명: ㈜조선카페(211-87-24113)

- 이 하 생 략 -

자료 설명	영업팀 과장이 신상품 홍보를 위해 출장지에서 음료를 구매하고 받은 신용카드매출전표이다.
수행 과제	매입매출자료를 입력하시오. (여비교통비로 처리할 것.)

④ 매입거래

전자세금계산서 (공급자 보관용) 승인번호

공급자	등록번호	212-81-16327			공급받는자	등록번호	110-87-01194		
	상호	㈜법무법인정률	성명 (대표자)	김석배		상호	(주)이루테크	성명 (대표자)	배장석
	사업장 주소	서울특별시 강남구 강남대로 255 (도곡동)				사업장 주소	서울특별시 서대문구 충정로7길 12 (충정로2가)		
	업태	서비스업	종사업장번호			업태	도소매업	종사업장번호	
	종목	법률자문				종목	전자제품외		
	E-Mail	lawkim@naver.com				E-Mail	sucess@bill36524.com		

작성일자	2025.9.14.	공급가액	560,000	세 액	56,000
비고					

월	일	품목명	규격	수량	단가	공급가액	세액	비고
9	14	소유권보존 등기료				560,000	56,000	

합계금액	현금	수표	어음	외상미수금	이 금액을	● 영수 ○ 청구	함
616,000	616,000						

자료설명	물류창고 신축을 위해 취득한 토지의 소유권 이전 등기대행 수수료에 대한 전자세금계산서를 수취하고 대금은 현금으로 지급하였다.
수행과제	매입매출자료를 입력하시오. ('자본적지출'로 처리하고, 전자세금계산서 거래는 '전자입력'으로 입력할 것.)

⑤ 매입거래

전자계산서 (공급자 보관용)　　승인번호 [   ]

공급자	등록번호	112-02-34108		
	상호	대신북클럽	성명(대표자)	박성진
	사업장 주소	서울특별시 서대문구 독립문공원길 99 (현저동)		
	업태	도소매업	종사업장번호	
	종목	서적		
	E-Mail	bookclub@naver.com		

공급받는자	등록번호	110-87-01194		
	상호	(주)이루테크	성명	배장석
	사업장 주소	서울특별시 서대문구 충정로7길 12 (충정로2가)		
	업태	도소매업	종사업장번호	
	종목	전자제품외		
	E-Mail	sucess@bill36524.com		

작성일자	2025.9.24.	공급가액	75,000	비 고	

월	일	품목명	규격	수량	단가	공급가액	비고
9	24	영업왕의 비밀		3	15,000	45,000	
9	24	마케팅 전략		2	15,000	30,000	

합계금액	현금	수표	어음	외상미수금	이 금액을	○ 영수 / ● 청구 함
75,000				75,000		

자료설명	영업팀 업무관련 도서를 외상으로 구입하고 발급받은 전자계산서이다.
수행과제	매입매출자료를 입력하시오. ([복수거래]키를 이용하여 입력하고, 전자계산서 거래는 '전자입력'으로 입력할 것.)

⑥ 부가가치세신고서에 의한 회계처리

■ 보통예금(하나은행) 거래내역

번호	거래일	내용	찾으신금액	맡기신금액	잔액	거래점
		계좌번호 524-55-215457 (주)이루테크				
1	2025-7-25	서대문세무서	61,000		***	***

자료설명	제1기 부가가치세 확정신고 납부세액이 하나은행 보통예금 계좌에서 출금되었다.
수행과제	6월 30일에 입력된 일반전표를 참고하여 납부세액에 대한 회계처리를 하시오.

실무수행

04 결산

[결산자료]를 참고하여 결산을 수행하시오. (단, 제시된 자료 이외의 자료는 없다고 가정함)

① 수동결산 및 자동결산

자료설명	1. 구입 시 자산으로 처리한 소모품의 기말 현재 미사용 내역은 다음과 같다.

품목명	단위	수량	단가	총액
상품 포장박스	개	250	2,800원	700,000원
스크래치 필름	롤	20	20,000원	400,000원
계				1,100,000원

자료설명	2. 기말상품재고액은 32,000,000원이다.
	3. 이익잉여금처분계산서 처분 예정(확정)일
	  – 당기분: 2026년 2월 27일
	  – 전기분: 2025년 2월 27일

수행과제	1. 수동결산 또는 자동결산 메뉴를 이용하여 결산을 완료하시오. 2. 12월 31일을 기준으로 '손익계산서 → 이익잉여금처분계산서 → 재무상태표'를 순서대로 조회 작성하시오. (단, 이익잉여금처분계산서 조회 작성 시 '저장된 데이터 불러오기' → '아니오' 선택 → '전표추가'를 이용하여 '손익대체분개'를 수행할 것.)

평가문제

05 실무수행평가 62점

입력자료 및 회계정보를 조회하여 [평가문제]의 답안을 입력하시오.

――――――〈 평가문제 답안입력 유의사항 〉――――――

❶ 답안은 지정된 단위의 숫자로만 입력해 주십시오.
　*한글 등 문자 금지

	정답	오답(예)
(1) 금액은 원 단위로 숫자를 입력하되, 천 단위 콤마(,)는 생략 가능합니다.	1,245,000 1245000	1.245.000 1,245,000원 1,245,0000 12,45,000 1,245천원
(1-1) 답이 0원인 경우 반드시 "0" 입력 (1-2) 답이 음수(-)인 경우 숫자 앞에 "-" 입력 (1-3) 답이 소수인 경우 반드시 " . " 입력		

	(2) 질문에 대한 답안은 숫자로만 입력하세요.	4	04 4건, 4매, 4명 04건, 04매, 04명
	(3) 거래처 코드번호는 5자리 숫자로 입력하세요.	00101	101 00101번

❷ 더존 프로그램에서 조회되는 자료를 복사하여 붙여넣기가 가능합니다.
❸ 수행과제를 올바르게 입력하지 않고 작성한 답과 모범답안이 다른 경우 오답처리됩니다.

번호	평가문제	배점
11	**평가문제 [거래처등록 조회]** [거래처등록] 관련 내용으로 옳지 않은 것은? ① 카드거래처의 매출 관련 카드는 1개이다. ② 금융거래처 중 '3.예금종류'가 '차입금'인 거래처는 2개이다. ③ 일반거래처 '(주)만도전자(00185)'의 대표자명은 백수인이다. ④ 일반거래처 '대신북클럽(04912)'의 담당자메일주소는 book@naver.com이다.	4
12	**평가문제 [일/월계표 조회]** 7월 한 달 동안 발생한 '상품매출' 금액은 얼마인가?	3
13	**평가문제 [일/월계표 조회]** 상반기(1월~6월)에 발생한 '접대비(기업업무추진비)' 금액은 얼마인가?	3
14	**평가문제 [일/월계표 조회]** 하반기(7월~12월)에 발생한 '판매관리비' 중 계정별 금액이 옳지 않은 것은? ① 복리후생비 4,570,800원　　② 여비교통비 360,000원 ③ 임차료 1,500,000원　　④ 도서인쇄비 625,000원	4
15	**평가문제 [합계잔액시산표 조회]** 9월 말 '보통예금'의 잔액은 얼마인가?	4
16	**평가문제 [계정별원장 조회]** 1분기(1월~3월) 동안의 '외상매출금' 회수액은 얼마인가?	3
17	**평가문제 [거래처원장 조회]** 9월 말 거래처 '서대문세무서'의 '미지급세금' 잔액은 얼마인가? ① 0원　　② 61,000원 ③ 135,000원　　④ 243,000원	3
18	**평가문제 [거래처원장 조회]** 상반기(1월~6월) 동안의 '미지급금' 잔액이 존재하지 않는 거래처는 무엇인가? ① 00109.홍보세상　　② 30121.대한자동차 ③ 99602.우리카드　　④ 99605.모두카드	3

19	**평가문제 [현금출납장 조회]** 4월 한 달 동안의 '현금' 입금액은 얼마인가?	3
20	**평가문제 [재무상태표 조회]** 9월 말 '토지' 금액은 얼마인가?	4
21	**평가문제 [재무상태표 조회]** 12월 말 '주식발행초과금' 금액은 얼마인가?	4
22	**평가문제 [재무상태표 조회]** 12월 말 계정과목별 금액으로 옳지 않은 것은? ① 미수금 27,940,000원 ② 선급금 200,000원 ③ 예수금 2,626,630원 ④ 선수금 6,565,000원	2
23	**평가문제 [재무상태표 조회]** 12월 말 '이월이익잉여금(미처분이익잉여금)' 잔액은 얼마인가? ① 166,142,000원 ② 306,668,256원 ③ 675,142,000원 ④ 929,168,506원	2
24	**평가문제 [손익계산서 조회]** 전기대비 '소모품비'의 증가 또는 감소 내용으로 옳은 것은? ① 300,000원 감소 ② 300,000원 증가 ③ 400,000원 감소 ④ 400,000원 증가	2
25	**평가문제 [손익계산서 조회]** 당기에 발생한 '상품매출원가' 금액은 얼마인가?	2
26	**평가문제 [손익계산서 조회]** 상반기(1월~6월) 손익계산서의 계정과목별 금액으로 옳은 것은? ① 세금과공과금 922,500원 ② 복리후생비 979,100원 ③ 운반비 3,621,300원 ④ 수수료비용 90,000원	4
27	**평가문제 [부가가치세신고서 조회]** 제2기 예정 신고기간 부가가치세신고서의 '그밖의공제매입세액(14번란)'의 세액은 얼마인가?	3
28	**평가문제 [세금계산서합계표 조회]** 제2기 예정 신고기간 전자매출세금계산서의 매출처 수는 몇 곳인가?	3
29	**평가문제 [계산서합계표 조회]** 제2기 예정 신고기간의 전자매입계산서의 공급가액은 얼마인가?	3
30	**평가문제 [받을어음현황 조회]** '받을어음(조회구분: 1.일별, 1.만기일 2025.1.1.~2025.12.31.)'의 보유금액 합계는 얼마인가?	3
총점		62

06 회계정보분석 8점

회계정보를 조회하여 [회계정보분석] 답안을 입력하시오.

31 재무상태표 조회 4점

당좌비율이란 유동부채에 대한 당좌자산의 비율로 재고자산을 제외시킴으로써 단기채무에 대한 기업의 지급능력을 파악하는 데 유동비율보다 더욱 정확한 지표로 사용되고 있다. 전기 당좌비율을 계산하면 얼마인가? (단, 소숫점 이하는 버림할 것)

$$당좌비율(\%) = \frac{당좌자산}{유동부채} \times 100$$

① 13%　　　　② 16%　　　　③ 749%　　　　④ 751%

32 재무상태표 조회 4점

부채비율은 타인자본의 의존도를 표시하며, 기업의 건전성 정도를 나타내는 지표이다. 전기 부채비율을 계산하면 얼마인가? (단, 소숫점 이하는 버림할 것)

$$부채비율(\%) = \frac{부채총계}{자본총계} \times 100$$

① 28%　　　　② 30%　　　　③ 355%　　　　④ 362%

FAT(회계실무) 1급 기출문제
정답 및 해설

64회 FAT 1급 기출문제 정답 및 해설

·:· 실무이론평가 ·:·

·정답·

01 ③	02 ③	03 ④	04 ②	05 ②	06 ④	07 ③	08 ④	09 ④	10 ③

01 ③ 재고자산평가방법의 변경은 회계정책의 변경이다.

02 ③ 기타포괄손익누계액은 재무상태표 항목이다.

03 ④ • 당기매출액 1,500,000원 − 현금매출액 300,000원 = 당기외상매출액 1,200,000원
   • 당기외상매출액 1,200,000원 + 기초매출채권 500,000원 − 당기매출채권회수액 1,100,000원
     = 기말매출채권 600,000원

04 ② 유형자산 취득과 관련된 제비용(기계장치 시운전비, 건물취득세 및 중개인수수료, 토지 정리비)은
   원가에 포함하여야 한다.
   * 기계장치 수선유지비는 수익적지출에 해당한다.

05 ② 매출총이익 25,000원 = 매출액 75,000원 − 매출원가 50,000원*
   * 매출원가 = (200개 × 150원) + (100개 × 200원) = 50,000원

06 ④ 주식을 액면금액 이상으로 발행할 경우 액면금액을 초과하는 금액은 자본잉여금으로 표시한다.

07 ③ • 매출원가 3,600,000원 = 기초상품재고액 800,000원 + 당기상품매입액 3,000,000원 − 기말상
   품재고액 200,000원
   • 매출총이익 2,400,000원 = 매출액 6,000,000원 − 매출원가 3,600,000원
   • 영업이익 1,670,000원 = 매출총이익 2,400,000원 − 판매비와관리비 730,000원*
   * 판매비와관리비 = 600,000원 + 80,000원 + 50,000원 = 730,000원

08 ④ ① 폐업의 경우 폐업일이 속하는 달의 다음 달 25일까지 신고하여야 한다.
   ② 확정신고를 하는 경우 예정신고 시 신고한 과세표준은 제외하고 신고한다.
   ③ 신고기한까지 과세표준 및 세액을 신고하지 않는 경우 무신고 가산세가 부과된다.

09 ④ • 매출세액: (18,000,000원 + 20,000,000원) × 10% = 3,800,000원
   • 매입세액: 12,000,000원 × 10% = 1,200,000원
   • 납부세액: 3,800,000원 − 1,200,000원 = 2,600,000원

10 ③ 운수업의 영업용 차량 매입세액은 공제받을 수 있는 매입세액에 해당한다.

✦ 실무수행평가 ✦

01 기초정보관리의 이해

① 회사등록
- 사업장 주소
  '서울특별시 서대문구 충정로7길 29-8 (충정로3가)'에서 '서울특별시 서대문구 충정로7길 12 (충정로2가)'로 수정
- 담당자 메일 주소: 'korea@hanmail.net'에서 'korea@bill36524.com'으로 수정

② 거래처별초기이월
137.주.임.종단기채권
00123.정선아 5,000,000원, 00234.구재은 3,000,000원, 07001.백장섭 4,000,000원 입력

02 거래자료입력

① [일반전표입력] 3월 3일

(차) 820.수선비	55,000원	(대) 101.현금	55,000원
또는 (출) 820.수선비	55,000원		

[영수증수취명세서 작성]

	거래일자	상호	성명	사업장	사업자등록번호	거래금액	구분	계정코드	계정과목	적요
☐	2025-01-09	(주)강남한정	황주원	서울특별시 서대문구 충정로7길 42	129-81-15031	66,000		813	접대비	매출거래처 직원
☐	2025-02-01	강우인쇄	김강우	서울특별시 강남구 강남대로 476	112-33-16517	88,000		826	도서인쇄비	직원 명함 인쇄
☐	2025-03-02	소라정비(주	이용빈	경기도 수원시 팔달구 매산로1	138-81-17106	451,000		822	차량유지비	차량수리비 지급
☐	2025-03-03	(주)금화서비	이현진	서울특별시 강남구 역삼로 111	603-81-16391	55,000		820	수선비	

9. 구분	3만원 초과 거래분		
	10. 총계	11. 명세서제출 제외대상	12. 명세서제출 대상(10-11)
13. 건수	4		4
14. 금액	660,000		660,000

1. 세금계산서. 계산서. 신용카드 등 미사용내역

② [일반전표입력] 3월 7일

(차) 131.선급금	2,000,000원	(대) 103.보통예금	2,000,000원
(00325.(주)무지개우산)		(98001.국민은행(보통))	

③ [일반전표입력] 4월 10일

(차) 813.접대비(기업업무추진비)	330,000원	(대) 253.미지급금	330,000원
		(99610.신한카드)	

④ [일반전표입력] 4월 28일

(차)	821.보험료	270,000원	(대) 103.보통예금	270,270원
	817.세금과공과금	270원	(98002.기업은행(보통))	

⑤ [일반전표입력] 5월 18일

(차)	102.당좌예금	16,335,000원	(대) 110.받을어음	16,500,000원
	(98000.국민은행(당좌))		(02334.(주)순양유통)	
	936.매출채권처분손실	165,000원		

[받을어음관리]

어음상태	2	할인(전액)	어음번호	00420250320987654321	수취구분	1	자수	발행일	2025-03-20	만기일	2025-06-20
발 행 인	02334			㈜순양유통	지급은행	100		국민은행		지 점	양천
배 서 인		할인기관	98000	국민은행(당좌)	지 점	서대문	할인율			어음종류	6 전자
지급거래처					*수령된 어음을 타거래처에 지급하는 경우에 입력합니다.						

03 부가가치세

① 1. [매입매출전표입력] 7월 7일

거래유형	품명	공급가액	부가세	거래처	전자세금
11.과세	3단우산	5,000,000	500,000	00307.(주)지성마트	전자발행
분개유형	(차) 103.보통예금		4,675,000원	(대) 401.상품매출	5,000,000원
3. 혼합	(98600.하나은행(보통))			255.부가세예수금	500,000원
	259.선수금		825,000원		

2. [전자세금계산서 발행 및 내역관리]

① 미전송된 내역이 조회되면, 미전송내역을 체크한 후 전자발행 ▾ 을 클릭하여 표시되는 로그인 화면에서 확인(Tab) 클릭

② '전자세금계산서 발행'화면이 조회되면 발행(F3) 버튼을 클릭한 다음 확인클릭

③ 국세청란에 '발행대상'으로 표시되면 ACADEMY 전자세금계산서 를 클릭

④ [Bill36524 교육용전자세금계산서] 화면에서 [로그인]을 클릭

⑤ 좌측화면: [세금계산서 리스트]에서 [미전송]으로 체크 후 [매출조회]를 클릭
우측화면: [전자세금계산서]에서 [발행]을 클릭

⑥ [발행완료되었습니다.] 메시지가 표시되면 확인(Tab) 클릭

② [매입매출전표입력] 8월 4일

거래유형	품명	공급가액	부가세	거래처	전자세금
53.면세	매출 텐션업	75,000		04010.미래서점	전자입력
분개유형	(차) 826.도서인쇄비	75,000원	(대) 253.미지급금		75,000원
3.혼합					

③ [매입매출전표입력] 9월 12일

거래유형	품명	공급가액	부가세	거래처	전자세금
17.카과	자전거용 우산	2,000,000	200,000	04520.(주)지영아트	
분개유형	(차) 108.외상매출금	2,200,000원		(대) 401.상품매출	2,000,000원
4.카드	(99601.국민카드)			255.부가세예수금	200,000원
또는 3.혼합					

④ [매입매출전표입력] 10월 2일

거래유형	품명	공급가액	부가세	거래처	전자세금
57.카과	텀블러	240,000	24,000	00321.(주)수아기프트	
분개유형	(차) 811.복리후생비	240,000원		(대) 253.미지급금	264,000원
4.카드	135.부가세대급금	24,000원		(99602.기업카드)	
또는 3.혼합					

⑤ [매입매출전표입력] 11월 7일

거래유형	품명	공급가액	부가세	거래처	전자세금
54.불공	등기대행 수수료	900,000	90,000	00501.(주)법무법인 바른	전자입력
불공제 사유	0.토지의 자본적 지출관련				
분개유형	(차) 201.토지	990,000원		(대) 101.현금	990,000원
1.현금					

⑥ [일반전표입력] 3월 31일

(차) 255.부가세예수금　　　31,568,000원　　　(대) 135.부가세대급금　　31,435,000원
　　　　　　　　　　　　　　　　　　　　　　　 261.미지급세금　　　　　 133,000원
　　　　　　　　　　　　　　　　　　　　　　　 (03100.서대문세무서)

04 결산

① **수동결산 및 자동결산**

1) [일반전표입력] 12월 31일

(차) 931.이자비용　　　　　250,000원　　　(대) 262.미지급비용　　　　250,000원

2) [결산자료입력] 1월 ~ 12월

– 기말상품재고액 35,000,000원을 입력한다.
– 상단부 전표추가(F3) 를 클릭하면 [일반전표입력] 메뉴에 분개가 생성된다.

(차) 451.상품매출원가　261,103,000원　　　(대) 146.상품　　　　　261,103,000원

* 기초상품재고액 70,000,000원 + 당기상품매입액 226,103,000원 – 기말상품재고액 35,000,000원
　= 상품매출원가 261,103,000원

3) [재무제표 등 작성]
손익계산서 → 이익잉여금처분계산서(처분일 입력 후 '전표추가' 클릭 → 재무상태표를 조회 작성한다.

05 실무수행평가

번호	평가문제	배점
11	평가문제 [회사등록 조회] ④ 담당자메일주소는 'korea@hanmail.net'이다.	4
12	평가문제 [거래처원장 조회] ④ 07001.백장섭 6,000,000원	4
13	평가문제 [거래처원장 조회] ③ 99602.기업카드 2,237,180원	4
14	평가문제 [거래처원장 조회] (2,970,000)원	3
15	평가문제 [총계정원장 조회] (9)월	3
16	평가문제 [재무상태표 조회] (57,651,850)원	3
17	평가문제 [재무상태표 조회] (5,700,000)원	3
18	평가문제 [재무상태표 조회] (408,390,000)원	3
19	평가문제 [재무상태표 조회] (4,450,000)원	2
20	평가문제 [재무상태표 조회] ② 411,283,600원	2
21	평가문제 [손익계산서 조회] ④ 도서인쇄비 508,000원	4
22	평가문제 [손익계산서 조회] (931)	2
23	평가문제 [영수증수취명세서 조회] (820)	3
24	평가문제 [부가가치세신고서 조회] (2,700,000)원	3
25	평가문제 [부가가치세신고서 조회] (690,000)원	4
26	평가문제 [부가가치세신고서 조회] (443,000)원	3
27	평가문제 [세금계산서합계표 조회] (13)매	2
28	평가문제 [계산서합계표 조회] (1,075,000)원	4
29	평가문제 [예적금현황 조회] ② 국민은행(보통) 225,156,400원	4
30	평가문제 [받을어음현황 조회] (12,100,000)원	2
	총점	62

06 회계정보분석
31. ④ (488,330,000원 ÷ 74,000,000원) × 100 ≒ 659%
32. ② (39,600,000원 ÷ 2,500,000원) × 100 ≒ 1,584%

65회 FAT 1급 기출문제 정답 및 해설

✦ 실무이론평가 ✦

·정답·

01 ②	02 ③	03 ④	04 ②	05 ②	06 ④	07 ②	08 ②	09 ④	10 ①

01 ② 자산과 부채는 원칙적으로 상계하여 표시하지 않는다.

02 ③ 매도가능증권평가손익은 자본의 구성 항목 중 기타포괄손익누계액으로 분류되는 계정으로 매도가능증권평가이익이 발생하면 자본과 기타포괄손익누계액이 증가한다.

03 ④ 대손예상액 = 600,000원 × 0.05 + 300,000원 × 0.1 + 200,000원 × 0.4 = 140,000원

04 ② 운임과 숙박비는 여비교통비, 직원 회식대는 복리후생비, 매출거래처 선물대는 접대비(기업업무추진비)로 회계처리한다.

05 ② • 순매출액 5,000,000원 − 매출총이익 800,000원 = 매출원가 4,200,000원
　　• 기초상품재고액 500,000원 + 순매입액 4,000,000원 − 매출원가 4,200,000원
　　　= 기말상품재고액 300,000원

06 ④ • 2024년 감가상각비: 10,000,000원 × 0.45 = 4,500,000원
　　• 2025년 감가상각비: (10,000,000원 − 4,500,000원) × 0.45 = 2,475,000원

07 ② ① (차) 선급보험료　　×××　　(대) 보험료　　×××(당기순이익 증가)
　　② (차) 이자수익　　×××　　(대) 선수수익　　×××(당기순이익 감소)
　　③ (차) 미수수익　　×××　　(대) 임대료수익　　×××(당기순이익 증가)
　　④ (차) 소모품　　×××　　(대) 소모품비　　×××(당기순이익 증가)

08 ② 신규로 사업을 시작하려는 자는 사업개시일 이전이라도 사업자등록을 신청할 수 있다.

09 ④ 상품권의 양도, 조세의 물납, 주식의 양도는 재화의 공급에 해당하지 않는다.

10 ① 공제 가능한 매입세액 5,200,000원 = 원재료 구입 관련 5,000,000원 + 과세재화 구입 관련 200,000원

÷ 실무수행평가 ÷

01 기초정보관리의 이해

1 거래처등록
담당자메일주소 수정: star@bill36524.com → sky@bill36524.com

2 계정과목및적요등록
– Ctrl+F1을 클릭하여 '294.임대보증금'을 '294.장기임대보증금'으로 수정
– 표준코드: '326.장기임대보증금' 등록

02 거래자료입력

1 [일반전표입력] 1월 9일
(차) 833.광고선전비	80,000원	(대) 101.현금	80,000원
또는 (출) 833.광고선전비	80,000원		

[영수증수취명세서]

	거래일자	상호	성명	사업장	사업자등록번호	거래금액	구분	계정코드	계정과목	적요
	2025-02-15	동녀수리점	권민우	서울특별시 서대문구 간호대로 12-6	105-91-21517	330,000		820	수선비	
	2025-03-15	생활광고	우영우	서울특별시 서대문구 출정로7길 29-27	303-11-05517	150,000		826	도서인쇄비	
	2025-01-09	스마트광고	심기재	서울특별시 구로구 디지털로 217(구로동)	214-12-45123	80,000		833	광고선전비	

1. 세금계산서, 계산서, 신용카드 등 미사용내역

9. 구분	3만원 초과 거래분		
	10. 총계	11. 명세서제출 제외대상	12. 명세서제출 대상(10-11)
13. 건수	3		3
14. 금액	560,000		560,000

2 [일반전표입력] 2월 1일
(차) 813.접대비(기업업무추진비)	44,000원	(대) 253.미지급금	44,000원
		(99603.삼성카드)	

3 [일반전표입력] 3월 10일
(차) 811.복리후생비	135,000원	(대) 103.보통예금	270,000원
254.예수금	135,000원	(98001.신한은행(보통))	

4 [일반전표입력] 4월 10일
(차) 103.보통예금	3,000,000원	(대) 108.외상매출금	33,000,000원
(98005.국민은행(보통))		(00115.(주)제일가방)	
110.받을어음	30,000,000원		
(00115.(주)제일가방)			

[받을어음관리]

어음상태	1	보관	어음종류	6	전자	어음번호	00420250410123456789		수취구분	1	자수
발 행 인	00115	㈜제일가방		발행일	2025-04-10	만기일	2025-07-10		배 서 인		
지급은행	100	국민은행	지점	강남	할인기관			지점		할인율(%)	
지급거래처							*수령된 어음을 타거래처에 지급하는 경우에 입력합니다.				

⑤ [일반전표입력] 5월 15일

　(차) 252.지급어음　　　　　　13,200,000원　　(대) 102.당좌예금　　　　　　13,200,000원
　　　　(06002.(주)수연유통)　　　　　　　　　　　(98000.국민은행(당좌))

[지급어음 관리]

어음상태	2	결제	어음번호	00420250315123456789		어음종류	4	전자	발행일	2025-03-15
만 기 일	2025-05-15		지급은행	98000	국민은행(당좌)	지　점			강남	

03 부가가치세

① 1. [매입매출전표입력] 4월 7일

거래유형	품명	공급가액	부가세	거래처	전자세금
11.과세	남성 백팩	1,296,000	129,600	01234.(주)소라유통	전자발행
분개유형	(차) 108.외상매출금		1,425,600원	(대) 401.상품매출	1,296,000원
2.외상				255.부가세예수금	129,600원

　2. [전자세금계산서 발행 및 내역관리]
　　① 미전송된 내역이 조회되면, 미전송내역을 체크한 후 전자발행▼을 클릭하여 표시되는 로그인 화면에서 확인(Tab) 클릭
　　② '전자세금계산서 발행'화면이 조회되면 발행(F3) 버튼을 클릭한 다음 확인클릭
　　③ 국세청란에 '발행대상'으로 표시되면 ACADEMY 전자세금계산서 를 클릭
　　④ [Bill36524 교육용전자세금계산서] 화면에서 [로그인]을 클릭
　　⑤ 좌측화면: [세금계산서 리스트]에서 [미전송]으로 체크 후 [매출조회]를 클릭
　　　 우측화면: [전자세금계산서]에서 [발행]을 클릭
　　⑥ [발행완료되었습니다.] 메시지가 표시되면 확인(Tab) 클릭

② [매입매출전표입력] 5월 12일

거래유형	품명	공급가액	부가세	거래처	전자세금
13.면세	월간 패션	1,200,000		08620.(수)슬금비서적	전자입력
분개유형	(차) 101.현금		1,200,000원	(대) 401.상품매출	1,200,000원
1.현금					

③ [매입매출전표입력] 5월 31일

거래유형	품명	공급가액	부가세	거래처	전자세금
17.카과	핸드백	320,000	32,000	00120.신지희	
분개유형	(차) 108.외상매출금		352,000원	(대) 401.상품매출	320,000원
2.외상	(99606.기업카드)			255.부가세예수금	32,000원
또는 4.카드					

④ [매입매출전표입력] 6월 8일

거래유형	품명	공급가액	부가세	거래처	전자세금
54.불공	산악자전거	2,500,000	250,000	02323.형제스포츠(주)	전자입력
불공제사유	2. 사업과 관련 없는 지출				
분개유형	(차) 134.가지급금		2,750,000원	(대) 253.미지급금	2,750,000원
3.혼합	(11001.이한진)				

⑤ [매입매출전표입력] 6월 23일

거래유형	품명	공급가액	부가세	거래처	전자세금
11.과세	승용차	15,000,000	1,500,000	03115.(주)남도자동차	전자입력
분개유형	(차) 209.감가상각누계액	5,000,000원		(대) 255.부가세예수금	1,500,000원
3.혼합	120.미수금	16,500,000원		208.차량운반구	20,000,000원

⑥ [일반전표입력] 4월 25일
　　(차) 261.미지급세금　　　　4,918,000원　　(대) 103.보통예금　　　　4,918,000원
　　　　(05900.역삼세무서)　　　　　　　　　　　(98001.신한은행(보통))
　　[일반전표입력] 3월 31일 조회
　　(차) 255.부가세예수금　　　8,458,000원　　(대) 135.부가세대급금　　　3,540,000원
　　　　　　　　　　　　　　　　　　　　　　　　　261.미지급세금　　　　4,918,000원
　　　　　　　　　　　　　　　　　　　　　　　　　(05900.역삼세무서)

04 결산

① **수동결산 및 자동결산**
　1) [일반전표입력] 12월 31일
　　　(차) 293.장기차입금　　　50,000,000원　　(대) 264.유동성장기부채　　50,000,000원
　　　　　(98011.국민은행(차입금))　　　　　　　　((98011.국민은행(차입금))
　2) [결산자료입력] 1월 ~ 12월
　　　- 기말상품재고액 45,000,000원을 입력한다.
　　　- 상단부 　전표추가(F3)　를 클릭하면 [일반전표입력] 메뉴에 분개가 생성된다.
　　　　(차) 451.상품매출원가　281,082,454원　　(대) 146.상품　　　　　　　281,082,454원

      * 기초상품재고액 90,000,000원 + 당기상품매입액 236,082,454원 − 기말상품재고액 45,000,000원
        = 상품매출원가 281,082,454원

3) [재무제표 등 작성]

    손익계산서 → 이익잉여금처분계산서(처분일 입력 후 '전표추가' 클릭 → 재무상태표를 조회 작성한다.

05 실무수행평가

번호	평가문제	배점
11	평가문제 [거래처등록 조회] ④ (주)하늘가방(코드: 01007)의 담당자메일주소는 'star@bill36524.com'이다.	4
12	평가문제 [계정과목및적요등록 조회] (326)	4
13	평가문제 [일/월계표 조회] (101,273,600)원	2
14	평가문제 [합계잔액시산표 조회] (16,500,000)원	3
15	평가문제 [합계잔액시산표 조회] (3,050,000)원	3
16	평가문제 [합계잔액시산표 조회] (52,000,000)원	3
17	평가문제 [지급어음현황 조회] (18,200,000)원	3
18	평가문제 [받을어음현황 조회] (71,000,000)원	3
19	평가문제 [재무상태표 조회] (82,600,000)원	3
20	평가문제 [재무상태표 조회] ① 미지급금 154,753,140원	4
21	평가문제 [재무상태표 조회] ④ 719,011,029원	2
22	평가문제 [손익계산서 조회] (281,082,454)원	3
23	평가문제 [손익계산서 조회] ③ 접대비(기업업무추진비) 26,207,900원	4
24	평가문제 [영수증수취명세서 조회] (833)	3
25	평가문제 [부가가치세신고서 조회] (320,000)원	3
26	평가문제 [부가가치세신고서 조회] (4,250,000)원	2
27	평가문제 [부가가치세신고서 조회] (7,000,000)원	3
28	평가문제 [세금계산서합계표 조회] (12,395,600)원	3
29	평가문제 [계산서합계표 조회] (2)매	3
30	평가문제 [예적금현황 조회] ④ 국민은행(보통) 44,905,000원	4
총점		**62**

06 회계정보분석

31. ③ (160,230,000원 ÷ 255,895,000원) × 100 ≒ 62%
32. ② (117,920,000원 ÷ 566,000,000원) × 100 ≒ 20%

66회 FAT 1급 기출문제 정답 및 해설

⁕ 실무이론평가 ⁕

·정답·

| 01 ② | 02 ④ | 03 ② | 04 ④ | 05 ① | 06 ③ | 07 ③ | 08 ① | 09 ③ | 10 ② |

01 ② (차) 외상매입금　　×××(부채의 감소)　　(대) 보통예금　　×××(자산의 감소)

02 ④ 잉여금은 주주와의 거래에서 발생한 자본잉여금과 영업활동에서 발생한 이익잉여금으로 구분한다.

03 ② • 외상매출액 1,100,000원 = 당기매출액 1,400,000원 − 현금매출액 300,000원
　　• 당기외상매출액 1,100,000원 + 기초매출채권 600,000원 − 당기매출채권회수액 1,300,000원
　　　= 기말매출채권 400,000원

04 ④ 장기대여금은 비유동자산이다.

05 ① 이자비용과 기부금은 영업외비용이다.
　　판매비와관리비 = 2,000,000원 + 500,000원 + 600,000원 + 300,000원 + 100,000원 + 270,000원
　　　　　　　　　= 3,770,000원

06 ③ 매도가능증권평가손익은 기타포괄손익으로 보고된다.

07 ③ 수정 후 당기순이익 190,000원 = 200,000원 + 20,000원 − 30,000원

08 ① 컴퓨터 제조업자가 컴퓨터를 공급하는 경우에는 세금계산서를 발급할 수 있다. 미용업, 택시운송사
　　업, 목욕업의 사업자가 재화 또는 용역을 공급하는 경우에는 세금계산서 발급 의무가 면제된다.

09 ③ 가. 법률에 따라 조세를 물납하는 것은 재화의 공급으로 보지 아니한다.
　　다. 담보의 제공은 재화의 공급으로 보지 아니한다.

10 ② 외상판매액 12,000,000원(수출액 2,000,000원 포함) + 할부판매액 5,200,000원 = 17,200,000원
　　토지매각은 면세에 해당되고, 담보제공은 재화의 공급이 아니다.

╈ 실무수행평가 ╈

01 기초정보관리의 이해

① 거래처등록
– 대표자명을 '이영채'에서 '홍수빈'으로 수정
– 담당자메일주소를 'youngche@bill36524.com'에서 'happy@naver.com'으로 수정

② 전기분 손익계산서와 전기분 이익잉여금처분계산서
1. [전기분 손익계산서]
   – 833.광고선전비 800,000원 추가입력, 931.이자비용 3,200,000원을 4,800,000원으로 수정입력
   – 당기순이익 140,420,000원 확인
2. [전기분 이익잉여금처분계산서]
   – 처분확정일 2025년 2월 23일 수정입력

02 거래자료입력

① [일반전표입력] 1월 25일

(차) 801.급여	3,200,000원	(대) 254.예수금	433,200원
		103.보통예금	2,766,800원
		(98002.신한은행(보통))	

② [일반전표입력] 2월 13일

(차) 110.받을어음	11,000,000원	(대) 108.외상매출금	11,000,000원
(05007.(주)지우식품)		(05007.(주)지우식품)	

[받을어음 관리]

어음상태	1	보관	어음종류	6	전자	어음번호	00420250213123456789		수취구분	1	자수
발 행 인	05007		(주)지우식품		발행일	2025-02-13	만기일	2025-05-13	배 서 인		
지급은행	100		국민은행	지점	강남	할인기관		지점	할인율(%)		
지급거래처						*수령된 어음을 타거래처에 지급하는 경우에 입력합니다.					

③ [일반전표입력] 3월 21일

(차) 103.보통예금	9,200,000원	(대) 107.단기매매증권	8,000,000원
(98003.수협은행(보통))		906.단기매매증권처분익	1,200,000원

④ [일반전표입력] 4월 10일

(차) 253.미지급금	1,650,000원	(대) 103.보통예금	1,650,000원
(99605.모두카드)		(98007.기업은행(보통))	

⑤ [일반전표입력] 4월 24일

(차) 813.접대비(기업업무추진비)	264,000원	(대) 101.현금	264,000원
또는 (출) 813.접대비(기업업무추진비) 264,000원			

03 부가가치세

1. 1. [매입매출전표입력] 7월 10일

거래유형	품명	공급가액	부가세	거래처	전자세금
11.과세	한과세트	5,500,000	550,000	00103.(주)청정식품	전자발행
분개유형	(차) 103.보통예금	5,445,000원		(대) 401.상품매출	5,500,000원
3.혼합	(98001.농협은행(보통))			255.부가세예수금	550,000원
	259.선수금	605,000원			

2. [전자세금계산서 발행 및 내역관리]
   ① 미전송된 내역이 조회되면, 미전송내역을 체크한 후 [전자발행 ▼]을 클릭하여 표시되는 로그인 화면에서 [확인(Tab)] 클릭
   ② '전자세금계산서 발행'화면이 조회되면 [발행(F3)] 버튼을 클릭한 다음 확인클릭
   ③ 국세청란에 '발행대상'으로 표시되면 [ACADEMY 전자세금계산서]를 클릭
   ④ [Bill36524 교육용전자세금계산서] 화면에서 [로그인]을 클릭
   ⑤ 좌측화면 : [세금계산서 리스트]에서 [미전송]으로 체크 후 [매출조회]를 클릭
   우측화면 : [전자세금계산서]에서 [발행]을 클릭
   ⑥ [발행완료되었습니다.] 메시지가 표시되면 [확인(Tab)] 클릭

2. [매입매출전표입력] 7월 17일

거래유형	품명	공급가액	부가세	거래처	전자세금
11.과세	다과세트	-350,000원	-35,000원	01006.(주)예림유통	전자입력
분개유형	(차) 108.외상매출금	-385,000원		(대) 401.상품매출	-350,000원
2.외상				255.부가세예수금	-35,000원

3. [매입매출전표입력] 8월 8일

거래유형	품명	공급가액	부가세	거래처	전자세금
57.카과	숙박비	90,000	9,000	00510.(주)다도해호텔	
분개유형	(차) 812.여비교통비	90,000원		(대) 253.미지급금	99,000원
4.카드 또는	135.부가세대급금	9,000원		(99601.삼성카드)	
3.혼합					

4. [매입매출전표입력] 8월 15일

거래유형	품명	공급가액	부가세	거래처	전자세금
13.면세	된장	1,000,000		01002.(주)독도식품	전자입력
분개유형	(차) 103.보통예금	1,000,000원		(대) 401.상품매출	1,000,000원
3.혼합	(99607.기업은행(보통))				

5 [매입매출전표입력] 9월 1일

거래유형	품명	공급가액	부가세	거래처	전자세금
51.과세	건물청소비	600,000	60,000	00200.국제클린(주)	전자입력
분개유형	(차) 837.건물관리비	600,000원		(대) 253.미지급금	660,000원
3.혼합	135.부가세대급금	60,000원			

6 [일반전표입력] 8월 11일

(차) 103.보통예금   539,000원   (대) 120.미수금   539,000원
　　(98003.수협은행(보통))　　　　　　　　　(00600.서대문세무서)

[일반전표입력] 6월 30일 조회

(차) 255.부가세예수금   10,632,400원   (대) 135.부가세대급금   11,161,400원
　　120.미수금   539,000원   930.잡이익   10,000원
　　(00600.서대문세무서)

04 결산

1 **수동결산 및 자동결산**

1) [일반전표입력] 12월 31일
　(차) 830.소모품비   1,430,000원   (대) 172.소모품   1,430,000원

2) [결산자료입력] 1월 ~ 12월
　– 기말상품재고액 26,000,000원을 입력한다.
　– 상단부 전표추가(F3) 를 클릭하면 [일반전표입력] 메뉴에 분개가 생성된다.
　(차) 451.상품매출원가   236,748,500원   (대) 146.상품   236,748,500원
　* 기초상품재고액 90,000,000원 + 당기상품매입액 172,748,500원 – 기말상품재고액 26,000,000
　　원 = 상품매출원가 236,748,500원

3) [재무제표 등 작성]
손익계산서 → 이익잉여금처분계산서(처분일 입력 후 '전표추가' 클릭) → 재무상태표를 조회 작성한다.

05 실무수행평가

번호	평가문제	배점
11	평가문제 [거래처등록 조회] ③ 일반거래처 '(주)해피식품'의 대표자명은 이영채이다.	4
12	평가문제 [일/월계표 조회] (8,054,546)원	3
13	평가문제 [일/월계표 조회] (1,838,500)원	3
14	평가문제 [일/월계표 조회] ② 여비교통비 349,500원	3
15	평가문제 [합계잔액시산표 조회] (109,730,000)원	4
16	평가문제 [합계잔액시산표 조회] (7,652,750)원	3
17	평가문제 [거래처원장 조회] (00107)	4
18	평가문제 [현금출납장 조회] ① 48,290,740원	3
19	평가문제 [매입매출장 조회] (2,090,000)원	2
20	평가문제 [재무상태표 조회] ③ 예수금 4,255,130원	4
21	평가문제 [재무상태표 조회] (8,000,000)원	3
22	평가문제 [재무상태표 조회] ① 294,593,756원	2
23	평가문제 [손익계산서 조회] (236,748,500)원	2
24	평가문제 [손익계산서 조회] ④ 이자비용 6,461,000원 증가	4
25	평가문제 [손익계산서 조회] (906)	2
26	평가문제 [부가가치세신고서 조회] (1,885,000)원	4
27	평가문제 [세금계산서합계표 조회] (13)매	3
28	평가문제 [계산서합계표 조회] (2,400,000)원	3
29	평가문제 [예적금현황 조회] ④ 기업은행(보통) 50,405,000원	3
30	평가문제 [받을어음현황 조회] (14,850,000)원	3
총점		62

06 회계정보분석

31. ② (675,590,000원 ÷ 865,590,000원) × 100 ≒ 78%
32. ③ (691,476,800원 ÷ 90,000,000원) × 100 ≒ 768%

67회 FAT 1급 기출문제 정답 및 해설

✦ 실무이론평가 ✦

·정답·

01 ③	02 ③	03 ②	04 ②	05 ④	06 ②	07 ③	08 ④	09 ①	10 ③

01 ③ 제시된 설명은 기업실체의 가정이다.

02 ③ 매출채권은 유동자산, 매도가능증권평가손실은 기타포괄손익누계액, 개발비는 무형자산으로 재무상태표 계정과목이다. 기부금은 손익계산서 계정과목이다.

03 ② 미수금 400,000원 = 기초 미수금 100,000원 + 당기발생 미수금 300,000원
정수기 외상판매액은 매출채권 계정으로 처리한다.

04 ② 기말재고 = 100개 × 1,200원 = 120,000원

05 ④ 자기주식처분이익은 재무상태표에 나타난다.

06 ② 판매비와관리비 1,030,000원 = 급여 600,000원 + 접대비(기업업무추진비) 300,000원 + 수도광열비 50,000원 + 세금과공과 80,000원

07 ③ ① 비용의 이연, ② 수익의 계상, ③ 수익의 이연, ④ 비용의 계상

08 ④ 둘 이상의 사업장이 있는 경우 원칙적으로 사업장별로 등록해야 하며, 본점 또는 주사무소 관할 세무서장에게 승인을 얻어 본점 또는 주사무소에서 사업자단위로 신고할 수 있다.

09 ① 반환조건부 용기 포장비용은 과세표준에 포함되지 않는다.

10 ③ 1,500,000원 + 5,000,000원 + 10,000,000원 = 16,500,000원
거래처 명절 선물용 선물세트 매입세액은 공제 대상 매입세액이 아니다. 세금계산서상 공급하는 자의 주소는 필요적 기재사항이 아닌바, 발급받은 세금계산서에 필요적 기재사항의 일부가 기재되지 아니한 경우에 해당하지 않는다.

÷ 실무수행평가 ÷

01 기초정보관리의 이해

1 회사등록
- 대표자명 : 박현웅으로 수정
- 주민등록번호 : 731001-1734911로 수정
- 업종코드 : 523931 입력

2 거래처별초기이월
253.미지급금 계정 : 거래처별 금액 입력

02 거래자료입력

1 [일반전표입력] 10월 7일
(차) 820.수선비	25,000원	(대) 101.현금	25,000원
또는 (출) 820.수선비	25,000원		

2 [일반전표입력] 10월 17일
(차) 251.외상매입금	17,700,000원	(대) 252.지급어음	5,700,000원
(07002.(주)바디케어)		(07002.(주)바디케어)	
		101.현금	12,000,000원

[지급어음관리]

어음상태	2	발행	어음번호	00320251017123456789	어음종류	4	전자	발행일	2025-10-17
만 기 일	2025-12-17		지급은행	98000	기업은행(당좌)	지 점		강남	

3 [일반전표입력] 10월 21일
(차) 131.선급금	1,500,000원	(대) 103.보통예금	1,500,000원
(08707.(주)대한무역)		(98005.국민은행(보통))	

4 [일반전표입력] 10월 28일
(차) 812.여비교통비	550,000원	(대) 134.가지급금	500,000원
		(11001.박용찬)	
		101.현금	50,000원

5 [일반전표입력] 10월 31일
(차) 822.차량유지비	99,000원	(대) 253.미지급금	99,000원
		(99602.우리카드)	

03 부가가치세

1 1. [매입매출전표입력] 7월 12일 (복수거래)

거래유형	품명	공급가액	부가세	거래처	전자세금
11.과세	스피닝바이크외	5,000,000	500,000	00107.(주)운동사랑	전자발행
분개유형	(차) 108.외상매출금	5,200,000원		(대) 401.상품매출	5,000,000원
3.혼합	259.선수금	300,000원		255.부가세예수금	500,000원

2. [전자세금계산서 발행 및 내역관리]

① 미전송된 내역이 조회되면, 미전송내역을 체크한 후 전자발행▼을 클릭하여 표시되는 로그인 화면에서 확인(Tab) 클릭

② '전자세금계산서 발행'화면이 조회되면 발행(F3) 버튼을 클릭한 다음 확인클릭

③ 국세청란에 '발행대상'으로 표시되면 ACADEMY 전자세금계산서 를 클릭

④ [Bill36524 교육용전자세금계산서] 화면에서 [로그인]을 클릭

⑤ 좌측화면 : [세금계산서 리스트]에서 [미전송]으로 체크 후 [매출조회]를 클릭
우측화면 : [전자세금계산서]에서 [발행]을 클릭

⑥ [발행완료되었습니다.] 메시지가 표시되면 확인(Tab) 클릭

2 [매입매출전표입력] 7월 20일

거래유형	품명	공급가액	부가세	거래처	전자세금
51.과세	천국의 계단	6,000,000	600,000	02180.(주)폼생폼	전자입력
분개유형	(차) 146.상품	6,000,000원		(대) 251.외상매입금	6,600,000원
2.외상	135.부가세대급금	600,000원			

3 [매입매출전표입력] 8월 13일

거래유형	품명	공급가액	부가세	거래처	전자세금
17.카과	요가매트	700,000	70,000	02007.(주)요가야	
분개유형	(차) 108.외상매출금	770,000원		(대) 401.상품매출	700,000원
4.카드 또는 3.혼합	(99606.삼성카드사)			255.부가세예수금	70,000원

4 [매입매출전표입력] 8월 30일

거래유형	품명	공급가액	부가세	거래처	전자세금
53.면세	비대면 세무실무	230,000		08620.(주)에이티	전자입력
분개유형	(차) 826.도서인쇄비	230,000원		(대) 253.미지급금	230,000원
3.혼합					

⑤ [매입매출전표입력] 9월 21일

거래유형	품명	공급가액	부가세	거래처	전자세금
54.불공	스마트 냉장고	3,000,000	300,000	00227.(주)미래전자	전자입력
불공제사유	4. 면세사업과 관련된 분				
분개유형 3.혼합	(차) 212.비품	3,300,000원	(대) 253.미지급금		3,300,000원

[고정자산등록]

⑥ [일반전표입력] 7월 25일

(차) 261.미지급세금　　　　2,026,050원　　(대) 103.보통예금　　　　2,026,050원
　　(05900.역삼세무서)　　　　　　　　　　　(98001.신한은행(보통))

[일반전표입력] 6월 30일 조회

(차) 255.부가세예수금　　　12,928,323원　　(대) 135.부가세대급금　　10,892,273원
　　　　　　　　　　　　　　　　　　　　　　930.잡이익　　　　　　　10,000원
　　　　　　　　　　　　　　　　　　　　　　261.미지급세금　　　　2,026,050원
　　　　　　　　　　　　　　　　　　　　　　(05900.역삼세무서)

04 결산

① 수동결산 및 자동결산

1) [일반전표입력] 12월 31일

　　(차) 931.이자비용　　　　1,320,000원　　(대) 262.미지급비용　　　1,320,000원

2) [결산자료입력] 1월 ~ 12월
   – 기말상품재고액 54,000,000원을 입력한다.
   – 감가상각비 비품 220,000원을 입력한다.
   – 상단부 전표추가(F3) 를 클릭하면 [일반전표입력] 메뉴에 분개가 생성된다.
   (차) 451.상품매출원가   264,082,454원   (대) 146.상품   264,082,454원
   * 기초상품재고액 90,000,000원 + 당기상품매입액 228,082,454원 – 기말상품재고액 54,000,000원
     = 상품매출원가 264,082,454원

3) [재무제표 등 작성]
   손익계산서 → 이익잉여금처분계산서(처분일 입력 후 '전표추가' 클릭) → 재무상태표를 조회 작성한다.

05 실무수행평가

번호	평가문제	배점
11	평가문제 [회사등록 조회] ③ 표준산업코드는 'G40'이다.	4
12	평가문제 [거래처원장 조회] ④ 99602.우리카드 2,800,000원	4
13	평가문제 [거래처원장 조회] ① 02180.(주)폼생폼 12,100,000원	4
14	평가문제 [거래처원장 조회] (99606)	3
15	평가문제 [총계정원장 조회] ③ 10월 7,099,000원	3
16	평가문제 [총계정원장 조회] (170,060,000)원	3
17	평가문제 [현금출납장 조회] (17)일	3
18	평가문제 [고정자산관리대장 조회] (13,220,000)원	2
19	평가문제 [재무상태표 조회] (134)	3
20	평가문제 [재무상태표 조회] (6,565,000)원	2
21	평가문제 [재무상태표 조회] (1,570,000)원	3
22	평가문제 [재무상태표 조회] ② 811,748,259원	1
23	평가문제 [손익계산서 조회] ④ 도서인쇄비 340,000원	4
24	평가문제 [부가가치세신고서 조회] (700,000)원	3
25	평가문제 [부가가치세신고서 조회] (50,522,727)원	3
26	평가문제 [부가가치세신고서 조회] (600,000)원	3
27	평가문제 [세금계산서합계표 조회] (16)매	3
28	평가문제 [계산서합계표 조회] (500,000)원	4
29	평가문제 [예적금현황 조회] ② 신한은행(보통) 527,053,000원	4
30	평가문제 [지급어음현황 조회] (07002)	3
총점		**62**

06 회계정보분석

31. ④ (165,630,000원 ÷ 250,495,000원) × 100 ≒ 66%
32. ③ (117,920,000원 ÷ 566,000,000원) × 100 ≒ 20%

68회 FAT 1급 기출문제 정답 및 해설

✛ 실무이론평가 ✛

·정답·

| 01 ④ | 02 ③ | 03 ③ | 04 ② | 05 ③ | 06 ④ | 07 ④ | 08 ④ | 09 ② | 10 ③ |

01 ④ 영업이익이 증가하였음에도 당기순이익이 감소하기 위해서는 영업외수익이 감소하거나 영업외비용이 증가하여야 한다. 영업외비용에 해당하는 것은 유형자산처분손실이다.

02 ③ 유동성장기부채와 부가세예수금은 유동부채, 퇴직급여충당부채와 사채는 비유동부채이다.

03 ③ • 총평균단가 = (월초상품재고액 + 당월매입액) ÷ (월초상품수량 + 당월매입수량)
210원 = (30,000원 + 100,000원 + 80,000원) ÷ (300개 + 500개 + 200개)
• 12월 말 상품재고액 = 월말상품수량 × 총평균단가
126,000원 = (1,000개 − 400개) × 210원

04 ② 상거래에서 발생한 매출채권에 대한 대손상각비는 판매비와관리비로 처리하고, 기타채권에 대한 기타의대손상각비는 영업외비용으로 처리한다.
단기대여금에 대한 기타의대손상각비 1,200,000원 = 2,000,000원 − 800,000원

05 ③ 무형자산은 내용연수 동안 합리적으로 배분하기 위해 다양한 방법(정액법, 정률법, 연수합계법 등)을 사용할 수 있다. 다만, 합리적인 상각방법을 정할 수 없는 경우에는 정액법을 사용한다.

06 ④ ① 취득원가 : 300,000원 (100주 × 3,000원, 취득수수료는 비용처리)
② 2024년 말 단기매매증권 장부금액은 350,000원 (100주 × 3,500원)
③ 2024년 단기매매증권평가이익 = (3,500 − 3,000) × 100주 = 50,000원
④ 2025년 단기매매증권처분이익 = (3,700원 − 3,500원) × 100주 = 20,000원

07 ④ 회사부담분 건강보험료는 복리후생비로 회계처리한다.

08 ④ ① 폐업의 경우 폐업일이 속한 달의 다음 달 25일 이내에 신고·납부하여야 한다.
② 법인사업자 확정신고의 경우 예정신고 시 이미 신고한 내용을 제외한다.
③ 간이과세자는 해당 과세기간의 공급대가가 4,800만원 미만인 경우 납부의무가 면제된다.

09 ② 재화의 공급으로 보는 가공의 경우 : 가공된 재화를 인도하는 때

10 ③ 납부세액 5,000,000원 = 매출세액(100,000,000원 × 10%) − 매입세액(7,000,000원 − 2,000,000원)

✛ 실무수행평가 ✛

01 기초정보관리의 이해

1 거래처등록
- 대표자성명 : '최윤나'를 '이경호'로 수정
- 메일주소 : 'choi@bill36524.com'에서 'korea@bill36524.com'으로 수정

2 계정과목 및 적요등록
- 850.회사설정계정과목을 '850.판매촉진비'로 수정
- 구분을 '4.경비'로 입력
- 표준코드를 '091.광고선전비(판매촉진비 포함)'로 입력

02 거래자료입력

1 1. [일반전표입력] 1월 9일

(차) 812.여비교통비	220,000원	(대) 101.현금		220,000원
또는 (출) 812.여비교통비	220,000원			

2. [영수증수취명세서] 작성

	영수증수취명세서(2)	영수증수취명세서(1)		해당없음						입력순
□	거래일자	상 호	성 명	사업장	사업자등록번호	거래금액	구분	계정코드	계정과목	적요
□	2025-01-11	(주)백두유통	명동건	서울특별시 금천구 가산로 153	119-81-02126	110,000		830	소모품비	소모품 구입
□	2025-04-01	충무아트상사	김민회	서울특별시 서대문구 충정로7길 29-27	303-11-05517	210,000		813	접대비	거래처 선물 구입
□	2025-06-05	신희선				230,000	18	811	복리후생비	직원 선물 구입
□	2025-01-09	나리한정식	정득남	광주광역시 동구 필문대로 104 (계림동)	133-01-42888	220,000		812	여비교통비	

영수증수취명세서(2)	영수증수취명세서(1)		해당없음

1. 세금계산서, 계산서, 신용카드 등 미사용내역

9. 구분	3만원 초과 거래분		
	10. 총계	11. 명세서제출 제외대상	12. 명세서제출 대상(10-11)
13. 건수	4	1	3
14. 금액	770,000	230,000	540,000

2 [일반전표입력] 2월 13일

(차) 822.차량유지비	396,000원	(대) 101.현금	396,000원
또는 (출) 822.차량유지비	396,000원		

3 [일반전표입력] 3월 25일

(차) 103.보통예금	30,000,000원	(대) 962.임차보증금	30,000,000원
(98005.국민은행(보통))		(00107.(주)금비빌딩)	

4 [일반전표입력] 4월 7일

(차) 251.외상매입금	11,000,000원	(대) 110.받을어음	11,000,000원
(00105.(주)미소용품)		(00160.(주)초록마트)	

[받을어음관리]

어음상태	3	배서	어음번호	00420250206123456789	수취구분	1	자수	발행일	2025-02-06	만기일	2025-05-10
발 행 인	00160		㈜초록마트		지급은행	100		국민은행		지 점	구로
배 서 인		할인기관			지 점			할인율		어음종류	6 전자
지급거래처	00105		㈜미소용품		*수령된 어음을 타거래처에 지급하는 경우에 입력합니다.						

⑤ [일반전표입력] 5월 10일

(차) 811.복리후생비   112,810원   (대) 103.보통예금   225,620원

      254.예수금   112,810원   (98001.신한은행(보통))

03 부가가치세

① 1. [매입매출전표입력] 7월 12일

거래유형	품명	공급가액	부가세	거래처	전자세금
11.과세	다목적 문구함	12,500,000	1,250,000	00115.(주)제일유통	전자발행
분개유형	(차) 108.외상매출금	13,750,000원	(대) 401.상품매출		12,500,000원
2.외상			255.부가세예수금		1,250,000원

2. [전자세금계산서 발행 및 내역관리]

① 미전송된 내역이 조회되면, 미전송내역을 체크한 후 전자발행▼을 클릭하여 표시되는 로그인 화면에서 확인(Tab) 클릭

② '전자세금계산서 발행'화면이 조회되면 발행(F3) 버튼을 클릭한 다음 확인클릭

③ 국세청란에 '발행대상'으로 표시되면 ACADEMY 전자세금계산서 를 클릭

④ [Bill36524 교육용전자세금계산서] 화면에서 [로그인]을 클릭

⑤ 좌측화면 : [세금계산서 리스트]에서 [미전송]으로 체크 후 [매출조회]를 클릭
우측화면 : [전자세금계산서]에서 [발행]을 클릭

⑥ [발행완료되었습니다.] 메시지가 표시되면 확인(Tab) 클릭

② [매입매출전표입력] 7월 20일

거래유형	품명	공급가액	부가세	거래처	전자세금
17.카과	멀티펜	170,000	17,000	00120.신지희	
분개유형	(차) 108.외상매출금	187,000원	(대) 401.상품매출		170,000원
4.카드 또는	(99606.삼성카드)		255.부가세예수금		17,000원
2.외상					

③ [매입매출전표입력] 9월 3일

거래유형	품명	공급가액	부가세	거래처	전자세금
51.과세	전화요금	280,000	28,000	01500.(주)미래통신	전자입력
분개유형	(차) 814.통신비	280,000원		(대) 253.미지급금	308,000원
3.혼합	135.부가세대급금	28,000원			

④ [매입매출전표입력] 11월 1일

거래유형	품명	공급가액	부가세	거래처	전자세금
53.면세	B2B 마케팅	600,000		00130.시대교육	전자입력
분개유형	(차) 825.교육훈련비	600,000원		(대) 253.미지급금	600,000원
3.혼합					

⑤ [매입매출전표입력] 12월 1일

거래유형	품명	공급가액	부가세	거래처	전자세금
11.과세	제습기	1,600,000	160,000	01405.(주)중고나라	전자입력
분개유형	(차) 213.감가상각누계액	500,000원	(대)	212.비품	2,000,000원
	103.보통예금	1,760,000원		255.부가세예수금	160,000원
3.혼합	(98009.하나은행(보통))			914.유형자산처분이익	100,000원

⑥ [일반전표입력] 6월 30일 조회

(차) 255.부가세예수금 16,766,000원   (대) 135.부가세대급금 7,465,000원
                                              261.미지급세금 9,301,000원
                                              (05900.역삼세무서)

04 결산

① 수동결산 및 자동결산

1) [일반전표입력] 12월 31일
   (차) 107.단기매매증권 4,500,000원   (대) 905.단기매매증권평가익 4,500,000원
   * (주)더존비즈온: 300주 × (70,000원 − 55,000원) = 평가이익 4,500,000원
2) [결산자료입력] 1월 ~ 12월
   – 기말상품재고액 31,000,000원을 입력한다.
   – 상단부 전표추가(F3) 를 클릭하면 [일반전표입력] 메뉴에 분개가 생성된다.
   (차) 451.상품매출원가 227,809,727원   (대) 146.상품 227,809,727원
   * 기초재고액 90,000,000원 + 당기매입액 168,809,727원 − 기말재고액 31,000,000원
     = 상품매출원가 227,809,727원

3) [재무제표 등 작성]

손익계산서 → 이익잉여금처분계산서(처분일 입력 후 '전표추가' 클릭) → 재무상태표를 조회 작성한다.

05 실무수행평가

번호	평가문제	배점
11	평가문제 [거래처등록 조회] ④ 일반거래처 '00189.(주)한국산업'의 담당자 메일주소는 'korea@bill36524.com'이다.	4
12	평가문제 [계정과목및적요등록 조회] (091)	4
13	평가문제 [거래처원장 조회] (00115)	4
14	평가문제 [거래처원장 조회] ① 251.외상매입금 (00105.(주)미소용품) 21,800,000원	3
15	평가문제 [합계잔액시산표 조회] (725,540)원	3
16	평가문제 [합계잔액시산표 조회] (118,147,140)원	3
17	평가문제 [현금출납장 조회] (48,839,390)원	3
18	평가문제 [재무상태표 조회] (21,000,000)원	3
19	평가문제 [재무상태표 조회] (51,900,000)원	2
20	평가문제 [재무상태표 조회] ④ 276,541,433원	2
21	평가문제 [일/월계표 조회] ③ 통신비 58,020원	3
22	평가문제 [손익계산서 조회] (1,150,000)원	4
23	평가문제 [손익계산서 조회] (905)	3
24	평가문제 [영수증수취명세서 조회] (812)	2
25	평가문제 [부가가치세신고서 조회] (3,170,000)원	4
26	평가문제 [부가가치세신고서 조회] (3,980,273)원	2
27	평가문제 [세금계산서합계표 조회] (15)매	3
28	평가문제 [계산서합계표 조회] (1,150,000)원	4
29	평가문제 [예적금현황 조회] ④ 하나은행(보통) 28,515,000원	3
30	평가문제 [받을어음현황 조회] (30,000,000)원	3
총점		**62**

06 회계정보분석

31. ④ (334,325,000원 ÷ 81,318,000원) × 100 ≒ 411%

32. ① (114,340,000원 ÷ 560,000,000원) × 100 ≒ 20%

69회 FAT 1급 기출문제 정답 및 해설

∴ 실무이론평가 ∴

·정답·

01 ②	02 ④	03 ①	04 ④	05 ④	06 ②	07 ①	08 ①	09 ③	10 ④

01 ② 재무제표의 작성과 표시에 대한 책임은 경영진에게 있다.

02 ④ (차) 현금　　　　　　　500,000원　　(대) 상품매출　　　　　6,000,000원
　　　받을어음　　　　　3,000,000원
　　　외상매출금　　　　2,500,000원
　　매출채권 금액 5,500,000원 = 받을어음 3,000,000원 + 외상매출금 2,500,000원

03 ① • 기초자본 3,000,000원 = 6,000,000원 - 3,000,000원
　　• 기말자본 6,000,000원 = 10,000,000원 - 4,000,000원
　　• 당기순이익 1,000,000원 = 기말자본 6,000,000원 - 기초자본 3,000,000원 - 추가출자금액
　　　2,000,000원

04 ④ 동일한 자산이라 하더라도 보유목적에 따라 판매목적인 경우에는 재고자산, 장기간 사용할 목적인
　　경우에는 유형자산으로 분류한다.

05 ④ 매출총이익 50,000원 = 매출액 90,000원 - 매출원가 40,000원
　　* 매출원가 = (200개 × 100원) + (100개 × 200원) = 40,000원

06 ② 잡손실은 영업외비용에 해당한다.

07 ① 결산분개: (차) 미수수익　　　　50,000원　　(대) 이자수익　　　　　　50,000원
　　* 경과분 이자: 10,000,000원 × 3% × 2개월/12개월 = 50,000원
　　따라서, 수익 50,000원이 과소 계상되어 당기순이익 50,000원이 과소 계상된다.

08 ① ② 부가가치세 납세의무와 사업자등록 여부는 무관하다.
　　③ 면세사업자는 부가가치세 납세의무가 없다.
　　④ 국가나 지방자치단체도 부가가치세 납세의무가 있다.

09 ③ 국가 또는 지방자치단체에 무상으로 공급하는 재화 및 용역은 면세대상이다.

10 ④ 상품 운반용 트럭 구입 관련 매입세액 6,000,000원 + 본사 건물의 자본적 지출과 관련된 매입세액
　　10,000,000원 = 16,000,000원
　　거래처 접대와 관련된 매입세액은 불공제 대상이다.

✤ 실무수행평가 ✤

---

01 기초정보관리의 이해

① 거래처등록

[카드] 탭에 코드, 카드명, 카드번호, 구분, 결제일을 입력한다.

② 전기분 재무상태표

- 179.장기대여금 3,000,000원 → 12,000,000원으로 수정입력
- 962.임차보증금 2,000,000원 → 20,000,000원으로 수정입력
- 차액 0원 확인

02 거래자료입력

① 1. [일반전표입력] 3월 29일

(차) 822.차량유지비	33,000원	(대) 101.현금		33,000원
또는 (출) 822.차량유지비	33,000원			

2. [영수증수취명세서] 작성

영수증수취명세서								불러오기(F4)	기능모음(F11) ▼
영수증수취명세서(2)	영수증수취명세서(1)	해당없음							입력순

	거래일자	상호	성명	사업장	사업자등록번호	거래금액	구분	계정코드	계정과목	적요
☐	2025-03-10	(주)으뜸과일	이국민	서울특별시 강남구 일원로 2	224-81-18032	120,000		811	복리후생비	과일 구입
☐	2025-07-12	DB손해보험	정종표	서울특별시 강남구 테헤란로 432(대	201-81-45593	520,000	16	821	보험료	화재보험료
☐	2025-03-29	공항주차장	김원배	서울특별시 강서구 공항대로 227	128-14-83868	33,000		822	차량유지비	주차비

영수증수취명세서			명세서(2)불러오기(F4)	기능모음(F11) ▼
영수증수취명세서(2)	영수증수취명세서(1)	해당없음		

1. 세금계산서, 계산서, 신용카드 등 미사용내역

9. 구분	3만원 초과 거래분		
	10. 총계	11. 명세서제출 제외대상	12. 명세서제출 대상(10-11)
13. 건수	3	1	2
14. 금액	673,000	520,000	153,000

② [일반전표입력] 4월 30일

(차) 260.단기차입금	20,000,000원	(대) 103.보통예금		20,177,600원
(98007.IBK기업은행(차입금))		(98009.하나은행(보통))		
931.이자비용	177,600원			

③ [일반전표입력] 5월 9일

(차) 103.보통예금	3,000,000원	(대) 111.대손충당금		3,000,000원
(98009.하나은행(보통))				

④ [일반전표입력] 8월 31일

(차) 817.세금과공과금	55,000원	(대) 103.보통예금		55,000원
		(98005.신한은행(보통))		

5 [일반전표입력] 9월 28일

(차) 826.도서인쇄비	70,000원	(대) 103.보통예금	70,000원
		(98003.농협은행(보통))	

03 부가가치세

1 1. [매입매출전표입력] 10월 6일

거래유형	품명	공급가액	부가세	거래처	전자세금
11.과세	제로 스파클링	10,000,000	1,000,000	01121.(주)탄산나라	전자발행
분개유형	(차) 108.외상매출금	10,000,000원	(대) 401.상품매출		10,000,000원
3.혼합	259.선수금	1,000,000원	255.부가세예수금		1,000,000원

2. [전자세금계산서 발행 및 내역관리]
   ① 미전송된 내역이 조회되면, 미전송내역을 체크한 후 전자발행▼을 클릭하여 표시되는 로그인 화면
      에서 확인(Tab) 클릭
   ② '전자세금계산서 발행'화면이 조회되면 발행(F3) 버튼을 클릭한 다음 확인클릭
   ③ 국세청란에 '발행대상'으로 표시되면 ACADEMY 전자세금계산서 를 클릭
   ④ [Bill36524 교육용전자세금계산서] 화면에서 [로그인]을 클릭
   ⑤ 좌측화면 : [세금계산서 리스트]에서 [미전송]으로 체크 후 [매출조회]를 클릭
      우측화면 : [전자세금계산서]에서 [발행]을 클릭
   ⑥ [발행완료되었습니다.] 메시지가 표시되면 확인(Tab) 클릭

2 [매입매출전표입력] 10월 18일

거래유형	품명	공급가액	부가세	거래처	전자세금
57.카과	제로하이쿨	300,000	30,000	30011.(주)상큼해	
분개유형	(차) 146.상품	300,000원	(대) 251.외상매입금		330,000원
3.혼합 또는 외상	135.부가세대급금	30,000원	(99600.삼성카드)		

3 [매입매출전표입력] 11월 15일

거래유형	품명	공급가액	부가세	거래처	전자세금
51.과세	도시가스요금	254,500	25,450	30121.한국도시가스(주)	전자입력
분개유형	(차) 815.수도광열비	254,500원	(대) 253.미지급금		279,950원
3.혼합	135.부가세대급금	25,450원			

④ [매입매출전표입력] 11월 22일

거래유형	품명	공급가액	부가세	거래처	전자세금
13.면세	라임	900,000		00156.(주)주스러브	전자입력
분개유형	(차) 101.현금		900,000원	(대) 401.상품매출	900,000원
1.현금					

⑤ [매입매출전표입력] 12월 17일

거래유형	품명	공급가액	부가세	거래처	전자세금
54.불공	등기 대행수수료	1,300,000	130,000	33000.(주)법무법인 한라	전자입력
불공제 사유	0. 토지의 자본적 지출관련				
분개유형	(차) 201.토지		1,430,000원	(대) 101.현금	1,430,000원
1.현금					

⑥ [일반전표입력] 8월 22일

(차) 103.보통예금　　　　　　1,398,000원　　　(대) 120.미수금　　　　　　1,398,000원
　　(98002.국민은행(보통))　　　　　　　　　　　　　　(05900.역삼세무서)

[일반전표입력] 6월 30일 조회

(차) 255.부가세예수금　　　9,510,000원　　　(대) 135.부가세대급금　　10,898,000원
　　120.미수금　　　　　　　1,398,000원　　　　　930.잡이익　　　　　　　　10,000원
　　(05900.역삼세무서)

04 결산

① **수동결산 및 자동결산**

1) [일반전표입력] 12월 31일

(차) 116.미수수익　　　　　　600,000원　　　(대) 901.이자수익　　　　　600,000원

2) [결산자료입력] 1월 ~ 12월

– 기말상품재고액 39,000,000원을 입력한다.

– 상단부 　전표추가(F3)　를 클릭하면 [일반전표입력] 메뉴에 분개가 생성된다.

(차) 451.상품매출원가　　350,367,000원　　　(대) 146.상품　　　　　350,367,000원

* 기초재고액 70,000,000원 + 당기매입액 319,367,000원 – 기말재고액 39,000,000원
= 상품매출원가 350,367,000원

3) [재무제표 등 작성]

손익계산서 → 이익잉여금처분계산서(처분일 입력 후 '전표추가' 클릭) → 재무상태표를 조회 작성
한다.

05 실무수행평가

번호	평가문제	배점
11	평가문제 [거래처등록 조회] ② 매출카드는 1개이고 매입카드는 5개이다.	4
12	평가문제 [현금출납장 조회] (35,456,940)원	4
13	평가문제 [일/월계표 조회] (1,080,000)원	3
14	평가문제 [일/월계표 조회] (214,600,000)원	3
15	평가문제 [거래처원장 조회] (21,113,850)원	3
16	평가문제 [거래처원장 조회] ④ 99600.삼성카드 2,200,000원	3
17	평가문제 [재무상태표 조회] (140,500,000)원	3
18	평가문제 [재무상태표 조회] ④ 토지 20,000,000원	3
19	평가문제 [재무상태표 조회] (20,000,000)원	3
20	평가문제 [재무상태표 조회] ④ 단기차입금 30,000,000원	3
21	평가문제 [재무상태표 조회] ② 120,446,370원	1
22	평가문제 [손익계산서 조회] (350,367,000)원	3
23	평가문제 [손익계산서 조회] ② 수도광열비 5,884,520원	3
24	평가문제 [손익계산서 조회] (6,145,860)원	4
25	평가문제 [영수증수취명세서 조회] (153,000)원	3
26	평가문제 [예적금현황 조회] ② 농협은행(보통) 10,130,000원	3
27	평가문제 [부가가치세신고서 조회] (75,000)원	4
28	평가문제 [부가가치세신고서 조회] (430,000)원	3
29	평가문제 [세금계산서합계표 조회] (31,325,000)원	3
30	평가문제 [계산서합계표 조회] (4,300,000)원	3
총점		**62**

06 회계정보분석

31. ③ (405,730,000원 ÷ 126,130,000원) × 100 ≒ 321%
32. ① (170,000,000원 ÷ 500,000,000원) × 100 ≒ 34%

70회 FAT 1급 기출문제 정답 및 해설

✦ 실무이론평가 ✦

· 정답 ·

| 01 ③ | 02 ② | 03 ② | 04 ① | 05 ③ | 06 ① | 07 ① | 08 ④ | 09 ③ | 10 ③ |

01 ③ 매출원가는 매출액에 대응하는 원가로서, 매출원가의 산출과정은 재무상태표가 아닌 손익계산서 본문에 표시하거나 주석으로 기재한다.

02 ② 자산과 부채는 원칙적으로 상계하여 표시하지 않는다.

03 ② • 매출총이익 2,000,000원 = 매출액 7,000,000원 – 매출원가 5,000,000원
   • 영업이익 1,385,000원 = 매출총이익 2,000,000원 – 판매비와관리비(급여 500,000원 + 복리후생비 50,000원 + 광고선전비 40,000원 + 접대비 10,000원 + 수도광열비 15,000원)
   • 기부금은 영업외비용이다.

04 ① 물가가 계속 상승하고 재고자산의 수량이 일정하게 유지된다는 가정 하에서 매출원가의 크기는 다음과 같다. 선입선출법 < 이동평균법 ≦ 총평균법 < 후입선출법

05 ③ 연구비 500,000원 + 경상개발비 100,000원 = 600,000원

06 ① 유형자산의 취득 후 지출이 발생하였을 때 내용연수가 연장되거나 가치가 증대되었다면 자본적지출로 보아 해당자산의 계정과목으로 처리한다.

07 ① (차) 소모품   200,000원   (대) 소모품비   200,000원

08 ④ 간이과세자는 1월 1일부터 12월 31일까지를 과세기간으로 한다.

09 ③ ① 현금판매: 재화가 인도되거나 이용가능하게 된 때
   ② 재화의 공급으로 보는 가공: 가공된 재화를 인도하는 때
   ④ 공급단위를 구획할 수 없는 용역의 계속적 공급: 대가의 각 부분을 받기로 한 때

10 ③ 5,000,000원 + 2,600,000원 + 4,500,000원 = 12,100,000원
   재화 또는 용역의 공급과 직접 관련되지 아니하는 국고보조금은 과세표준에 포함하지 않는다.

✦ 실무수행평가 ✦

01 기초정보관리의 이해

① 사업자등록증에 의한 회사등록 수정
- 사업장 주소: '서울특별시 서대문구 충정로7길 29-8 (충정로3가)'에서 '서울특별시 서대문구 충정로7길 12 (충정로2가)'로 수정
- 담당자 메일 주소: 'korea@hanmail.net'에서 'korea@bill36524.com'으로 수정

② 거래처별 초기이월
137.주·임·종단기채권: 00123.김완선 7,000,000원 입력, 00234.이효리 3,000,000원 입력, 07001.엄정화 2,000,000원 입력한다.

02 거래자료입력

①
1. [일반전표입력] 3월 3일

(차) 820.수선비	80,000원	(대) 101.현금	80,000원
또는 (출) 820.수선비	80,000원		

2. [영수증수취명세서] 작성

	영수증수취명세서(2)	영수증수취명세서(1)	해당없음							입력순
□	거래일자	상호	성명	사업장	사업자등록번호	거래금액	구분	계정코드	계정과목	적요
□	2025-01-09	(주)강남한정식	황주원	서울특별시 서대문구 충정	129-81-15031	66,000		813	접대비	매출거래처 직원 식
□	2025-02-01	강우인쇄	김강우	서울특별시 강남구 강남대	112-33-16517	88,000		826	도서인쇄비	직원 명함 인쇄
□	2025-03-02	소라정비(주)	이용빈	경기도 수원시 팔달구 매사	138-81-17106	451,000		822	차량유지비	차량수리비 지급
□	2025-03-03	(주)금화서비스	이현진	서울특별시 강남구 역삼로	603-81-16391	80,000		820	수선비	컴퓨터 수리

영수증수취명세서   명세서(2)불러오기(F4)   기능모음(F11) ▼

영수증수취명세서(2)	영수증수취명세서(1)	해당없음

1. 세금계산서, 계산서, 신용카드 등 미사용내역

		3만원 초과 거래분	
9. 구분	10. 총계	11. 명세서제출 제외대상	12. 명세서제출 대상(10-11)
13. 건수	4		4
14. 금액	685,000		685,000

② [일반전표입력] 3월 7일

(차) 131.선급금	3,000,000원	(대) 103.보통예금	3,000,000원
(00325.(주)무지개우산)		(98001.국민은행(보통))	

③ [일반전표입력] 4월 10일

(차) 201.토지	4,140,000원	(대) 103.보통예금	4,140,000원
		(98002.기업은행(보통))	

④ [일반전표입력] 4월 28일

(차) 133.선급비용	900,000원	(대) 103.보통예금	900,000원
		(98002.기업은행(보통))	

5 [일반전표입력] 5월 18일

(차) 102.당좌예금	16,250,000원	(대) 110.받을어음	16,500,000원
(98000.국민은행(당좌))		(02334.(주)순양유통)	
936.매출채권처분손실	250,000원		

[받을어음관리]

어음상태	2	할인(전액)	어음번호	00420250320987654321		수취구분	1	자수	발행일	2025-03-20	만기일	2025-06-20
발 행 인	02334		㈜순양유통			지급은행	100		국민은행		지 점	양천지점
배 서 인			할인기관	98000	국민은행(당좌)	지 점	서대문	할인율			어음종류	6 전자
지급거래처						*수령된 어음을 타거래처에 지급하는 경우에 입력합니다.						

03 부가가치세

1 1. [매입매출전표입력] 7월 7일

거래유형	품명	공급가액	부가세	거래처	전자세금
11.과세	골프우산	7,000,000	700,000	00307.(주)지성마트	전자발행
분개유형	(차) 103.보통예금		6,875,000원	(대) 401.상품매출	7,000,000원
	(98600.하나은행(보통))			255.부가세예수금	700,000원
3. 혼합	259.선수금		825,000원		

2. [전자세금계산서 발행 및 내역관리]
   ① 미전송된 내역이 조회되면, 미전송내역을 체크한 후 전자발행 ▼을 클릭하여 표시되는 로그인 화면에서 확인(Tab) 클릭
   ② '전자세금계산서 발행'화면이 조회되면 발행(F3) 버튼을 클릭한 다음 확인클릭
   ③ 국세청란에 '발행대상'으로 표시되면 ACADEMY 전자세금계산서 를 클릭
   ④ [Bill36524 교육용전자세금계산서] 화면에서 [로그인]을 클릭
   ⑤ 좌측화면 : [세금계산서 리스트]에서 [미전송]으로 체크 후 [매출조회]를 클릭
      우측화면 : [전자세금계산서]에서 [발행]을 클릭
   ⑥ [발행완료되었습니다.] 메시지가 표시되면 확인(Tab) 클릭

2 [매입매출전표입력] 8월 4일

거래유형	품명	공급가액	부가세	거래처	전자세금
11.과세	8월 임대료	2,000,000	200,000	04010.미래서점	전자입력
분개유형	(차) 120.미수금		2,200,000원	(대) 904.임대료	2,000,000원
3.혼합				255.부가세예수금	200,000원

③ [매입매출전표입력] 9월 12일

거래유형	품명	공급가액	부가세	거래처	전자세금
51.과세	소프트웨어	1,500,000	150,000	33000.(주)죽동소프트	전자입력
분개유형	(차) 240.소프트웨어		1,500,000원	(대) 253.미지급금	1,650,000원
3.혼합	135.부가세대급금		150,000원		

④ [매입매출전표입력] 10월 2일

거래유형	품명	공급가액	부가세	거래처	전자세금
57.카과	텀블러	500,000	50,000	00321.(주)수아기프트	
분개유형	(차) 811.복리후생비		500,000원	(대) 253.미지급금	550,000원
4.카드	135.부가세대급금		50,000원	(99602.기업카드)	
또는 3.혼합					

⑤ [매입매출전표입력] 11월 7일

거래유형	품명	공급가액	부가세	거래처	전자세금
54.불공	제네시스	30,000,000	3,000,000	12001.(주)명성자동차	전자입력
불공제 사유	3.비영업용 소형승용차 구입 및 유지				
분개유형	(차) 208.차량운반구		33,000,000원	(대) 101.현금	33,000,000원
1.현금					

⑥ [일반전표입력] 3월 31일

(차) 255.부가세예수금　31,568,000원　(대) 135.부가세대급금　31,435,000원
　　　　　　　　　　　　　　　　　261.미지급세금　　133,000원
　　　　　　　　　　　　　　　　　(03100.서대문세무서)

04　결산

① 수동결산 및 자동결산

1) [일반전표입력] 12월 31일

(차) 931.이자비용　300,000원　(대) 262.미지급비용　300,000원

2) [결산자료입력] 1월 ~ 12월

– 기말상품재고액 20,000,000원을 입력한다.
– 상단부 전표추가(F3)를 클릭하면 [일반전표입력] 메뉴에 분개가 생성된다.
(차) 451.상품매출원가　276,103,000원　(대) 146.상품　276,103,000원
* 기초상품재고액 35,000,000원 + 당기상품매입액 261,103,000원 – 기말상품재고액 20,000,000원
= 상품매출원가 276,103,000원

3) [재무제표 등 작성]

손익계산서 → 이익잉여금처분계산서(처분일 입력 후 '전표추가' 클릭) → 재무상태표를 조회 작성한다.

05 실무수행평가

번호	평가문제	배점
11	평가문제 [회사등록 조회] ④ 담당자메일주소는 'korea@hanmail.net'이다.	4
12	평가문제 [거래처원장 조회] ④ 07001.엄정화 4,000,000원	4
13	평가문제 [거래처원장 조회] ③ 99602.기업카드 2,523,180원	3
14	평가문제 [일/월계표 조회] (2,000,000)원	4
15	평가문제 [재무상태표 조회] (36,616,850)원	3
16	평가문제 [재무상태표 조회] (6,700,000)원	3
17	평가문제 [재무상태표 조회] (2,340,000)원	3
18	평가문제 [재무상태표 조회] ① 토지 90,000,000원	3
19	평가문제 [재무상태표 조회] (4,450,000)원	2
20	평가문제 [재무상태표 조회] ② 408,538,870원	1
21	평가문제 [손익계산서 조회] (276,103,000)원	3
22	평가문제 [손익계산서 조회] ③ 수선비 7,311,000원	4
23	평가문제 [손익계산서 조회] (1,765,000)원	3
24	평가문제 [영수증수취명세서 조회] (685,000)원	3
25	평가문제 [부가가치세신고서 조회] (950,000)원	3
26	평가문제 [부가가치세신고서 조회] (3,353,000)원	3
27	평가문제 [전자세금계산서 발행 및 내역관리 조회] (2)건	4
28	평가문제 [세금계산서합계표 조회] (8)개	3
29	평가문제 [예적금현황 조회] ② 국민은행(보통) 224,156,400원	4
30	평가문제 [받을어음현황 조회] (76,500,000)원	2
총점		**62**

06 회계정보분석

31. ③ (453,330,000원 ÷ 74,000,000원) × 100 ≒ 612%
32. ② (39,600,000원 ÷ 2,500,000원) × 100 ≒ 1,584%

71회 **FAT 1급 기출문제 정답 및 해설**

✦ 실무이론평가 ✦

·정답·

| 01 ② | 02 ① | 03 ② | 04 ③ | 05 ① | 06 ④ | 07 ① | 08 ② | 09 ④ | 10 ③ |

01 ② 목적적합성의 하위 질적특성으로는 예측가치, 피드백가치, 적시성이 있다.

02 ① 가: 매출원가, 나: 매출총이익, 다: 영업이익, 라: 법인세비용차감전순이익

03 ② 임대보증금은 비유동부채에 해당된다. 임차보증금이 비유동자산이다.

04 ③ 판매비와관리비 6,150,000원 = 여비교통비 4,000,000원 + 복리후생비 500,000원 + 감가상각비 550,000원 + 접대비(기업업무추진비) 1,100,000원

05 ① 주식을 단기매매증권으로 분류하기 위해서는 시장성과 단기 매매차익 실현 목적이라는 두 가지 조건을 모두 충족하여야 한다. 단기매매증권의 거래수수료는 당기비용으로 처리하고, 매도가능증권의 거래수수료는 취득원가에 가산한다.

06 ④ 기계장치의 취득원가 10,860,000원 = 구입대금 10,000,000원 + 설치비 450,000원 + 운송비용 300,000원 + 시운전비 110,000원

07 ① 출장비를 지급하고 그 내역이 확정되지 않은 경우에는 가지급금으로 처리한다.

08 ② 사업자가 폐업을 하는 경우에는 폐업일이 속하는 달의 다음 달 25일까지 확정신고를 해야 한다. 사업을 폐업한 날이 2025년 2월 10일이므로 2025년 3월 25일까지 확정신고를 하여야 한다.

09 ④ 재화의 수입은 영세율 대상에 해당하지 아니한다.

10 ③ (11,000,000원 × 10/110) - 500,000원 = 500,000원
중고승용차에 대한 매입세액은 공제하지 아니한다.

÷ 실무수행평가 ÷

01 기초정보관리의 이해

① **거래처등록**
- 대표자성명: 신정일로 수정
- 메일주소: shin@bill36524.com으로 수정

② **전기분 손익계산서와 전기분 이익잉여금처분계산서**
1. 전기분 손익계산서
   - 830.소모품비 4,800,000원 추가입력
   - 998.법인세등 500,000원을 5,000,000원으로 수정입력
   - 당기순이익 100,420,000원 확인
2. 전기분 이익잉여금처분계산서
   - 처분확정일 2025년 2월 27일 입력

02 거래자료입력

① 1. [일반전표입력] 1월 19일

(차) 822.차량유지비	33,000원	(대) 101.현금		33,000원
또는 (출) 822.차량유지비	33,000원			

2. [영수증수취명세서] 작성

② [일반전표입력] 2월 15일

(차) 107.단기매매증권	400,000원	(대) 101.현금	450,000원
208.차량운반구	50,000원		

③ [일반전표입력] 3월 20일

(차) 820.수선비	28,000원	(대) 101.현금	28,000원
또는 (출) 820.수선비	28,000원		

④ [일반전표입력] 7월 1일

(차) 813.접대비(기업업무추진비)	330,000원	(대) 101.현금	330,000원
또는 (출) 813.접대비(기업업무추진비) 330,000원			

⑤ [일반전표입력] 7월 11일

(차) 260.단기차입금	5,000,000원	(대) 103.보통예금	5,500,000원
(98011.국민은행(차입금))		(98009.하나은행(보통))	
931.이자비용	500,000원		

03 부가가치세

① 1. [매입매출전표입력] 8월 7일(복수거래)

거래유형	품명	공급가액	부가세	거래처	전자세금
11.과세	테이블외	4,500,000	450,000	01405.(주)유민가구	전자발행
분개유형	(차) 101.현금	450,000원	(대) 401.상품매출		4,500,000원
3. 혼합	108.외상매출금	4,500,000원	255.부가세예수금		450,000원

2. [전자세금계산서 발행 및 내역관리]

① 미전송된 내역이 조회되면, 미전송내역을 체크한 후 전자발행▾을 클릭하여 표시되는 로그인 화면에서 확인(Tab) 클릭

② '전자세금계산서 발행'화면이 조회되면 발행(F3) 버튼을 클릭한 다음 확인클릭

③ 국세청란에 '발행대상'으로 표시되면 ACADEMY 전자세금계산서 를 클릭

④ [Bill36524 교육용전자세금계산서] 화면에서 [로그인]을 클릭

⑤ 좌측화면 : [세금계산서 리스트]에서 [미전송]으로 체크 후 [매출조회]를 클릭
우측화면 : [전자세금계산서]에서 [발행]을 클릭

⑥ [발행완료되었습니다.] 메시지가 표시되면 확인(Tab) 클릭

② [매입매출전표입력] 8월 17일

거래유형	품명	공급가액	부가세	거래처	전자세금
53.면세	소득세실무 교육	1,000,000		00130.강남학원	전자입력
분개유형	(차) 825.교육훈련비	1,000,000원	(대) 253. 미지급금		1,000,000원
3.혼합					

③ [매입매출전표입력] 9월 10일

거래유형	품명	공급가액	부가세	거래처	전자세금
11.과세	냉난방기	1,400,000	140,000	00510.(주)천사유통	전자입력
분개유형	(차) 103.보통예금	1,540,000원	(대) 212.비품		2,000,000원
3.혼합	(98002.우리은행(보통))		255.부가세예수금		140,000원
	213.감가상각누계액	800,000원	914.유형자산처분이익		200,000원

④ [매입매출전표입력] 9월 14일

거래유형	품명	공급가액	부가세	거래처	전자세금
54.불공	토지 평탄화 작업	20,000,000	2,000,000	21116.(주)디딤건설	전자입력
불공제사유	0.토지의 자본적 지출관련				
분개유형	(차) 201. 토지	22,000,000원	(대) 103.보통예금		22,000,000원
3.혼합			(98005.국민은행(보통))		

5 [매입매출전표입력] 9월 20일

거래유형	품명	공급가액	부가세	거래처	전자세금
17.카과	벽시계	1,200,000	120,000	11002.최혜진	
분개유형	(차) 108.외상매출금		1,320,000원	(대) 401.상품매출	1,200,000원
4.카드	(99606.삼성카드사)			255.부가세예수금	120,000원

6 [일반전표입력] 7월 25일

(차) 261.미지급세금   3,291,000원   (대) 103.보통예금   3,291,000원
    (05900.역삼세무서)   (98001.신한은행(보통))

[일반전표입력] 6월 30일 조회

(차) 255.부가세예수금   10,766,000원   (대) 135.부가세대급금   7,465,000원
                                                        930.잡이익   10,000원
                                                        261.미지급세금   3,291,000원
                                                        (05900.역삼세무서)

04 결산

1 **수동결산 및 자동결산**

1) [일반전표입력] 12월 31일
   (차) 116.미수수익   500,000원   (대) 901.이자수익   500,000원
2) [결산자료입력] 1월 ~ 12월
   – 기말상품재고액 40,000,000원을 입력한다.
   – 상단부 전표추가(F3) 를 클릭하면 [일반전표입력] 메뉴에 분개가 생성된다.
   (차) 451.상품매출원가   243,809,727원   (대) 146.상품   243,809,727원
   * 기초상품재고액 90,000,000원 + 당기상품매입액 193,809,727원 – 기말상품재고액 40,000,000원
     = 상품매출원가 243,809,727원
3) [재무제표 등 작성]
   손익계산서 → 이익잉여금처분계산서(처분일 입력 후 '전표추가' 클릭) → 재무상태표를 조회 작성한다.

05 실무수행평가

번호	평가문제	배점
11	평가문제 [거래처등록 조회] ④ 카드거래처의 매입 관련 거래처는 1곳이다.	4
12	평가문제 [총계정원장 조회] ② 2월 27,399,000원	4
13	평가문제 [합계잔액시산표 조회] (17,000,000)원	3
14	평가문제 [합계잔액시산표 조회] (120,039,140)원	4
15	평가문제 [계정별원장 조회] (172,171,000)원	3
16	평가문제 [재무상태표 조회] (500,000)원	3
17	평가문제 [재무상태표 조회] (2,400,000)원	2
18	평가문제 [재무상태표 조회] (50,277,613)원	3
19	평가문제 [재무상태표 조회] ③ 612,947,756원	2
20	평가문제 [손익계산서 조회] (243,809,727)원	3
21	평가문제 [손익계산서 조회] ② 차량유지비 9,988,100원	3
22	평가문제 [손익계산서 조회] (901)	4
23	평가문제 [손익계산서 조회] (200,000)원	2
24	평가문제 [부가가치세신고서 조회] (684,120,000)원	4
25	평가문제 [부가가치세신고서 조회] (120,000)원	2
26	평가문제 [부가가치세신고서 조회] (2,800,000)원	3
27	평가문제 [세금계산서합계표 조회] (68,292,000)원	4
28	평가문제 [계산서합계표 조회] (1,500,000)원	2
29	평가문제 [예적금현황 조회] ④ 하나은행(보통) 4,315,000원	4
30	평가문제 [영수증수취명세서 조회] (143,000)원	3
총점		**62**

06 회계정보분석

31. ① (143,318,000원 ÷ 272,807,000원) × 100 ≒ 52%

32. ② (100,420,000원 ÷ 560,000,000원) × 100 ≒ 17%

72회 FAT 1급 기출문제 정답 및 해설

✦ 실무이론평가 ✦

·정답·

| 01 ③ | 02 ① | 03 ② | 04 ② | 05 ④ | 06 ③ | 07 ① | 08 ① | 09 ③ | 10 ② |

01 ③ (차) 당좌예금   ×××(자산의 증가)   (대) 받을어음   ×××(자산의 감소)

02 ① 손익계산서는 경영성과를 나타낼 뿐 아니라 기업의 미래현금흐름과 수익창출능력 등의 예측에 유용한 정보를 제공한다.

03 ② (차) 현금   1,400,000원   (대) 상품매출   3,000,000원
　　받을어음   600,000원
　　외상매출금   1,000,000원
　　매출채권 금액 = 받을어음 600,000원 + 외상매출금 1,000,000원 = 1,600,000원

04 ② (가) 도서인쇄비, (나) 접대비(기업업무추진비)

05 ④ 매도가능증권의 취득원가는 취득금액과 취득수수료의 합계이다. 액면금액은 취득원가와 관련이 없다.
　　매도가능증권의 취득원가 = (700주 × 8,000원) + 560,000원 = 6,160,000원

06 ③ 2025년 6월 30일 감가상각비: (5,000,000원 × 1년/5년) × 6개월/12개월 = 500,000원
　　(차) 현금   2,700,000원   (대) 기계장치   5,000,000원
　　감가상각누계액   2,500,000원   유형자산처분이익   200,000원

07 ① 토지와 건설중인자산은 감가상각자산의 대상이 아니다.

08 ① 국가와 지방자치단체는 부가가치세법상 사업자에 해당한다.

09 ③ ① 현금판매: 재화가 인도되거나 이용가능하게 된 때
　　② 재화의 공급으로 보는 가공: 가공된 재화를 인도하는 때
　　④ 공급단위를 구획할 수 없는 용역의 계속적 공급: 대가의 각 부분을 받기로 한 때

10 ② 외상판매액(15,000,000원) + 할부판매액(5,300,000원) = 20,300,000원
　　견본품의 제공은 재화의 공급이 아니고, 토지매각은 면세에 해당된다.

✛ 실무수행평가 ✛

01 기초정보관리의 이해

☐ 거래처별초기이월
– 지급어음 정보 입력

코드	거래처명	만기일자	어음번호	금액
30122	(주)세교상사	2025-05-31	00420241130123456789	5,000,000

지급어음 상세등록
1. 지급은행 98000 ? 국민은행(당좌)
   역삼 지점
2. 발행일자 2024-11-30 ?
3. 어음종류 4.전자

☐ 전기분 손익계산서 및 전기분 이익잉여금처분계산서
1. [전기분 손익계산서]
   – 812.여비교통비 15,000,000원을 1,500,000원으로 수정
   – 998.법인세등 2,800,000원을 추가입력
2. [전기분 이익잉여금처분계산서]
   – 처분확정일 2025년 2월 28일 입력

02 거래자료입력

☐ [일반전표입력] 1월 10일
(차) 817.세금과공과금 10,000원 (대) 101.현금 10,000원
또는 (출) 817.세금과공과금 10,000원

☐ 1. [일반전표입력] 2월 20일
(차) 824.운반비 40,000원 (대) 101.현금 40,000원
또는 (출) 824.운반비 40,000원
2. [영수증수취명세서] 작성

☐ [일반전표입력] 3월 15일
(차) 133.선급비용 580,000원 (대) 103.보통예금 580,000원
(98005.우리은행(보통))

☐ 1. [일반전표입력] 3월 18일
(차) 251.외상매입금 6,000,000원 (대) 110.받을어음 6,000,000원
(00104.(주)대한상사) (04520.(주)아이폰마켓)
2. [받을어음 관리]

어음상태	3	배서	어음번호	00420250120123456789	수취구분	1	자수	발행일	2025-01-20	만기일	2025-03-20
발행인	04520		(주)아이폰마켓		지급은행	100		국민은행		지점	서대문
배서인		할인기관			지점			할인율		어음종류 6	전자
지급거래처	00104		(주)대한상사		*수령된 어음을 타거래처에 지급하는 경우에 입력합니다.						

⑤ [일반전표입력] 3월 29일

(차) 103.보통예금	330,000원	(대) 259.선수금	330,000원
(98002.기업은행(보통))		(00107.(주)갤럭시세상)	

03 부가가치세

① 1. [매입매출전표입력] 7월 5일

거래유형	품명	공급가액	부가세	거래처	전자세금
11.과세	휴대폰 필름	6,000,000	600,000	05030.(주)앤텔레콤	전자발행
분개유형	(차) 259.선수금	1,000,000원	(대) 401.상품매출		6,000,000원
3. 혼합	108.외상매출금	5,600,000원	255.부가세예수금		600,000원

2. [전자세금계산서 발행 및 내역관리]
   ① 미전송된 내역이 조회되면, 미전송내역을 체크한 후 전자발행▼ 을 클릭하여 표시되는 로그인 화면에서 확인(Tab) 클릭
   ② '전자세금계산서 발행'화면이 조회되면 발행(F3) 버튼을 클릭한 다음 확인클릭
   ③ 국세청란에 '발행대상'으로 표시되면 ACADEMY 전자세금계산서 를 클릭
   ④ [Bill36524 교육용전자세금계산서] 화면에서 [로그인]을 클릭
   ⑤ 좌측화면 : [세금계산서 리스트]에서 [미전송]으로 체크 후 [매출조회]를 클릭
      우측화면 : [전자세금계산서]에서 [발행]을 클릭
   ⑥ [발행완료되었습니다.] 메시지가 표시되면 확인(Tab) 클릭

② [매입매출전표입력] 7월 20일

거래유형	품명	공급가액	부가세	거래처	전자세금
51.과세	컨설팅 수수료	1,500,000	150,000	02117.미래회계법인	전자입력
분개유형	(차) 831.수수료비용	1,500,000원	(대) 103.보통예금		1,650,000원
3.혼합	135.부가세대급금	150,000원	(98005.우리은행(보통))		

③ [매입매출전표입력] 7월 30일

거래유형	품명	공급가액	부가세	거래처	전자세금
17.카과	휴대폰 가죽지갑	100,000	10,000	30123.이민우	
분개유형	(차) 108.외상매출금	110,000	(대) 401.상품매출		100,000원
4.카드	(99700.우리카드)		255.부가세예수금		10,000원
또는 2.외상					

④ [매입매출전표입력] 8월 10일

거래유형	품명	공급가액	부가세	거래처	전자세금
54.불공	화장품세트	2,000,000	200,000	30125.(주)에스스킨	전자입력
불공제사유	9. 접대비 관련 매입세액				
분개유형	(차) 813. 접대비	2,200,000원	(대) 103.보통예금		2,200,000원
3.혼합	(기업업무추진비)		(98005.우리은행(보통))		

⑤ [매입매출전표입력] 9월 8일

거래유형	품명	공급가액	부가세	거래처	전자세금
57.카과	냉난방기	1,200,000	120,000	05115.쿠팡(주)	
분개유형	(차) 212.비품	1,200,000원		(대) 253.미지급금	1,320,000원
4.카드	135.부가세대급금	120,000원		(99605.농협카드)	
또는 3.혼합					

[고정자산등록]

⑥ [일반전표입력] 8월 5일
(차) 103.보통예금   302,000원   (대) 120.미수금   302,000원
     (98005.우리은행(보통))   (03100.서대문세무서)

[일반전표입력] 6월 30일 조회
(차) 255.부가세예수금   5,578,000원   (대) 135.부가세대급금   5,870,000원
     120.미수금   302,000원   930.잡이익   10,000원
     (03100.서대문세무서)

04   결산

①   수동결산 및 자동결산

1) [일반전표입력] 12월 31일
     (차) 293.장기차입금   50,000,000원   (대) 264.유동성장기부채   50,000,000원
         (98500.신한은행(차입금))   (98500.신한은행(차입금))

2) [결산자료입력] 1월 ~ 12월
     – 기말상품재고액 28,000,000원을 입력한다.

- 상단부 전표추가(F3) 를 클릭하면 [일반전표입력] 메뉴에 분개가 생성된다.
  (차) 451.상품매출원가　　215,187,000원　　　(대) 146.상품　　　　　　215,187,000원
  * 기초상품재고액 25,000,000원 + 당기상품매입액 218,187,000원 − 기말상품재고액 28,000,000원
    = 상품매출원가 215,187,000원

3) [재무제표 등 작성]
　손익계산서 → 이익잉여금처분계산서(처분일 입력 후 '전표추가' 클릭) → 재무상태표를 조회 작성한다.

05　실무수행평가

번호	평가문제	배점
11	평가문제 [일/월계표 조회] (111,190,000)원	4
12	평가문제 [일/월계표 조회] (24,410,000)원	3
13	평가문제 [일/월계표 조회] ② 접대비(기업업무추진비)	3
14	평가문제 [거래처원장 조회] ② 251.외상매입금 (00104.(주)대한상사) 15,300,000원	3
15	평가문제 [현금출납장 조회] (39,174,000)원	3
16	평가문제 [합계잔액시산표 조회] (65,170,000)원	3
17	평가문제 [합계잔액시산표 조회] (830,000)원	3
18	평가문제 [손익계산서 조회] ④ 수수료비용 1,600,000원 증가	3
19	평가문제 [손익계산서 조회] (215,187,000)원	3
20	평가문제 [재무상태표 조회] (6,123,000)원	3
21	평가문제 [재무상태표 조회] (700,000)원	3
22	평가문제 [재무상태표 조회] (40,000,000)원	3
23	평가문제 [재무상태표 조회] ① 454,388,690원	2
24	평가문제 [영수증수취명세서 조회] (740,000)원	4
25	평가문제 [부가가치세신고서 조회] (1,200,000)원	4
26	평가문제 [세금계산서합계표 조회] (86,020,000)원	4
27	평가문제 [고정자산관리대장 조회] (180,400)원	2
28	평가문제 [예적금현황 조회] ③ 기업은행(보통) 45,230,000원	3
29	평가문제 [받을어음현황 조회] (17,000,000)원	3
30	평가문제 [지급어음현황 조회] (30122)	3
총점		62

06　회계정보분석
31. ① (92,590,000원 ÷ 300,000,000원) × 100 ≒ 30%
32. ② (518,830,000원 ÷ 105,430,000원) × 100 ≒ 492%

73회 FAT 1급 기출문제 정답 및 해설

⊹ 실무이론평가 ⊹

·정답·

01 ③	02 ③	03 ①	04 ④	05 ③	06 ②	07 ③	08 ②	09 ①	10 ②

01 ③ 손익계산서는 일정 기간 동안 기업의 경영성과에 대한 정보를 제공하는 재무보고서이다.

02 ③ 2024년 12월 31일 감가상각비: (15,000,000원 − 0원) × 25% = 3,750,000원
2025년 12월 31일 감가상각비: (15,000,000원 − 3,750,000원) × 25% = 2,812,500원

03 ① 매입에누리는 매입한 상품에 하자나 파손이 있는 경우 가격을 할인받는 것이고, 매입할인은 상품의 구매자가 판매대금을 조기에 지급하는 경우 약정에 의해 할인받는 것이다.

04 ④ 유형자산의 취득 후 지출이 발생하였을 때 내용연수가 연장되거나 가치가 증대되었다면 자본적지출로 보아 해당자산의 계정과목으로 처리한다.

05 ③ 매출채권: 외상매출금 + 받을어음 = 1,000,000원 + 2,000,000원 = 3,000,000원
대손충당금: 대손 설정액 = 매출채권 잔액(3,000,000원) × 대손율(2%) = 60,000원

06 ② (차) 여비교통비   250,000원   (대) 가지급금   300,000원
        현금   50,000원

07 ③ ①, ②, ④는 재무상태표에 반영할 내용이다.

08 ② 직전연도의 사업장별 재화 및 용역의 공급가액의 합계액이 8천만원 이상인 개인사업자는 전자세금계산서를 발급하여야 한다.

09 ① ② 견본품의 인도는 재화의 공급으로 보지 아니한다.
③ 담보제공은 재화의 공급으로 보지 아니한다.
④ 상품권의 양도는 재화의 공급으로 보지 아니한다.

10 ② 원재료 매입세액 20,000,000원 + 업무용 승합차 매입세액 3,000,000원 = 23,000,000원
토지의 자본적 지출에 해당하는 매입세액과 접대비 관련 매입세액은 매입세액 공제를 받지 못한다.

÷ 실무수행평가 ÷

01 기초정보관리의 이해

1 거래처등록
– 대표자성명: '이영애'로 수정
– 메일주소: 'han24@bill36524.com'으로 수정

2 계정과목 및 적요등록
– '173.회사설정계정과목' → '173.온라인몰상품' 으로 수정
– 구분 및 표준코드 입력

02 거래자료입력

1
1. [일반전표입력] 4월 10일

(차) 827.회의비	92,000원	(대) 101.현금	92,000원
또는 (출) 827.회의비	92,000원		

2. [영수증수취명세서] 작성

2
[일반전표입력] 4월 20일

(차) 801.급여	4,000,000원	(대) 254.예수금	591,710원
		137.주·임·종단기채권	1,000,000원
		(00101.김지선)	
		103.보통예금	2,408,290원
		(98005.신한은행(보통))	

3
[일반전표입력] 4월 30일

(차) 812.여비교통비	460,000원	(대) 134.가지급금	500,000원
101.현금	40,000원	(00112.이승수)	

4
[일반전표입력] 6월 9일

(차) 821.보험료	138,000원	(대) 103.보통예금	138,000원
		(98002.기업은행(보통))	

5
[일반전표입력] 7월 15일

(차) 252.지급어음	11,000,000원	(대) 102.당좌예금	11,000,000원
(00321.(주)설화수)		(98000.국민은행(당좌))	

[지급어음 관리]

어음상태	3	결제	어음번호	00420250515123456789		어음종류	4	전자	발행일	2025-05-15
만 기 일	2025-07-15		지급은행	98000	국민은행(당좌)	지 점		서대문		

03 부가가치세

1 1. [매입매출전표입력] 7월 20일

거래유형	품명	공급가액	부가세	거래처	전자세금
11.과세	화장품 에센스	15,000,000	1,500,000	01121.(주)황금화장품	전자발행
분개유형	(차) 103.보통예금	3,000,000원	(대) 401.상품매출		15,000,000원
3. 혼합	(98002.기업은행(보통)) 108.외상매출금	13,500,000원	255.부가세예수금		1,500,000원

2. [전자세금계산서 발행 및 내역관리]
① 미전송된 내역이 조회되면, 미전송내역을 체크한 후 전자발행▾ 을 클릭하여 표시되는 로그인 화면에서 확인(Tab) 클릭
② '전자세금계산서 발행'화면이 조회되면 발행(F3) 버튼을 클릭한 다음 확인클릭
③ 국세청란에 '발행대상'으로 표시되면 ACADEMY 전자세금계산서 를 클릭
④ [Bill36524 교육용전자세금계산서] 화면에서 [로그인]을 클릭
⑤ 좌측화면 : [세금계산서 리스트]에서 [미전송]으로 체크 후 [매출조회]를 클릭
우측화면 : [전자세금계산서]에서 [발행]을 클릭
⑥ [발행완료되었습니다.] 메시지가 표시되면 확인(Tab) 클릭

2 [매입매출전표입력] 7월 31일

거래유형	품명	공급가액	부가세	거래처	전자세금
13.면세	도서	3,600,000		02334.(주)참존화장품	전자입력
분개유형	(차) 108.외상매출금	3,600,000원	(대) 401.상품매출		3,600,000원
2.외상					

3 [매입매출전표입력] 8월 15일

거래유형	품명	공급가액	부가세	거래처	전자세금
51.과세	오피스365	2,000,000	200,000	31113.(주)알소프트	전자입력
분개유형	(차) 240.소프트웨어	2,000,000원	(대) 253.미지급금		2,200,000원
3.혼합	135.부가세대급금	200,000원			

[고정자산등록]

④ [매입매출전표입력] 8월 22일

거래유형	품명	공급가액	부가세	거래처	전자세금
53.면세	위하고 교육	280,000		31112.더존평생교육원	전자입력
분개유형	(차) 교육훈련비	280,000원	(대) 101.현금		280,000원
1.현금					

⑤ [매입매출전표입력] 9월 10일

거래유형	품명	공급가액	부가세	거래처	전자세금
51.과세	전화요금	115,200	11,520	01500.(주)케이티서대문	전자입력
분개유형	(차) 814.통신비	115,200원	(대) 253.미지급금		126,720원
3.혼합	135.부가세대급금	11,520원			

⑥ [일반전표입력] 7월 25일

(차) 261.미지급세금   2,929,050원   (대) 103.보통예금   2,929,050원
    (03100.서대문세무서)   (98001.국민은행(보통))

[일반전표입력] 6월 30일 조회

(차) 255.부가세예수금   8,842,350원   (대) 135.부가세대급금   5,913,300원
                                                   261.미지급세금   2,929,050원
                                                   (03100.서대문세무서)

04 결산

① 수동결산 및 자동결산

1) [일반전표입력] 12월 31일

　　(차) 931.이자비용 　　　　　620,000원 　　　(대) 262.미지급비용 　　　620,000원

2) [결산자료입력] 1월 ~ 12월

　　- 기말상품재고액 32,000,000원을 입력한다.

　　- 상단부 전표추가(F3) 를 클릭하면 [일반전표입력] 메뉴에 분개가 생성된다.

　　　(차) 451.상품매출원가 　257,120,000원 　　(대) 146.상품 　　　　　257,120,000원

　　　* 기초상품재고액 70,000,000원 + 당기상품매입액 219,120,000원 - 기말상품재고액 32,000,000원
　　　　= 상품매출원가 257,120,000원

3) [재무제표 등 작성]

　　손익계산서 → 이익잉여금처분계산서(처분일 입력 후 '전표추가' 클릭) → 재무상태표를 조회 작성한다.

05 실무수행평가

번호	평가문제	배점
11	평가문제 [거래처등록 조회] ② 일반거래처 '(주)수려한'의 대표자는 김희애이다.	4
12	평가문제 [계정과목및적요등록 조회] ③ '온라인몰상품'의 현금적요는 사용하지 않고 있다.	4
13	평가문제 [일/월계표 조회] ② 복리후생비 1,374,500원	3
14	평가문제 [일/월계표 조회] (208,000)원	2
15	평가문제 [일/월계표 조회] (140,300,000)원	3
16	평가문제 [일/월계표 조회] (7,356,300)원	3
17	평가문제 [합계잔액시산표 조회] (500,000)원	3
18	평가문제 [합계잔액시산표 조회] ① 0원	3
19	평가문제 [거래처원장 조회] ③ 05030.(주)대림화장품 26,000,000원	3
20	평가문제 [재무상태표 조회] (42,800,000)원	3
21	평가문제 [재무상태표 조회] ③ 예수금 747,130원	4
22	평가문제 [재무상태표 조회] ① 455,093,690원	2
23	평가문제 [손익계산서 조회] (10,281,000)원	3
24	평가문제 [영수증수취명세서 조회] (827)	3
25	평가문제 [예적금현황 조회] ② 국민은행(보통) 408,362,600원	3
26	평가문제 [지급어음현황 조회] (11,100,000)원	3
27	평가문제 [부가가치세신고서 조회] (2,000,000)원	3
28	평가문제 [세금계산서합계표 조회] (200,000,000)원	4
29	평가문제 [계산서합계표 조회] (530,000)원	4
30	평가문제 [고정자산등록 조회] (166,666)원	2
총점		62

06 회계정보분석

31. ③ (456,780,000원 ÷ 72,000,000원) × 100 ≒ 634%

32. ① (39,800,000원 ÷ 254,800,000원) × 100 ≒ 15%

74회 FAT 1급 기출문제 정답 및 해설

✦ 실무이론평가 ✦

정답

01 ①	02 ③	03 ④	04 ②	05 ④	06 ②	07 ④	08 ④	09 ①	10 ②

01 ① 접대비(기업업무추진비)는 판매비와관리비로 분류된다.

02 ③ ③은 영업외비용으로 분류되고, ①, ②, ④는 판매비와관리비로 분류된다.
판매비와관리비는 영업이익에 영향을 미치며, 영업외비용은 영업이익에 영향을 미치지 않는다.

03 ④ 무형자산상각비(정액법) 420,000원 = 취득원가(취득부대비용 포함) 2,100,000원 ÷ 내용연수 5년

04 ② 결산분개: (차) 미수수익   75,000원   (대) 이자수익   75,000원
* 경과분 이자: 15,000,000원 × 3% × 2개월/12개월 = 75,000원
따라서, 이자수익 75,000원이 과소 계상되어 당기순이익 75,000원이 과소계상된다.

05 ④ 소모품 처리액 2,000,000원 − 미사용액 450,000원 = 사용액 1,550,000원
따라서 (차) 소모품비   1,550,000원   (대) 소모품   1,550,000원 이다.

06 ② ① 수익의 발생, ② 비용의 이연, ③ 수익의 이연, ④ 비용의 발생에 해당한다.

07 ④ 상거래에서 발생한 매출채권에 대한 대손상각비는 판매비와관리비로 처리하고, 기타 채권에 대한
기타의대손상각비는 영업외비용으로 처리한다.
• 단기대여금에 대한 기타의대손상각비 1,900,000원 = 3,000,000원 − 1,100,000원

08 ④ 우리나라 부가가치세는 납세의무자의 인적사항을 고려하지 않는 물세이다.

09 ① 나. 법률에 따라 조세를 물납하는 것은 재화의 공급으로 보지 아니한다.
라. 담보의 제공은 재화의 공급으로 보지 아니한다.

10 ② 6,000,000원 × 10% − 1,200,000원 × 10% = 480,000원
대표이사 업무용 승용차 수리비에 대한 매입세액은 공제되지 아니한다.

✧ 실무수행평가 ✧

01 기초정보관리의 이해

1 계정과목 및 적요등록
- '235.의장권' 계정과목을 선택하고 Ctrl+F1을 누른 후 '디자인권'으로 수정
- 현금적요 입력: 1.디자인권 취득대금 현금지급
  대체적요 입력: 1.디자인권 상각액

2 전기분 재무상태표
- 202.건물 4,000,000원을 40,000,000원으로 수정 입력
- 213.감가상각누계액 3,165,000원 추가 입력

02 거래자료입력

1 [일반전표입력] 8월 18일
(차) 131.선급금	300,000원	(대) 103.보통예금	300,000원
(05003.(주)수정전자)		(98006.우리은행(보통))	

2 [일반전표입력] 8월 28일
(차) 208.차량운반구	3,500,000원	(대) 101.현금	3,500,000원
또는 (출) 208.차량운반구	3,500,000원		

3 [일반전표입력] 8월 30일
(차) 934.기타의대손상각비	20,000,000원	(대) 114.단기대여금	20,000,000원
		(00107.(주)정진상사)	

4 [일반전표입력] 9월 5일
(차) 824.운반비	20,000원	(대) 253.미지급금	20,000원
		(99605.농협카드)	

5 [일반전표입력] 9월 10일
(차) 811.복리후생비	89,220원	(대) 103.보통예금	178,440원
254.예수금	89,220원	(98001.국민은행(보통))	

03 부가가치세

1 1. [매입매출전표입력] 10월 2일

거래유형	품명	공급가액	부가세	거래처	전자세금
11.과세	세탁건조기	10,000,000	1,000,000	01025.(주)세운유통	전자발행
분개유형	(차) 103.보통예금	3,000,000원	(대) 401.상품매출		10,000,000원
3. 혼합	(98006.우리은행(보통))		255.부가세예수금		1,000,000원
	108.외상매출금	8,000,000원			

2. [전자세금계산서 발행 및 내역관리]
 ① 미전송된 내역이 조회되면, 미전송내역을 체크한 후 전자발행 ▾을 클릭하여 표시되는 로그인 화면
  에서 확인(Tab) 클릭
 ② '전자세금계산서 발행'화면이 조회되면 발행(F3) 버튼을 클릭한 다음 확인클릭
 ③ 국세청란에 '발행대상'으로 표시되면 ACADEMY 전자세금계산서 를 클릭
 ④ [Bill36524 교육용전자세금계산서] 화면에서 [로그인]을 클릭
 ⑤ 좌측화면 : [세금계산서 리스트]에서 [미전송]으로 체크 후 [매출조회]를 클릭
  우측화면 : [전자세금계산서]에서 [발행]을 클릭
 ⑥ [발행완료되었습니다.] 메시지가 표시되면 확인(Tab) 클릭

2 [매입매출전표입력] 10월 7일

거래유형	품명	공급가액	부가세	거래처	전자세금
13.면세	토지	10,000,000		00111.(주)한라전자	전자입력
분개유형	(차) 103.보통예금		10,000,000원	(대) 201.토지	10,000,000원
3.혼합	(98005.기업은행(보통))				

3 [매입매출전표입력] 11월 7일

거래유형	품명	공급가액	부가세	거래처	전자세금
51.과세	도시가스요금	250,000	25,000	06005.한국도시가스(주)	전자입력
분개유형	(차) 815.수도광열비		250,000원	(대) 253.미지급금	275,000원
3.혼합	135.부가세대급금		25,000원		

4 [매입매출전표입력] 11월 13일

거래유형	품명	공급가액	부가세	거래처	전자세금
57.카과	영업부 직원 회식	150,000	15,000	05122.일품한식당	
분개유형	(차) 811.복리후생비		150,000원	(대) 253.미지급금	165,000원
4.카드	135.부가세대급금		15,000원	(99605.농협카드)	
또는 3.혼합					

5 [매입매출전표입력] 11월 15일

거래유형	품명	공급가액	부가세	거래처	전자세금
54.불공	골프용품	3,000,000	300,000	30123.우정골프	전자입력
불공제사유	2. 사업과 관련 없는 지출				
분개유형	(차) 134.가지급금	3,300,000원		(대) 101.현금	3,300,000원
1.현금	(40001.김대우)				

6 [일반전표입력] 6월 30일

(차) 255.부가세예수금	4,510,000원	(대) 135.부가세대급금	3,250,000원
		930.잡이익	10,000원
		261.미지급세금	1,250,000원
		(60000.역삼세무서)	

04 결산

1 **수동결산 및 자동결산**

1) [일반전표입력] 12월 31일

(차) 107.단기매매증권　　　　500,000원　　　(대) 905.단기매매증권평가이익 500,000원
- (주)명품: 100주 × (26,000원 - 25,000원) = 100,000원 이익
- (주)삼현: 200주 × (42,000원 - 40,000원) = 400,000원 이익　　계 500,000원 이익

2) [결산자료입력] 1월 ~ 12월
- 기말상품재고액 30,000,000원을 입력한다.
- 상단부 `전표추가(F3)` 를 클릭하면 [일반전표입력] 메뉴에 분개가 생성된다.

(차) 451.상품매출원가　289,687,000원　　　(대) 146.상품　　　　　289,687,000원
* 기초재고액 60,000,000원 + 당기매입액 259,687,000원 - 기말재고액 30,000,000원
= 상품매출원가 289,687,000원

3) [재무제표 등 작성]
손익계산서 → 이익잉여금처분계산서(처분일 입력 후 '전표추가' 클릭) → 재무상태표를 조회 작성
한다.

05 실무수행평가

번호	평가문제	배점
11	평가문제 [계정과목및적요등록 조회] ④ '디자인권'의 대체적요는 사용하지 않고 있다.	4
12	평가문제 [거래처원장 조회] (11,500,000)원	3
13	평가문제 [거래처원장 조회] (40001)	3
14	평가문제 [거래처원장 조회] ③ 99605.농협카드 4,365,000원	2
15	평가문제 [합계잔액시산표 조회] (1,250,000)원	3
16	평가문제 [합계잔액시산표 조회] ① 단기대여금 30,000,000원	3
17	평가문제 [재무상태표 조회] (11,000,000)원	3
18	평가문제 [재무상태표 조회] (500,000)원	3
19	평가문제 [재무상태표 조회] ③ 차량운반구 47,930,000원	3
20	평가문제 [재무상태표 조회] ③ 279,550,050원	3
21	평가문제 [손익계산서 조회] (289,687,000)원	4
22	평가문제 [손익계산서 조회] ③ 운반비 639,000원	2
23	평가문제 [손익계산서 조회] (6,045,860)원	3
24	평가문제 [손익계산서 조회] (29,661,000)원	3
25	평가문제 [부가가치세신고서 조회] (14,930,000)원	4
26	평가문제 [부가가치세신고서 조회] (60,000)원	4
27	평가문제 [부가가치세신고서 조회] (600,000)원	3
28	평가문제 [세금계산서합계표 조회] (44,770,000)원	3
29	평가문제 [계산서합계표 조회] (15,000,000)원	3
30	평가문제 [예적금현황 조회] ③ 신한은행(보통) 8,282,000원	3
총점		**62**

06 회계정보분석

31. ④ 96,520,000원 ÷ 10,000주 = 9,652원
32. ③ (197,458,000원 ÷ 81,844,000원) × 100 ≒ 241%

75회 FAT 1급 기출문제 정답 및 해설

✦ 실무이론평가 ✦

·정답·

| 01 ① | 02 ③ | 03 ① | 04 ③ | 05 ③ | 06 ③ | 07 ② | 08 ③ | 09 ① | 10 ③ |

01 ① 선적지인도조건인 경우에는 상품이 선적된 시점에 소유권이 매입자에게 이전되기 때문에 미착상품은 매입자의 재고자산에 포함된다.

02 ③ 기업실체의 가정에 대한 설명이다.

03 ① 영업이익이 감소하려면 판매비와관리비가 증가해야 하고, 이에 해당하는 것은 대손상각비이다.

04 ③ 수정 후 당기순이익: 300,000원 − 40,000원 + 15,000원 = 275,000원

05 ③ • 2024년 12월 31일 단기매매증권 장부금액 1,900,000원 = 취득금액 2,000,000원 − 평가손실 100,000원
  • 2025년 8월 31일 단기매매증권처분이익(손실) (−)200,000원 = 처분금액 1,700,000원 − 장부금액 1,900,000원

06 ③ (5,000,000원 − 500,000원) × 1/5 = 900,000원

07 ② 액면금액을 초과하여 발행한 금액은 주식발행초과금으로 처리한다. 단, 주식할인발행차금 잔액이 있는 경우에는 먼저 상계처리한 후 잔액을 주식발행초과금으로 처리한다.

08 ③ ① 세금계산서 작성연월일은 필요적 기재사항이다.
  ② 면세사업자는 세금계산서를 발급할 수 없다.
  ④ 재화를 직수출하는 경우에는 세금계산서 발급의무가 면제된다.

09 ① ② 재화의 공급으로 보는 가공의 경우: 가공된 재화를 인도하는 때
  ③ 장기할부판매: 대가의 각 부분을 받기로 한 때
  ④ 외상판매의 경우: 재화를 인도하는 때

10 ③ 110,000,000원 × 10% − 4,000,000원 = 7,000,000원이다.
  수출액은 영세율을 적용하고, 비영업용 승용자동차의 매입세액은 불공제한다.

⊹ 실무수행평가 ⊹

01 기초정보관리의 이해

1 거래처등록
– 대표자명을 '홍종오'에서 '백수인'으로 수정
– 업태를 '도소매업'에서 '제조업'으로 수정

2 전기분 손익계산서 및 전기분 이익잉여금처분계산서
1. [전기분 손익계산서]
    – 전기분 재무상태표 146.상품 70,000,000원을 90,000,000원으로 수정하여, 전기분 손익계산서의 상품매출원가에 반영
    – 817.세금과공과금 2,300,000원 추가입력
    – 당기순이익 145,220,000원 확인
2. [전기분 이익잉여금처분계산서]
    – 처분확정일 2025년 2월 27일 수정입력

02 거래자료입력

1 [일반전표입력] 1월 25일
(차) 103.보통예금	100,000,000원	(대) 331.자본금	50,000,000원
(98002.신한은행(보통))		341.주식발행초과금	50,000,000원

2 [일반전표입력] 2월 13일
(차) 110.받을어음	18,000,000원	(대) 108.외상매출금	18,000,000원
(00102.(주)동화인쇄)		(00102.(주)동화인쇄)	

[받을어음 관리]

어음상태	1	보관	어음종류	6	전자	어음번호	00420250213123456789		수취구분	1	자수
발 행 인	00102	㈜동화인쇄		발행일	2025-02-13	만기일	2025-05-13		배 서 인		
지급은행	100	국민은행	지점	강남	할인기관			지점		할인율(%)	
지급거래처						*수령된 어음을 타거래처에 지급하는 경우에 입력합니다.					

3 [일반전표입력] 3월 10일
(차) 817.세금과공과금	628,500원	(대) 103.보통예금	1,257,000원
254.예수금	628,500원	(98002.신한은행(보통))	

4 [일반전표입력] 4월 15일
(차) 253.미지급금	1,800,000원	(대) 103.보통예금	1,800,000원
(99602.우리카드)		(98007.기업은행(보통))	

⑤ [일반전표입력] 4월 24일
    (차) 813.접대비(기업업무추진비)   594,000원   (대) 101.현금   594,000원
    또는 (출) 813.접대비   594,000원
        (기업업무추진비)

03 부가가치세

① 1. [매입매출전표입력] 7월 10일

거래유형	품명	공급가액	부가세	거래처	전자세금
11.과세	냉난방기	6,000,000	600,000	00107.(주)제이산업	전자발행
분개유형	(차) 103.보통예금	5,940,000원		(대) 401.상품매출	6,000,000원
3. 혼합	(98001.농협은행(보통))			255.부가세예수금	600,000원
	259.선수금	660,000원			

2. [전자세금계산서 발행 및 내역관리]
  ① 미전송된 내역이 조회되면, 미전송내역을 체크한 후 전자발행▼을 클릭하여 표시되는 로그인 화면에서 확인(Tab) 클릭
  ② '전자세금계산서 발행'화면이 조회되면 발행(F3) 버튼을 클릭한 다음 확인클릭
  ③ 국세청란에 '발행대상'으로 표시되면 ACADEMY 전자세금계산서 를 클릭
  ④ [Bill36524 교육용전자세금계산서] 화면에서 [로그인]을 클릭
  ⑤ 좌측화면 : [세금계산서 리스트]에서 [미전송]으로 체크 후 [매출조회]를 클릭
     우측화면 : [전자세금계산서]에서 [발행]을 클릭
  ⑥ [발행완료되었습니다.] 메시지가 표시되면 확인(Tab) 클릭

② [매입매출전표입력] 8월 3일

거래유형	품명	공급가액	부가세	거래처	전자세금
11.과세	선풍기	−750,000	−75,000	01006.(주)영인유통	전자입력
분개유형	(차) 108.외상매출금	−825,000원		(대) 401.상품매출	−750,000원
2.외상				255.부가세예수금	−75,000원

③ [매입매출전표입력] 9월 7일

거래유형	품명	공급가액	부가세	거래처	전자세금
57.카과	음료	12,000	1,200	03101.(주)조선카페	
분개유형	(차) 812.여비교통비	12,000원		(대) 253.미지급금	13,200원
4.카드 또는	135.부가세대급금	1,200원		(99601.삼성카드)	
3.혼합					

④ [매입매출전표입력] 9월 14일

거래유형	품명	공급가액	부가세	거래처	전자세금
54.불공	소유권보존 등기료	560,000	56,000	50003.(주)법무법인 정률	전자입력
불공제사유	0. 토지의 자본적 지출관련				
분개유형	(차) 201.토지	616,000원	(대) 101.현금		616,000원
1.현금					

⑤ [매입매출전표입력] 9월 24일

거래유형	품명	공급가액	부가세	거래처	전자세금
53.면세	영업왕의 비밀 외	75,000		04912.대신북클럽	전자입력
분개유형	(차) 826.도서인쇄비	75,000원	(대) 253.미지급금		75,000원
3.혼합					

⑥ [일반전표입력] 7월 25일

(차) 261.미지급세금   61,000원   (대) 103.보통예금   61,000원
　　　(00600.서대문세무서)　　　　　　　　　　(98003.하나은행(보통))

[일반전표입력] 6월 30일 조회
(차) 255.부가세예수금   10,632,400원   (대) 135.부가세대급금   10,561,400원
　　　　　　　　　　　　　　　　　　　　　　930.잡이익   10,000원
　　　　　　　　　　　　　　　　　　　　　　261.미지급세금   61,000원
　　　　　　　　　　　　　　　　　　　　　　(00600.서대문세무서)

04 결산

① 수동결산 및 자동결산

1) [일반전표입력] 12월 31일
　　(차) 830.소모품비   900,000원   (대) 172.소모품   900,000원
　　– 합계잔액시산표(12월 31일) 조회하여 소모품 잔액 확인 후 결산분개
　　　[소모품 잔액 2,000,000원 – 미사용액 1,100,000원 = 당기사용액 900,000원]

2) [결산자료입력] 1월 ~ 12월
　　– 기말상품재고액 32,000,000원을 입력한다.
　　– 상단부 전표추가(F3) 를 클릭하면 [일반전표입력] 메뉴에 분개가 생성된다.
　　　(차) 451.상품매출원가   230,748,500원   (대) 146.상품   230,748,500원
　　　* 기초재고액 90,000,000원 + 당기매입액 172,748,500원 – 기말재고액 32,000,000원
　　　　= 상품매출원가 230,748,500원

3) [재무제표 등 작성]
　　손익계산서 → 이익잉여금처분계산서(처분일 입력 후 '전표추가' 클릭) → 재무상태표를 조회 작성한다.

05 실무수행평가

번호	평가문제	배점
11	평가문제 [거래처등록 조회] ④ 일반거래처 '대신북클럽(04912)'의 담당자메일주소는 book@naver.com이다.	4
12	평가문제 [일/월계표 조회] (26,960,000)원	3
13	평가문제 [일/월계표 조회] (2,168,500)원	3
14	평가문제 [일/월계표 조회] ② 여비교통비 360,000원	4
15	평가문제 [합계잔액시산표 조회] (635,604,700)원	4
16	평가문제 [계정별원장 조회] (56,500,000)원	3
17	평가문제 [거래처원장 조회] ① 0원	3
18	평가문제 [거래처원장 조회] ③ 99602.우리카드	3
19	평가문제 [현금출납장 조회] (16,000,000)원	3
20	평가문제 [재무상태표 조회] (616,000)원	4
21	평가문제 [재무상태표 조회] (60,000,000)원	4
22	평가문제 [재무상태표 조회] ③ 예수금 2,626,630원	2
23	평가문제 [재무상태표 조회] ② 306,668,256원	2
24	평가문제 [손익계산서 조회] ④ 400,000원 증가	2
25	평가문제 [손익계산서 조회] (230,748,500)원	2
26	평가문제 [손익계산서 조회] ① 세금과공과금 922,500원	4
27	평가문제 [부가가치세신고서 조회] (201,200)원	3
28	평가문제 [세금계산서합계표 조회] (8)곳	3
29	평가문제 [계산서합계표 조회] (1,075,000)원	3
30	평가문제 [받을어음현황 조회] (21,850,000)원	3
총점		**62**

06 회계정보분석

31. ③ (693,528,800원 ÷ 92,500,000원) × 100 ≒ 749%
32. ① (192,500,000원 ÷ 685,142,000원) × 100 ≒ 28%

저자 소개

▶ 공경태

약력
- 충북대학교 일반대학원 회계학과 경영학박사(세무회계 전공)
- 서울디지털대학교 세무회계학과 교수
- 한국산업인력공단 과정평가형(사무자동화산업기사/전산회계운용사) 국가기술자격 시험출제위원 및 외부심사평가위원
- 한국생산성본부 ERP 정보관리사 시험출제위원
- 한국공인회계사회 FAT/TAT 시험출제 및 선정위원, 채점위원장
- 전국상업경진대회 시험출제 및 감수위원
- 직업훈련교사 회계 1급, ERP 정보관리사 1급(인사·회계·생산·물류), 전산세무 1급, TAT 1급 등 다수 자격증 보유
- 직업훈련교사 독공회계 1급, ERP 정보관리사

저서
- 독공 전산세무 1,2급, 독공 전산회계 1,2급, 독공 TAT(세무실무) 1,2급, 독공 FAT(회계실무) 1,2급 (박문각출판)

▶ 박병규

약력
- 수원대학교 회계학과 졸업
- 인성회계직업전문학원 대표 회계강사
- 직업능력개발교사(회계, 재무, 생산관리, 일반판매, e-비지니스)
- 전산회계운용사 1급, 전산세무 1급, TAT(세무정보처리) 1급, ERP 정보관리사 1급(인사·회계·생산·물류) 등 자격증 보유

저서
- 독공 전산세무 1,2급, 독공 전산회계 1,2급, 독공 TAT(세무실무) 1,2급, 독공 FAT(회계실무) 1,2급 (박문각출판)

수상내역
- 2022년 직업능력의 달 "국무총리 표창장"
- 제21회, 제22회 전국 전산회계 경진대회 표창장
- 제8회 공인회계사회 TAT 2급 "AT Award 표창장"

▶ 강만성

약력
- 전주대학교 경상대학 졸업(회계학 전공)
- 한길IT경영아카데미학원 원장 겸 대표강사(회계,세무)
- 前 대영직업전문학교 전산세무 전임강사, 논산새일센터 전임강사(회계), 前 익산새일센터 전임강사(세무)

저서
- 독공 전산세무 1,2급, 독공 전산회계 1,2급, 독공 TAT(세무실무) 1,2급, 독공 FAT(회계실무) 1,2급 (박문각출판)

▶ 정혜숙

약력
- 충북대학교 일반대학원 회계학과 경영학 석사(회계학 전공)
- 한국기술교육대학교 직업능력개발원 전공역량보수교육 교수
- 한국산업인력공단 과정평가형(전산회계운용사) 국가기술자격 시험출제위원 및 외부심사평가위원
- 한국생산성본부 ERP 정보관리사 시험출제위원
- 전국상업경진대회 시험출제 및 감수위원
- 한국세무사회 자격시험 T/F위원
- 성결대학교 교양학부, 대한상공회의소 인천인력개발원 외 다수 강의
- 에듀윌, EBS 플러스2 교육방송 ERP 정보관리사 생산·물류, AT자격시험 온라인 강의

저서
- 독공 전산세무 1,2급, 독공 전산회계 1,2급, 독공 TAT(세무실무) 1,2급, 독공 FAT(회계실무) 1,2급 (박문각출판)

▶ 김현상

약력
- 회계학 박사
- 두풍회계직업전문학교 학장
- 대구대학교, 선린대학교 겸임교수, 동국대학교, 울산대학교 출강
- 한국회계학회, 한국전산회계학회, 한국산업정보학회 회원

상훈사항
- 직업훈련기관 대표 고용노동부장관 표창

저서 및 논문
- 독공 전산세무 1,2급, 독공 전산회계 1,2급, 독공 TAT(세무실무) 1,2급, 독공 FAT(회계실무) 1,2급 (박문각출판)
- 김현상의 회계실무강좌 (경영과 회계)
- 월별세무업무 실무해설 (경영과 회계)
- 기업회계와 세무회계실무해설 (경영과 회계)
- 생활속의 세금이야기 생활세금 (경영과 회계)
- ERP 실무 −ERP실무2급용 핵심ERP (도서출판 글로발)
- 개인의 성격유형이 ERP수용에 미치는 영향에 관한 탐색적 연구 (한국산업정보학회 최우수논문상)
- 회계처리 형태에 따른 회계정보 활용에 관한 연구 (한국전산회계학회 전산회계연구)
- ERP 시스템의 내부통제와 품질요인의 관계에 관한 연구 (한국전산회계학회)

▶ 이동하

약력
- 경일대학교 경영학박사(세무,회계학)
- 구미직업능력개발학원 원장
- 내일뉴스 발행인
- 구미대학교 스마트경영과 겸임교수

FAT (회계실무) 1급

독공 독하게 공부하자

제4판 인쇄 2025. 1. 10. | 제4판 발행 2025. 1. 15. | 편저자 공경태, 정혜숙, 김현상, 박병규, 강만성, 이동하

발행인 박 용 | 발행처 (주)박문각출판 | 등록 2015년 4월 29일 제2019-000137호

주소 06654 서울시 서초구 효령로 283 서경 B/D 4층 | 팩스 (02)723-6870

전화 교재 문의 (02)723-6869

정가 23,000원
ISBN 979-11-7262-349-4